AF547277

GRöLS
Verlage

„BÜCHER SIND WIE FALLSCHIRME. SIE NÜTZEN UNS NICHTS, WENN WIR SIE NICHT ÖFFNEN.“

Gröls Verlag

Redaktionelle Hinweise und Impressum

Das vorliegende Werk wurde zugunsten der Authentizität sehr zurückhaltend bearbeitet. So wurden etwa ursprüngliche Rechtschreibfehler *nicht* systematisch behoben, denn kleine Unvollkommenheiten machen das Buch – wie im Übrigen den Menschen – erst authentisch. Mitunter wurden jedoch zum Beispiel Absätze behutsam neu getrennt, um den Lesefluss zu erleichtern.

Um die Texte zu rekonstruieren, werden antiquarische Bücher von Lesegeräten gescannt und dann durch eine Software lesbar gemacht. Der so entstandene Text wird von Menschen gegengelesen und korrigiert – hierbei treten auch Fehler auf. Wenn Sie ebenfalls antiquarische Texte einreichen möchten, finden Sie weitere Informationen auf www.groels.de

Viel Freude bei der Lektüre wünscht Ihnen das Team des Gröls-Verlags.

Adressen

Verleger: Sophia Gröls, Im Borngrund 26, 61440 Oberursel

Externer Dienstleister für Distribution & Herstellung: BoD, In de Tarpen 42, 22848 Norderstedt

Unsere „Edition | Werke der Weltliteratur“ hat den Anspruch, eine der größten und vollständigsten Sammlungen klassischer Literatur in deutscher Sprache zu sein. Nach und nach versammeln wir hier nicht nur die „üblichen Verdächtigen“ von Goethe bis Schiller, sondern auch Kleinode der vergangenen Jahrhunderte, die – zu Unrecht – drohen, in Vergessenheit zu geraten. Wir kultivieren und kuratieren damit einen der wertvollsten Bereiche der abendländischen Kultur. Kleine Auswahl:

Francis Bacon • Neues Organon • **Balzac** • Glanz und Elend der Kurtisanen • **Joachim H. Campe** • Robinson der Jüngere • **Dante Alighieri** • Die Göttliche Komödie • **Daniel Defoe** • Robinson Crusoe • **Charles Dickens** • Oliver Twist • **Denis Diderot** • Jacques der Fatalist • **Fjodor Dostojewski** • Schuld und Sühne • **Arthur Conan Doyle** • Der Hund von Baskerville • **Marie von Ebner-Eschenbach** • Das Gemeindekind • **Elisabeth von Österreich** • Das Poetische Tagebuch • **Friedrich Engels** • Die Lage der arbeitenden Klasse • **Ludwig Feuerbach** • Das Wesen des Christentums • **Johann G. Fichte** • Reden an die deutsche Nation • **Fitzgerald** • Zärtlich ist die Nacht • **Flaubert** • Madame Bovary • **Gorch Fock** • Seefahrt ist not! • **Theodor Fontane** • Effi Briest • **Robert Musil** • Über die Dummheit • **Edgar Wallace** • Der Frosch mit der Maske • **Jakob Wassermann** • Der Fall Maurizius • **Oscar Wilde** • Das Bildnis des Dorian Grey • **Émile Zola** • Germinal • **Stefan Zweig** • Schachnovelle • **Hugo von Hofmannsthal** • Der Tor und der Tod • **Anton Tschechow** • Ein Heiratsantrag • **Arthur Schnitzler** • Reigen • **Friedrich Schiller** • Kabale und Liebe • **Nicolo Machiavelli** • Der Fürst • **Gotthold E. Lessing** • Nathan der Weise • **Augustinus** • Die Bekenntnisse des heiligen Augustinus • **Marcus Aurelius** • Selbstbetrachtungen • **Charles Baudelaire** • Die Blumen des Bösen • **Harriett Stowe** • Onkel Toms Hütte • **Walter Benjamin** • Deutsche Menschen • **Hugo Bettauer** • Die Stadt ohne Juden *und viele mehr….*

Knut Hamsun

Segen der Erde

Roman

Inhalt

Erster Teil

1

Der lange, lange Pfad über das Moor in den Wald hinein – wer hat ihn ausgetreten? Der Mann, der Mensch, der erste, der hier war. Für ihn war noch kein Pfad vorhanden. Später folgte dann das eine oder andere Tier der schwachen Spur über Sümpfe und Moore und machte sie deutlicher, und wieder später schnupperte allmählich der oder jener Lappe den Pfad auf und benützte ihn, wenn er von Berg zu Berg wanderte, um nach seinen Renntieren zu sehen. So entstand der Weg durch die weite Allmende, die niemand gehörte, durch das herrenlose Land.

Der Mann kommt in nördlicher Richtung gegangen. Er trägt einen Sack, den Sack, der Mundvorrat und einiges Handwerkszeug enthält. Der Mann ist stark und derb, er hat einen rostigen Bart und kleine Narben im Gesicht und an den Händen – diese Wundenzeichen, hat er sie sich bei der Arbeit oder im Kampf geholt? Er kommt vielleicht aus dem Gefängnis und will sich verbergen, vielleicht ist er ein Philosoph und sucht Frieden, jedenfalls aber kommt er dahergewandert, ein Mensch mitten in dieser ungeheuren Einsamkeit. Er geht und geht, still ist es ringsum, kein Vogel, kein Tier ist zu hören, bisweilen redet er ein paar Worte mit sich selbst. Ach ja, Herrgott im Himmel! sagt er. Wenn er auf seiner Wanderung an Moore und wirtliche Stellen oder offene freie Plätze im Walde kommt, legt er seinen Sack ab, geht umher und untersucht die Bodenverhältnisse; nach einer Weile kehrt er zurück, nimmt seinen Sack wieder auf den Rücken und wandert weiter. Dies währt den ganzen Tag, er sieht an der Sonne, welche Zeit es ist, es wird Nacht und er wirft sich ins Heidekraut und schläft auf seinem Arm.

Nach einigen Stunden geht er wieder weiter. Ach ja, Herrgott im Himmel! geht wieder geradeaus nach Norden, sieht an der Sonne die Tageszeit, hält Mittagsrast mit einem Stück Hartbrot und Ziegenkäse, trinkt Wasser aus einem Dach dazu und setzt seinen Weg fort. Auch diesen ganzen Tag wandert er ununterbrochen weiter, denn er muß sehr viele wirtliche Plätze im Walde untersuchen. Was sucht er? Land, Erde? Er ist vielleicht ein Auswanderer aus den Dörfern, denn er schaut sich scharf und spähend um, manchmal ersteigt er auch einen Hügel und späht von da umher. Jetzt ist die Sonne wieder am Untergehen.

Er befindet sich jetzt auf der Westseite eines langgestreckten Tales mit gemischtem Wald, hier ist auch Laubwald und Weideflächen mischen sich darein, stundenlang geht es so fort; es dämmert, aber der Mann hört das leise Rauschen eines Flusses, und dieses leichte Rauschen ist wie etwas Lebendiges und muntert ihn auf. Als er die Höhe erreicht, sieht er das Tal im Halbdunkel vor sich liegen und weit draußen nach Süden den Himmel darüber. Nun legt er sich schlafen.

Am Morgen sieht er eine Landschaft mit Wald und Weideland vor sich ausgebreitet. Er steigt hinunter: da ist ein grüner Berghang, weit unten erblickt er ein Stück des Flusses und einen Hasen, der in einem Sprung darüber hinwegsetzt. Der Mann nickt, als sei es ihm gerade recht, daß der Fluß nicht breiter ist als ein Hasensprung. Ein brütendes Schneehuhn flattert plötzlich zu seinen Füßen auf und zischt ihn wild an, und wieder nickt der Mann: hier sind Tiere und Vögel, das ist abermals gerade recht! Seine Füße waten durch Blaubeerenbüsche und Preiselbeerkraut, durch siebengezackte Waldsterne und niedere Farnkräuter; wenn er da und dort anhält und mit einem Eisen in der Erde gräbt, findet er hier Walderde und dort mit Laub und verrotteten Zweigen seit Tausenden von Jahren gedüngten Moorboden. Der Mann nickt, hier will er sich niederlassen, ja, hier sich niederlassen, das will er. Noch zwei weitere Tage streift er in der Gegend umher, kehrt aber am Abend immer wieder zu dieser Halde zurück. Des Nachts schläft er auf einem Lager aus Tannenzweigen, er ist ganz daheim hier, er hat ja schon ein Lager unter einem Felsvorsprung.

Das schlimmste war gewesen, den Ort zu finden, einen Ort, der niemand gehörte, der sein war; jetzt kamen die Tage der Arbeit. Er fing sofort an, in den etwas weiter entfernten Wäldern Rinde von den Birken zu schälen, jetzt, während der Saft noch in den Bäumen war. Dann legte er die Rinden fest zusammen, beschwerte sie mit Steinen und ließ sie trocknen. Wenn er eine große Last beisammen hatte, trug er sie die vielen Meilen zurück ins Dorf und verkaufte sie als Baumaterial. Und auf seine Halde dort droben brachte er neue Säcke mit Lebensmitteln und Werkzeug heim: Mehl, Speck, einen Kochtopf, einen Spaten; unverdrossen wanderte er den Pfad hin und her und schleppte sich ab. Ein geborener Lastträger, ein Prahm, der durch die Wälder ging, o es war, als liebe er diesen seinen Beruf, viel zu gehen und viel zu tragen, als dünke ihn, ohne Last auf dem Rücken zu gehen, ein faules Dasein, das für ihn nicht passe.

Eines Tages kam er dahergewandert mit seiner schweren Last auf dem Rücken und außerdem mit zwei Ziegen und einem jungen Bock an der Leine. Er war so beglückt über die Ziegen, gerade als seien es Kühe, und er war gut gegen sie. Der erste fremde Mensch kam vorüber, ein wandernder Lappe. Dieser sah die Ziegen und erriet, daß er auf einen Mann traf, der sich da niedergelassen hatte, und sagte:

Willst du hier dauernd wohnen? – Ja, antwortete der Mann. – Wie heißt du? – Isak. Weißt du keine Magd für mich? – Nein, aber ich will darüber reden, dort, wo ich vorüberkomme. – Ja, tu das! Sage, daß ich Haustiere habe, aber niemand, der sie besorgt.

Isak also, ja, auch das wollte der Lappe ausrichten. Der Mann auf der Halde war kein Flüchtling, er sagte seinen Namen. Er ein Flüchtling? Dann hätte man ihn aufgespürt. Er war nur ein unverdrossener Arbeiter, er sammelte Winterfutter für seine Ziegen, fing an Boden urbar zu machen, einen Acker zu roden, Steine wegzuschaffen, Steinwälle aufzurichten. Im Herbst hatte er eine Wohnung fertig, eine Erdhütte, eine Gamme, die war dicht und warm, sie krachte nicht in den Fugen beim Sturm, und sie konnte nicht abbrennen. Er konnte in diese Heimstätte hineingehen, die Türe hinter sich zumachen und da drinnen bleiben, oder er konnte vor der Türöffnung stehen und sich als den Herrn seines Hauses zeigen, wenn jemand vorbeikäme. Die Gamme war in zwei Teile geteilt, in dem einen wohnte er selbst, im andern seine Tiere. Ganz innen unter dem Felsen hatte er seinen Heuboden errichtet. Alles war da.

Wieder kommen ein paar Lappen vorüber, Vater und Sohn. Sie bleiben stehen, stützen sich mit beiden Händen auf ihre langen Stöcke, betrachten die Hütte und das urbar gemachte Land und hören die Ziegenglocken oben am Hang.

Ja, guten Tag, sagen sie, hier sind ja große Leute hergekommen. Die Lappen schmeicheln immer.

Ihr wißt wohl keine Magd für mich? versetzt Isak, denn er hat nur das eine im Kopf.

Eine Magd zur Hilfe? Nein. Aber wir wollen es weiter sagen. – Ja, wenn ihr so gut sein wollt. Und daß ich ein Haus und Ackerland und Vieh habe, aber keine Magd zur Hilfe, das sollt ihr sagen.

Ach, so oft er mit seinen Birkenrinden drunten im Dorfe war, hatte er nach dieser Magd zur Hilfe ausgeschaut, aber keine gefunden. Sie hatten ihn betrachtet, eine Witwe, ein paar ältere Mädchen, es aber nicht gewagt, ihm Hilfe zu versprechen; woher das kommen mochte, das begriff Isak nicht. Begriff er es wirklich nicht? Wer wollte bei einem Manne dienen, draußen im Ödland, meilenweit von den Menschen, ja eine Tagereise von der nächsten menschlichen Behausung entfernt! Und der Mann selbst war nicht die Spur lieb und hübsch, im Gegenteil, wenn er sprach, war er kein Tenor mit gen Himmel gerichteten Augen, sondern hatte eine etwas tierische und grobe Stimme.

Dann mußte er eben allein bleiben.

Im Winter machte er große Holztröge, verkaufte diese im Dorfe und kam mit Säcken voll Lebensmitteln und Werkzeug durch den Schnee zurück. Das waren harte Tage, ja er hatte eine schwere Last. Er hatte ja Haustiere, und die konnte er nicht längere Zeit verlassen. Wie hielt er es da? Die Not macht erfinderisch, sein Gehirn war stark und unverbraucht, und er übte es immer mehr. Das erste, was er tat, wenn er fortging, war, die Ziegen loszulassen, so daß sie an den Zweigen im Walde ihren Hunger stillen konnten. Aber er wußte auch noch einen anderen Ausweg. Er hängte am Fluß ein großes Holzgefäß auf und ließ ein kleines Rinnsal hineinlaufen; es dauerte vierzehn Stunden, bis dies Gefäß voll war. Wenn das Gefäß bis zum Überlaufen voll war, dann hatte es gerade das rechte Gewicht, daß es heruntersank, aber indem es sank, zog es an einer Leine, die mit dem Heuboden in Verbindung stand, eine Luke öffnete sich, drei abgemessene Geißenmahlzeiten fielen herunter, und die Tiere hatten ihre Nahrung.

Auf diese Weise machte er es.

Eine geistreiche Erfindung, ja vielleicht eine Eingebung von Gott, dem Manne war geholfen. Es ging gut bis in den Spätherbst, dann kam Schnee, dann Regen, dann wieder Schnee, dauernd Schnee; da wirkte die Einrichtung mit der Heuversorgung verkehrt, das Gefäß füllte sich mit Regenwasser und öffnete die Luke vor der Zeit. Der Mann deckte das Gefäß zu, dann ging es wieder eine Weile gut, aber als der Winter einsetzte, fror das Rinnsal ein, und die Einrichtung versagte gänzlich.

Da mußten die Ziegen und auch der Mann selbst entbehren lernen.

Das waren harte Tage, der Mann mußte Hilfe haben, hatte jedoch keine. Er wurde aber deshalb doch nicht ratlos. Er schaffte an seinem Heim weiter, machte ein Fenster in die Hütte, ein Fenster mit zwei Glasscheiben. Das war ein merkwürdiger und heller Tag in seinem Leben, als er nicht auf dem Herd Feuer anzünden mußte, um sehen zu können, nun konnte er drinnen sitzen bleiben und bei Tageslicht Tröge aus Holz anfertigen. Es wurde besser für ihn und lichter. Ach ja, Herrgott im Himmel! Er las nie in einem Buche, seine Gedanken beschäftigten sich aber oft mit Gott, er konnte nicht anders, Vertrauen und Ehrfurcht wohnten in seiner Seele. Der Sternenhimmel, das Rauschen des Waldes, die Einsamkeit, die Schneemassen, die Gewalten auf der Erde und über der Erde stimmten ihn oftmals am Tage nachdenklich und andächtig; er fühlte sich sündig und war gottesfürchtig, des Sonntags wusch er sich zur Ehre des Feiertages, arbeitete aber sonst wie alle Tage.

Der Frühling kam heran, er bebaute seinen kleinen Acker und steckte Kartoffeln. Er hatte jetzt einen größeren Viehbestand, jede Ziege hatte Zwillinge gebracht, es waren jetzt sieben Geißen, groß und klein zusammengerechnet. Mit der Zukunft vor Augen erweiterte er seinen Stall und setzte auch da ein paar Fensterscheiben ein. Es wurde heller und tagte in jeder Weise.

Eines Tages kam die Hilfe. Droben auf der Halde wanderte sie lange hin und her, ehe sie sich hervorwagte. Es wurde Abend, bis sie herankam, aber dann kam sie – ein großes, braunäugiges Mädchen; sie war so üppig und derb, mit festen guten Händen, mit Lappenschuhen an den Füßen, obgleich sie keine Lappin war, und mit einem Kalbfellsack auf dem Rücken. Sie war wohl schon etwas bei Jahren, höflich gesprochen, nahe an den Dreißigern.

Warum sollte sie sich denn fürchten? Sie grüßte, fügte jedoch rasch hinzu: Ich muß nur über die Berge, darum bin ich diesen Weg gegangen. – So, sagte der Mann. Er verstand sie nicht ganz, sie redete undeutlich und wendete überdies das Gesicht weg. – Ja, sagte sie. Und es ist ein sehr weiter Weg. – Ja, antwortete er. Willst du über das Gebirge? – Ja. – Was willst du dort? – Ich habe meine Leute dort. – So, hast du deine Leute dort? Wie heißt du? – Inger, und wie heißt du? – Isak. – So, Isak. Wohnst du hier? – Ja, ich wohne hier und habe es so, wie du hier siehst. – Das ist wohl nicht übel, sagte sie lobend.

Isak war im Denken ein ganzer Mann geworden, und nun kam ihm der Gedanke, daß sie wohl im Auftrag von jemand gekommen, ja daß sie direkt von zu Hause hierher gekommen sei und nicht weiter wolle. Sie hatte vielleicht gehört, daß ihm weibliche Hilfe fehle.

Komm herein und ruh dich aus! sagte er.

Sie traten in die Hütte, aßen von ihrem Mundvorrat und tranken von seiner Geißenmilch; dann kochten sie Kaffee, den sie in einer Blase bei sich hatte. Sie hatten es sehr behaglich beim Kaffee, ehe sie schlafen gingen. Nachts lag er da und war gierig nach ihr und bekam sie.

Am Morgen ging sie nicht wieder weg und den Tag über auch nicht; sie machte sich nützlich, melkte die Ziegen und scheuerte die Holzgefäße mit feinem Sand und machte sie sauber. Sie ging nie wieder fort. Inger hieß sie, Isak hieß er.

Nun begann ein anderes Leben für den einsamen Mann. Das einzige war, daß seine Frau undeutlich redete und wegen einer Hasenscharte immer das Gesicht wegwendete; aber das war nichts, um sich darüber zu beklagen. Ohne diesen verunstalteten Mund wäre sie wohl nie zu ihm gekommen, die Hasenscharte war sein Glück. Und er selbst, war er ohne Fehl? Isak mit dem rostigen Vollbart und dem zu untersetzten Körper, er war wie ein greulicher Mühlgeist, ja wie durch eine verzerrende Fensterscheibe gesehen. Und wer sonst ging mit einem solchen Ausdruck im Gesicht umher? Es war, als könne er jeden Augenblick eine Art von Barrabas loslassen. Es bedeutete schon viel, daß Inger nicht davonlief.

Sie lief nicht davon. Wenn er fort war und wieder heimkam, war Inger bei der Hütte, die beiden waren eins, die Hütte und sie.

Er hatte nun einen Menschen mehr zu versorgen, aber es lohnte sich, er konnte länger fort sein, er konnte sich rühren. Da war der Fluß, ein freundlicher Fluß, der neben seinem freundlichen Aussehen auch tief und raschen Laufes war; es war durchaus kein geringer Fluß, er mußte aus einem großen See droben im Gebirge kommen. Nun verschaffte Isak sich Fischgeräte und suchte diesen See auf, wenn er dann am Abend heimkam, brachte er eine ordentliche Anzahl Forellen und Alpensalme mit. Inger empfing ihn mit großer Verwunderung, sie war ganz überwältigt, schlug die Hände zusammen und rief: Um alles in der Welt! Sie merkte wohl, wie erfreut und stolz er über ihr Lob war, und da sagte sie noch mehr freundliche Worte: daß sie so etwas noch nie gesehen habe und gar nicht verstehe, wie er das zuwege bringen konnte.

Auch auf andere Weise war Inger ein Segen für ihn. Obgleich sie nicht gerade ein schönes Gesicht und Verstand im Kopfe hatte, so hatte sie doch bei einem ihrer Leute zwei Schafe mit ihren Lämmern stehen, und die holte sie. Das war das notwendigste, was jetzt in die Gamme gebracht werden konnte, Schafe mit Wolle und Lämmern, vier lebende Tiere, der Viehstand vermehrte sich im großen Stil, wunderbar war es, wie er zunahm. Inger holte außerdem noch ihre Kleider und andere Sachen, die ihr gehörten, einen Spiegel, eine Schnur mit einigen hübschen Glasperlen daran, Kartätschen und ein Spinnrad. Sieh, wenn sie so weiter machte, war bald alles voll vom Boden bis zur Decke, und die Gamme hatte nicht Raum für alles! Isak war natürlich sehr bewegt beim Anblick dieser irdischen Reichtümer; aber da er von Natur wortkarg war, fiel es ihm schwer, sich darüber auszusprechen, er ging hinaus vors Haus, sah nach dem Wetter und kam wieder herein. Ja, gewiß hatte er großes Glück gehabt, und er fühlte immer mehr einen heißen Drang in sich aufsteigen, Zuneigung oder Liebe, oder was es nun genannt werden konnte.

Du brauchst nicht so viel mitzubringen, sagte er. – Ich habe sogar anderswo noch mehr. Und dann habe ich den Oheim Sivert, den Bruder meiner Mutter, hast du von ihm gehört? – Nein. – Das ist ein reicher Mann, er ist Bezirkskassierer der Gemeinde.

Die Liebe macht den Klugen dumm; Isak wollte sich auf seine Weise angenehm zeigen, und da tat er zu viel.

Was ich sagen wollte, begann er; du sollst die Kartoffeln nicht hacken. Ich werde sie hacken, wenn ich heute abend heimkomme.

Damit nahm er die Axt und ging in den Wald. Sie hörte ihn im Walde Bäume fällen, es war nicht weit weg, und sie hörte am Krachen, daß er große Stämme fällte. Nachdem sie eine Weile zugehört hatte, ging sie hinaus und hackte die Kartoffeln. Die Liebe macht den Dummen klug.

Am Abend kam er mit einem großen Balken an, den er an einem Seil hinter sich herschleppte. Ach, der grobe, treuherzige Isak, er machte so viel Lärm mit dem Balken, als er nur konnte, räusperte sich und hustete, damit sie herauskommen und sich nicht wenig über ihn verwundern sollte.

Ganz richtig, als er daherkam, rief sie auch: Ich glaube, du bist verrückt! Du bist doch wohl ein Mensch! sagte sie. Der Mann erwiderte nichts. Das fiel ihm nicht ein. Im Vergleich zu einem Baumstamm etwas mehr als ein Mensch zu sein, das war nicht der Rede wert. – Und wozu willst du denn den Stamm? fragte sie. – Ach, das weiß ich selbst noch nicht, antwortete er wichtigtuend.

Aber jetzt sah er, daß sie die Kartoffeln schon gehackt hatte, und dadurch zeigte sie sich fast ebenso tüchtig wie er. Das war jedoch nicht nach seinem Sinn, da machte er das Seil von dem Baumstamm los und ging damit fort. Gehst du wieder fragte sie. – Ja, antwortete er beleidigt.

Er kam mit einem zweiten Baumstamm daher, schnaufte nicht, lärmte nicht, sondern zog ihn nur wie ein Ochse bis zur Gamme heran und ließ ihn da liegen.

Im Laufe des Sommers schleppte er noch viele Baumstämme vor die Gamme.

2

Eines Tages legte Inger wieder Mundvorrat in ihren Kalbfellsack und sagte: Jetzt mach ich wieder einen kurzen Besuch bei meinen Leuten. – So, sagte Isak. – Ja, ich muß nur einiges mit ihnen besprechen.

Isak ging nicht zugleich mit ihr hinaus, sondern zögerte noch lange in der Gamme. Als er endlich auf die Schwelle trat und gar nicht neugierig tat, aber voll banger Ahnungen war, verschwand Inger gerade am Waldesrand. Hm. Kommst du wieder? konnte er nicht unterlassen, ihr nachzurufen. – Nicht wiederkommen! erwiderte sie. Ich glaube, du spottest. – So.

Dann war er wieder allein. Ach ja, Herrgott im Himmel! Mit seinen Arbeitskräften und seiner Arbeitslust konnte er nicht nur in der Gamme aus und ein gehen und sich nur selbst im Wege sein, da fing er an zu arbeiten; er zweigte seine Baumstämme ab und hieb sie auf zwei Seiten flach. Bis zum Abend schaffte er daran, dann melkte er die Ziegen und legte sich schlafen.

Öde und stille war's in der Gamme, dumpfes Schweigen schlug ihm entgegen vom Lehmboden und von den Torfwänden. Aber das Spinnrad und die Kartätschen waren an ihrem Platz, und die Perlen an ihrem Faden lagen wohlverwahrt in einem Beutel unter dem Dach. Inger hatte nichts mitgenommen. Isak war jedoch so unendlich dumm, daß er sich in der hellen Sommernacht vor der Dunkelheit fürchtete und bald dies, bald das an den Fensterscheiben vorbeischleichen sah. Als es nach der Helligkeit draußen ungefähr zwei Uhr sein mochte, stand er lieber wieder auf und aß sein Frühstück. Er kochte eine ungeheuere Schüssel Grütze, gleich für den ganzen Tag, damit er nicht noch mehr Zeit aufs Kochen verwenden müßte. Bis zum Abend brach er zur Erweiterung des Kartoffelackers Neuland um.

Drei Tage lang behaute er abwechslungsweise Baumstämme und brach Land um, am nächsten Tag kam dann wohl Inger. Es wäre nicht zuviel, wenn er bei ihrer Ankunft Fische für sie bereit hätte, dachte er; aber er wollte sich nicht auf den Weg machen und ihr geradeswegs übers Gebirge entgegengehen, deshalb machte er einen Umweg nach dem Fischplatz. Dabei kam er in unbekannte Gegenden des Gebirges, da waren nun graue Felsen und braunes Geröll, ganz schwere Steine, die aus Blei oder Kupfer sein konnten. Vieles konnte in diesen

Steinen enthalten sein, vielleicht Silber und Gold; er verstand sich jedoch nicht darauf, und so konnte es ihm einerlei sein. Er kam an das Fischwasser; die Fische bissen bei dem schnakenvollen Wetter in dieser Nacht gut an, es gab wieder eine schwere Menge Salme und Forellen, und Inger würde aufschauen. Als er bei Tagesanbruch auf demselben Umweg, auf dem er hergekommen war, wieder zurückging, nahm er ein paar Stücke von dem Geröll mit, sie waren braun mit dunkelblauen Flecken darin und gewaltig schwer.

Inger war nicht gekommen und kam auch nicht. Nun war es schon der vierte Tag. Er melkte die Ziegen wie damals, wo er noch allein mit ihnen gewesen war und niemand anderen zu dieser Arbeit hatte, dann ging er zur Geröllhalde und trug große Haufen zu einer Mauer passender Steine auf den Hofplatz. Er hatte wahrlich vielerlei Arbeit.

Am fünften Abend ging er mit leisem Mißtrauen im Herzen zu Bett, im übrigen waren ja aber das Spinnrad und die Kartätschen noch da und auch die Perlen. Dieselbe Öde in der Hütte und nirgends ein Laut! Das wurden lange Stunden, und als er endlich eine Art Schritt draußen vernahm, dachte er, das sei nur etwas, was er sich einbilde. Ach ja, Herrgott im Himmel! sagte er in seiner Verlassenheit, und solche Worte sprach Isak nicht, wenn er sie nicht wirklich meinte. Jetzt hörte er die Schritte aufs neue, und kurz nachher sah er etwas am Fenster vorbeigleiten, was es nun auch sein mochte, aber etwas mit Hörnern war es, leibhaftig! Er sprang auf und zum Hause hinaus, und da sah er etwas! Gott oder Teufel! murmelte er, und so etwas sagte Isak nicht, ohne daß er sich dazu gezwungen fühlte. Er sah eine Kuh, Inger und eine Kuh, die im Stalle verschwanden.

Wenn er nun nicht Inger im Stall noch leise mit der Kuh hätte reden hören, hätte er wahrlich seinen Augen nicht getraut, aber er hörte sie, und im selben Augenblick stieg ihm eine böse Ahnung auf: Himmel! Natürlich war sie eine ausgezeichnete, verteufelte Frau, aber zu viel war zu viel. Spinnrad und Kartätsche, das mochte hingehen, die Perlen waren bedenklich vornehm, aber auch die mochten hingehen. Aber eine Kuh, vielleicht auf einem Weg oder auf der Weide eines Bauern gefunden, die von dem Besitzer vermißt wurde und nach der man forschen würde!

Jetzt trat Inger wieder aus dem Stall und sagte stolz lächelnd: Ich habe nur meine Kuh mitgebracht! – So, erwiderte er. – Es dauerte so lange, weil ich nicht rascher mit ihr übers Gebirge konnte; sie ist trächtig. – Hast du eine Kuh mitgebracht? sagte er. – Ja, antwortete sie, und war vom Reichtum dieser Erde bis zum Zerspringen erfüllt. Oder meinst du, ich lüge dich an? sagte sie. Isak fürchtete das Schlimmste, hielt sich aber im Zaum und sagte nur: Komm jetzt herein und iß etwas.

Hast du die Kuh gesehen? Ist sie nicht schön? – Prächtig. Woher hast du sie? fragte er so gleichgültig als er konnte. – Sie heißt Goldhorn. Was willst du mit der Mauer, die du da aufgeführt hast? Du schindest dich noch zu Tode, ja das tust du. Ach, komm und sieh dir die Kuh an!

Sie gingen hinaus, Isak war in Unterkleidern, aber das tat nichts. Sie betrachteten die Kuh unendlich genau und von allen Seiten, den Kopf, das Euter, das Kreuz, die Lenden; rot und weiß, gut gebaut.

Isak sagte vorsichtig: Für wie alt hältst du sie? – Halten? entgegnete Inger. Sie ist ganz genau, aufs Tüpfelchen genau im vierten Sommer. Ich habe sie selbst aufgezogen, und alle sagten damals, es sei das netteste Kalb, das sie von ihrer Kindheit an gesehen hätten. Was meinst du, haben wir Futter für sie?

Isak fing an, das zu glauben, was er gerne glauben wollte, und erklärte: Was das Futter betrifft, so werden wir genug für sie haben.

Dann gingen sie hinein und aßen und tranken und legten sich zur Ruhe. Aber sie redeten noch lange von der Kuh, von dem großen Ereignis. Ja, aber ist es nicht eine schöne Kuh? Jetzt bekommt sie das zweite Kalb. Sie heißt Goldhorn. Schläfst du, Isak? – Nein. – Und denk dir, sie hat mich sofort wieder erkannt und ist mir gestern wie ein Lamm gefolgt. Wir haben heute nacht eine Weile auf dem Gebirge ausgeruht. – So. – Wir müssen sie aber den ganzen Sommer auf der Weide anbinden, sonst reißt sie aus, denn Kuh ist Kuh. – Wo ist sie vorher gewesen? fragte Isak schließlich. – Bei meinen Leuten, die haben sie versorgt. Sie wollten sie nicht hergeben, und die Kinder weinten, als ich sie mitnahm.

War es möglich, daß Inger so herrlich lügen konnte? Sie sprach natürlich die Wahrheit, und die Kuh gehörte ihr. Nun wurde es großartig und behaglich auf dem Hofe, bald gab es nichts mehr, was noch fehlte! O diese Inger, er liebte sie, und sie liebte ihn wieder, sie waren genügsam, sie lebten im Zeitalter des Holzlöffels und hatten es gut. Wir wollen schlafen! dachten sie. Und dann schliefen sie. Bei Morgengrauen erwachten sie zum nächsten Tag; es gab wohl allerlei, mit dem man sich abplagen mußte, jawohl, Kampf und Freude, wie das Leben eben ist.

Da waren nun zum Beispiel diese Balken. Sollte er versuchen, sie aufzulegen? Isak hatte sich wohl umgesehen, als er im Dorfe war, und sich die Bauart ausgedacht, er konnte eine Eckfuge aushauen. Und mußte er es nicht durchaus tun? Jetzt waren Schafe auf den Hof gekommen, eine Kuh war gekommen, der Ziegen waren es viele geworden und würden immer mehr werden, der Viehstand sprengte den einen Raum der Gamme, er mußte einen Ausweg finden. Am besten war es, er fing gleich an, so lange die Kartoffeln blühten und die Heuernte noch nicht begonnen hatte; Inger mußte da und dort mit Hand anlegen.

In der Nacht erwacht Isak und steht auf. Inger schläft, fest und tief schläft sie nach ihrer Wanderung. Er geht wieder in den Stall. Jetzt redet er die Kuh ja nicht so an, daß es in widerliche Schmeicheleien übergeht, aber er tätschelt sie freundlich und untersucht sie aufs neue nach allen Richtungen, ob sie nicht irgendein Merkmal, ein Zeichen von einem fremden Eigentümer habe. Aber er findet kein Zeichen und geht erleichtert fort.

Da liegt das Bauholz. Er fängt an, es auseinander zu rollen, es in einem Viereck auf die Mauer zu heben, ein großes Viereck für die Stube und ein kleines Viereck für die Kammer. Es war sehr unterhaltend und nahm ihn so in Anspruch, daß er darüber die Zeit vergaß. Jetzt rauchte es aus dem Dachloch der Gamme, Inger trat heraus und meldete, das Frühstück sei fertig. Und was hast du denn hier vor? fragte sie. – Bist du aufgestanden? erwiderte Isak.

Seht, dieser Isak, er tat sehr geheimnisvoll, aber es gefiel ihm gut, daß sie fragte und neugierig war und ein Wesen aus seinem Vorhaben machte. Als er gegessen hatte, blieb er noch ziemlich lange in der Gamme sitzen, ehe er wieder hinausging. Worauf wartete er?

Nein, ich bleibe hier sitzen! sagte er schließlich und stand auf. Und ich habe doch so viel zu tun! sagte er. – Baust du ein Haus? fragte sie. Kannst du nicht antworten? – Er antwortete aus Gnade, ja er fühlte sich außerordentlich groß, weil er ein Haus baute und dem Ganzen vorstand, deshalb antwortete er: Du siehst doch wohl, daß ich baue. – So. Ja, ja. – Kann ich denn anders? sagte er. Du kommst wahrhaftig mit einer ganzen Kuh daher, und da muß ich doch einen Stall für sie haben.

Arme Inger, sie war nicht so unmenschlich klug wie er, wie Isak, der Herr der Schöpfung. Und es war, ehe sie ihn kennen lernte, ehe sie seine Art zu sprechen verstand. Inger sagte: Aber du wirst doch nicht am Ende einen Stall bauen? – So, sagte er. – Du führst mich wohl an, denn es wäre ja viel besser, du bautest ein

Haus. – So, meinst du das? erwiderte er und sah sie mit verstellt ausdrucksloser Miene an, ja, als ob ihm bei ihrer Frage erst ein Licht aufginge.– Ja, dann können die Tiere die Gamme bekommen. – Er überlegte und sagte dann: Ich glaube wirklich, so wird es am besten sein! – Da siehst du, sagte die siegende Inger, ich bin auch nicht so ganz auf den Kopf gefallen. – Nein. Und was meinst du zu einer Kammer neben der Stube? – Eine Kammer? Dann wäre es bei uns wie bei anderen Leuten. Ja, wenn uns das widerfahren würde.

Und es widerfuhr ihnen. Isak baute und hieb Eckfugen aus; er legte die Balken im Viereck, und zugleich mauerte er eine Feuerstelle aus dazu passenden Steinen; aber diese letzte Arbeit gelang ihm am wenigsten, und er war zuzeiten recht unzufrieden mit sich. Als die Heuernte begann, muß er von seinem Bauwerk heruntersteigen, um weitum in den Halden das Gras zu mähen; danach trug er das Heu in ungeheueren Lasten nach Hause.

An einem Regentag sagte Isak, er müsse hinunter ins Dorf.

Was willst du dort? fragte Inger. – Ich weiß es selbst nicht genau, antwortete er.

Er ging, war zwei volle Tage abwesend und brachte dann einen Kochherd angeschleppt – der Prahm kam durch den Wald dahergesegelt mit einem Kochherd auf dem Rücken.

Du bist nicht wie ein Mensch gegen dich selbst, sagte Inger. Nun riß Isak die Feuerstelle, die sich in dem neuen Haus so schlecht ausnahm, wieder ein und stellte den Herd an ihren Platz. Nicht alle Leute haben einen Kochherd, sagte Inger, und nun haben wir einen! sagte sie.

Die Heuernte ging ihren Gang, Isak brachte Heu in Massen heim, denn Waldgras ist leider nicht dasselbe wie Wiesengras, sondern viel geringer. Nun konnte er bloß an Regentagen an seinem Haus bauen, da ging es langsam vorwärts, und im August, als Isak alles Heu unter dem Felsenhang wohl geborgen hatte, war das neue Haus erst halb gebaut.

Im September sagte Isak zu Inger: So geht es nicht, ich glaube, du mußt hinunter ins Dorf gehen und mir einen Mann zur Hilfe holen. Inger aber war in der letzten Zeit etwas schweratmig geworden und konnte nicht mehr so schnell laufen, doch machte sie sich selbstverständlich fertig, seinen Auftrag auszurichten.

Aber indessen hatte der Mann es sich anders überlegt, er wurde wieder hoffärtig und wollte alles allein machen. Es ist nicht der Mühe wert, die Leute darum anzugehen, sagte er, ich bringe es schon allein fertig. – Nein, du kannst es nicht schaffen, versetzte Inger. – Doch, hilf mir nur mit den Balken.

Als der Oktober herangekommen war, sagte Inger: Ich kann nicht mehr! Das war nun sehr schlimm. Die Dachbalken sollten und mußten aufgesetzt werden, damit das Haus gedeckt wurde, ehe die Herbstregen einsetzten, es war höchste Zeit. Was hatte Inger nur? Sie wurde doch nicht krank?

Wohl bereitete sie ab und zu noch Ziegenkäse, sonst aber leistete sie nichts mehr, als die Kuh Goldhorn auf der Weide viele Male am Tage an einen andern Platz anzubinden. – Bring einen großen Korb oder eine Kiste oder so etwas mit, wenn du wieder ins Dorf gehst, hatte Inger gesagt. – Was willst du damit? fragte Isak. – Ich brauche es, antwortete sie nur.

Isak zog die Dachbalken an Seilen hinauf, und Inger schob mit einer Hand nach; es war, als helfe es schon, wenn sie nur dabei war. Allmählich ging es doch vorwärts, es war ja kein sehr hohes Dach, aber die Balken waren abenteuerlich groß und dick für das kleine Haus.

Das gute Herbstwetter hielt sich einigermaßen, Inger hackte alle Kartoffeln allein heraus, und Isak bekam das Haus unter Dach, ehe der Regen endgültig einsetzte. Die Ziegen waren jetzt schon nachts bei den Menschen in der Hütte drinnen, auch das ging, alles ging. Die Menschen klagten nicht darüber. Isak machte sich wieder zu einem seiner Gänge ins Dorf fertig. Du solltest für mich einen großen Korb oder eine Kiste mitbringen, sagte Inger wieder, und es klang wie ein demütiger Wunsch. – Ich habe mir einige Fenster mit Glasscheiben bestellt, die ich holen muß, erwiderte Isak. Und ich habe auch zwei angestrichene Türen bestellt, fügte er überlegen hinzu. – Nun ja, dann muß der Korb eben warten. – Was willst du mit dem? – Was ich damit will? Ja, hast du denn keine Augen im Kopf?

In tiefe Gedanken versunken, ging Isak seines Wegs dahin, und als er nach zwei Tagen zurückkam, brachte er nicht allein ein Fenster, eine Tür zur Wohnstube und eine Tür zur Schlafkammer mit, sondern über die Brust herunter hing ihm auch die Kiste für Inger, und in der Kiste waren verschiedene Eßwaren.

Inger sagte: Wenn du dich nur nicht eines Tages noch zu Tode abschleppst! – Hoho, zu Tode! Isak war so unendlich weit davon entfernt, sich zu Tode zu schleppen, daß er aus seiner Tasche eine Arzneiflasche mit Naphtha zog und sie Inger mit der Ermahnung übergab, recht tüchtig davon zu trinken, damit sie wieder gesund werde. Und da waren nun die Fenster und die angestrichenen Türen, mit denen er großtun konnte, und er machte sich auch gleich daran, sie einzusetzen. Ach, diese kleinen Türen, und gebraucht waren sie auch schon, aber gemalt waren sie hübsch mit weißen und roten Farben, die schmückten die Stuben wie Bilder an den Wänden.

Jetzt zogen sie in das neue Haus ein, und der Viehbestand wurde in der ganzen Gamme verteilt. Zu der Kuh wurde ein Mutterschaf mit seinen Lämmern hineingestellt, damit sie es nicht gar so einsam hätte.

Die Leute auf dem Ödland hatten es nun weit gebracht, wunderbar weit!

3

Solange das Erdreich noch weich war, brach Isak Steine und Wurzelstöcke heraus und richtete sein Land fürs nächste Jahr, und als dann der Boden gefror, ging er in den Wald und fällte große Mengen Klafterholz.

Was willst du mit all dem Holz? konnte Inger fragen. – Das weiß ich nicht so genau, antwortete Isak; aber er wußte es recht wohl. Der alte düstere Urwald stand noch zu dicht ans Haus heran und versperrte jede Erweiterung des Wiesenlandes, außerdem wollte er das Klafterholz während des Winters auf irgendeine Weise ins Dorf hinunterschaffen und es an Leute verkaufen, die kein Brennholz hatten. Isak war überzeugt, daß das ein sehr guter Gedanke sei, deshalb fällte er fleißig Bäume und hieb sie zu Klafterholz zurecht. Inger kam oft heraus und sah ihm zu, er tat zwar, als sei ihm das gleichgültig und als sei das gar nicht notwendig von ihr, aber sie fühlte doch, daß sie ihm dadurch wohltat.

Manchmal fielen dabei merkwürdige Worte zwischen ihnen. Hast du nichts anderes zu tun, als hier herauszulaufen und dich zu Tode zu frieren? sagte Isak. – Ich friere nicht, antwortete Inger, aber du wirst dich noch krank schaffen. – Jetzt ziehst du gleich meine Jacke an, die dort drüben liegt. – Das fiele mir gerade noch ein, ich kann doch nicht hier bleiben, wenn Goldhorn eben am Kalben ist. – Ach so, Goldhorn ist am Kalben? – Hast du das nicht gewußt? Und was meinst du, sollen wir das Kalb aufziehen? – Das machst du, wie du willst, ich weiß es nicht. – Aber wir können doch das Kalb nicht aufessen, so viel ist gewiß. Denn dann hätten wir immer wieder nur eine einzige Kuh. – Und ich bin auch fest überzeugt, du möchtest gar nicht, daß wir das Kalb aufäßen, sagte Isak.

Diese einsamen Menschen, so ungeschlacht und zu sehr ihren Trieben ergeben, aber voller Güte gegeneinander, gegen das Vieh und gegen die Erde!

Dann brachte Goldhorn ein Kalb zur Welt. Das war ein bedeutungsvoller Tag im Ödland, eine überaus große Freude und ein großes Glück. Goldhorn bekam guten Mehltrank, und Isak sagte: Spar nicht am Mehl! obgleich er es auf seinem Rücken heraufgetragen hatte. Da lag nun ein hübsches Kalb, eine Schönheit von einem Kalb, rosig war es auch, sonderbar verwirrt nach dem Wunder, das es durchgemacht hatte. In ein paar Jahren würde es selbst Mutter sein. Dieses Kalb wird eine prachtvolle Kuh werden, sagte Inger, und ich weiß gar nicht, wie es heißen soll, sagte sie. Inger war etwas kindisch und hatte für so etwas nur eine schlechte Erfindungsgabe. – Heißen? sagte Isak. Du kannst keinen passenderen Namen finden als Silberhorn.

Nun fiel der erste Schnee, und sobald der Schnee fest und tragfähig war, zog Isak hinunter ins Dorf. Er tat geheimnisvoll wie immer und wollte Inger nicht sagen, was er im Sinn hatte. Und er kehrte zurück, zur größten Überraschung – mit Pferd und Schlitten. Ich glaube, du treibst deinen Scherz, sagte Inger, und du hast doch wohl das Pferd nicht genommen? – Ich, das Pferd genommen! – Gefunden, meine ich! Ach, wenn Isak jetzt hätte sagen können: mein Pferd, unser Pferd! Aber er hatte es nur für einige Zeit leihweise bekommen, er wollte sein Klafterholz mit ihm hinunterführen.

Isak fuhr Klafterholz ins Dorf und brachte dafür allerlei Eßwaren und Mehl und Heringe mit herauf. Und einmal kam er mit einem jungen Stier auf dem Schlitten, er hatte ihn unglaublich billig bekommen, weil im Dorf bereits Futtermangel herrschte. Mager und zottig war der Stier, und er konnte nicht so recht brüllen, aber er war keine Mißgeburt und würde sich bei guter Pflege bald herausmachen, er war eben zweijährig. Inger sagte: Du bringst doch alles mit.

Ja, Isak brachte alles; er brachte Planken und Bretter, die er für Klafterholz eingetauscht hatte, er brachte einen Schleifstein, ein Waffeleisen, Handwerkszeug, alles für Klafterholz eingetauscht. Inger schwoll vor Reichtum, und sie sagte jedesmal: Bringst du noch mehr? Jetzt haben wir einen Stier und alles, was wir uns nur denken können! – Und eines Tages antwortete Isak: Nein, jetzt bringe ich übrigens nichts mehr.

Sie hatten jetzt genug für lange Zeit und waren wohlgeborgene Leute. Was würde sich Isak nun im Frühjahr vornehmen? An die hundertmal hatte er es sich ausgedacht, wenn er hinter seiner Holzfuhre hergeschritten war: er wollte auf der Halde weiter umroden, wollte den Boden urbar machen, Klafterholz zurecht machen, es im Sommer trocknen lassen und im nächsten Winter noch einmal so viel hinunterfahren. Die Rechnung stimmte, es war kein Fehler darin. Und an die hundertmal hatte Isak auch an etwas anderes gedacht, nämlich an die Kuh Goldhorn. Woher kam sie, wem gehörte sie? So eine Frau wie Inger gab es nicht mehr, o sie war ein tolles Mädchen, und sie wollte alles, was er von ihr wollte und war zufrieden damit. Aber eines schönen Tages konnte jemand kommen und Goldhorn zurückverlangen und sie an einem Strick davonführen. Und viel Schlimmeres konnte daraus erwachsen. Du hast doch wohl das Pferd nicht genommen oder es gefunden? hatte Inger gesagt. Das war ihr erster Gedanke gewesen, man konnte ihr wohl nicht so recht glauben, und was sollte er tun? Daran hatte er gedacht. Hatte er nicht auch einen Stier für Goldhorn, vielleicht für eine gestohlene Kuh erstanden?

Und nun mußte das Pferd zurückgegeben werden. Das war schade, denn das Pferd war klein und rund und sehr zutraulich geworden. O ja, aber du hast schon sehr Großes damit geleistet, sagte Inger tröstend. – Aber im Frühjahr sollte ich eben das Pferd haben, da würde ich es so notwendig brauchen! versetzte Isak.

Im Morgendämmern fuhr er mit seiner letzten Holzladung langsam von zu Hause fort und blieb zwei volle Tage weg. Als er wieder zu Fuß heimwärts wanderte, hörte er vor dem Hause einen sonderbaren Ton. Was konnte das sein? Er blieb lauschend stehen. Kindergeschrei – ach ja, Herrgott im Himmel, es war nicht anders, aber es war schrecklich und sonderbar, und Inger hatte nichts gesagt.

Er trat ein und sah zuerst die Kiste, die vielbesprochene Kiste, die er auf seiner Brust heraufgetragen hatte! Sie hing nun an zwei Stricken vom Dachfirst herunter und war eine Wiege und eine Schaukel für das Kind. Inger ging halbangekleidet umher, ja, sie hatte wahrhaftig auch die Kuh und die Ziegen gemolken!

Als das Kind schwieg, fragte Isak: Hast du das alles schon getan? – Ja, jetzt ist es getan. – So. – Es kam an dem Tag, an dem du wegfuhrst, am Abend. – So. – Ich mußte mich nur noch recken, um die Kiste aufzuhängen, dann war alles vorbereitet; aber das konnte ich nicht ertragen, es wurde mir übel danach. –

Warum hast du mir nichts davon gesagt? – Konnte ich denn die Zeit so genau wissen? Es ist ein Junge. – Ach so, es ist ein Junge. – Und wenn ich jetzt nur wüßte, wie er heißen soll! sagte Inger.

Isak durfte das kleine rote Gesicht sehen; es war wohlgeformt und hatte keine Hasenscharte, und es hatte dichtes Haar auf dem Kopf. Ein hübscher kleiner Kerl war er, seinem Stand und seiner Stellung nach, wie er da in seiner Kiste lag. Isak war es ganz seltsam zumute, und er fühlte sich ordentlich schwach; der Mühlengeist stand vor dem Wunder; es war einmal in einem heiligen Nebel entstanden, es zeigte sich im Leben mit einem kleinen Gesicht wie ein Sinnbild. Tage und Jahre würden das Wunder zu einem Menschen machen.

Komm und iß etwas, sagte Inger ...

Isak fällt Bäume und schichtet Klafterholz. Er ist jetzt weiter gekommen, als er war. Er hat eine Säge. Er sägt Brennholz, und die Klafterbeugen werden gewaltig groß, er macht eine Straße aus ihnen, ein ganzes Dorf. Inger ist jetzt mehr ans Haus gebunden und kann den Mann nicht bei seiner Arbeit besuchen, aber dafür macht Isak kleine Abstecher zu ihr. Putzig mit so einem winzigen Kerl in einer Kiste! Es konnte Isak nicht einfallen, sich um ihn zu kümmern, und außerdem war es ja nur ein kleiner Wurm, mochte er da liegen bleiben! Aber man war doch ein Mensch und konnte das Geschrei nicht teilnahmslos mit anhören, so ein kleines Geschrei.

Nein, faß ihn nicht an! sagte Inger. Denn du hast gewiß Harz an den Händen, sagt sie. – Ich, Harz an den Händen? Du bist wohl verrückt! erwiderte Isak. Seit das Haus fertig geworden ist, habe ich kein Harz mehr an den Händen gehabt. Gib den Jungen her, dann will ich ihn in Schlaf wiegen! – Nein, jetzt ist er gleich still ...

Im Mai kommt eine fremde Frauensperson übers Gebirge zu der einsamen Ansiedlung; sie ist eine Verwandte von Inger und wird gut aufgenommen. Sie sagt: Ich wollte nur sehen, wie es Goldhorn geht, seit sie von uns fortgekommen ist! – Die Leute fragen nicht viel nach dir, nach so einem kleinen Kerl, flüstert Inger betrübt dem Kinde zu. – Ach, er – nun das seh ich ja, wie es ihm geht. Es ist ein prächtiger Junge, das seh ich! Und wenn mir jemand das vor einem Jahr gesagt hätte, daß ich dich hier wiederfinden würde, Inger, mit Mann und Kind und Haus und allem übrigen! – Von mir sollst du nicht reden, das ist nicht der Mühe wert. Aber da ist nun er, der mich so genommen hat wie ich war! – Seid ihr getraut? So, ihr seid noch nicht getraut? – Aber wir werden jetzt sehen, wenn der Kleine getauft wird, sagt Inger. Wir haben uns schon trauen lassen wollen, aber es hat sich nicht einrichten lassen. Was sagst du dazu, Isak? – Ja, trauen lassen – versteht sich. – Kannst du nicht nach der Heuernte hierherkommen, Oline, und das Vieh versorgen, während wir die Reise machen? fragte Inger. – O doch, das versprach der Besuch. – Wir werden dich dafür schadlos halten. – Ja, das wisse sie wohl ... Und nun wollt ihr noch weiter bauen, sehe ich. Was baut ihr denn? Habt ihr noch nicht genug? – Inger schüttelt den Kopf und sagt: Ja, frag du ihn, ich bekomme es nicht zu wissen. – Was ich baue? sagt Isak, es ist nicht der Rede wert. Einen kleinen Schuppen, für den Fall, daß ich einen brauche. Aber du hast ja nach Goldhorn gefragt, willst du sie sehen? fragt er den Gast.

Sie gehen in den Stall, Kuh und Kalb werden gezeigt. Der Stier ist ein prächtiges Stück Vieh, der Gast nickt wohlgefällig über das Vieh und den Stall, sagt, sie seien von bester Art, und die ausgesuchte Reinlichkeit, die sei großartig. Ich stehe bei Inger für alles ein, was gute und erfahrene Behandlung der Tiere betrifft, sagte die Verwandte.

Isak fragt: So, also die Kuh Goldhorn ist vorher bei dir gewesen? – Ja, von ihrer Geburt an! Ja, nicht gerade bei mir, sondern bei meinem Sohn; aber das ist dasselbe. Wir haben sogar noch ihre Mutter in unserm Stall!

Isak hatte seit langer Zeit keine angenehmere Botschaft gehört, und ein Stein fiel ihm vom Herzen, jetzt war Goldhorn mit Recht seine und Ingers Kuh. Um die Wahrheit zu sagen, so hatte er sich halb und halb den traurigen Ausweg aus seiner Ungewißheit ausgedacht gehabt, Goldhorn im Herbst zu schlachten, die Haare von der Haut zu schaben, die Hörner in der Erde zu vergraben und so jegliche Spur von der Kuh Goldhorn zu vertilgen. Jetzt war dies unnötig. Er wurde so stolz auf Inger, daß er sagte: Reinlich? Ja, so wie sie gibt es keine mehr. Es muß mir wahrhaftig vorher bestimmt gewesen sein, daß ich eine vermögliche Frau bekommen sollte! – Das war nicht anders zu erwarten! sagt die Verwandte.

Diese Frau von jenseits des Gebirges, eine freundliche Person mit wohlgesetzter Rede, ein verständiges Menschenkind namens Oline, sie blieb nun ein paar Tage da und schlief in der Kammer nebenan. Als sie wieder fortging, bekam sie etwas Wolle von Ingers Schafen, die sie jedoch, einerlei aus welchem Grunde, vor Isak verbarg.

Das Kind, Isak und die Frau – die Welt wurde dann wieder dieselbe, tägliche Arbeit, viele kleine und große Freuden, Goldhorn gab reichlich Milch, die Ziegen hatten junge Zicklein und gaben auch reichlich Milch, Inger verfertigte eine Reihe weißer und roter Käse und stellte sie zum Reifen auf. Ihr Plan war, so viele Käslaibe herzustellen, daß sie sich einen Webstuhl dafür kaufen konnte – o diese Inger, sie konnte weben!

Und Isak baute einen Schuppen, auch er hatte wohl einen Plan. Er errichtete den neuen Anbau an die Gamme mit einer doppelten Bretterwand, machte eine Tür hinein und ein nettes kleines Fenster mit vier Scheiben; dann legte er vorläufig ein Notdach darauf, und wartete mit der Birkenrinde, bis der Boden auftauen würde und er Wasen ausstechen könnte. Nur das Notwendigste wurde gemacht, kein Bretterboden, keine gehobelten Wände, aber Isak zimmerte einen Stand wie für ein Pferd und machte eine Krippe.

Es war schon Ende Mai, als die Sonne die Hügel aufgetaut hatte und Isak seinen Schuppen mit Vasen decken konnte; nun war das neue Gebäude fertig. Dann eines Morgens aß er eine Mahlzeit, die einen Tag ausreichen konnte, nahm außerdem noch Mundvorrat mit, legte Hacke und Spaten über die Schulter und ging ins Dorf.

Kannst du vier Ellen Zitz mitbringen? rief ihm Inger nach. – Was willst du damit? versetzte Isak.

Es sah aus, als wollte er für immer fortbleiben. Inger sah jeden Tag nach dem Wetter, nach der Windrichtung, als erwarte sie ein Schiff, ging in der Nacht hinaus und lauschte, sie dachte daran, das Kind auf den Arm zu nehmen und ihm nachzulaufen. Endlich kehrte er zurück mit Pferd und Wagen. Ptro! sagte Isak laut vor der Tür, und obgleich das Pferd ruhig und fromm dastand und wiedererkennend nach der Hütte wieherte, rief Isak ins Haus hinein: Kannst du herauskommen und das Pferd ein wenig halten!

Inger kam heraus. Was ist das? rief sie. Sag, hast du es wirklich wieder entlehnen können? Wo bist du denn die ganze Zeit gewesen? Heut ist der siebente Tag. – Wo sollte ich gewesen sein? Ich mußte an vielen Stellen erst den Weg bahnen, um mit meinem Wagen durchzukommen. Halt das Pferd ein wenig, hab ich gesagt! – Mit deinem Wagen? Du hast doch, soviel ich weiß, den Wagen nicht gekauft?

Isak blieb stumm, ganz geschwollen vor Stummheit. Er fängt an, den Karren abzuladen; Pflug und Egge, die er sich angeschafft hat, Nägel, Eßwaren, einen Spaten, einen Sack voll Saatkorn. Wie geht es dem Kinde? fragt er.

Das Kind leidet keine Not. Hast du den Karren gekauft? frage ich. Und ich quäle und quäle mich um einen Webstuhl ab, sagt sie richtig scherzhaft, so froh war sie, daß er wieder daheim war.

Isak schwieg wieder eine lange Weile und war mit sich selbst beschäftigt. Er überlegte und schaute sich um, wo er alle die Waren und die Geräte unterbringen sollte. Es schien gar nicht so leicht, auf dem Hofe Platz für alles zu finden. Aber als Inger es aufgab, noch weiter zu fragen und statt dessen mit dem Pferde plauderte, brach Isak das Schweigen und sagte: Hast du schon einen Hof ohne Pferd und Wagen und Pflug und Egge und alles, was noch dazu gehört, gesehen? Und da du es wissen willst, ja, ich habe das Pferd und den Karren und alles, was darauf ist, gekauft. – Danach konnte Inger nur den Kopf schütteln und sagen: Um alles in der Welt!

Und nun war Isak nicht klein und verzagt, es war, als habe er wie ein großer Herr für Goldhorn bezahlt: Bitte – in runder Summe meinerseits ein Pferd! Er war so muskelstark, daß er den Pflug noch einmal aufnahm, ihn mit einer Hand an die Hauswand trug und da aufstellte. So ein Herrscher war er! Und dann trug er die Egge, den Spaten, eine neue Heugabel, die er gekauft hatte, alle die teueren landwirtschaftlichen Geräte, die Kleinode, in den Neubau. Großartig, o volle Ausrüstung, jetzt fehlte nichts mehr!

Hm. Und es wird wohl auch zu einem Webstuhl reichen, sagte er, vorausgesetzt, daß ich gesund bleibe. Da ist der Zitz, sie hatten nichts anderes als diesen blauen Kattun.

Er war grundlos und schöpfte immer mehr. So war's immer, wenn er vom Dorf kam.

Inger sagte: Es war recht schade, daß die Oline nicht das alles zu sehen bekam, solange sie hier war.

Lauter Getue und Eitelkeit von seiten des Weibes, und der Mann lächelte verächtlich über ihre Worte. O, aber er hätte gewiß nichts dagegen gehabt, wenn Oline diese ganze Herrlichkeit gesehen hätte.

Das Kind weinte.

Geh wieder zu dem Jungen hinein, sagte Isak. Denn nun hat sich das Pferd beruhigt.

Er spannt aus und führt das Pferd in den Stall hinein – stellte sein Pferd in den Stall. Er füttert und striegelt es und liebkost es. Was er für Pferd und Karren schuldig war? Alles, die ganze Summe, eine sehr große Schuld, aber sie sollte nicht älter werden, als bis Ende des Sommers. Er hatte Klafterholz dafür, etwas getrocknete Birkenrinde zum Bauen vom vorigen Jahr und schließlich noch einige gute Stämme. Aber das hielt nicht vor. Als sich später die Spannkraft und der kecke Mut etwas gelegt hatten, stellte sich manche bittere Stunde der Furcht und Besorgnis ein; jetzt kam alles auf den Sommer und den Herbst an!

Die Tage waren mit Feldarbeit ausgefüllt, mit immer mehr Feldarbeit! Er reinigte neue Strecken von Wurzeln und Steinen, pflügte sie um, düngte, pflügte, hackte, zerkleinerte Klumpen mit den Händen und mit den Absätzen, war überall ein fleißiger Ackermann und machte den Acker so glatt wie Plüsch. Dann wartete er ein paar Tage, und als es nach Regen aussah, säte er Korn.

Seit mehreren hundert Jahren hatten wohl seine Vorfahren Korn gesät. Das war eine Arbeit, die an einem milden, windstillen Abend in Andacht vollbracht wurde, am liebsten bei einem geeigneten feinen Staubregen, so es möglich war, am liebsten gleich wenn die Wildgänse gezogen kamen. Die Kartoffel war eine neue Frucht, da war nichts Geheimnisvolles dabei, nichts Religiöses. Frauen und Kinder konnten beim Legen dabei sein, beim Legen dieser Erdäpfel, die von einem fremden Lande kamen, gerade wie der Kaffee, ein großartiges, herrliches Lebensmittel, aber von der Familie der Rüben. Korn, das war das Brot, Korn oder nicht Korn, das war Leben oder Tod. Isak schritt barhäuptig und in Jesu Namen dahin und säte; er war wie ein Baumstumpf mit Händen, aber innerlich war er wie ein Kind. Auf jeden seiner Samenwürfe verwendete er größte Sorgfalt, er war freundlich und ergeben gestimmt. Seht, jetzt keimt das Korn und wird zu Ähren mit vielen Körnern, und so ist es auf der ganzen Welt, wenn Korn gesät wird. Im Morgenland, in Amerika, im Gudbrandstal – ach, wie groß die Erde ist, und das winzig kleine Feld, auf das Isak säte! Das war der Mittelpunkt von allem. Fächer von Körnern strahlten aus seiner Hand. Der Himmel war bewölkt und günstig, es sah nach einem ganz feinen Staubregen aus.

4

Zwischen Frühjahrs- und Herbstarbeit kamen und gingen die Tage, aber Oline kam nicht.

Isak hatte jetzt seine Felder bestellt, er richtete zwei Sensen und zwei Rechen zur Heuernte, machte einen langen Boden auf seinen Karren, damit er Heu darauf laden konnte, richtete sich auch Kufen und geeignetes Holz zu einem Arbeitsschlitten für den Winter her. Er machte viele gute Sachen. Und was zwei Borte an der Wand in der Stube betraf, so brachte er auch diese an, so daß man die verschiedensten Dinge darauf legen konnte, den Kalender, den er sich endlich gekauft hatte, und Quirle und Schöpfkellen, die nicht im Gebrauch waren. Inger sagte, diese beiden Bretter seien etwas außerordentlich Gutes.

Inger fand alles außerordentlich gut. Seht, Goldhorn wollte nun nicht mehr durchgehen, sondern sie vergnügte sich mit dem Kalb und dem Stier und weidete den lieben langen Tag im Walde. Seht, die Ziegen gediehen so, daß ihre schweren Euter fast auf dem Boden schleppten. Inger nähte ein langes Kleidchen aus blauem Kattun und ein Mützchen von demselben Stoff, es war das hübscheste, was man sehen konnte, es war der Taufanzug. Das Kind selbst lag ganz still da und verfolgte das Werk mit seinen Augen, es war schon ein rechter Junge geworden, und wenn er durchaus Eleseus heißen sollte, so wollte sich Isak auch nicht länger dagegen sträuben. Als das Kleidchen fertig war, hatte es eine zwei Ellen lange Schleppe, und jede Elle kostete ihr Geld, aber das half nichts, das Kind war nun einmal der Erstgeborene. – Wenn dein Perlenhalsband einmal getragen werden soll, so ist es wohl diesmal an der Zeit, sagte Isak. – O, Inger hatte auch schon an die Perlen gedacht, sie war nicht umsonst Mutter, sondern durchaus einfältig und stolz. Die Perlen reichten dem Jungen nicht um den Hals, aber sie würden vorne auf der Mütze hübsch aussehen, und da brachte sie sie an.

Aber Oline kam nicht.

Wäre es nicht wegen der Tiere gewesen, dann hätten alle Bewohner das Haus verlassen und mit dem getauften Kinde nach drei bis vier Tagen zurückkommen können. Und wäre es nicht wegen der Trauung gewesen, so hätte Inger allein reisen können. – Ob wir nicht die Trauung so lange verschieben könnten? sagte Isak. – Aber Inger antwortete: Es wird zehn bis zwölf Jahre dauern, bis Eleseus daheimbleiben und melken kann.

Nun, da mußte Isak seinen Verstand gebrauchen. Eigentlich war das Ganze nicht am Anfang begonnen worden und die Trauung war vielleicht ebenso notwendig wie die Taufe, was wußte er. Jetzt sah es nach Trockenheit aus, nach richtiger böser Trockenheit, wenn nicht bald Regen kam, verbrannte der Ertrag der Felder, aber alles stand in Gottes Hand. Isak machte sich fertig, ins Dorf hinunter zu eilen und sich nach einem Menschen zur Aushilfe umzusehen. Da mußte er wieder viele Meilen laufen.

All diese Beschwer einer Trauung und einer Taufe wegen! Die Leute im Ödland haben wirklich viele kleine und große Sorgen!

Dann kam Oline ...

Jetzt waren sie verheiratet und getauft, alles war in Ordnung, sie waren sogar darauf bedacht gewesen, sich zuerst trauen zu lassen, damit das Kind ehelich wurde. Aber die Trockenheit hielt an, und nun verbrannten die kleinen Kornäcker, verbrannten diese Plüschteppiche, und warum nur? Alles stand in Gottes Hand. Isak mähte seine Wiesenstücke, aber es stand kein hohes Gras darauf, obgleich der Boden im Frühjahr gedüngt worden war. Er mähte und mähte auch auf weitentfernten Halden und wurde nicht müde, zu mähen, zu trocknen und Futter heimzuführen, denn er hatte ja jetzt ein Pferd und einen großen Viehstand. Aber mitten im Juli mußte er auch das Korn zu Grünfutter mähen, zu anderem war es nicht zu gebrauchen. So, und nun kam es nur noch auf die Kartoffeln an.

Wie stand es mit der Kartoffel? War sie nur eine Kaffeeart aus fremdem Lande, die entbehrt werden konnte? O die Kartoffel ist eine unvergleichliche Frucht, sie steht draußen in Trockenheit, steht in Nässe, wächst aber doch. Sie trotzt dem Wetter und hält viel aus, bekommt sie nur eine einigermaßen gute Behandlung von den Menschen, so lohnt sie es fünfzehnfach. Seht, die Kartoffel hat nicht das Blut der Traube, aber sie hat das Fleisch der Kastanie, man kann sie braten und kochen und zu allem benutzen. Ein Mensch kann Mangel an Brot haben, hat er Kartoffeln, dann ist er nicht ohne Nahrung. Die Kartoffeln können in warmer Asche gebraten werden und ein Abendessen sein, sie können in Wasser gekocht werden und zum Frühstück dienen. Was brauchen sie an Zuspeise? Wenig. Die Kartoffeln sind genügsam, eine Schale Milch, ein Hering ist genug für sie. Der Reichtum ißt Butter dazu, die Armut taucht sie in ein bißchen Salz auf einem Teller. Isak verzehrte sie als Sonntagsspeise mit ein wenig Sahne von Goldhorns Milch. Die mißachtete, gesegnete Kartoffel!

Aber jetzt spukte es auch für die Kartoffel.

Unzählige Male am Tag sah Isak nach dem Himmel. Der Himmel war blau. Manchen Abend sah es nach einem Regenschauer aus. Dann ging Isak hinein und sagte: Möchte wissen, ob es nicht doch Regen gibt! Aber nach ein paar Stunden war alle Hoffnung wieder verschwunden.

Jetzt hatte die Trockenheit schon sieben Wochen gedauert, und die Hitze war sehr groß. Die Kartoffel stand in all dieser Zeit in voller Blüte, sie blühte unnatürlich und wunderbar prächtig. Die Äcker sahen von ferne aus wie Schneefelder. Wie sollte das schließlich werden? Der Kalender gab keinen Wink, der derzeitige Kalender war nicht mehr wie früher, der taugte gar nichts. Jetzt sah es wieder nach Regen aus, und Isak ging zu Inger hinein und sagte: Mit Gottes Hilfe wird nun heute nacht doch Regen kommen! – Sieht es nach Regen aus? – Ja, und das Pferd schüttelt sich im Geschirr.

Inger schaute zur Tür hinaus und sagte: Ja, jetzt wirst du sehen! – Ein paar Tropfen fielen. Die Stunden vergingen, die Leute legten sich zur Ruhe, und als Isak in der Nacht einmal hinausging, um nachzusehen, war der Himmel blau.

Ach du lieber Gott im Himmel! sagte Inger. Nun, dann wird morgen auch dein letztes Laub trocken, sagte sie und tröstete so gut sie konnte.

Jawohl, Isak hatte auch Laub gesammelt und besaß nun eine Menge vom besten Laub. Das war wertvolles Futter, er behandelte es wie Heu und bedeckte es mit Birkenrinde im Walde. Jetzt war nur noch ein kleiner Rest draußen, deshalb antwortete er Inger tief verzweifelt und gleichgültig: Ich nehme es nicht herein, und wenn es auch ganz austrocknet. – Du weißt nicht, was du redest, versetzte Inger.

Am nächsten Tag holte er es also nicht herein – da er es nun einmal gesagt hatte, holte er das Laub nicht herein. Es konnte draußen bleiben, es kam ja doch kein Regen, mochte es in Gottes Namen draußen sein! Er konnte es vor Weihnachten einmal hereinnehmen, wenn es bis dahin die Sonne nicht ganz und gar versengt hatte.

Ganz tief und vollständig gekränkt fühlte er sich, es war ihm keine Freude mehr, unter der Haustür zu sitzen und über seinen Grund und Boden hinzusehen und alles zu besitzen. Da standen nun die Kartoffeläcker, blühten wie verrückt und vertrockneten, dann mochte auch das Laub bleiben, wo es war, bitte! O, aber Isak – vielleicht hatte er mitten in seiner dicken Treuherzigkeit doch einen kleinen schlauen Hintergedanken, vielleicht tat er es aus Berechnung und wollte versuchen, jetzt beim Mondwechsel den blauen Himmel herauszufordern.

Am Abend sah es wiederum nach Regen aus. Du hättest das Laub hereinholen sollen, sagte Inger. – Warum denn? fragte Isak und tat äußerst unzugänglich. – Ja, ja, du spottest, aber es könnte jetzt doch Regen kommen. – Du siehst doch wohl, daß in diesem Jahr kein Regen kommt.

Aber in der Nacht war es doch, als würden die Glasscheiben ganz dunkel, und es war auch, als jage etwas dagegen und mache sie naß, was es nun auch sein mochte.

Inger erwachte und sagte: Es regnet! Sieh die Fenster an!– Isak schnaubte nur verächtlich und erwiderte Regen? Das ist kein Regen. Ich verstehe nicht, was du sagst. – Ach, du sollst nicht spotten, sagte Inger.

Isak spottete, ja. Und er betrog sich nur selbst. Gewiß regnete es, und zwar einen tüchtigen Schauer; aber als Isaks Laub ordentlich durchnäßt war, hörte es auf zu regnen. Der Himmel war wieder blau. Ich hab es ja vorher gesagt, daß kein Regen kommt, sagte Isak eigensinnig und recht sündhaft.

Für die Kartoffeln nützte dieser Regenschauer nichts, die Tage kamen und gingen. Der Himmel war blau. Da machte sich Isak an die Herstellung seines Holzschlittens. Er gab sich alle Mühe damit. Er beugte sein Herz und hobelte demütig Kufen und Stangen. Ach ja, Herrgott im Himmel! Seht, die Tage kamen und gingen ja, das Kind wuchs heran, Inger machte Butter und Käse, es war eigentlich nicht so schlimm, ein Mißjahr überlebten tüchtige Leute draußen im Ödland wohl. Und außerdem – als neun Wochen vergangen waren, kam auch richtiger, segensreicher Regen; einen ganzen Tag und eine ganze Nacht hindurch regnete es, sechzehn Stunden lang goß es in Strömen, die Himmel hatten sich geöffnet. Wenn es nun vierzehn Tage früher gewesen wäre, dann hätte Isak gesagt: Es ist zu spät. Jetzt aber sagte er zu Inger: Du wirst sehen, es hilft den Kartoffeln doch noch ein wenig auf. – O ja, antwortete Inger tröstend, es hilft ihnen noch ganz und gar.

Und dann sah es allmählich besser aus; jeden Tag fiel ein Regenschauer, das Gras wurde wieder grün wie durch Zauber, die Kartoffeln blühten, jawohl, und zwar mehr als zuerst, und an den Stengeln wuchsen große Beeren, und das war eigentlich ganz richtig, aber niemand wußte, was unten an den Wurzeln war; Isak wagte nicht, nachzusehen. Dann kam eines Tages Inger daher, und sie hatte unter einem Stock zwanzig kleine Kartoffeln gefunden. Und jetzt haben sie noch fünf Wochen zum Wachsen! sagte Inger. – Diese Inger, sie mußte immerfort trösten und gut zureden mit ihrer Hasenscharte! Und eine jämmerliche Stimme hatte sie, sie zischte, es war, wie wenn ein Ventil etwas Dampf herausläßt; aber ihr Trösten war eine Wohltat draußen im Ödland. Und eine lebensfrohe Natur hatte sie auch. – Wenn du noch eine Bettstatt zimmern könntest, sagte sie zu Isak. – So, sagte er. – Ja, ja, es eilt nicht gerade, sagte sie.

Sie machten sich an die Kartoffelernte und wurden nach altem Herkommen bis Michaelis damit fertig. Es wurde ein mittelmäßiges Jahr, ein gutes Jahr; es zeigte sich wieder, daß die Kartoffeln nicht so sehr vom Wetter abhängig sind, sondern viel aushalten und doch heranwachsen. Natürlich war es, wenn sie genau nachrechneten, nicht gerade ein so recht mittelmäßiges und gutes Jahr, aber in diesem Jahr konnten sie nicht so genau nachrechnen. Eines Tages war ein Lappe vorübergekommen und hatte sich über all die Kartoffeln auf der Ansiedelung sehr verwundert; in den Dörfern sei es viel schlimmer, sagte er.

Dann hatte Isak wieder einige Wochen vor sich, während der er Land roden konnte, ehe die Kälte einsetzte und der Boden gefror. Jetzt weidete das Vieh auf den Feldern und wo es wollte. Es machte Isak Freude, mit den Tieren zusammen zu arbeiten und ihre Glocken zu hören. Es hielt ihn zwar auch von der Arbeit ab, denn der Stier stieß gar zu gerne mit seinen Hörnern in die Laubhaufen hinein, oder die Geißen waren droben und drunten und überall, sogar auf dem Dach der Hütte.

Kleine und große Sorgen!

Eines Tages hörte Isak einen lauten Schrei. Inger steht vor dem Hause mit dem Kind auf dem Arm und deutet auf den Stier und die kleine Kuh Silberhorn; die sind Liebesleute. Isak wirft die Haue weg und rennt hinunter, aber es ist zu spät, das Unglück ist geschehen. Sieh die Hexe, die ist zeitig dran, erst ein Jahr alt, ein halbes Jahr zu früh, die Hexe, das Kind! Isak bringt sie in den Stall hinein, aber es ist wohl zu spät. Ja, ja, sagt Inger, es ist nun gewissermaßen gut, sonst wären beide Kühe im Herbst trächtig geworden. – Ach, diese Inger, nein, sie hatte keinen guten Kopf, aber sie hatte vielleicht gewußt, was sie tat, als sie am Morgen Silberhorn und den Stier zusammen herausließ.

Es wurde Winter, Inger kartätschte und spann, Isak fuhr Klafterholz zu Tal, ungeheuere Ladungen von trockenem Holz auf guter Schlittenbahn; alle Schulden wurden getilgt, Pferd und Wagen, Pflug und Egge gehörten nun ihm. Er fuhr mit Ingers Ziegenkäse zu Tal und brachte Webgarn, Webstuhl, Haspel und Scherbaum dafür nach Hause, und wieder brachte er Mehl und Eßwaren, und wieder Bretter, Dielen und Nägel; eines Tages kam er sogar mit einer Lampe an. So wahr ich hier dastehe, rief Inger, du bist verrückt! Aber sie hatte schon lange erraten, daß die Lampe kommen würde. Am Abend zündeten sie sie an und waren wie im Paradies, der kleine Eleseus glaubte gewiß, es sei die Sonne.

Siehst du, wie verwundert er ist! sagte Isak. Von da an konnte Inger bei Lampenlicht spinnen.

Isak brachte Leinwand zu Hemden und neue Schuhe für Inger. Sie hatte ihn um verschiedene Farben zum Färben der Wolle gebeten, und er brachte auch diese. Aber eines Tages kam er wahrhaftig mit einer Uhr an! Mit was? Mit einer Uhr! Da war Inger wie aus den Wolken gefallen, und sie konnte eine Weile kein Wort herausbringen.

Isak hing die Uhr mit vorsichtigen Händen an die Wand und stellte sie nach seiner Schätzung; er zog die Gewichte auf und ließ die Uhr schlagen. Das Kind drehte die Augen nach dem tiefen Klang und sah dann die Mutter an. Ja, du kannst dich wohl verwundern! sagte sie und nahm den Jungen auf den Schoß und war selbst gerührt. Denn von allem Guten hier in der Einsamkeit konnte sich nichts mit der Wanduhr vergleichen, die den ganzen dunklen Winter hindurch ging und die Stunden richtig schlug.

Dann war alles Holz fortgeschafft, Isak ging wieder in den Wald und fällte wieder Bäume; er machte seine Straßen und seine Stadt aus Klafterholzstapeln für den nächsten Winter. Er mußte jetzt immer weiter von seinem Haus weggehen, eine große, weite Halde lag da schon zum Bebauen bereit, und er wollte jetzt nicht noch mehr Boden ganz abholzen, sondern von jetzt an nur die ältesten Bäume mit vertrockneten Wipfeln fällen.

Natürlich hatte er auch schon längst verstanden, warum Inger von einem zweiten Bett gesprochen hatte, jetzt durfte er es wohl nicht länger hinausschieben, sondern mußte sich beeilen. Als er an einem dunklen Abend aus dem Walde heimkehrte, da war es geschehen: die Familie hatte sich vermehrt, wieder um einen Jungen. Inger lag zu Bett. Diese Inger! Am Morgen hatte sie ihn ins Dorf hinunterschicken wollen. Du solltest das Pferd ein wenig bewegen, hatte sie gesagt. Denn es steht nur in seinem Stand und scharrt. – Ich habe keine Zeit zu solchem Unsinn, sagte Isak und ging fort. Jetzt merkte er, daß sie ihn nur aus dem Wege hatte haben wollen, aber warum? Es wäre doch vielleicht gut gewesen, wenn sie ihn in der Nähe gehabt hätte. – Wie kommt es nur, daß du einem nie ein Zeichen geben kannst? sagte er. – Nun mußt du dir eine eigene Bettstatt richten und in der Kammer schlafen, erwiderte sie.

Aber mit der Bettlade war es nicht getan, es gehörten auch Bettstücke hinein. Sie hatten keine zwei Felldecken und konnten sich auch vor dem nächsten Herbst, wo sie einige Hämmel schlachten würden, keine zweite Felldecke verschaffen; aber selbst von zwei Hämmeln bekam man noch keine Decke. In der nächsten Zeit hatte es Isak nicht gut, er fror jämmerlich bei Nacht. Er versuchte, sich in das Heu unter dem Felsenhang einzugraben, versuchte, bei den Kühen zu schlafen, obdachlos war er. Zum Glück war es schon Mai, dann kam der Juni, der Juli ...

Merkwürdig, wie viel hier in nur drei Jahren zustande gebracht worden war: eine Behausung für Menschen, ein Stall und urbar gemachtes Land. Was baute Isak jetzt? Einen neuen Schuppen, eine Scheune, einen Anbau ans Wohnhaus? Es dröhnte durchs Haus, wenn er die acht Zoll langen Nägel hineinschlug, und Inger kam ab und zu heraus und bat um Gnade für die Kleinen. Jawohl die Kleinen! Unterhalte sie einstweilen! Sing ihnen was vor, gib dem Eleseus den Eimerdeckel, dann kann er damit lärmen! Die großen Nägel werden bald hineingeschlagen sein, sie müssen eben gerade hier sitzen, in den Streckbalken, mit denen der Anbau am Haus festgemacht wird. Nachher hab ich nur noch Bretter und zweieinhalb Zoll lange Nägel, das ist das reine Kinderspiel.

Hätte er es vermeiden können, zu hämmern? Bisher wurden die Heringstonne, das Mehl und andere Eßwaren im Stall aufbewahrt, damit sie nicht unter freiem Himmel stehen mußten; aber der Speck bekam einen Stallgeschmack, eine Vorratskammer war die reinste Notwendigkeit. Die kleinen Jungen mußten sich auch an so ein paar Hammerschläge an die Wand gewöhnen; Eleseus war allerdings etwas zart und schwächlich geworden, aber der andere saugte wie ein Posaunenengel, und wenn er nicht schrie, dann schlief er. Ein prächtiger Junge! Isak wollte sich dem nicht widersetzen, daß er Sivert heißen sollte, es war vielleicht am besten so, obgleich er abermals an den Namen Jakob gedacht hatte. In manchen Fällen hatte Inger recht, Eleseus war nach ihrem Pfarrer getauft, und es war ein vornehmer Name, aber Sivert hieß Ingers Oheim, der Bezirkskassierer, der ein Junggeselle und ein vermöglicher Mann ohne Erben war. Was hätte dem Kinde Besseres widerfahren können, als Sivert zu heißen!

Dann kam wieder die Frühjahrsarbeit, und alles wurde vor Pfingsten in die Erde gelegt. Damals als Inger nur Eleseus ihr eigen nannte, hatte sie nie Zeit gehabt, ihrem Manne zu helfen, so sehr hatte sie der Erstgeborene in Anspruch genommen. Jetzt, da sie zwei Kinder hatte, jätete sie das Unkraut aus und verrichtete noch vieles andere; sie half viele Stunden lang beim Kartoffellegen, säte auch Karotten und Rüben. Eine solche Frau fand sich nicht so leicht wieder. Und hatte sie nicht auch Tuch auf dem Webstuhl? Jeden Augenblick nützte sie aus, um in die Kammer zu laufen und ein paar Spulen abzuweben; es war halbwollenes Tuch zu Wäsche für den Winter. Nachdem das Garn gefärbt war, webte sie blau und roten Kleiderstoff für sich und die Kinder; dann legte sie noch mehr Farben ein und machte Bettbezüge für Isak. Lauter notwendige, nützliche und höchst dauerhafte Sachen.

Seht, nun war die Familie im Ödland schon recht heraufgekommen, und wenn dieses Jahr gut einschlug, waren die Ansiedler geradezu zu beneiden. Was fehlte ihnen noch? Ein Heuschuppen natürlich, eine Scheune mit einer Tenne in der Mitte, das war ein Zukunftsziel, und es würde erreicht werden wie die andern Ziele auch. Mit der Zeit, ja! Jetzt hatte die kleine Silberhorn ein Kalb und die Ziegen hatten Zicklein und die Schafe hatten Lämmer, es wimmelte von kleinen Tieren auf der Weide. Und die Menschen? Eleseus konnte schon auf seinen eigenen Beinen gehen, wohin er wollte, und der kleine Sivert war getauft. Und Inger? Sie war gewiß schon wieder guter Hoffnung, sie sah so rundlich aus. Was war auch ein Kind für sie? Nichts – das heißt große Dinge, nette kleine Leute, sie war stolz auf ihre Kinder und gab zu verstehen, daß Gott nicht allen Leuten solche große, hübsche Kinder anvertraue. Inger war ganz davon in Anspruch genommen jung zu sein. Sie hatte ein verunstaltetes Gesicht und hatte ihre ganze Jugend als eine Ausgestoßene verbracht, die Burschen hatten sie nicht angesehen, obgleich sie tanzen und arbeiten konnte, sie hatten ihre gute Weiblichkeit verschmäht, sie hatten sich weggewendet – jetzt war ihre Zeit, sie entfaltete sich, sie stand ununterbrochen in voller Blüte und war guter Hoffnung. Isak selbst, der Hausvater, war und blieb ein ernster Mann, aber er hatte guten Erfolg gehabt und war zufrieden. Wie und womit er sich das Leben erträglich gemacht hatte, ehe Inger kam, war sehr dunkel; mit Kartoffeln und Ziegenmilch, ja mit gewagten Gerichten ohne Namen; jetzt hatte er alles, was ein Mann in seinen Verhältnissen nur verlangen konnte.

Wieder kam große Trockenheit, wieder ein Mißjahr. Der Lappe Os-Anders, der mit seinem Hund vorüber kam, konnte berichten, daß die Leute im Dorfe schon alles Getreide zu Viehfutter abgemäht hätten. – So, sie hatten also keine Hoffnung mehr? fragte Inger. – Nein, aber dafür haben sie einen guten Heringsfang gemacht. Dein Oheim Sivert bekommt seinen Anteil als Strandbesitzer. Und er hat doch vorher schon ein bißchen etwas in Küche und Keller gehabt. Gerade wie du, Inger. – Ja, Gott sei Dank, ich habe nichts zu klagen. Was sagen sie denn daheim von mir? – Os-Anders wiegt den Kopf hin und her und sagt schmeichlerisch, er habe keine Worte dafür! – Wenn du eine

Schale süße Milch möchtest, so brauchst du es nur zu sagen, versetzt Inger. – Du sollst dich nicht in Unkosten stürzen. Aber hast du ein wenig für den Hund?

Die Milch kam, das Futter für den Hund auch. Der Lappe hörte Musik aus der Stube heraus und lauschte: Was ist das? – Das ist unsere Wanduhr, die schlägt, sagt Inger, sie ist am Platzen vor lauter Stolz.

Wieder wiegte der Lappe den Kopf hin und her und sagte: Ihr habt Haus und Pferd und Wohlbehagen, kannst du mir sagen, was ihr nicht habt? – Nein, wir können Gott nicht genug danken. – Oline hat mir einen Gruß an dich aufgetragen. – So. Wie geht es ihr? – Es geht. Wo ist dein Mann? – Er ist auf dem Feld draußen. – Es heißt, er habe nicht gekauft! wirft der Lappe hin.– Gekauft? Wer sagt das? – Es heißt so. – Von wem sollte er denn kaufen? Es ist Allmende. – Ja, ja. – Und viele Schweißtropfen hat er in diesen Grund und Boden hineinfallen lassen. – Es heißt, euer Boden gehöre dem Staat.

Inger verstand davon nichts und sagte: Ja, das kann schon sein. Hat etwa sie, die Oline, das gesagt? – Ich erinnere mich nicht, wer es war, antwortete der Lappe, und er ließ seine unsteten Augen in allen Richtungen umherschweifen. Inger wunderte sich darüber, daß er nicht um etwas bettelte, das tat Os-Anders sonst immer, alle Lappen betteln. Os-Anders aber sitzt ruhig da, stopft seine kurze Kreidepfeife und zündet sie an. Das ist eine Pfeife! Er raucht und pafft so, daß sein ganzes runzliges Gesicht aussieht wie ein Rindenstück. – Ja, ich brauche nicht zu fragen, ob das deine Kinder sind, sagte er noch schmeichlerischer. Denn sie sind dir so ähnlich. Genau so nett wie du selbst, als du klein warst.

Inger, die eine Mißgeburt und ein Auswurf gewesen war – natürlich war es verkehrt, aber ihr Herz schwoll doch vor Stolz. Selbst ein Lappe kann ein Mutterherz froh machen. Wenn dein Sack nicht schon so voll wäre, so würde ich dir ein bißchen was hineintun, sagte sie. – Nein, du sollst dich nicht in Unkosten stürzen!

Inger geht mit dem Kind auf dem Arm hinein, während Eleseus bei dem Lappen draußen bleibt. Die beiden kommen gut miteinander aus. Der Junge darf etwas Merkwürdiges aus des Lappen Sack sehen, etwas Haariges, er darf es streicheln. Der Hund winselt und bellt. Als Inger mit etwas Mundvorrat herauskommt, stößt sie einen kleinen Seufzer aus und sinkt auf die Türschwelle. Was hast du da? fragt sie. – Ach nichts, es ist ein Hase. – Das hab ich gesehen. – Dein Kleiner wollte ihn sehen. Mein Hund hat ihn heute gejagt und umgebracht. – Da ist dein Essen, sagt Inger.

5

Es ist eine alte Erfahrung, daß wenigstens zwei Mißjahre aufeinander folgen. Isak war geduldig geworden und fand sich in sein Los. Das Getreide verbrannte auf dem Felde, und die Heuernte war mittelmäßig, aber die Kartoffeln sahen wieder aus, als würden sie sich erholen; es war demnach zwar schlimm genug, aber doch keine Not. Isak hatte auch noch Klafterholz und Balken, die er ins Dorf hinunterschaffen konnte, und da an der ganzen Küste der Heringsfang gut ausgefallen war, hatten die Leute Geld genug zum Holzkaufen. Es sah fast wie eine Fügung aus, daß die Getreideernte fehlschlug, denn wie hätte er dieses Korn dreschen sollen, ohne eine Scheune mit einer Tenne? Ja, laß Fügung Fügung sein, das schadet auf die Dauer nichts!

Eine andere Sache war die, daß Neues auftauchte und ihn beunruhigte. Was war nun das, was ein gewisser Lappe im Sommer zu Inger gesagt hatte – daß er nicht gekauft habe? Hätte er kaufen sollen, warum denn? Der Boden lag ja da, der Wald stand da, er machte Land urbar, errichtete sich ein Haus mitten in der Urnatur, ernährte seine Familie und seinen Viehstand, war niemand etwas schuldig, arbeitete, arbeitete. Schon wiederholt hatte er, wenn er drunten im Dorfe war, daran gedacht, mit dem Lensmann zu sprechen, dies aber immer wieder hinausgeschoben. Der Lensmann war nicht beliebt, und Isak war wortkarg. Was sollte er sagen, wenn er ankam, welchen Grund angeben, warum er gekommen sei?

Eines Tages im Winter kam indes der Lensmann selbst in die Ansiedlung dahergefahren; er hatte einen Mann bei sich und brachte eine von Papieren strotzende Tasche mit – und es war der Lensmann Geißler selbst. Er sah die große offene Halde, die abgeholzt war und glatt und eben unter dem Schnee lag, und er meinte wohl, die ganze weite Fläche sei angebaut, deshalb sagte er: Das ist ja ein großes Anwesen, meinst du, das bekommst du umsonst?

Nun war es da! Isak erschrak bis ins innerste Mark und erwiderte nichts.

Du hättest zu mir kommen und den Boden kaufen sollen, sagte der Lensmann. – Ja. – Der Lensmann sprach von Einschätzung, von Grenzscheiden, von Steuer, »Kronsteuer«, sagte er; als Isak einigermaßen Aufklärung bekam, fand er es immer weniger ungereimt. Der Lensmann neckte seinen Begleiter und sagte: Nun, du Schätzungsmann, wie groß ist die Ansiedelung? Aber er wartete nicht auf Antwort, sondern schrieb die Größe aufs Geratewohl hin. Dann fragte er Isak nach den Heulasten und nach den Kartoffeltonnen. Und wie sie es mit der

Grenzscheide halten wollten? Sie könnten doch nicht die Grenzscheide in mannshohem Schnee abschreiten, und im Sommer könnten Menschen nicht hier heraufkommen. Was Isak sich selbst als Weideland und Wald ausgedacht habe? – Das wußte Isak nicht, bis jetzt hatte er, soweit er blickte, für sein Eigentum betrachtet. Der Lensmann sagte, der Staat setze Grenzen. Je mehr Land du bekommst, desto mehr kostet es, sagte er. – So. – Ja, du bekommst nicht so viel, als du überschauen kannst, sondern so viel, als du brauchst. – So. –

Inger setzte Milch vor, und der Lensmann und sein Begleiter tranken. Sie brachte noch mehr Milch. Der Lensmann sollte streng sein? Er strich sogar Eleseus übers Haar und sagte: Spielt er mit Steinen? Laß mich die Steine mal sehen! Was ist denn das? Die sind aber schwer, da ist gewiß irgendein Metall drin! – Ja, von denen gibt's genug oben im Gebirge, sagt Isak.

Der Lensmann kehrte zum Geschäftlichen zurück. – Südlich und westlich ist es wohl am vorteilhaftesten für dich? sagte er zu Isak. Sagen wir eine Viertelmeile südwärts! – Was, eine ganze Viertelmeile! rief der Begleiter des Lensmannes. – Du allerdings könntest keine zweihundert Ellen umbrechen, versetzte der Lensmann kurz. – Isak fragte: Was kostet eine Viertelmeile? – Das weiß ich nicht, antwortete der Lensmann, das weiß niemand. Aber ich werde einen niederen Preis vorschlagen. Es ist ja meilenweit im Ödland drinnen, ohne jegliche Zufahrt.

Ja, aber eine ganze Viertelmeile! sagte der Begleiter wieder.

Der Lensmann schrieb eine Viertelmeile südwärts und fragte: Und aufwärts nach den Bergen? – Ja, da muß ich es bis zum See haben. Dort ist ein großer See, antwortete Isak.

Der Lensmann schrieb weiter. Jetzt nach Norden? – Da kommt es nicht so genau drauf an, auf dem Moor ist kein ordentlicher Wald, meinte Isak.

Der Lensmann schrieb nach seinem eigenen Kopf eine halbe Viertelmeile. Nach Osten? – Da ist es auch nicht so genau. Dort ist nur Gebirge nach Schweden hinüber.

Der Lensmann schrieb.

Als er fertig war, rechnete er das Ganze in einem Augenblick zusammen und sagte: Natürlich wird das ein großes Besitztum, und wenn es drunten in der Gemeinde läge, könnte niemand es kaufen. Ich will hundert Taler für alles miteinander vorschlagen. Was meinst du? fragte er seinen Begleiter. – Das ist ja gar kein Preis, antwortete dieser. – Hundert Taler! sagte Inger. Du brauchst gar nicht so viel Land. – Nein, sagte Isak. – Der Begleiter fiel ein: Es ist, wie ich sage. Was wolltet ihr mit so viel Land?

Der Lensmann sagte: Es roden.

Nun hatte er dagesessen, sich abgemüht und niedergeschrieben; ab und zu schrie ein Kind in der Stube, er hätte nur ungern das Ganze noch einmal geschrieben, er kam auch erst spät in der Nacht wieder heim, nein, erst gegen Morgen sogar. So steckte er entschlossen die Urkunde in seine Tasche. Geh hinaus und spann an! befahl er seinem Begleiter. Dann wendete er sich an Isak und sagte: Eigentlich hättest du den Platz umsonst haben sollen und noch Bezahlung obendrein, so wie du geschafft hast. Und das will ich bei meinem Vorschlag auch sagen. Dann werden wir sehen, was der Staat für seinen Kaufbrief verlangt.

Isak – Gott weiß, wie ihm zumute war. Es war, als hätte er nichts dagegen, daß ein hoher Preis für seine Ansiedlung und seine ungeheuere Arbeit hier angesetzt würde. Er hielt es wohl nicht für unmöglich, mit der Zeit hundert Taler abzubezahlen, deshalb sagte er nichts mehr; er konnte wie vorher arbeiten, das Land bebauen und überständigen Wald in Klafterholz umwandeln. Isak gehörte nicht zu denen, die umherspähen, er stand nicht auf dem Ausguck nach Glückszufällen, er arbeitete.

Inger bedankte sich beim Lensmann und bat ihn, beim Staat ein gutes Wort für sie einzulegen.

Jawohl. Aber die Entscheidung liegt ja nicht bei mir, ich gebe nur mein Gutachten dazu. Wie alt ist denn der Kleinste da? – Gut ein halbes Jahr. – Junge oder Mädchen? – Ein Junge.

Der Lensmann war nicht hart, sondern oberflächlich und wenig gewissenhaft. Seinen Vertrauens- und Schätzungsmann, den Gerichtsboten Brede Olsen hörte er nicht an, das wichtige Geschäft ordnete er aufs Geratewohl und nach Gutdünken; diese große Sache, entscheidend für Isak und seine Frau und entscheidend auch für ihre Nachkommen vielleicht in zahllosen Geschlechtern, entschied er auf gut Glück, er schrieb nur so hin. Aber er erwies den Ansiedlern viel Freundlichkeit, er zog ein glänzendes Geldstück aus der Tasche und gab es dem kleinen Sivert in die Hand, dann nickte er noch freundlich und ging hinaus zum Schlitten.

Plötzlich fragte er: Wie heißt der Ort?

Heißen? – Welchen Namen hat er? Wir müssen ihm einen Namen geben.

Daran hatten die Leute nicht gedacht, und Inger und Isak sahen einander an.

Sellanraa? sagte der Lensmann. Er hatte diesen Namen wohl erfunden, es war vielleicht gar kein Name, aber er wiederholte: Sellanraa! nickte und fuhr davon.

Alles aufs Geratewohl, die Grenzscheide, den Preis, den Namen ...

Einige Wochen später, als Isak im Dorfe war, hörte er, daß es mit dem Lensmann Schwierigkeiten gegeben habe. Es war nach verschiedenen Geldern geforscht worden, über die er nicht Rechenschaft hatte ablegen können, und man hatte ihn deshalb beim Landrichter angezeigt. So schlimm kann es kommen; manche Menschen taumeln so durchs Leben dahin, dann kommen sie an denen, die bedächtigen Schrittes gehen, zu Fall!

Eines Tages, als Isak mit einer seiner letzten Holzfuhren im Dorf gewesen war und sich auf dem Heimweg befand, geschah es, daß er den Lensmann fahren sollte. Der Lensmann trat ohne weiteres mit einer Reisetasche in der Hand aus dem Walde heraus und sagte: Laß mich bei dir aufsitzen!

Sie fuhren eine Weile, keiner von beiden sprach ein Wort. Ab und zu zog der Lensmann eine Flasche heraus und trank einen Schluck; er bot auch Isak an, der aber dankte. Ich fürchte für meinen Magen auf dieser Reise, sagte der Lensmann.

Dann sprach er von Isaks Hofangelegenheit und sagte: Ich habe die Sache gleich weiterbefördert und sie warm empfohlen. Sellanraa ist ein hübscher Name. Eigentlich hättest du das Land umsonst haben sollen, aber wenn ich das geschrieben hätte, wäre der Staat unverschämt geworden und hätte seinen eigenen Preis angesetzt. Ich habe fünfzig Taler geschrieben. – Ach so, habt Ihr also nicht hundert Taler geschrieben? – Der Lensmann runzelte die Stirne und überlegte, dann sagte er: Soviel ich mich erinnere, habe ich fünfzig Taler geschrieben.

Wohin reist Ihr jetzt? fragte Isak.– Nach Vesterbotten, zur Familie meiner Frau. – In dieser Jahreszeit? Das ist ein böser Weg, um da hinüberzukommen. – O es wird schon gehen. Kannst du mich nicht ein Stück weit begleiten? – Doch. Ihr dürft nicht allein gehen.

Sie erreichten die Ansiedlung, und der Lensmann übernachtete in der Kammer. Am Morgen nahm er wieder einen Schluck aus seiner Flasche und sagte: Ich ruiniere mir gewiß den Magen auf dieser Reise. Sonst war er ganz wie bei seinem letzten Besuch, wohlwollend entschieden, aber etwas fahrig und nur wenig mit seinem eigenen Schicksal beschäftigt; vielleicht war es auch gar nicht so trostlos. Als Isak sagte, nicht die ganze Halde sei angebaut, sondern nur ein kleines Stück davon, nur ein paar Felder, gab der Lensmann die überraschende Antwort: Das hab ich wohl verstanden, als ich damals hier saß und schrieb. Aber mein Fuhrmann Brede verstand nichts davon, er ist ein Esel. Das Ministerium hat eine Art Tabelle. Wenn nun auf so einer großen Landstrecke so wenig Heulasten und so wenig Kartoffeltonnen geerntet werden, dann sagt die Tabelle des Ministeriums, das sei elender Boden, billiger Boden. Ich bin auf deiner Seite gewesen, und ich verpfände gern meine Seligkeit auf dieses Schelmenstück. Ja, zwei- bis dreitausend solcher Männer, wie du einer bist, sollten wir hier im Lande haben. Der Lensmann nickte und wendete sich dann an Inger: Wie alt ist der Kleinste? – Jetzt ist er dreiviertel Jahr alt. – Und es ist ein Junge? – Ja. –

Aber du mußt dich ins Zeug legen und deine Hofangelegenheit so rasch wie möglich in Ordnung bringen, sagte der Lensmann zu Isak. Es ist noch ein Mann da, der ungefähr auf halbem Wege zwischen hier und dem Dorf kaufen will, und dann steigt der Boden im Wert. Kauf du nur zuerst, dann mag der Preis nachher steigen. Du aber hast dann doch etwas von all deiner Arbeit. Du hast den Anfang gemacht hier im Ödland.

Die Leute waren ihm dankbar für seinen Rat und fragten ihn, ob er denn nicht selbst die Angelegenheit zum Abschluß bringen werde. Er antwortete, er habe nun das Seinige dabei getan, es komme jetzt nur noch auf den Staat an. Ich reise jetzt nach Vesterbotten und kehre nicht mehr hierher zurück, sagte er geradeheraus.

Er gab Inger ein Geldstück, aber das war wirklich zu viel. Vergiß nicht, meiner Familie im Dorf etwas zum Schlachten mitzubringen, ein Kalb oder ein Schaf, meine Frau bezahlt dir's. Nimm auch ab und zu ein paar Ziegenkäse mit, meine Kinder essen ihn so gern, sagte er.

Isak begleitet ihn übers Gebirge; auf der Höhe lag fester Harsch, man konnte also gut vorwärtskommen. Isak bekam einen ganzen Taler.

So zog denn Lensmann Geißler fort und kehrte nicht mehr ins Dorf zurück. Die Leute sagten, es sei ihnen einerlei; man hielt ihn für einen unzuverlässigen Menschen und einen Abenteurer. Nicht, daß er nicht genug gewußt hätte, er war ein wohlunterrichteter Mann, der viel gelernt hatte, aber er tat sich zu viel darauf zugut und verbrauchte anderer Leute Geld. Es wurde ruchbar, daß er auf ein scharfes Schreiben von Amtmann Pleym hin durchgebrannt war; aber seiner Familie geschah nichts Böses, sie bestand aus der Frau und drei Kindern, und die blieben noch längere Zeit in der Gemeinde wohnen. Übrigens dauerte es nicht lange, bis die fehlenden Gelder von Schweden aus geschickt wurden, die Lensmannsfamilie war dann nicht mehr als Pfand da, sondern blieb aus freiem Willen, weil sie selbst es wollte.

Für Isak und Inger war dieser Geißler kein schlechter Mensch gewesen, im Gegenteil. Gott mochte wissen, wie sich nun der neue Lensmann zu der Sache stellen würde, ob am Ende das ganze Geschäft mit der Ansiedlung noch einmal gemacht werden mußte!

Der Amtmann schickte einen von seinen Schreibern in die Gemeinde, das war der neue Lensmann. Es war ein Mann in den Vierzigern, der Sohn eines Vogts und hieß Heyerdahl; er war zu arm gewesen, um zu studieren und Beamter zu werden, aber er hatte auf einer Gerichtsstube gesessen und war da fünfzehn Jahre lang Schreiber gewesen. Da er niemals Geld genug zum Heiraten gehabt hatte, war er Junggeselle; der Amtmann Pleym hatte ihn von seinem Vorgänger geerbt und gab ihm dasselbe armselige Gehalt, das er vorher bezogen hatte. Heyerdahl empfing sein Gehalt und schrieb weiter. Er wurde ein mißmutiger, vertrockneter, aber zuverlässiger und rechtschaffener Mann, war dabei auch, soweit seine Begabung reichte, sehr tüchtig zu den Arbeiten, die er einmal gelernt hatte. Jetzt, da er Lensmann geworden war, stieg sein Selbstgefühl bedeutend.

Isak faßte sich ein Herz und ging zu ihm.

Die Sache Sellanraa – ja, da ist sie, vom Ministerium zurückgekommen. Die Herren wollen über vieles noch Aufklärung haben, das Ganze ist ja von der Hand dieses Geißlers der reine Durcheinander, sagte der Lensmann. Das Königliche Ministerium will wissen, ob da vielleicht große herrliche Multebeerenmoore auf dem Platze sind. Ob Hochwald da ist. Ob sich möglicherweise Erze und verschiedene andere Metalle in den Bergen ringsum finden. Es sei ein großer Gebirgssee genannt, ob es da Fische gebe. Dieser Geißler hat allerdings einige Aufklärungen gegeben, aber es ist ja kein Verlaß auf ihn, ich muß hier alles von ihm genau durchgehen. Ich werde also so bald wie möglich auf deine Ansiedelung nach Sellanraa hinaufkommen und alles untersuchen und es einschätzen. Wieviele Meilen ist es hinauf? Das Königliche Ministerium will, daß die Grenzen ordentlich abgeschritten werden. – Es wird sehr schwierig sein, die Grenzscheide vor dem Sommer abzuschreiten, sagte Isak. – Ach es wird sich schon machen lassen. Wir können das Ministerium nicht bis zum Sommer auf Antwort warten lassen, versetzte Heyerdahl. Ich komme in den nächsten Tagen hinauf. Bei derselben Gelegenheit soll vom Staat aus auch noch an einen andern Mann Siedlungsland verkauft werden. – Ist das der Mann, der auf halbem Wege von der Gemeinde bis zu mir herauf Land kaufen will? – Das weiß ich nicht, aber vielleicht ist er es. Ein Mann von hier übrigens, mein Schätzungsmann, mein Amtsdiener. Er hat schon bei Geißler wegen des Kaufs angefragt; aber Geißler hatte ihn abgewiesen und gesagt, er könne ja nicht einmal zweihundert Ellen umgraben. Da hat der Mann an das Landgericht selbst geschrieben, und jetzt ist mir die Sache zur Begutachtung übergeben. Ja, dieser Geißler!

Lensmann Heyerdahl kam zur Ansiedlung und hatte den Schätzungsmann Brede bei sich. Sie waren sehr naß geworden beim Überschreiten des Moors und wurden noch nässer, als sie dann im schmelzenden Frühjahrsschnee die Grenze den Berghang hinauf abschreiten sollten. Am ersten Tag war der Lensmann sehr eifrig, am zweiten ging er müde dahin und blieb weit unten stehen, rief nur und deutete. Nein, es war nicht mehr die Rede davon, die »Berge ringsum abzuschürfen«, und die Multebeermoore sollten erst auf dem Heimweg genau untersucht werden, sagte er.

Das Ministerium hatte viele Fragen gestellt, es hatte wohl wieder eine Tabelle vor, die einzige von diesen Fragen, die einen Sinn hatte, war die nach dem Walde. Ganz richtig, es war etwas Hochwald da, und er stand innerhalb Isaks Viertelmeile, aber es war kein Bauholz zum Verkauf da, nur gerade genug für den eigenen Bedarf. Aber selbst wenn hier Bauholz gestanden wäre, wer hätte es meilenweit ins Dorf hinunterschaffen sollen? Das konnte nur der Mühlengeist Isak, wenn er im Laufe des Winters ein paar Stämme hinunterfuhr und dafür Balken und Bretter bekam.

Es zeigte sich, daß dieser merkwürdige Mann Geißler eine Darstellung gegeben hatte, die man nicht außer acht lassen konnte. Da saß nun der neue Lensmann und versuchte, seinem Vorgänger etwas am Zeuge zu flicken und Fehler zu finden, mußte dieses Bemühen aber aufgeben. So fragte er nur öfter als Geißler seinen Begleiter und Schätzungsmann um Rat und richtete sich nach dessen Worten, und derselbe Schätzungsmann mußte sich wohl bekehrt und eine andere Ansicht bekommen haben, seit er selbst Allmende vom Staat kaufen wollte. – Was denkst du über diesen Preis? fragte der Lensmann. – Fünfzig Taler ist mehr als genug für den, der es kaufen muß, antwortete der Schätzungsmann. – Der Lensmann faßte das Gesuch in wohlgesetzten Worten ab. Geißler hatte geschrieben: Der Mann will von jetzt an auch jährliche Steuer bezahlen, er sieht sich nicht in der Lage, eine höhere Kaufsumme zu entrichten als fünfzig Taler auf zehn Jahre verteilt. Der Staat muß dieses Angebot annehmen oder dem Mann sein Land und seine Arbeit entziehen. – Heyerdahl schrieb: Der Mann ersucht ehrerbietig das hohe Ministerium, das Grundstück, das ihm nicht gehört, auf das er aber bedeutende Arbeit verwendet hat, behalten zu dürfen für 50 – fünfzig – Speziestaler, zu bezahlen in Terminen nach dem wohlwollenden Ermessen des Ministeriums.

Ich glaube, es wird mir gelingen, dir das Grundstück zu sichern, sagte Lensmann Heyerdahl zu Isak.

6

Heute soll der große Stier fortgeführt werden. Er ist ein ungeheueres Tier geworden und zu wertvoll, um noch länger auf der Ansiedlung zu bleiben. Isak will hinunter ins Dorf mit ihm, ihn verkaufen und dafür einen netten jungen Stier mitbringen.

Inger ist es, die das durchgesetzt hat, und Inger wußte wohl, was sie tat, wenn sie Isak gerade an diesem Tag forthaben wollte.

Wenn du gehen willst, muß es heute sein, sagte sie. Der Stier ist gemästet, gemästete Ware steht im Frühjahr gut im Preis, er kann in die Stadt geschickt werden. Da werden Riesensummen bezahlt. – Ja, ja, sagte Isak. – Die einzige Gefahr ist, daß der Stier auf dem Hinunterweg wild werden könnte, fuhr Inger fort. – Darauf gab Isak keine Antwort. – Aber seit einer Woche ist er immer etwas draußen gewesen, hat sich umgesehen und sich ans Freie gewöhnt. – Isak schwieg; aber er hängte ein großes Messer am Riemen um und führte den Stier heraus.

Ach, was für ein Koloß, prächtig und furchtbar zugleich, seine Lenden schwankten bei jedem Schritt! Er war ziemlich kurzbeinig; wenn er dahinschritt, brach er mit der Brust den Jungwald nieder, er war wie eine Lokomotive. Sein Hals war gewaltig bis zur Unförmigkeit, in diesem Hals wohnte die Stärke eines Elefanten.

Wenn er jetzt nur nicht wild wird und auf dich losgeht, sagte Inger. – Erst nach einer Weile antwortete Isak: Nun, dann muß ich ihn eben unterwegs schlachten und das Fleisch fortschaffen.

Inger setzte sich auf die Türschwelle. Es war ihr übel, und ihr Gesicht war brennend rot. Sie hatte sich aufrecht gehalten, bis Isak gegangen war, jetzt verschwand er mit dem Stier im Walde und Inger konnte ohne Gefahr stöhnen. Der kleine Eleseus kann schon sprechen, und er fragt: Mutter weh? – Ja, weh. – Er ahmt seine Mutter nach, greift sich nach dem Rücken und stöhnt auch. Klein-Sivert schläft.

Inger nimmt Eleseus mit sich hinein, gibt ihm allerlei Sachen, womit er auf dem Boden spielen kann, und legt sich selbst zu Bett. Ihre Stunde war gekommen. Sie ist die ganze Zeit bei vollem Bewußtsein, gibt auf Eleseus acht, läßt ihren Blick über die Wiege hinschweifen und sieht auf die Uhr an der Wand. Sie schreit nicht, bewegt sich kaum; ein Kampf geht in ihren Eingeweiden vor sich, eine Last gleitet plötzlich von ihr ab. Fast im selben Augenblick hört sie ein fremdes Geschrei in ihrem Bett, ein liebes Stimmchen weint. Und jetzt hat Inger keine Ruhe mehr, sie richtet sich auf und schaut an sich hinunter. Was sieht sie? Ihr Gesicht wird im selben Augenblick aschgrau und starr, ohne Ausdruck und Verstand, ein Ächzen wird laut, ein so unnatürliches, so erschütterndes, wie ein Heulen aus ihrem Innersten heraus.

Sie sinkt zurück. Eine Minute vergeht, sie hat keine Ruhe, das Weinen im Bett wird lauter, sie richtet sich wieder auf und schaut – ach Gott, das schlimmste von allem, ohne Gnade, und das Kind ist überdies ein Mädchen!

Isak konnte vielleicht noch nicht eine halbe Meile weit gekommen sein, und es war jetzt kaum eine Stunde vergangen, seit er den Hof verlassen hatte. In zehn Minuten war das Kind geboren und umgebracht ...

Am dritten Tag kehrte Isak zurück; er führte einen mageren, halbverhungerten Stier, der kaum vorwärts kommen konnte, an der Leine, deshalb war er so lange unterwegs gewesen.

Wie ist es gegangen? fragte Inger, und doch war sie selbst recht gedrückt und krank.

O, es war ganz leidlich gegangen. Ja, ja, während der letzten halben Meile war der Stier allerdings wild geworden. Isak hatte ihn anbinden und Hilfe aus dem Dorfe holen müssen. Als er zurückkam, hatte der Stier sich losgerissen, und sie hatten ihn lange suchen müssen. Na, es war ja alles noch gut abgelaufen. Der Händler, der Schlachtvieh für die Stadt aufkaufte, hatte gut bezahlt. – Und da ist nun der neue Stier, sagte Isak, bring die Kinder heraus und seht ihn euch an!

Das gleiche Interesse für jedes neue Stück Vieh. Inger betrachtete den Stier, befühlte ihn und fragte nach dem Preis. Klein-Sivert durfte auf seinem Rücken sitzen. – Es tut mir leid um den großen Stier, sagte Inger, er war so glänzend und brav! Wenn sie ihn jetzt nur ordentlich abschlachten!

Die Tage waren mit Frühjahrsarbeit ausgefüllt, die Tiere waren hinausgelassen worden, in dem leeren Stall standen Kisten und Kasten voll Saatkartoffeln. Isak säte in diesem Jahr mehr Korn als sonst und wandte seinen äußersten Fleiß auf, um es gut in die Erde zu bringen, er richtete Beete für Karotten und Rüben, und Inger streute den Samen hinein. Alles ging wie früher.

Eine Zeitlang trug Inger ein Heukissen auf dem Leib, um dick auszusehen. Allmählich verminderte sie das Heu, und schließlich ließ sie den Sack weg. Endlich eines Tages fiel es Isak auf, und er fragte verwundert: Was ist denn das? Ist diesmal nichts daraus geworden? – Nein, sagte sie, diesmal nicht. – So, warum nicht? – Ach, es war eben so. Was glaubst du, Isak, bis wann du alles das umgebrochen haben wirst, was wir da vor uns sehen? – Ist es eine Fehlgeburt gewesen? fragte er. – Ja. – So. Und du hast keinen Schaden davongetragen? – Nein. Du, Isak, ich habe schon so oft gedacht, ob wir uns nicht Schweine aufziehen sollten. – Isak, der sehr bedächtig war. sagte nach einer Weile: Ja, ein Schwein. Ich hab in jedem Frühjahr daran gedacht. Aber so lange wir nicht mehr Eßkartoffeln und auch Futterkartoffeln und etwas mehr Getreide haben, haben wir kein Futter für ein Schwein. Nun, wir wollen in diesem Jahr einmal sehen. – Es wäre sehr schön, wenn wir ein Schwein hätten. – Ja.

Die Tage vergehen. Regen fällt, und Acker und Wiese stehen schön, in diesem Jahr darf man auf Gutes hoffen! Große und kleine Erlebnisse folgen einander, es gibt Mahlzeiten, Schlaf und Arbeit, Sonntage mit reingewaschenen Gesichtern und gekämmten Haaren, Isak trägt sein neues rotes Hemd, das Inger gewebt und genäht hat. Da geschieht es, daß das gleichmäßige Leben durch ein großes Ereignis aufgescheucht wird. Ein Mutterschaf mit seinem Lamm hat sich in einem Felsenspalt eingeklemmt; die anderen Schafe kommen am Abend heim, Inger vermißt sofort die beiden, die fehlen. Isak geht hinaus, sie zu suchen. Sein erster Gedanke ist, wenn ein Unglück geschehen sei, so sei es nur gut, daß es gerade Sonntag sei und er somit nicht von der Arbeit weg müsse. Er sucht stundenlang, endlos ist das Weideland, er geht und geht. Daheim ist das ganze Haus in Aufregung; die Mutter beschwichtigt ihre Kinder mit kurzen Worten: Zwei Schafe fehlen, schweigt! Alle tragen an der Sorge mit, die ganze kleine Gesellschaft, selbst die Kühe merken, daß etwas Ungewöhnliches vorgeht und brüllen, denn bisweilen ist Inger draußen und lockt mit lauter Stimme nach dem Walde hin, obgleich die Nacht schon herannaht. Dies ist ein Ereignis im Ödland, ein allgemeines Unglück. Als Inger die Kinder zu Bett gebracht hat, geht sie selbst hinaus und sucht auch; dazwischen ruft sie, bekommt aber keine Antwort, Isak ist wohl auch weit weg.

Wo können die Schafe nur sein, was ist ihnen geschehen? Sind Bären unterwegs? Sind Wölfe von Schweden und Finnland übers Gebirge herübergekommen? Keins von beiden. Als Isak die Vermißten findet, ist das Mutterschaf in eine Felsenspalte eingeklemmt mit einem gebrochenen Bein und stark verletztem Euter. Es muß lange in der Felsenspalte festgehalten worden sein, denn obgleich es ernstlich verwundet ist, hat es doch das Gras um sich her bis an die Wurzeln abgenagt. Isak hebt das Schaf heraus, und das erste, was dieses tut, ist, nach Futter zu suchen. Das Lamm saugt sofort an der Mutter, es ist die reine Heilung für das arme wunde Euter, daß es geleert wird.

Nun sucht Isak Steine und wirft sie in die gefährliche Felsenspalte; diese heimtückische Öffnung soll nie wieder ein Schafbein brechen! Isak trägt lederne Hosenträger, er zieht sie aus, legt sie um das Schaf und hält dadurch das aufgerissene Euter an seinem Platz. Dann hebt er das Schaf auf seine Schulter und trägt es heim. Das Lamm läuft hinter ihm her.

Und nachher? Schienen und Teerlappen. In einigen Tagen fängt das Schaf an, mit dem kranken Fuß zu zappeln, weil die Wunde beißt und heilt. Ja, alles miteinander wird wieder gut – bis sich wieder etwas ereignet.

Das tägliche Leben, Ereignisse, die das Leben der Ansiedler ganz ausfüllen. Ach, das sind keineswegs Kleinigkeiten, es ist das Schicksal, es gilt Glück, Behagen und Wohlfahrt.

Isak benutzt die Zeit zwischen Frühjahr- und Sommerarbeit, um ein paar neue Stämme zu behauen, die gefällt daliegen; er hat wohl einen Plan mit ihnen. Außerdem bricht er viele nützliche Steine aus und schafft sie zum Hofe hin. Wenn er genug Steine beisammen hat, schichtet er sie zu einer Mauer. Wäre es nun noch wie vor einem Jahr gewesen, so wäre Inger neugierig geworden und hätte sich gefragt, was denn ihr Mann im Sinne habe; aber jetzt beschäftigte sie sich lieber mit ihren eigenen Sachen und stellte keine Fragen mehr. Inger ist so fleißig wie früher; sie versorgt das Haus und die Kinder und die Tiere, aber sie hat angefangen zu singen, und das tat sie früher nicht. Sie hat Eleseus ein Abendgebet gelehrt, das hatte sie früher nicht getan. Isak vermißt ihre Fragen; ihre Neugierde und ihr Lob über das, was er leistete, waren es, die ihn zu einem zufriedenen und einem ausgezeichneten Mann gemacht hatten. Jetzt geht sie an ihm vorbei und sagt höchstens, er werde sich noch zu Tode schinden. Es muß ihr beim letztenmal doch recht schlecht gegangen sein! denkt Isak.

Oline kommt wieder zu Besuch. Wäre es nun noch wie im vorigen Jahre gewesen, so hätte man sie sehr willkommen geheißen; aber jetzt ist es anders. Inger begegnet ihr vom ersten Augenblick an feindselig; was nun auch der Grund sein mag, aber Inger ist ihr feindselig gesinnt.

Ich dachte halb und halb, ich würde zu rechter Zeit kommen, sagt Oline mit feiner Anspielung. – Wieso? – Ja, daß das dritte getauft werden sollte. Wie steht es damit? – Ach, sagt Inger, darum hättest du dich nicht herzubemühen brauchen. – So.

Dann fängt Oline an, zu loben, die beiden Jungen seien so groß und hübsch geworden, und Isak sei so fleißig, und es sehe aus, als wolle er wieder bauen – großartig sei es hier, so einen Hof gebe es nicht wieder! Und kannst du mir sagen, was er jetzt bauen will? – Nein, das kann ich nicht, du mußt ihn selbst danach fragen. – Nein, sagt Oline, das geht mich nichts an. Ich wollte nur sehen, wie es euch geht, denn dies ist eine große Freude und Beruhigung für mich. Nach Goldhorn will ich gar nicht fragen oder ihren Namen in den Mund nehmen, sie hat es ja so gut wie nur möglich.

Eine Weile vergeht unter guter Unterhaltung, und Inger ist nicht mehr so unfreundlich. Als die Uhr an der Wand ihre herrlichen Schläge ertönen läßt, treten Oline die Tränen in die Augen; sie sagt, sie habe in ihrem ganzen armen Leben noch nie so eine Kirchenorgel gehört. Da fühlt sich Inger wieder reich und großmütig aufgelegt gegen die arme Verwandte, und sie sagt: Komm mit in die Kammer, ich zeig dir meinen Webstuhl.

Oline bleibt den Tag über da. Sie spricht mit Isak und lobt alles, was er getan hat. – Ich höre, du hast nach jeder Richtung hin eine Meile gekauft, hättest du es nicht umsonst haben können? Wer hat es dir mißgönnt?

Jetzt bekam Isak die Lobsprüche, die ihm gefehlt hatten, und er fühlt sich wieder mehr anerkannt und obenauf. Ich kaufe es von der Regierung, antwortet er. – Jawohl, aber sie soll nicht wie ein Raubtier gegen dich sein, diese Regierung. Was baust du? – Das weiß ich noch nicht. Es wird nichts Besonderes herauskommen.– Du schindest dich und baust, du hast gemalte Türen und eine Wanduhr in der Stube, dann baust du wohl eine Großstube. – Ach, spotte nicht! erwidert Isak. Aber es gefällt ihm gut, und er sagt zu Inger: Kannst du nicht ein klein wenig Sahnengrütze für unsern Gast kochen? – Nein, antwortete Inger, denn ich habe erst gebuttert. – Ich spotte nicht, ich bin nur ein einfältiges Frauenzimmer, das Fragen stellt, beeilte sich Oline einzuwerfen. Na ja, wenn es keine Großstube ist, so wird es wohl ein mächtiges Gebäude zu einer Scheune. Du hast Acker und Wiesen, und alles wächst heran, und es ist so, wie es in der Bibel steht, hier fließen Milch und Honig.

Isak fragt: Wie sind die Aussichten heuer in eurer Gegend? – Ach, es geht an. Wenn nur unser Herrgott nicht auch diesmal Feuer drauf fallen und es verbrennen läßt, Gott verzeih mir meine Sünden! Alles steht in seiner Hand und Allmacht. Aber so großartig wie hier bei euch steht es nirgends bei uns, o weit, weit entfernt!

Inger erkundigt sich nach einigen von ihren anderen Verwandten, besonders nach dem Oheim Sivert, dem Bezirkskassierer, der ist der große Mann der Familie, besitzt ein Großnetz und einen Bootsschuppen, er weiß bald nicht mehr, was er mit all seinem Reichtum anfangen soll.

Während dieser Unterhaltung versinkt Isak mehr und mehr in Gedanken, und sein neuer Bauplan ist vergessen. Schließlich sagt er: Nun, da du es durchaus wissen willst, Oline, so ist es eben eine kleine Scheune mit einer Dreschtenne, die ich zu bauen versuchen will.

Das hab ich mir gedacht, sagt Oline. Rechte Leute pflegen vorwärts und rückwärts zu denken und alles im Kopf zu haben. Hier ist keine Kanne und kein Gefäß, die du dir nicht im voraus ausgedacht hättest. Und mit einer Tenne, hast du gesagt, nicht wahr?

Isak ist ein großes Kind, Olines Lobhudeleien steigen ihm zu Kopf, und er macht sich ein wenig lächerlich. Ja, was das neue Haus betrifft, so soll eine Tenne drinnen sein, das ist meine Meinung und Absicht, sagt er. – Eine Tenne! sagt Oline bewundernd und wiegt den Kopf hin und her. – Ja, denn was sollen wir mit Korn auf dem Acker, wenn wir es nicht dreschen können? sagt er. – Es ist, wie ich sage, du denkst dir alles im Kopf aus, versetzt Oline.

Inger ist wieder unfreundlich geworden, das Gerede zwischen den beiden hat sie wohl aufgeregt, und sie sagt plötzlich: Sahnengrütze – wo soll ich denn die Sahne hernehmen? Gibt es etwa Sahne im Fluß?

Oline weicht der Gefahr aus. Liebste, beste Inger, versteh mich doch recht! Du brauchst dich nicht wegen der Sahnengrütze zu entschuldigen, oder auch nur ein Wort darüber zu verlieren. Wegen einer Person wie ich, die sich nur auf den Höfen herumtreibt!

Isak bleibt noch eine Weile sitzen, dann sagt er: Nein, hier sitze ich und sollte doch Steine zu meiner Mauer ausbrechen. – Ja, zu so einer Mauer wie diese hier braucht man viele Steine! – Viele Steine? erwiderte Isak. Ja, es ist gerade, als wären es niemals genug.

Als Isak gegangen ist, werden die beiden Frauen wieder einträchtiger, sie haben so viel über die Gemeinde miteinander zu reden. Die Stunden vergehen. Am Abend bekommt Oline zu sehen, wie der Viehstand gewachsen ist. Zwei Kühe mit dem Stier, zwei Kälber, ein Gewimmel von Ziegen und Schafen. Wo will das noch hinaus! sagt Oline und schlägt die Augen zum Himmel auf.

Sie bleibt über Nacht.

Aber am nächsten Tag geht sie. Wieder hat sie etwas in einem Bündel mitbekommen; da Isak im Steinbruch ist, macht sie einen kleinen Umweg, um ihn zu vermeiden.

Zwei Stunden später erscheint Oline wieder in der Ansiedlung; sie tritt ein und fragt: Wo ist Isak?

Inger ist beim Geschirraufwaschen. Sie merkt, daß Oline bei Isak und den Kindern, die im Steinbruch sind, vorbei gekommen sein muß, und sie ahnt gleich Unrat. Oline, was willst du von Isak? fragt sie. – O nichts Besonderes! Aber ich habe ihm nicht Lebewohl gesagt. – Schweigen. Oline sinkt ohne weiteres auf eine Bank nieder, wie wenn sie ihre Beine nicht mehr tragen wollten. Sie läßt absichtlich etwas Ungewöhnliches ahnen, gerade indem sie zeigt, daß sie am Umsinken ist. Nun kann sich Inger nicht länger beherrschen, ihr Gesicht ist verzerrt und drückt Wut und Entsetzen aus. Sie sagt: Ich hab einen Gruß von dir bekommen durch Os-Anders. Es war ein netter Gruß. – Was denn? – Es war ein Hase. – Was du nicht sagst? versetzte Oline merkwürdig freundlich. – Wage nicht, es zu leugnen! ruft Inger mit irren Augen. Ich schlage dir mit der Holzkelle hier mitten ins Gesicht! So, da!

Schlug sie zu? Ja, gewiß. Und da Oline nicht beim ersten Schlag zurücktaumelt, sondern im Gegenteil aufsässig wird und ruft: Nimm dich in acht! Ich weiß, was ich von dir weiß! da gebraucht Inger die Holzkelle weiter und schlägt Oline zu Boden, zwingt sie unter sich und setzt ihr das Knie auf die Brust.

Willst du mich ganz töten? fragt Oline. Sie hatte diesen schrecklichen Hasenmund über sich, eine große, starke Frau mit einem wahren Prügel von einem Holzlöffel in der Hand. Oline hatte schon Beulen von den Schlägen, sie blutete, aber sie knurrte noch mehr und gab nicht nach. So, du willst mich auch umbringen? – Ja – dich umbringen, antwortete Inger und schlägt weiter. Da hast du! Ich werde dich totschlagen! – Sie hatte jetzt die Gewißheit, daß Oline ihr Geheimnis kannte, und es war ihr alles einerlei. – Da hast du eins auf deinen Rachen! – Meinen Rachen! Du hast einen Rachen! stöhnt Oline. Unser Herrgott hat dir ein Kreuz ins Gesicht geschnitten.

Da Oline zu zäh ist, um überwältigt werden zu können, ja verdammt zäh, muß Inger mit ihren Schlägen aufhören; es nützt alles nichts, sie erschöpft sich nur selbst. Aber sie droht – o sie droht Oline mit der Holzkelle dicht vor den Augen, o sie werde noch bekommen, sie werde noch für alle Zeiten genug bekommen! Ich hab auch ein Küchenmesser, du wirst es gleich sehen!

Sie richtet sich auf, wie um nach dem Messer zu greifen, nach dem großen Tischmesser; aber jetzt ist ihre erste Aufregung vorüber, und sie gebraucht nur noch den Mund. Oline richtet sich auch auf und setzt sich wieder auf die Bank, blau und gelb im Gesicht, voller Beulen und blutig. Sie streicht sich das Haar zurück, rückt ihr Kopftuch zurecht, spuckt aus; ihr Mund ist verschwollen! Du Vieh! sagt sie.

Du bist im Wald gewesen und hast herumgeschnüffelt! ruft Inger; dazu hast du die Stunden angewendet, und du hast das kleine Grab gefunden. Aber du hättest gleich ein Loch für dich selbst graben sollen! – Du wirst schon sehen! erwidert Oline, und ihre Augen funkeln vor Rachgier. Ich sage nichts mehr, aber nun wirst du keine Stube nebst Kammer und Orgelwerk mehr haben. – Das kannst du nicht bestimmen! – O, das werden die Oline und ich bestimmen!

Die zwei Weiber zanken sich weiter. Oline ist nicht so grob und laut, sie ist in ihrer häßlichen Bosheit geradezu friedlich, aber sie ist verbissen und gefährlich. Ich gehe, um mein Bündel zu holen, ich bereue, daß ich es im Wald hab liegen lassen. Ich gebe dir die Wolle zurück, ich will sie gar nicht haben. – So, du denkst wohl, ich hätte sie gestohlen. – Das weißt du selbst, was du getan hast.

Darüber zanken sie sich wieder. Inger sagt, sie wolle das Schaf zeigen, von dem sie die Wolle geschoren habe. Oline erwidert friedlich und gelassen: Jawohl, aber wer weiß, wo du das erste Schaf herhast? – Inger nennt Namen und Ort, wo ihre ersten Schafe und Lämmer in Futter gestanden haben. Und das sag ich dir, nimm dich ein für allemal mit deinem Mund in acht! droht sie. – Haha! lacht Oline verächtlich. Sie hat immer eine Antwort bereit und gibt nicht nach. Meinen Mund! Und deinen eigenen Mund! Sie deutet auf Ingers Hasenscharte und sagt, sie sei ein Abscheu vor Gott und den Menschen. Inger antwortet wutschnaubend, und da Oline dick ist, schimpft sie sie einen Fettwanst, – ein solcher gemeiner Fettwanst, wie du bist! Und ich danke dir auch für den Hasen, den du mir geschickt hast. – Hasen? Wenn ich in allem so frei von Schuld wäre wie bei dem Hasen! Wie sah er denn aus? – Wie sieht ein Hase aus? – Wie du! Ganz genau wie du! Und du hättest es gar nicht nötig, Hasen anzusehen. – Jetzt machst du, daß du hinaus kommst! schreit Inger. Du hast Os-Anders mit dem Hasen hierhergeschickt. Ich werde dich strafen lassen. – Strafen lassen! Hast du strafen lassen gesagt? – Du bist voller Neid, du gönnst mir nichts von allem, was ich habe, und du verbrennst fast vor Neid darüber, fährt Inger fort. Seit ich verheiratet bin, und Isak und alles, was hier ist, bekommen habe, hast du vor lauter Mißgunst fast kein Auge mehr zugetan. Großer Gott und Vater im Himmel, was willst du denn von mir? Ist es meine Schuld, daß deine Kinder nicht irgendwohin kamen, wo etwas aus ihnen geworden ist? Du kannst es nicht ertragen, daß meine Kinder wohlgestaltet sind und schönere Namen haben, als die deinigen, aber kann ich etwas dafür, daß sie von besserem Fleisch und Blut sind, als deine waren!

Konnte etwas Oline rasend machen, so war es dies. Sie hatte so viele Kinder geboren und besaß nichts als diese Kinder, so wie sie nun einmal waren; sie sagte, sie seien gut und prahlte mit ihnen, sie log ihnen Verdienste an, die sie nicht hatten, und verbarg ihre Fehler. – Was hast du gesagt? erwiderte sie Inger. Daß du nicht vor Scham in die Erde versinkst! Meine Kinder, die im Vergleich zu den deinen wie eine himmlische Engelschar waren! Wagst du es, meine Kinder in den Mund zu nehmen? Alle sieben waren als klein wahre Gottesgeschöpfe, und jetzt als erwachsen sind sie alle miteinander groß und wohlgestaltet. Nimm dich in acht, du! – Und die Lise, kam sie nicht ins Gefängnis, wie war denn das? fragt Inger. – Sie hatte nichts getan, sie war so unschuldig wie eine Blume, sagt Oline. Und jetzt ist sie in Bergen verheiratet und geht im Hut. Aber was tust du? – Und wie war's mit Nils? – Es ist mir nicht der Mühe wert, dir zu antworten. Aber du hast eines drüben im Walde liegen, was hast du mit dem getan? Du hast es umgebracht. – Pack dich und mach, daß du hinauskommst! schreit Inger wieder, und sie dringt aufs neue auf Oline ein.

Aber Oline weicht nicht, sie steht nicht einmal auf. Diese Unerschrockenheit, die wie Verstocktheit aussieht, lähmt Inger abermals, und sie sagt nur: Jetzt hole ich aber gleich das Hackmesser! – Laß das lieber sein, rät Oline, ich gehe schon von selbst. Aber was das betrifft, daß du deine eigenen Verwandten hinauswirfst, so bist du ein Vieh. – Ja, aber mach nur, daß du fortkommst.

Aber Oline geht nicht. Die beiden Frauen zanken sich noch eine gute Weile, und so oft die Wanduhr halb oder ganz schlägt, stößt Oline ein Hohngelächter aus und macht Inger rasend. Schließlich beruhigen sich beide doch ein wenig, und Oline macht sich zum Gehen fertig. Ich habe einen weiten Weg und die Nacht vor mir, sagt sie. Und es war recht dumm, ich hätte von daheim etwas zum Essen mitnehmen sollen, sagt sie.

Darauf gibt Inger keine Antwort, sie ist jetzt wieder vernünftig geworden; sie füllt Wasser in ein Becken und sagt: Da, wenn du dich abreiben willst! Oline sieht ein, daß sie sich waschen muß, ehe sie geht, aber da sie nicht weiß, wo sie blutig ist, wäscht sie an den verkehrten Stellen. Inger sieht ihr eine Weile zu, dann deutet sie. Da – fahr auch über die Schläfe, nein, die andere Schläfe, ich deute ja darauf. – Hab ich wissen können, auf welche Seite du gedeutet hast! versetzt Oline. – An deinem Mund sitzt auch noch etwas. Bist du vielleicht wasserscheu? fragt Inger.

Schließlich muß Inger selbst die Verwundete waschen und ihr ein Handtuch hinwerfen.

Was ich sagen wollte, beginnt Oline, während sie sich abtrocknet, und sie ist jetzt wieder vollkommen friedlich, wie soll Isak mit den Kindern das überstehen? – Weiß er's? fragt Inger. – Ob er es weiß! Er kam dazu und sah es. – Was sagte er? – Was konnte er sagen! Er war sprachlos, wie ich auch.

Schweigen.

Du, du bist an allem miteinander schuld! klagt Inger und bricht in Tränen aus. – Wenn ich nur an allem so frei von Schuld wäre! – Ich werde ihn, den Os-Anders, fragen, darauf kannst du dich verlassen! – Ja, tu das!

Sie sprechen es in Ruhe durch, und Oline scheint jetzt weniger rachsüchtig zu sein. O, sie ist ein Politikus ersten Rangs und gewohnt, Auswege zu finden, jetzt äußert sie sogar eine Art Mitgefühl, indem sie sagt, wenn es nun herauskomme, dann täten ihr Isak und auch die Kinder herzlich leid. – Ja, sagt Inger und weint noch mehr. Ich habe Tag und Nacht gegrübelt und gegrübelt. Als Ausweg fällt es nun Oline plötzlich ein, daß sie eine Hilfe sein könne, sie könne vielleicht herkommen und auf der Ansiedlung bleiben, wenn Inger ins Gefängnis müsse.

Jetzt weint Inger nicht mehr, sie horcht gleichsam plötzlich auf und überlegt. Nein, du versorgst die Kinder nicht, sagt sie. – Soll ich die Kinder nicht versorgen? Du spottest! – So.– Ja, denn wenn ich für etwas ein Herz habe, so sind es Kinder. – Ja, für deine eigenen, aber wie wirst du gegen die meinigen sein? Und wenn ich daran denke, daß du mir den Hasen geschickt hast, nur um mich zu verderben, so bist du ganz und gar schuld daran. – Ich? fragt Oline. Meinst du mich? – Ja, dich meine ich, antwortet Inger mit lautem Schluchzen. Du bist das größte Scheusal gegen mich gewesen, und ich trau dir nichts Gutes zu. Und außerdem würdest du uns nur alle Wolle stehlen, wenn du hierher kämst. Und einen Ziegenkäse nach dem andern würden deine Leute bekommen und nicht die meinigen. – Du bist ein Vieh, sagt Oline.

Inger weint, wischt sich die Augen und spricht ab und zu ein paar Worte. Oline sagt, sie wolle sich gewiß nicht aufdrängen, denn sie könne bei ihrem Sohn Nils sein, wo sie schon immer gewohnt habe. Wenn nun aber Inger ins Gefängnis komme, so wäre Isak mit den unschuldigen Kleinen ganz verlassen, da könne sie hierher kommen und auf sie aufpassen. Sie stellt das recht verlockend hin, es werde gewiß nicht schlimm gehen. Du kannst es dir nun überlegen, sagt sie.

Inger ist mutlos; sie weint und schüttelt den Kopf und schaut zu Boden. Wie eine Schlafwandlern« geht sie in die Vorratskammer und macht für den Gast Mundvorrat zurecht. – Nein, du sollst dich nicht in Unkosten stürzen, sagt Oline. – Und du sollst nicht ohne Mundvorrat übers Gebirge gehen, entgegnet Inger.

Als Oline gegangen ist, schleicht sich Inger hinaus, sieht sich um, horcht. Kein Laut vom Steinbruch herüber! Sie geht näher hin und hört die Kinder; sie spielen mit Geröll. Isak hat sich gesetzt; er hält den Spaten zwischen den Knien und stützt sich darauf, wie auf einen Stock. Da sitzt er.

Inger schleicht sich zum Waldsaum hin. Sie hatte ein kleines Kreuz in die Erde gesteckt; das Kreuz liegt am Boden, aber da, wo es gestanden hat, ist der Rasen weggenommen und die Erde aufgewühlt. Inger setzt sich nieder und scharrt die Erde mit den Händen wieder zusammen. Und da sitzt sie.

Sie kam aus Neugier, um zu sehen, wie tief Oline in dem kleinen Grab gewühlt hat, sie bleibt sitzen, weil die Haustiere noch nicht heimgekommen sind. Sie weint und schüttelt den Kopf und sieht zu Boden.

7

Die Tage vergehen.

Es ist ein ausgezeichnetes Wetter für das Feld, mit Sonnenschein und Regenschauern, und die Frucht wächst dementsprechend heran. Die Ansiedler sind mit der Heuernte schon fast fertig, und sie bekommen eine Menge Heu; fast ist nicht alles unter Dach und Fach zu bringen, sie stopfen es unter vorspringende Felsen, in den Stall, unter das Wohnhaus, räumen das Vorratshaus ganz aus und stopfen dieses auch bis zum Dache voll. Früh und spät arbeitet Inger mit als unentbehrliche Hilfe und Stütze. Isak benützt jeden Regenaugenblick, um die neue Scheune unter Dach zu bringen, und auf jeden Fall die Südseite vollständig fertig zu machen, dann kann so viel Heu untergebracht werden, als es nur gibt. Es geht tüchtig vorwärts, es wird schon recht werden!

Das große, traurige Ereignis mit seiner Sorge war da, die Tat war getan, und die Folgen würden nicht ausbleiben. Das Gute geht oft einen spurlosen Weg, das Böse zieht immer seine Folgen nach sich. Isak faßte die Sache von Anfang an verständig auf und sagte nichts weiter zu feiner Frau, als: Wie bist du nur dazu gekommen? – Darauf antwortete Inger nichts. Und nach einer Weile sagte Isak wieder: Hast du es erwürgt? – Ja, sagte Inger. – Das hättest du nicht tun sollen. – Nein, antwortete sie. – Und ich verstehe nicht, wie du es hast tun können. – Sie hat genauso ausgesehen wie ich, sagte Inger. – Wieso? – Am Mund. – Isak dachte lange nach, dann sagte er: Ja, ja.

Weiter wurde vorerst nichts darüber gesprochen, und als die Tage genau so ruhig vergingen wie vorher, und außerdem sehr viel Heu hereingeschafft und untergebracht werden mußte, auch besonders viel Feldarbeit zu verrichten war, trat die Missetat allmählich in ihren Gedanken zurück. Aber sie hing die ganze Zeit über den Menschen und über der ganzen Ansiedlung. Die Eheleute konnten nicht hoffen, daß Oline schweigen würde, das war zu unsicher. Und selbst wenn Oline schwieg, konnten dann die stummen Zeugen nicht eine Stimme bekommen, die Wände des Hauses oder die Bäume im Walde rings um das kleine Grab? Os-Anders konnte Andeutungen machen, Inger selbst konnte sich wachend oder schlafend verraten. Sie waren auf das Schlimmste gefaßt.

Was konnte Isak anderes tun, als die Sache verständig auffassen? Jetzt begriff er, warum Inger jedesmal bei der Geburt hatte allein sein wollen, allein hatte sie die große Angst über die Wohlgestaltetheit des Kindes ausstehen, allein der Gefahr entgegengehen wollen. Dreimal hatte sich das wiederholt. Isak schüttelte den Kopf, und sie tat ihm sehr leid mit ihrem Unglück, die arme Inger. Und als er von der Sendung des Lappen mit dem Hasen horte, da sprach er Inger frei. Das führte zu großer Liebe zwischen ihnen, einer verrückten Liebe, sie schmiegten sich aneinander an in der Gefahr, sie war voll urwüchsiger Süßigkeit gegen ihn, und er wurde wild und unmäßig gierig nach ihr, der Mühlengeist, der Klotz. Als Schuhwerk gebrauchte sie nur Lappenschuhe, aber sie hatte nichts von einer Lappennatur an sich, sie war nicht klein und welk, sondern im Gegenteil herrlich und groß. Jetzt im Sommer ging sie barfuß und kurzgeschürzt, mit nackten Waden, und von diesen nackten Waden konnte Isak seine Augen nicht losreißen.

Den ganzen Sommer hindurch sang sie Bruchstücke von Kirchenliedern und lehrte auch Eleseus Gebete hersagen; aber sie haßte alle Lappen ganz unchristlich und sagte denen, die vorbeizogen, ihre Meinung gerade heraus. Sie könnten ja wieder von jemand geschickt sein, könnten einen Hasen in ihrem Fellsack haben, sie sollten nur weitergehen! – Einen Hasen? Was für einen Hasen? – Na, hast du nicht gehört, was Os-Anders getan hat? – Nein. – Ich kann es dir gern selbst sagen. Er kam mit einem Hasen hierher, als ich guter Hoffnung war. – Hat man je so etwas gehört? Hast du einen Schaden davon gehabt? – Das kümmert dich nichts, geh jetzt nur! Da hast du einen Bissen und dann mach, daß du weiterkommst! – Du hast wohl nicht ein Stück Leder, womit ich meine Schuhe ausbessern kann? – Nein, aber einen Stecken kannst du zu fühlen bekommen, wenn du jetzt nicht gehst.

Ein Lappe bettelt demütig, bekommt er jedoch nichts, dann wird er rachsüchtig und droht. Jetzt kam ein Lappenpaar mit zwei Kindern an der Siedlung vorüber; die Kinder wurden ins Haus geschickt, um zu betteln, sie kamen zurück und meldeten, es sei niemand daheim. Die Familie blieb eine Weile stehen und redete lappisch miteinander, dann ging der Mann hinein, um nachzusehen. Er kam nicht wieder. Da ging die Frau ihm nach und zuletzt auch die Kinder, sie blieben alle in der Stube stehen und flüsterten in der Lappensprache. Der Mann steckt den Kopf in die Kammer hinein, auch da war niemand. Jetzt schlägt die Wanduhr, die Familie lauscht verwundert und bleibt stehen.

Inger mußte geahnt haben, daß fremde Leute auf den Hof kamen, jetzt lief sie rasch die Halde herunter. Als sie sieht, daß es Lappen sind, und dazu Lappen, die sie nicht kennt, sagt sie gerade heraus: Was wollt ihr hier? Habt ihr nicht gesehen, daß niemand daheim war? – O ja, sagt der Mann. – Inger sagt: Macht, daß ihr fortkommt!

Die Familie rückt langsam und widerwillig hinaus. Wir sind stehen geblieben und haben dieser Uhr zugehört, sagt der Mann. Sie hat so wundervoll geschlagen. – Du hast wohl nicht einen Brotlaib für uns? sagt die Frau. – Woher kommt ihr? fragt Inger. – Von Vatnan auf der andern Seite. Wir sind die ganze Nacht hindurch gewandert. – Wohin wollt ihr? – Übers Gebirge.

Inger geht hinein und richtet etwas Mundvorrat; als sie wieder herauskommt, bettelt die Frau noch um Stoff zu einer Mütze, um einen Knäuel Wolle, um ein Stück Ziegenkäse, alles kann sie gebrauchen. Inger hat keine Zeit, Isak und die Kinder sind auf der gemähten Wiese. Jetzt geht nur, sagt sie.

Die Frau versucht es mit Schmeicheln: Wir haben dein Vieh auf der Weide gesehen, es sind so viele Tiere, gerade wie die Sterne am Himmel. – Großartig! sagt auch der Mann. Hättest du nicht ein paar alte Lappenschuhe?

Inger schließt die Haustür und geht zu ihrer Arbeit zurück. Da rief der Mann ihr etwas nach, sie tat jedoch, als höre sie es nicht, und ging nur weiter, aber sie hatte es gut gehört. Ist es richtig, daß du Hasen kaufst?

Das war nicht mißzuverstehen. Der Lappe hatte vielleicht in gutem Glauben gefragt, vielleicht hatte es ihm jemand weisgemacht, vielleicht fragte er auch aus Bosheit, aber Inger hatte jedenfalls eine Warnung erhalten. Das Schicksal meldete sich ...

Die Tage vergingen. Die Ansiedler waren gesunde Menschen, was kommen sollte, mochte kommen, sie taten ihre Arbeit und warteten. Sie lebten dicht beieinander wie Tiere im Walde, sie schliefen und aßen, die Jahreszeit war schon so vorgeschritten, daß sie die neuen Kartoffeln versuchten; sie waren groß und mehlig. Der Schlag – warum fiel der Schlag nicht? Jetzt war es schon Ende August, bald kam der September, sollten sie den Winter über verschont bleiben? Sie waren beständig auf der Wacht, jeden Abend krochen sie in ihrer Höhle zusammen, froh darüber, daß der Tag ohne etwas Schlimmes vergangen war. So verstrich die Zeit bis zum Oktober, da erschien der Lensmann mit einem Mann und einer Aktenmappe bei ihnen. Das Gesetz schritt zur Tür herein.

Die Nachforschungen brauchten Zeit, Inger wurde unter vier Augen verhört. Sie leugnete nichts; das Grab im Walde wurde geöffnet und geleert und die kleine Leiche zur Untersuchung eingeschickt. Die kleine Leiche war in Eleseus' Taufkleid gehüllt und hatte die Mütze mit den Perlen auf dem Köpfchen.

Da fand Isak gleichsam seine Sprache wieder. Ja, ja, jetzt steht es so schlimm für uns, als es nur kann, sagte er. Ich sage eben auch jetzt noch dasselbe, du hättest es nicht tun sollen. – Nein, gibt Inger zu. – Wie hast du es gemacht? – Inger gab keine Antwort. – Und daß du es übers Herz hast bringen können! – Sie war genau so wie ich. Da legre ich sie aufs Gesicht. Isak schüttelte den Kopf. – Und dann starb sie, fuhr Inger fort und brach in lautes Weinen aus. Isak schwieg eine Weile. Ja, ja, jetzt ist es zu spät zum Weinen, sagte er dann. – Sie hatte braunes Haar im Nacken, schluchzte Inger.

Damit war die Angelegenheit wieder zu Ende.

Und wieder vergingen die Tage. Inger wurde nicht festgenommen, die Obrigkeit ließ Milde walten. Lensmann Heyerdahl fragte sie aus, wie er jeden anderen Menschen ausgefragt hätte, und sagte nur: Es ist traurig, daß so etwas vorkommt! Als Inger fragte, wer sie angezeigt habe, antwortete der Lensmann, niemand, es seien ihm von verschiedenen Seiten Andeutungen über die Sache gemacht worden. Ob sie sich nicht selbst teilweise bei einigen Lappen verraten habe? – Inger antwortete: Ja, sie habe einigen Lappen von Os-Anders erzählt, der mitten im Sommer mit einem Hasen zu ihr gekommen sei, und davon habe das Kind unter ihrem Herzen eine Hasenscharte bekommen. Und Oline habe doch sicher den Hasen geschickt! – Davon wußte der Lensmann nichts. Aber wie es auch sein mochte, solche Unwissenheit und solchen Aberglauben würde er nicht einmal in sein Protokoll aufnehmen. – Meine Mutter bekam einen Hasen zu sehen, als sie mich unter dem Herzen trug, sagte Inger ...

Die Scheune war fertig, es war eine geräumige Hütte mit einem Heuverschlag auf beiden Seiten und einer Tenne in der Mitte. Das Vorratshaus und die anderen vorläufigen Aufbewahrungsorte wurden geräumt und das Heu in die Scheune geschafft. Das Korn wurde geschnitten, auf Heinzen getrocknet und dann eingefahren. Inger grub die Karotten und Rüben heraus. Nun war alles unter Dach. Jetzt wäre alles gut gewesen, Wohlstand herrschte auf der Ansiedlung, Isak rodete wieder Neuland bevor der Frost kam, und vergrößerte den

Kornacker, und er war ein wirklicher Roder, das war er. Aber im November sagte Inger: Jetzt wäre sie ein halbes Jahr alt und hätte uns alle gekannt! – Da ist nichts mehr daran zu ändern, sagte Isak.

Im Winter drosch Isak auf der neuen Scheunentenne Korn, Inger half ihm viele Stunden lang und führte ihren Dreschflegel so gut wie er, während die Kinder im Heu spielten. Die Ähren gaben große dicke Körner. Gegen Neujahr war eine gute Schlittenbahn, und Isak fing an Klafterholz fürs Dorf zu richten; er hatte jetzt feste Käufer, und sein im Sommer getrocknetes Holz wurde gut bezahlt.

Eines Tages kam er mit Inger überein, das fette Kalb, das von Goldhorn stammte, mitzunehmen und es zu Madam Geißler zu bringen nebst einem Ziegenkäse. Die Madam war entzückt und fragte ihn, was die Sachen kosteten. – Nichts, sagte Isak, der Lensmann hat es schon bezahlt. – Gott segne ihn, hat er das getan? sagte Frau Geißler gerührt. Sie gab Isak für Eleseus und Sivert Bilderbücher und Kuchen und Spielsachen mit. Als Isak heimkam und Inger die Sachen sah, wendete sie sich ab und begann zu weinen. Was hast du denn? fragte Isak. – Nichts, antwortete Inger. Aber gerade jetzt wäre sie ein Jahr alt gewesen und hätte alles dieses sehen können. – Jawohl, aber du weißt doch, wie sie gewesen ist, erwiderte Isak, um Inger zu trösten. Und außerdem ist es möglich, daß es nicht so schlimm ausfällt. Ich habe mich erkundigt, wo Geißler sich aufhält. – Inger horchte auf. Ja, kann er uns denn helfen? fragte sie. – Das weiß ich nicht.

Dann fuhr Isak das Korn in die Mühle, es wurde gemahlen, und er brachte Mehl nach Hause. Dann ging er wieder in den Wald und fällte Bäume für das Klafterholz des nächsten Jahres. Sein Leben ging von einer Arbeit zur andern, je nach den Jahreszeiten vom Feld in den Wald und vom Wald wieder aufs Feld. Jetzt hatte Isak sechs Jahre auf seiner Ansiedlung gearbeitet und Inger fünf; alles war recht und gut, wenn es so weiter ging. Aber es ging nicht so weiter. Inger warf das Weberschiffchen hin und her und versorgte ihren Viehstand, sie sang auch fleißig geistliche Lieder, aber, ach, du lieber Gott, ihr Gesang war eine Glocke ohne Klöppel!

Sobald der Weg gangbar war, wurde sie zum Verhör ins Dorf hinuntergeholt. Isak mußte daheim bleiben. Während er da allein war, nahm er sich vor, nach Schweden hinüberzuwandern und Geißler aufzusuchen, der wohlwollende Lensmann würde den Leuten auf Sellanraa vielleicht noch einmal freundlich entgegenkommen. Aber als Inger zurückkam, hatte sie schon nach allem gefragt und wußte über das Urteil einigermaßen Bescheid. Eigentlich sei es lebenslänglich, Paragraph 1, aber … Seht, sie hatte sich mitten vor den heiligen Richterstuhl des Gesetzes hingestellt und einfach alles gestanden; die beiden Zeugen der Gemeinde hatten sie mitleidig angesehen, und der Hardesvogt hatte sie freundlich ausgefragt; aber sie war den hellen Köpfen der Herren vom Gesetz doch unterlegen. Die hohen Herren Juristen sind so tüchtig, die kennen ihre Paragraphen, sie haben sie auswendig gelernt und im Gedächtnis, so helle Köpfe sind sie. Und sie sind auch nicht ohne Verstand neben ihrem Amt, nicht einmal ohne Herz. Inger konnte sich nicht über das Gericht beklagen; sie hatte nichts von dem Hasen gesagt, aber als sie unter Tränen gestand, daß sie ihrem mißgestalteten Kind nichts so Böses habe antun wollen, wie es am Leben zu lassen, da hatte der Hardesvogt ernst und sachte mit dem Kopf genickt. Aber, hatte er gesagt, du hast ja selbst eine Hasenscharte, und dir ist es doch gut ergangen. – Ja, Gott sei Dank! hatte Inger nur geantwortet. Und sie hatte nichts von den geheimen Leiden ihrer Kindheit und Jugend vorbringen können.

Aber der Hardesvogt mußte doch das eine und andere gemerkt haben, er schleppte selbst einen Klumpfuß herum und hatte niemals tanzen können. Das Urteil, – nein, das weiß ich noch nicht. Eigentlich ist es lebenslängliches Gefängnis, aber … Und ich weiß nicht, ob wir es in die nächsten Stufen hinunterbringen, in die zweite oder dritte Stufe, fünfzehn bis zwölf, zwölf bis neun Jahre. Da sitzen einige Männer und humanisieren das Strafgesetz, werden aber nicht damit fertig. Aber wir müssen das Beste hoffen, sagte er.

Inger kam in einer stumpfen Gelassenheit zurück, es war nicht nötig gewesen, sie in Haft zu behalten. Ein paar Monate vergingen, und als Isak eines Abends vom Fischen heimkam, waren der Lensmann und sein neuer Gerichtsbote auf Sellanraa gewesen. Inger war lieb und gut gegen Isak und lobte ihn, obgleich er nicht viel Fische gefangen hatte.

Was wollte ich doch sagen, sind Fremde hier gewesen? fragte er. – Fremde? Warum fragst du? – Ich sehe neue Fußstapfen draußen. Spuren von Stiefeln. – Es ist niemand anders dagewesen, als der Lensmann und noch einer. – So. Was wollten sie? – Das wirst du dir denken können. – Wollten sie dich holen? – Mich holen? Nein, es war nur das Urteil. Und das kann ich dir sagen, Isak, Gott ist gnädig gewesen, es ist nicht so, wie ich gefürchtet habe. – So, sagte Isak gespannt, dann ist es vielleicht doch nicht sehr lang? – Nein, nur einige Jahre. – Wie viele? – Ja, ja, du wirst wohl finden, es seien viele Jahre, aber ich danke Gott, daß ich wenigstens mit dem Leben davonkomme.

Inger nannte die Zahl nicht. Später am Abend fragte Isak, um welche Zeit man sie holen würde; aber das wußte sie nicht, oder sie wollte es nicht sagen. Sie war jetzt wieder sehr nachdenklich, redete davon, daß sie nicht wisse, wie alles gehen solle, aber Oline werde wohl kommen, und Isak wußte auch keinen anderen Ausweg. Wo war übrigens Oline geblieben? Sie war in diesem Jahr nicht wie sonst gekommen. War es ihre Absicht, ganz wegzubleiben, nachdem sie bei ihnen alles aus dem Geleise gebracht hatte? Sie machten die Feldarbeit, aber Oline kam nicht. Sollte man sie vielleicht holen? Ach, sie würde schon dahergeschwankt kommen, der Fettwanst, das Untier!

Endlich eines Tages kam sie. Welch ein Frauenzimmer! Es war, als sei zwischen ihr und dem Ehepaar gar nichts vorgefallen, sie strickte sogar ein Paar gereifelte Strümpfe für Eleseus, wie sie sagte. Ich wollte nur sehen, wie ihr es hier auf dieser Seite des Gebirges habt, begann sie. Es zeigte sich, daß sie ihre Kleider und Sachen in einem Sack im Walde liegen hatte und darauf eingerichtet war, dazubleiben.

Am Abend nahm Inger ihren Mann auf die Seite und sagte: Hast du nicht gesagt, du wollest versuchen, Geißler aufzufinden? Jetzt ist ruhige Zeit. – Ja, antwortete Isak, da Oline jetzt da ist, breche ich gleich morgen früh auf. – Inger sagte, sie wäre ihm dankbar dafür. Und du mußt alles bare Geld mitnehmen, das du hast, sagte sie. So. Kannst du es nicht aufheben? – Nein.

Inger machte reichlich Mundvorrat für ihn zurecht, und Isak wachte bereits in der Nacht auf und machte sich zum Aufbruch fertig. Inger begleitete ihn bis zur Haustüre, sie weinte nicht und jammerte nicht, aber sie sagte: Jetzt können sie jeden Tag kommen, um mich zu holen. – Weißt du etwas? – Nein, wie sollte ich etwas wissen? Und es wird wohl auch noch nicht so bald sein, aber ... Wenn du jetzt nur den Geißler fändest und er dir irgendeinen guten Rat geben könnte!

Was hätte Geißler jetzt noch tun können? Nichts. Aber Isak ging doch.

Aber ja, Inger hatte wohl etwas gewußt. Sie hatte vielleicht auch durch irgend jemand Oline Nachricht zukommen lassen. Als Isak von Schweden heimkam, war Inger abgeholt worden, und Oline war bei den beiden Kindern geblieben.

Das war eine traurige Nachricht für Isak bei seiner Heimkehr, als er mit lauter Stimme nach Inger rief und keine Antwort bekam. Ist sie fort? fragte er. – Ja, antwortete Oline. – An welchem Tag war es? – Am Tag, nachdem du weggegangen warst. – Jetzt erriet Isak, daß Inger bei der Entscheidung wieder allein hatte sein wollen und sie ihn deshalb auch gebeten hatte, alles Geld mitzunehmen. Ach, Inger hätte gerne ein paar Groschen für die große Reise haben können!

Aber die kleinen Jungen waren gleich ganz in Anspruch genommen von dem netten gelben Ferkelchen, das Isak mitgebracht hatte. Das war übrigens auch das einzige, was er mitbrachte. Geißlers Adresse war veraltet. Geißler war nicht mehr in Schweden, er war in Drontheim. Aber das Ferkelchen hatte Isak auf seinen Armen von Schweden herübergetragen, er hatte es mit Milch aus seiner Flasche geatzt und im Gebirge mit ihm auf der Brust geschlafen. Er hatte Inger eine Freude machen wollen, jetzt spielten Eleseus und Sivert damit und hatten großen Spaß daran. Das zerstreute Isak ein wenig. Dazu kam noch, daß Oline vom Lensmann grüßen konnte und ausrichtete, der Staat sei endlich auf den Verkauf von Sellanraa eingegangen, und Isak solle nur in die Amtsstube des Lensmanns hinunterkommen und bezahlen. Das war eine gute Nachricht, und sie riß Isak aus seiner tiefsten Niedergeschlagenheit heraus. Obgleich er noch recht müde und steifbeinig von seiner Reise war, packte er neuen Mundvorrat zusammen und wanderte gleich ins Dorf hinunter. Er hatte wohl eine leise Hoffnung, Inger noch dort zu treffen.

Aber diese Hoffnung ging nicht in Erfüllung, Inger war fort, für acht Jahre. Isak wurde es öde und düster zumute, und er verstand nur das eine und andere von dem, was der Lensmann sagte. Es sei traurig, daß so etwas vorkommen könne. Er hoffe, es werde Inger eine Lehre sein, daß sie sich bekehre und ein besserer Mensch werde und ihre Kinder nicht mehr umbringe.

Lensmann Heyerdahl war seit dem vorigen Jahr verheiratet. Seine Frau wollte nicht Mutter werden und wollte keine Kinder haben, – sie bedankte sich dafür. Und sie hatte auch keine.

Endlich kann ich auch die Sache Sellanraa abschließen, sagte der Lensmann dann. Das Königliche Ministerium ist einigermaßen nach meinen Vorschlägen auf den Verkauf eingegangen. – So, sagte Isak. – Es hat lang gedauert, aber ich habe die Befriedigung, daß meine Arbeit nicht vergeblich gewesen ist! Was ich geschrieben habe, ist beinahe Punkt für Punkt durchgegangen. – Punkt für Punkt, wiederholte Isak und nickte. – Hier ist die Urkunde. Du kannst sie beim nächsten Thing verlesen lassen. – Ja, sagte Isak. Was muß ich bezahlen? – Zehn Taler jährlich. Hier hat das Ministerium allerdings eine kleine Veränderung vorgenommen, anstatt fünf Taler jährlich zehn. Ich weiß nicht, wie du das aufnimmst? – Wenn ich es nur leisten kann, antwortete Isak. – Und zehn Jahre lang. – Isak sah erschrocken auf. – Ja, das Ministerium will auf nichts anderes eingehen, sagte der Lensmann. – Und das ist auch gar keine Bezahlung für ein so großes Grundstück, urbar gemacht und so angebaut, wie es nun dasteht.

Isak hatte die zehn Taler für dieses Jahr, er hatte sie für Klafterholz und die Ziegenkäse bekommen, die Inger zusammengespart hatte. Er bezahlte, und es blieb ihm noch ein Rest übrig.

Es ist wirklich ein Glück für dich, daß das Ministerium nichts von der Tat deiner Frau erfahren hat, fuhr der Lensmann fort. Sonst hätten sie vielleicht einen anderen Käufer dafür genommen. – So, sagte Isak, und dann fragte er: Und sie ist also nun für volle acht Jahre fort? – Ja, das läßt sich nicht ändern, die Gerechtigkeit muß ihren Lauf haben. Ihre Strafe ist übrigens milder als mild. Das nächste, was du nun zu tun hast, ist, eine deutliche Grenzscheide zwischen dir und dem Staatseigentum auszuhauen. Rode alles mit Stumpf und Stiel aus, in gerader Linie nach den Merkzeichen, die ich angegeben und in mein Protokoll eingetragen habe. Das Holz gehört dir. Ich werde später hinaufkommen und nachsehen.

Isak wanderte heim.

8

Die Jahre vergehen rasch? Ja, für den, der altert.

Isak war weder alt, noch geschwächt, ihm wurden die Jahre lang. Er arbeitete auf seinem Hofe und ließ seinen rostroten Bart wachsen, wie er wollte.

Ab und zu, wenn ein Lappe vorbeikam oder sich dies und jenes im Viehstand ereignete, wurde die Einförmigkeit im Ödland unterbrochen. Einmal kamen viele Männer vorbeigewandert; sie ruhten auf Sellanraa aus, aßen und tranken Milch dazu und fragten Isak und Oline nach dem Weg übers Gebirge aus; sie sollten eine Telegraphenlinie abschreiten, sagten sie. Ein anderes Mal erschien Geißler – kein Geringerer als Geißler. Er kam frisch und froh vom Dorfe heraufmarschiert und hatte zwei Mann bei sich mit Bergwerksgeräten und Pickel und Spaten.

Dieser Geißler! Er war ganz derselbe wie früher, ganz unverändert. Er sagte guten Tag, plauderte mit den Kindern, ging ins Haus und kam wieder heraus, betrachtete die Felder, öffnete die Türen von Stall und Scheune und schaute hinein. Ausgezeichnet! sagte er. Isak, hast du die kleinen Steine noch? – Die kleinen Steine? – Ja, die kleinen schweren Steine, mit denen dein Junge gespielt hat, als ich das letztemal hier war?

Die Steine waren im Vorratshaus, sie lagen als Gewicht auf den Mausefallen, nun wurden sie hereingeholt. Der Lensmann und die beiden Männer untersuchten sie, besprachen sich darüber, klopften darauf und wogen sie in der Hand. Schwarzkupfer! sagten sie. – Kannst du mit ins Gebirge gehen und uns zeigen, wo du die Steine gefunden hast? fragte der Lensmann.

Alle miteinander gingen in die Berge, und es war nicht weit bis zur Fundstätte; aber sie wanderten doch ein paar Tage umher, suchten nach Metall und sprengten da und dort einen Stein los. Als sie in den Hof zurückkehrten, brachten sie zwei schwere Säcke voll Steine mit.

Währenddem hatte Isak mit Geißler seine ganze Lage besprochen, auch daß der Preis für den Hof auf hundert Taler anstatt auf fünfzig festgesetzt worden war. – Ach, das spielt keine Rolle, sagte Geißler leichthin. Du hast vielleicht Kostbarkeiten in deinem Gestein, die Tausende wert sind. – So, sagte Isak. – Aber du mußt die gerichtliche Bestätigung der Urkunde so rasch wie möglich ins Werk setzen. – Ja. – Damit dir der Staat nicht einen Prügel in den Weg wirft, verstehst du? sagte er. – Isak verstand. Ja ja, aber das Schlimmste ist doch die Sache mit Inger, erwidert er. – Ach ja, sagte Geißler, und er überlegte für seine Art ungewöhnlich lange. Der Fall könnte vielleicht noch einmal ausgenommen werden. Wenn alles an den Tag käme, würde ihre Strafe vielleicht etwas heruntergesetzt. Aber wir könnten vielleicht um Begnadigung einkommen und damit ungefähr dasselbe erreichen. – So, meint Ihr das? – Um Begnadigung können wir zwar vorderhand noch nicht einkommen, da muß erst einige Zeit verstrichen sein. Aber was ich sagen wollte: Du hast meiner Familie ein Kalb und Ziegenkäse gebracht, was bin ich dir dafür schuldig? – Nichts, Ihr habt schon dafür bezahlt. – Ich? – Und Ihr habt uns so viel geholfen. – Nein, sagte Geißler kurz, indem er einige Talerscheine auf den Tisch legte. Hier nimm dies! sagte er.

Er war ein Mann, der nichts umsonst wollte, und es schienen auch noch genug Geldscheine in seiner Brusttasche zu stecken, so dick war sie. Gott mochte wissen, ob er wirklich so reich war!

Aber sie schreibt, sie habe es gut, sagte Isak, der nur an seine Angelegenheiten dachte. – Ach so, deine Frau? – Ja, seit sie das kleine Mädchen bekommen hat –

sie hat ein kräftiges, wohlgestaltetes Mädchen bekommen. – Das ist ausgezeichnet! – Ja, und die anderen helfen ihr alle miteinander, und jedermann sei gut gegen sie, schreibt sie.

Geißler sagte: Jetzt schicke ich diese kleinen Steine hier an einige gesteinskundige Herren, um zu erfahren, woraus sie bestehen. Wenn ordentlich Kupfer drin ist, bekommst du viel Geld. – So, sagte Isak. Und wann meint Ihr wohl, daß wir um Begnadigung einkommen können? – In einiger Zeit. Ich werde für dich hinschreiben, und ich komme später auch selbst wieder her. Was hast du gesagt, hat deine Frau ein Kind bekommen, seit sie von hier fort ist? – Ja. – Dann haben sie sie in schwangerem Zustand hier weggeholt? Das hätten sie nicht dürfen. – Nicht? – Nein, und das ist ein Grund mehr, daß sie nach einer bestimmten Zeit frei wird. – Das wäre ja sehr gut, sagte Isak dankbar.

Isak wußte nicht, daß die Obrigkeit schon viele und lange Aktenstücke wegen der schwangeren Frau hatte hin und her schicken müssen. Sie hatte es seinerzeit aus zweierlei Gründen unterlassen, Inger von ihrem Hause weg in Haft zu nehmen. Erstens hatte es an einem Arrestlokal für sie gefehlt, und zweitens hatte die Obrigkeit milde sein wollen. Die Folgen waren unberechenbar. Später, als Inger festgenommen werden sollte, hatte niemand nach ihrem Zustand gefragt, und sie selbst hatte nichts gesagt. Vielleicht hatte sie auch absichtlich geschwiegen, um das Kind in den bösen Jahren in ihrer Nähe zu haben; wenn sie sich gut aufführte, durfte sie es vielleicht ab und zu einmal sehen. Vielleicht war sie aber auch nur stumpf gewesen und war trotz ihrem Zustande gleichgültig darauf eingegangen, von zu Hause fortgeführt zu werden.

Isak arbeitete auf seinem Grund und Boden, er entwässerte und brach seine Acker um, hieb die Grenzscheide zwischen sich und dem Staat aus, und die dabei gefällten Bäume gaben Klafterholz für ein ganzes Jahr. Aber da er Inger nicht mehr hatte, die ihn mit ihren Lobsprüchen anfeuerte, so schaffte er mehr aus Gewohnheit als aus Lust. Nun hatte er auch schon zwei Thinge vorübergehen lassen, ohne die Bestätigung seiner Urkunde einzuholen, weil es ihm eben nicht so sehr am Herzen gelegen hatte. Jetzt erst im Herbst raffte er sich dazu auf. Es stand bei ihm nicht alles, wie es sein sollte. Geduldig und besonnen, ja gewiß, das war er, aber er war geduldig und besonnen, weil er von Natur dazu angelegt war. Er suchte seine Häute zusammen, seine Ziegenfelle und Kalbfelle, legte sie in den Fluß, schabte später die Haare herunter, gerbte sie und machte sie zur Verarbeitung für Schuhwerk fertig. Im Winter stellte er schon beim ersten Schnee sein Saatkorn fürs nächste Frühjahr auf die Seite, damit das getan war, denn es war am besten, wenn es bereit stand; er war ein Mann der Ordnung. Aber er war ein freudloser, einsamer Mann geworden, ach ja, wieder ein unverheirateter Mann mit allem, was drum und dran war.

Welche Freude war es für ihn jetzt, am Sonntag in seiner Stube zu sitzen, gewaschen und sauber in seinem roten Hemd, wenn er niemand mehr hatte, für den er sich hübsch machen konnte? Die Sonntage waren die längsten von allen Tagen, sie verdammten ihn zum Müßiggang und zu traurigen Gedanken; er konnte nichts tun, als sich auf seinem Grundstück umhertreiben und nach allem sehen, was getan werden mußte. Jedesmal nahm er seine kleinen Jungen mit, immer einen von ihnen auf dem Arm. Es war so nett, ihr Geplauder anzuhören und auf ihre Fragen zu antworten.

Die alle Oline hatte er, weil er niemand andern hatte. Und im Grunde genommen war Oline nicht so übel zu haben. Sie kartätschte Wolle und spann, strickte Strümpfe und Fausthandschuhe, bereitete auch Ziegenkäse; aber sie hatte keine glückliche Hand und arbeitete ohne Liebe; von dem, was sie in die Hand nahm, gehörte ihr ja nichts zu eigen. Da hatte nun Isak einmal zu Ingers Zeit eine besonders hübsche Dose beim Händler gekauft, die ihren Platz auf dem Wandbrett hatte, sie war aus Ton und hatte einen Hundekopf auf dem Deckel, eigentlich war es eine Art Tabaksdose; Oline nahm einmal den Deckel ab und ließ ihn auf den Boden fallen. Inger hatte einige Fuchsiaableger in einer Kiste hinterlassen, die mit Glas zugedeckt waren; Oline nahm die Gläser ab und drückte sie nachher hart und fest wieder darauf. – Am nächsten Tage waren alle Ableger tot. Es war wohl nicht so ganz leicht für Isak, all dies mit anzusehen, und er machte vielleicht ein Gesicht, und da nichts Weiches oder Schwammhaftes an ihm war, so war es vielleicht ein gefährliches Gesicht. Oline war unverfroren und zungenfertig und muckte auf. Kann ich etwas dafür? sagte sie. – Das weiß ich nicht, erwiderte Isak, aber du hättest die Hand davon lassen können. – Ich werde ihre Blumen nicht mehr anrühren, sagte Oline darauf; aber nun waren sie ja tot.

Und wozu kamen jetzt so oft Lappen nach Sellanraa, jetzt viel öfters als früher? Was hatte Os-Anders da zu tun, konnte er nicht einfach vorübergehen? In einem Sommer kam er zweimal übers Gebirge gewandert; aber Os-Anders hatte ja keine Renntiere, nach denen er hätte sehen müssen, sondern lebte vom Bettel und von Besuchen bei anderen Lappen. Wenn er auf die Ansiedlung kam, ließ Oline alle Arbeit liegen und klatschte mit ihm über alle Leute im Dorfe, und wenn er wieder ging, war sein Sack schwer von allem möglichen. Zwei Jahre lang schwieg Isak geduldig dazu.

Dann wollte Oline wieder neue Schuhe haben, und da schwieg er nicht länger. Es war im Herbst, und Oline trug jeden Tag Lederschuhe, anstatt in Lappenschuhen oder Holzpantinen zu gehen. Isak sagte: Es ist schönes Wetter heute. Hm! So fing er an. – Ja, sagte Oline. – Hast du nicht heute morgen an den Ziegenkäsen bis auf zehn gezählt, Eleseus? fragte Isak. – Doch, antwortete Eleseus. – Aber jetzt sind es nur noch neun.

Eleseus zählte wieder nach und überlegte in seinem kleinen Kopf, dann sagte er: Ja, und dann der, den Os-Anders bekommen hat, dann sind es zehn.

Schweigen rings in der Stube. Aber der kleine Sivert wollte auch zählen, und so wiederholte er die Worte des Bruders: Dann sind es zehn.

Wieder Schweigen ringsum. Da mußte Oline schließlich eine Erklärung geben. Ja, er hat einen ganz kleinen Käse bekommen, ich habe nicht gedacht, daß das etwas ausmacht. Aber die Kinder sind noch nicht groß, und es zeigt sich jetzt schon, was in ihnen steckt. Ich kann wohl sehen und ausrechnen, wem sie nachschlagen! Dir jedenfalls nicht, Isak, das weiß ich.

Das war eine Andeutung, die Isak zurückweisen mußte. Die Kinder sind schon recht, sagte er. Aber kannst du mir sagen, welche Wohltaten Os-Anders mir und den Meinigen erwiesen hat? – Wohltaten? versetzte Oline. – Ja. – Er, Os-Anders? wiederholte sie. – Ja, weil ich ihm Ziegenkäse schuldig bin. – Oline hat nun Zeit zum Überlegen gehabt und gibt folgende Antwort: Gott bewahre mich, Isak! Bin ich es gewesen, die mit Os-Anders angefangen hat, so soll mich gleich der Schlag rühren!

Ausgezeichnet! Isak muß nachgeben, wie so manches Mal vorher.

Oline gab nicht nach: Und wenn ich jetzt, wo es dem Winter zugeht, hier barfuß laufen und das nicht zu eigen haben soll, was Gott zu Schuhen für die Füße geschaffen hat, dann sag es lieber gerade heraus. Schon vor drei bis vier Wochen habe ich von Schuhen gesprochen, aber ich habe noch nichts von ihnen gesehen und muß nun mit denen hier herumlaufen. – Isak erwiderte: Was fehlt denn eigentlich deinen Holzschuhen, daß du sie nicht trägst? – Was ihnen fehlt? fragte Oline überrumpelt. – Ja, das möchte ich fragen. – Den Holzschuhen? – Ja. – Du sagst nichts davon, daß ich Wolle kartätsche und spinne, das Vieh versorge und die Kinder aufziehe, davon sagst du nichts. Und zum Kuckuck, deine Frau, die im Gefängnis sitzt, die ist doch wohl auch nicht barfuß im Schnee herumgelaufen. – Nein, sie trug Holzschuhe, sagte Isak. Und wenn sie in die Kirche oder zu ordentlichen Leuten ging, dann trug sie Lappenschuhe, sagte er.

– Ja ja, antwortete Oline, sie war eben so viel besser! – Ja, das war sie. Und wenn sie im Sommer Lappenschuhe trug, so hatte sie nichts als dürres Gras darin. Aber du, du trägst das ganze Jahr Strümpfe und Schuhe.

Oline sagte: Was das betrifft, so werde ich meine Holzschuhe wohl noch abnützen. Ich habe nicht geglaubt, daß es so große Eile hätte, meine eigenen Holzschuhe durchzulaufen. – Sie sprach leise und gedämpft, aber sie kniff die Augen halb zu, o, sie war klug und schlau! Die Inger, sagt sie, der Wechselbalg, wie wir sie genannt haben, ist unter meinen Kindern umhergegangen und hat da in all den Jahren dies und jenes gelernt. Jetzt haben wir den Dank dafür. Wenn meine Tochter in Bergen einen Hut trägt, dann tut das Inger vielleicht südwärts da drunten auch, ja vielleicht ist sie nach Drontheim gereist, um sich einen Hut zu kaufen, haha!

Isak stand auf und wollte hinausgehen. Aber jetzt war Oline das Herz aufgegangen, und sie zeigte, wie schwarz es war, ja sie strahlte wahrhaftig Dunkelheit aus, sagte, keine von ihren Töchtern habe ein Gesicht wie ein feuerspeiendes Raubtier, könne sie gern sagen, aber deshalb seien sie doch gut genug. Nicht alle hätten Geschick dazu, Kinder umzubringen. – Jetzt nimm dich aber in acht! rief Isak, und um sich recht klar verständlich zu machen, fügte er noch hinzu: Du verdammtes Weibsbild!

Aber Oline nahm sich nicht in acht, nein. Haha! sagte sie und sah zum Himmel auf und deutete an, daß es eigentlich übertrieben sei, mit einer solchen Hasenscharte herumzulaufen wie gewisse Leute. Man könne auch darin Maß halten.

Isak war wohl froh, als er endlich glücklich aus dem Hause draußen war. Und was blieb ihm anderes übrig, als Oline Lederschuhe zu verschaffen! Er war ein Ansiedler im Walde und war nicht einmal so weit den Göttern ähnlich, daß er seine Arme über der Brust kreuzen und zu seinem Dienstboten sagen konnte: Geh! Eine so unentbehrliche Haushälterin wie Oline war in Sicherheit, sie mochte sagen und tun, was sie wollte.

Die Nächte sind kühl und es ist Vollmond, die Moore erstarren so weit, daß sie zur Not einen Mann tragen, bei Tag taut die Sonne sie wieder auf und macht sie ungangbar. Isak wandert in einer kühlen Nacht ins Dorf hinunter, um Schuhe für Oline zu bestellen. Er hat zwei Ziegenkäse mit für Frau Geißler.

Auf halbem Wege nach dem Dorf hat sich nun der neue Ansiedler niedergelassen. Er war wohl ein vermöglicher Mann, da er Zimmerleute vom

Dorfe bestellt hatte, die ihm sein Haus bauten, und dazu noch Taglöhner, um ein Stück sandiges Moor für Kartoffeln umzugraben; er selbst tat nichts oder nur wenig. Der Mann war Brede Olsen, Amtsdiener und Gerichtsbote, ein Mann, an den man sich wenden mußte, wenn der Doktor geholt oder bei der Pfarrfrau ein Schwein geschlachtet werden sollte. Brede Olsen war noch nicht dreißig Jahre alt, hatte aber schon vier Kinder zu versorgen, außer seiner Frau, die eigentlich auch noch ein Kind war. Ach, Bredes Mittel waren wohl nicht so sehr groß, es warf nicht so sehr viel ab, Topf und Pfanne zu sein und zu Auspfändungen zu fahren; jetzt wollte er es mit der Landwirtschaft versuchen. Für seinen Hausbau hatte er auf der Bank Geld aufgenommen. Sein Grundstück hieß Breidablick, Lensmann Heyerdahls Frau hatte ihm diesen herrlichen Namen gegeben.

Isak geht an der Ansiedlung vorüber und nimmt sich nicht Zeit, hineinzugehen, aber so früh am Morgen es auch ist, am Fenster stehen schon dichtgedrängt die Kinder und schauen heraus. Isak eilt vorüber, er will beim nächsten Nachtfrost schon wieder hier zurück sein. Im Ödland draußen hat ein Mann gar viel zu bedenken und sich zu überlegen, wie er es auf die beste Weise einrichtet. Er hat zwar jetzt gerade nicht so übermäßig viel Arbeit, aber er hat Heimweh nach den Kindern, die daheim bei Oline zurückgeblieben sind.

Während er so dahinschreitet, muß er unwillkürlich an seine erste Wanderung hier denken. Die Zeit ist dahingegangen, die beiden letzten Jahre sind sehr lang gewesen; vieles ist gut gewesen auf Sellanraa, aber etwas ist schlimm gewesen, ach ja, Herrgott im Himmel! Nun war also eine neue Ansiedlung hier entstanden; Isak erkannte die Stelle gut wieder, dies war einer von den wirklichen Plätzen, die er auf seiner ersten Wanderung untersucht, dann aber wieder aufgegeben hatte. Es war hier näher beim Dorf, jawohl, aber der Wald war nicht so gut; es war hier Ebene, aber Moor, die Erde war leicht umzubrechen, aber das Entwässern war schwierig. Der gute Brede hatte noch keinen Acker damit, daß er Moorboden umgrub. Und was sollte das heißen, wollte denn Brede nicht einen Schuppen an die Scheune anbauen für Geräte und Fahrzeuge? Isak sah einen zweirädrigen Karren unter offenem Himmel gerade vor dem Hause stehen.

Er macht seine Besorgung beim Schuhmacher, aber Frau Geißler ist weggereist; da verkauft er seine Ziegenkäse an den Krämer. Am Abend geht er heimwärts. Es gefriert immer mehr, so daß man leicht übers Moor gehen kann; aber Isaks Gang ist schwer. Gott mochte wissen, wann Geißler nun wiederkam, da seine Frau verreist war, vielleicht kam er nie wieder. Inger war fort, die Zeit verging.

Er geht auch jetzt auf dem Rückweg nicht zu Bredes hinein, nein, er macht einen Bogen um Breidablick herum und kommt so ungesehen vorbei. Er will nicht mit Menschen reden, er will nur weitergehen. Noch immer steht Bredes Fuhrwerk im Freien. Ich möchte wissen, ob es da stehenbleibt? denkt Isak. Na, jeder hat das Seine! Jetzt hat er ja selbst, er, Isak, ein Fuhrwerk und einen Schuppen dazu, aber es ist deshalb doch nicht besser gegangen, sein Heim ist nur halb, einmal war es ganz, jetzt ist es nur halb.

Als er bei vollem Tageslicht so weit gekommen ist, daß er sein Haus auf der Halde droben sehen kann, wird ihm leichter ums Herz, obgleich er müde und matt ist nach der zweitägigen Wanderung. Die Gebäude stehen noch da. Rauch steigt vom Schornstein auf, beide Jungen sind im Freien, sowie sie ihn sehen, stürmen sie ihm entgegen. Er geht hinein, in der Stube sitzen zwei Lappen. Oline steht überrascht vom Hocker auf und sagt: Was – bist du schon wieder da? Sie kocht Kaffee auf dem Herd. Kaffee? Kaffee!

Isak hat es wohl schon früher bemerkt: wenn Os-Anders oder andere Lappen dagewesen sind, kocht Oline sich lange Zeit nachher in Ingers kleinem Kessel Kaffee. Sie tut es, wenn Isak im Wald oder auf dem Feld ist; und wenn er unerwartet heimkommt und es sieht, schweigt er. Aber er weiß, daß er jedesmal um ein Bündel Wolle oder einen Ziegenkäse ärmer geworden ist. Deshalb ist es sehr gut von Isak, daß er Oline jetzt nicht packt und zwischen seinen Händen zerschmettert für ihre Niedertracht. Ja, im ganzen genommen versucht es Isak in Wahrheit ein immer besserer Mensch zu werden, was er auch dabei im Sinne haben mag, ob er es um des lieben Friedens willen tut, oder weil er hofft, Gott werde ihm dann Inger früher zurückgeben. Er hat einen Hang zum Grübeln und zum Aberglauben, selbst die Bauernschlauheit, die er hat, ist treuherzig. Jetzt eben im Herbst hatte es sich gezeigt, daß das Torfdach auf seinem Stall auf das Pferd herabzusinken drohte, da kaute Isak ein paarmal an seinem rostigen Bart, aber dann lächelte er wie jemand, der einen Spaß versteht, er richtete das Dach auf und stützte es mit Sparren. Kein böses Wort entfuhr ihm. Ein anderer Zug: Das Vorratshaus, in dem alle seine Lebensmittel untergebracht waren, stand nur mit den Ecken auf hohen steinernen Füßen. Nun gelangten durch die große Öffnung in der Grundmauer kleine Vögel ins Vorratshaus hinein, flatterten darin herum und fanden den Weg nicht mehr hinaus. Oline klagte, die kleinen Vögel pickten an den Eßwaren herum, liefen auf dem Speck hin und her, ja, sie täten auch das, was noch schlimmer sei, darauf. Isak sagte: Ja, es ist auch schlimm, daß die kleinen Vögel hereinkommen und den Weg nicht mehr hinausfinden! Und mitten in der strengen Arbeitszeit brach er Steine aus und füllte die Mauer damit auf.

Gott mochte wissen, was er sich dabei dachte, ob er hoffte, er werde, wenn er sich so gut aufführe, Inger schon bald zurückbekommen.

9

Die Jahre vergehen.

Wieder kam ein Ingenieur mit einem Vorarbeiter und zwei Arbeitern nach Sellanraa, und sie wollten wieder eine Telegraphenlinie übers Gebirge abschreiten. So, wie sie jetzt abschritten, würde die Linie nicht weit von Isaks Haus zu liegen kommen, und ein gerader Weg würde durch den Wald geführt werden. Aber das schadete nichts, es würde den Ort weniger öde machen, die Welt würde hereinkommen und ihn erhellen.

Der Ingenieur sagte: Dieser Platz hier wird nun der Mittelpunkt zwischen zwei Tälern, man wird dir vielleicht die Aufsicht über die Linie nach beiden Seiten hin anbieten. – So, sagte Isak.– Du bekommst fünfundzwanzig Taler im Jahr dafür. – So, sagte Isak, aber was habe ich dafür zu tun? – Die Leitung in Ordnung halten, die Drähte ausbessern, wenn sie abgerissen sind, die Büsche weghauen, wenn sie in die Linie hineinwachsen. Du bekommst eine nette kleine Maschine an deine Wand, die dir zeigt, wenn du hinaus mußt. Dann mußt du augenblicklich alles liegen und stehen lassen und gehen.

Isak überlegte: Im Winter könnte ich die Arbeit übernehmen, sagte er dann. – Nein, es muß das ganze Jahr hindurch sein, das ganze Jahr natürlich, Sommer wie Winter.– Aber Isak erklärte: Im Frühjahr und im Sommer und im Herbst habe ich meine Feldarbeit und keine Zeit für anderes.

Da mußte der Ingenieur Isak eine gute Weile ansehen, ehe er die folgende erstaunte Frage tat: Kannst du damit mehr verdienen? – Verdienen? sagte Isak. – Ob du an den Tagen, die du bei der Aufsicht der Telegraphenlinie verbringen mußt, mit Feldarbeit mehr verdienen kannst? – Das weiß ich nicht, antwortete Isak. Aber es ist nun einmal so, daß ich wegen der Felder hier bin. Ich habe für das Leben von vielen Menschen und von noch mehr Haustieren zu sorgen. Wir leben von dem Grundstück. – Ja ja, ich kann den Posten auch einem andern anbieten, versetzte der Ingenieur.

Diese Drohung schien wahrhaftig Isak das Herz nur zu erleichtern, er wollte dem hohen Herrn wohl nur ungern eine abschlägige Antwort geben, und so erklärte er: Ich habe ein Pferd und fünf Kühe, dazu einen Stier. Dann habe ich zwanzig Schafe und sechzehn Ziegen. Die Tiere geben uns Nahrung und Wolle und Felle, sie müssen Futter haben. – Ja, das ist klar, sagte der Ingenieur kurz. – Jawohl. Und nun sage ich nichts weiter als, wie sollte ich das Futter für sie herschaffen, wenn ich mitten in der Heuernte fortgehen müßte und nach dem Telegraphen sehen? – Der Ingenieur erwiderte: Wir wollen gar nicht mehr darüber reden. Der Mann da unten, Brede Olsen, soll die Aufsicht bekommen, er übernimmt sie wohl gerne. – Dann wendete er sich an seine Leute und befahl: Kommt, wir wollen weitergehen!

Nun erriet wohl Oline an dem Ton, daß Isak steif und unvernünftig gewesen war, das mußte ihr zugute kommen. Was hast du gesagt, Isak? Sechzehn Ziegen? Es sind doch nicht mehr als fünfzehn. – Isak sah sie an, und Oline sah ihn an, sah ihm mitten ins Gesicht. – Sind es nicht sechzehn Ziegen? – Nein, versetzte sie und sah den fremden Herrn über Isaks Unvernunft ratlos an. – So, sagte Isak leise. Er nahm einen Büschel seines Bartes zwischen die Zähne und begann darauf zu kauen.

Der Ingenieur und seine Leute entfernten sich.

Wenn es nun Isak darum zu tun gewesen wäre, sich mit Oline unzufrieden zu zeigen und sie vielleicht zu schlagen, so hätte er jetzt eine gute Gelegenheit, o eine herrliche Gelegenheit dazu gehabt. Sie waren wieder allein in der Stube, die Kinder waren mit den Fremden hinausgelaufen und verschwunden. Isak stand mitten im Zimmer, und Oline saß am Herd. Isak räusperte sich ein paarmal, um sie verstehen zu lassen, daß er nicht weit davon entfernt sei, sich auszusprechen. Aber er schwieg. Das war seine Seelenstärke. Sollte er etwa nicht wissen, wie viele Ziegen er hatte, konnte er sie nicht an den Fingern herzählen, war das Weib verrückt? Sollte eines von den Tieren im Stall, mit denen er persönlich umging, mit denen er täglich plauderte, verschwunden sein, eine von den Ziegen, die sechzehn an der Zahl waren! Dann hatte wohl Oline die eine Ziege um irgend etwas vertauscht, gestern, als die Frau von Breidablick dagewesen war und sich umgesehen hatte.

Hm! sagte Isak, und er war nahe daran, noch mehr zu sagen. Was hatte Oline getan? Es war vielleicht nicht geradezu ein Mord, aber doch nicht weit davon. Er konnte in tödlichem Ernst von der sechzehnten Ziege reden. Er konnte jedoch nicht in alle Ewigkeit hier mitten in der Stube stehen und schweigen. Er sagte: Hm! So, es sind also jetzt nicht mehr als fünfzehn Ziegen? – Nein, antwortete Oline freundlich. Ja, du kannst sie ja selbst zählen, ich bekomme nicht mehr als fünfzehn heraus.

Jetzt, in diesem Augenblick hätte er es tun können: die Hände ausstrecken und Oline in der Gestalt bedeutend verändern, nur mit einem guten Griff. Das hätte er tun können. Er tat es nicht, aber er sagte laut, indem er nach der Tür ging: Ich sage jetzt nichts weiter! Damit ging er hinaus, wie wenn es beim nächsten Male von seiner Seite nicht an deutlichen Worten fehlen sollte.

Eleseus! rief er.

Wo war Eleseus, wo waren beide Jungen geblieben? Der Vater wollte eine Frage an sie stellen, sie waren jetzt große Jungen und hatten Augen im Kopfe. Er fand sie unter dem Scheunenboden, sie waren da ganz hineingekrochen und vollständig unsichtbar, aber sie verrieten sich durch ein ängstliches Flüstern. Dann kamen sie zum Vorschein wie zwei Sünder.

Die Sache war die, daß Eleseus ein Stück farbigen Bleistift gefunden hatte, das dem Ingenieur gehörte; aber als er ihm damit nachlaufen wollte, waren die weitausschreitenden erwachsenen Männer schon ein Stück droben im Walde drin, und Eleseus blieb stehen. Der Gedanke stieg in ihm auf, er könnte am Ende den Bleistift behalten, – ach, wenn er das könnte! Er zog den kleinen Sivert mit sich fort, damit er die Verantwortung nicht allein hätte, und dann krochen die zwei mit ihrer Beute in einen Winkel unter dem Scheunenboden. Ach, dieses kurze Stück Bleistift – es war eine Merkwürdigkeit in ihrem Leben, ein Wunder! Sie suchten sich Holzspäne und bedeckten sie mit allerlei Strichen, und der Bleistift zeichnete rot mit dem einen Ende und blau mit dem andern; die Jungen wechselten ab, wer ihn haben durfte. Als nun der Vater so eindringlich und laut rief, flüsterte Eleseus: Die Fremden sind wohl zurückgekommen, um den Bleistift zu holen! Da war die Freude daran plötzlich verschwunden, sie war wie aus ihrer Seele weggewischt, und die kleinen Herzen begannen ängstlich zu schlagen und zu hämmern. Die Brüder krochen hervor; Eleseus hielt dem Vater den Bleistift auf Armlänge entgegen, um ihm zu zeigen, daß sie ihn nicht zerbrochen hatten, aber sie wünschten, sie hätten ihn nie gesehen.

Doch sie sahen keinen Ingenieur, da beruhigten sich ihre Herzen wieder und fühlten einen wahren Gottesfrieden nach der Spannung.

War gestern eine Frau hier? fragte der Vater. – Ja. – Die Frau von drunten? Habt ihr sie gesehen, als sie wegging? – Ja. – Hatte sie eine Ziege bei sich? – Nein, sagten die Kinder. Eine Ziege? – Hatte sie nicht eine Ziege bei sich, als sie wieder heimging? – Nein. Was für eine Ziege?

Isak überlegte und grübelte nach, und am Abend, als das Vieh von der Weide zurückkam, zählte er die Ziegen zum erstenmal: Es waren sechzehn. Er zählte sie noch einmal, zählte fünfmal – es waren sechzehn Ziegen. Keine fehlte.

Isak atmete erleichtert auf. Wie war das zu verstehen? Oline, diese Kreatur, hatte wohl nicht bis sechzehn zählen können. Er sagte in ärgerlichem Ton zu ihr: Was faselst du denn, es sind ja sechzehn Ziegen! – Sind es sechzehn? fragte sie unschuldig. – Ja. – So, ja ja, – Ja, du bist mir ein guter Rechenmeister. – Darauf erwiderte Oline ruhig und gekränkt: Nun, wenn alle Ziegen da sind, dann hat Oline Gott sei Dank keine von ihnen aufgefressen. Ich bin recht froh für sie!

Sie verwirrte ihn mit diesem Streich und brachte ihn dazu, sich die Sache aus dem Kopf zu schlagen. Er zählte nun den Viehstand nicht mehr, es fiel ihm auch nicht ein, die Schafe zu zählen. Natürlich war Oline nicht so schlimm, sie führte ihm gewissermaßen das Hauswesen, versorgte sein Vieh, sie war nur sehr dumm – aber dadurch schadet sie sich selbst und nicht ihm. Mochte sie dableiben und weiterleben, sie war nicht mehr wert. Aber es war düster und freudlos, in einem solchen Leben der Isak zu sein.

Die Jahre waren vergangen. Jetzt war Gras auf dem Hausdach gewachsen, ja sogar das Scheunendach, das mehrere Jahre jünger war, stand grün. Die Eingeborene des Waldes, die Feldmaus, hatte längst im Vorratshaus ihren Einzug gehalten. Es schwirrte von Meisen und anderen kleinen Vögeln auf der Ansiedlung, auf der Halde gab es Auerhähne, ja auch Krähen und Elstern waren herbeigekommen. Aber das Merkwürdigste hatte sich doch im letzten Sommer begeben, da waren Möwen von der Meeresküste heraufgeflogen und hatten sich auf dieses Grundstück im Ödland herabgesenkt. So bekannt war die Ansiedlung unter der ganzen Schöpfung geworden. Und was meint ihr, welche Gedanken in Eleseus und dem kleinen Sivert aufstiegen, als sie die Möwen sahen? O es waren fremde Vögel von weit her, und sie waren nicht sehr zahlreich, aber es waren doch sechs Stück, weiße Vögel, alle ganz gleich; sie spazierten auf den Feldern umher, zuweilen bissen sie Gras ab. – Vater, warum sind sie hierhergekommen? fragten die kleinen Buben. – Weil sie auf dem Meer einen Sturm erwarteten. – Ach, wie sonderbar und geheimnisvoll war das mit den Möwen!

Und vieles andere Gute lehrte Isak seine Kinder. Sie waren jetzt so alt, daß sie in die Schule gehen sollten, aber die Schule war drunten im Dorfe, viele Meilen entfernt und nicht zu erreichen. An den Sonntagen hatte Isak den Kindern selbst das Abc beigebracht, aber irgendeinem höheren Unterricht war er nicht gewachsen, nein, dazu war dieser geborene Landmann nicht geschaffen. Der Katechismus, die biblische Geschichte lagen deshalb ruhig auf dem Wandbrett neben den Ziegenkäsen. So wie Isak die Kinder heranwachsen ließ, mußte er wohl denken, Unkenntnis in Buchweisheit sei für den Menschen bis zu einem gewissen Grad eine Kraft. Beide Jungen waren ihm eine Herzensfreude; Isak mußte oft daran denken, wie ihre Mutter, als sie noch ganz klein waren, ihm verboten hatte, sie anzufassen, weil er Harz an den Händen habe. O Harz, das reinste auf der Welt! Teer und Ziegenmilch und zum Beispiel Mark – sind auch gesund und vortrefflich; aber Harz, Tannenharz – o schweigt!

Ja, da gingen also die Kinder in einem Paradies von Schmutz und Unwissenheit umher; aber es waren hübsche Kinder, wenn sie sich ein seltenes Mal wuschen, und Klein-Sivert war geradezu ein Prachtkerl; aber Eleseus war feiner und tiefer angelegt. – Ja, aber woher können die Möwen wissen, daß ein Sturm droht? fragte er. – Sie werden wetterkrank, antwortete der Vater. Aber außerdem sind sie nicht mehr wetterkrank als die Fliegen, fuhr er fort, was diese auch haben mögen, ob sie Gicht bekommen oder ob ihnen schwindlig wird oder so etwas. Aber schlagt nie nach einer Fliege, denn dann wird sie nur schlimmer, sagte er. Vergeßt das nicht, Jungen! Die Bremse ist von anderer Art, sie stirbt von selbst. Ganz unversehens kommt die Bremse im Sommer eines Tages daher, und hast du nicht gesehen, so ist sie auch wieder verschwunden! – Wo bleibt sie? fragte Eleseus. – Wo sie bleibt? Das Fett erstarrt in ihr, und dann bleibt sie liegen!

An jedem Tag mehr Gelehrsamkeit: Wenn die Kinder von hohen Felsblöcken heruntersprangen, sollten sie die Zunge gut im Munde behalten, damit sie ihnen nicht zwischen die Zähne komme. Wenn sie größer würden und für die Kirche gut riechen wollten, sollten sie sich mit etwas Rainfarn, der auf der Halde droben wuchs, einreiben. Der Vater war voller Weisheit. Er erzählte den Kindern von den Steinen und vom Feuerstein, und daß der weiße Stein härter sei als der graue, aber wenn er einen Feuerstein fand, mußte er auch einen Feuerschwamm suchen, den er in Lauge kochte und aus dem er dann Zunder machte. Dann schlug er Feuer. Er erzählte ihnen vom Mond und sagte, wenn sie mit der linken Hand in die Mondsichel hineingreifen könnten, dann sei der Mond im Zunehmen, könnten sie das aber mit der rechten tun, dann sei er im Abnehmen.

– Vergeßt das nicht, Jungen! Ein seltenes Mal ging Isak indes zu weit, und da wurde er sonderbar und unverständlich: einmal kam er mit einem Ausspruch daher, der darauf hinauslief, es sei schwieriger für ein Kamel in den Himmel zu kommen, als für einen Menschen durch ein Nadelöhr zu gehen. Ein anderes Mal, als er ihnen von dem Glanz der Engel berichtete, sagte er, die Engel hätten die Sterne statt Beschlägen an die Absätze ihrer Schuhe genagelt. Das war ein guter, treuherziger Unterricht, der auf die Ansiedlung paßte, der Schullehrer im Dorf drunten würde darüber gelächelt haben; Isaks Kinder dagegen nährten ihre Phantasie ziemlich stark damit. Sie wurden für ihre eigene enge Welt erzogen und unterrichtet, was hätte besser sein können! Beim Schlachten im Herbst waren die Jungen höchst neugierig; für die Tiere, die geschlachtet werden sollten, hatten sie große Angst, und ihre kleinen Herzen waren tief betrübt. Da mußte nun Isak mit der einen Hand das Tier festhalten und mit der andern zustechen, und Oline rührte das Blut um. Jetzt wurde der alte Bock herausgeführt, weiß und bärtig war er, die beiden kleinen Burschen standen an der Hausecke und guckten hervor.

Das ist doch ein abscheulicher Wind heuer, sagte Eleseus und wendete sich ab und wischte sich die Augen. Der kleine Sivert weinte offenherziger, er konnte sich nicht beherrschen, sondern rief: Ach, der arme alte Bock!

Als der Bock gestochen war, trat Isak zu seinen Kindern und gab ihnen folgende Lehre: Ihr sollt nie ein Schlachtopfer bedauern und nicht armes Tier sagen. Denn sonst wird es nur lebenszäher. Vergeßt das nicht!

So waren die Jahre vergangen, und abermals näherte sich der Frühling.

Inger hatte wieder geschrieben, daß sie es gut habe und in der Anstalt sehr viel lerne. Ihr kleines Kind sei jetzt ein großes Mädchen, sie heiße Leopoldine nach dem Tag ihrer Geburt, dem 15. November. Sie könne alles und sei ein wahres Genie im Häkeln und Nähen, alles sei wunderschön gearbeitet, einerlei ob auf Stoff oder Stramin.

Das Merkwürdige an diesem letzten Brief war, daß Inger ihn selbst buchstabiert und geschrieben hatte. Isak war nicht so geschickt, er mußte sich den Brief beim Händler im Dorf vorlesen lassen; aber als er ihn erst im Kopf hatte, saß er auch fest darin, und als Isak heimkam, konnte er ihn auswendig.

Nun setzte er sich mit großer Feierlichkeit oben an den Tisch, breitete den Brief aus und las ihn seinen Jungen vor. Oline sollte auch gerne sehen, daß er Geschriebenes fließend lesen konnte, aber sonst richtete er nicht einmal das

Wort an sie. Als er fertig war, sagte er: Da könnt ihr hören, du Eleseus und du Sivert, eure Mutter hat diesen Brief selbst geschrieben und hat alles mögliche gelernt. Und euer kleines Schwesterchen kann jetzt schon mehr als wir alle miteinander. Vergeßt das nicht. Jungen! – Die Kinder saßen ganz still da und wunderten sich. – Ja, das ist großartig, sagte Oline.

Was meinte sie damit? Zog sie Ingers Wahrhaftigkeit in Zweifel? Oder traute sie Isaks Vorlesen nicht? Olines wahre Meinung war nicht leicht zu ergründen, wenn sie mit ihrem sanften Gesicht so dasaß und Zweideutigkeiten sagte. Isak beschloß, sie gar nicht zu beachten.

Und wenn eure Mutter nun heimkommt, dann müßt ihr auch schreiben lernen, sagte er zu den beiden Kindern.

Oline machte sich mit ein paar Kleidungsstücken zu schaffen, die am Ofen zum Trocknen hingen, schob einen Kessel hin und her, hängte die Kleidungsstücke wieder um und tat überhaupt sehr geschäftig. Aber sie überlegte die ganze Zeit. – Wenn es dann so großartig hier im Walde wird, dann hättest du auch ein halbes Pfund Kaffee kaufen und mitbringen können, sagte sie. – *Kaffee*? sagte Isak, das Wort entfuhr ihm unwillkürlich. – Oline antwortete ruhig: Bis jetzt habe ich immer ein wenig von meinem eigenen Geld gekauft.

Kaffee, der für Isak ein Traum und ein Märchen war, ein Regenbogen! Oline spottete natürlich, er wurde nicht böse auf sie; aber schließlich fiel dem langsam denkenden Mann Olines Tauschhandel mit den Lappen ein, und er sagte zornig: Ja, ich werde dir Kaffee kaufen! Ein halbes Pfund hast du gesagt? Du hättest ein ganzes Pfund sagen sollen. Es soll wahrlich nicht fehlen. – Du brauchst nicht so zu spotten, Isak, sagte sie. Mein Bruder Nils hat Kaffee, und drunten bei Bredes aus Breidablick haben sie Kaffee. – Jawohl, denn sie haben keine Milch, gar keine Milch. – Nun, das weiß ich nicht, und es ist mir auch einerlei. Aber du, der so viel weiß, und Geschriebenes so gut lesen kann wie eine Renntierkuh laufen, du weißt wohl, daß es jetzt in allen Häusern Kaffee gibt. – Kreatur! sagte Isak.

Da setzte sich Oline auf den Hocker und wollte durchaus nicht schweigen. Und was Inger betrifft, sagte sie, wenn ich ein so großes Wort überhaupt in den Mund nehmen darf. – Du kannst sagen, was du willst, ich kümmere mich nicht darum. – Sie kommt heim und hat alles gelernt. Und dann hat sie wohl Perlen und Federn auf dem Hut? – Ja, das hat sie wohl. – Ja ja, sagte Oline, nun kann sie sich bei mir ein bißchen für alle diese Größe bedanken, die sie erreicht hat. – Bei dir? entfuhr es Isak. – Oline antwortete demütig: Da ich ja als geringes Werkzeug dazu gedient habe, sie fortzubringen.

Darauf konnte Isak nichts mehr sagen, die Worte blieben ihm im Halse stecken, er saß still da und starrte vor sich hin. Hatte er recht gehört? Oline sah aus, als habe sie gar nichts Besonderes gesagt. Nein, in einem Wortstreit zog Isak den kürzeren.

Düsteren Sinnes trieb er sich draußen herum. Oline, dieses Vieh, das sich von Bosheit nährte und fett dabei wurde – o es war wohl verkehrt von ihm gewesen, daß er sie nicht gleich im ersten Jahr erschlagen hatte, dachte er und tat vor sich selbst groß. Dazu hätte er der Mann sein sollen, dachte er weiter. Mann – er? O ja, niemand konnte fürchterlicher sein.

Und nun folgt ein komischer Auftritt: er geht in den Stall und zählt seine Ziegen; da stehen sie mit ihren Zicklein und sind vollzählig. Er zählt die Kühe, das Schwein, vierzehn Hühner, zwei Kälber. Und die Schafe habe ich fast vergessen! sagt er laut zu sich selbst. Er zählt auch die Schafe und tut, als sei er sehr gespannt, ob sie vollzählig sind. Isak weiß sehr wohl, daß ein Schaf fehlt, ja er hat es schon lange gewußt, warum also tun, als wüßte er es nicht? Die Sache ist die: Oline hatte ihn ja damals verwirrt gemacht und eine Ziege verleugnet, obgleich alle Ziegen dagewesen waren. Damals war er tüchtig ins Zeug gefahren, es war aber nichts dabei herausgekommen. Bei einem Streit mit Oline kam nie etwas heraus. Als er im Herbst schlachten wollte, hatte er gleich gemerkt, daß ein Mutterschaf fehlte, aber er hatte nicht das Herz gehabt, sofort Rechenschaft dafür zu verlangen, und auch später war ihm der Mut dazu nicht gekommen.

Aber heute ist er grimmig, ja heute ist Isak grimmig, Oline hat ihn wütend gemacht. Er zählt die Schafe noch einmal, legt den Zeigefinger auf jedes einzelne und zählt laut. – Oline darf es gern hören, falls sie draußen steht und horcht. Und er sagt mit lauter Stimme viel Schlechtes über Oline: sie habe eine ganz neue Art, die Schafe zu füttern, so daß plötzlich eines verschwinde, ein Mutterschaf! Sie sei eine abgefeimte Diebshure, ob sie das verstehe! O, Oline dürfe gern vor der Tür stehen und einen ordentlichen Schrecken bekommen!

Er schreitet zum Stall hinaus, geht in den Pferdestall und zählt das Pferd, von da will er ins Haus gehen und sich aussprechen. Er geht so schnell, daß sein Kittel wie ein erregter Kittel von seinem Rücken wegsteht. Aber Oline hat vielleicht vom Fenster aus dies und jenes gemerkt, sie tritt ruhig und sicher zur Haustür heraus, die Milcheimer in den Händen, und will in den Stall gehen.

Was hast du mit dem Mutterschaf mit den flachen Ohren gemacht? fragt er. – Mit dem Mutterschaf? – Ja, und wenn es hier gewesen wäre, hätte es jetzt schon zwei Lämmer, was hast du mit ihm gemacht? Es hatte immer zwei Lämmer. Auf diese Weise hast du mir drei Schafe genommen, verstehst du das?

Oline ist ganz überwältigt, vollständig vernichtet von der Beschuldigung, sie wackelt mit dem Kopf und ihre Beine scheinen unter ihr wegzuschmelzen, so daß sie schließlich Umfallen und sich einen Schaden antun kann. Aber ihr Kopf überlegt die ganze Zeit, ihre Geistesgegenwart hat ihr immer geholfen, hatte ihr immer Vorteile gebracht, sie durfte sie auch jetzt nicht verlassen.

Ich stehle Ziegen und ich stehle Schafe, sagt sie still. Ich möchte wissen, was ich mit ihnen tue. Ich esse sie wohl auf. – Ja, das weißt du selbst, was du damit tust. – So, dann müßte ich hier in deinem Haus, Isak, nicht Essen und Trinken im Überfluß haben, ich wäre gezwungen, mir dazu zu stehlen. Aber das kann ich hinter deinem Rücken sagen, daß ich das in all diesen Jahren nicht nötig gehabt habe. – Aber was hast du dann mit dem Schaf gemacht? Hat Os-Anders es bekommen? – Os-Anders? Oline muß geradezu die Melkeimer abstellen und die Hände zusammenschlagen: Wenn ich nur so frei von aller Schuld wäre! Was ist denn das für ein Schaf mit seinen Lämmern, von dem du redest? Ist es die eine Ziege, die flache Ohren hat? – Kreatur! sagt Isak und will gehen. – Du bist doch ein komischer Kauz, Isak. Da hast du nun genug Vieh von jeder Art und ein wahres Sternenheer von Tieren in deinem Stall, aber du hast noch nicht genug! Kann ich wissen, welches Schaf und welche Lämmer du von mir verlangst? Du müßtest Gott für seine Barmherzigkeit bis ins tausendste Glied danken. Wenn jetzt dieser Sommer und ein Stück vom Winter vorbei sind, dann werfen deine Schafe wieder Lämmer, und du bekommst dreimal soviel, als du jetzt hast!

O diese Oline!

Isak ging fort, wie ein Bär brummend. Was für ein Dummkopf war ich, daß ich sie nicht am ersten Tag erschlagen habe! sagte er sich und warf sich selbst allerlei Schimpfnamen an den Kopf. Was für ein Narr, ein Roßdreck war ich doch! Aber es ist noch nicht zu spät, warte nur, mag sie in den Stall gehen! Es ist nicht ratsam, an diesem Abend noch etwas mit ihr anzufangen, aber morgen, da ist es ratsam. Drei Schafe verloren! Kaffee! sagte sie.

10

Der nächste Tag sollte ein großes Ereignis bringen: Gäste kamen auf die Ansiedlung, Geißler kam. Auf den Mooren war es noch nicht einmal Sommer, aber Geißler machte sich nichts aus dem Weg, er kam zu Fuß in prächtigen Schaftstiefeln mit breitem lackiertem Umschlag; gelbe Handschuhe hatte er an, und er sah vornehm aus. Ein Mann aus dem Dorfe trug sein Gepäck.

Er komme nun eigentlich, um eine Strecke Bergland von Isak zu kaufen, eine Kupfermine, welchen Preis er dafür verlange? Übrigens könne er von Inger grüßen, – eine tüchtige Frau, sehr beliebt; er komme von Drontheim und habe sie da gesprochen. Isak, du hast ja hier mächtig gearbeitet! – O ja. So, Ihr habt mit Inger gesprochen? – Was ist das dort drüben? Hast du eine Mühle errichtet? Und mahlst du dein eigenes Mehl? Ausgezeichnet. Und du hast sehr viel Boden umgebrochen, seit ich das letztem«! hier war. – Und es ging ihr gut? – Ja, es geht gut. Ach so, deiner Frau! Ja, jetzt sollst du hören. Komm, wir wollen in die Kammer gehen.– Nein, es ist nicht so schön drinnen, sagt Oline, aus mehreren Gründen abwehrend.

Aber die beiden gingen doch in die Kammer und machten die Türe hinter sich zu; Oline stand allein in der Stube und bekam nichts zu hören.

Der Lensmann Geißler setzte sich, schlug sich einmal kräftig auf die Knie und saß da mit Isaks Schicksal in der Hand. Du hast doch wohl dein Kupferfeld nicht verkauft? fragte er. – Nein. – Gut. Ich kaufe es. Ja, ich habe mit Inger und mit mehreren andern gesprochen. Sie wird gewiß in allernächster Zeit frei, es liegt jetzt beim König. – Beim König! – Beim König. Ich bin zu deiner Frau gegangen, für mich hatte es natürlich keine Schwierigkeiten, hineinzukommen, und wir haben lange miteinander gesprochen: Nun, Inger, es geht dir ja gut, richtig gut? – Ja, ich habe nichts zu klagen. – Sehnst du dich nicht nach Hause? – Doch, das kann ich nicht leugnen.– Du sollst bald heimkommen, sagte ich. Und das kann ich dir sagen, Isak, sie ist ein tüchtiges Weib; keine Tränen, im Gegenteil, sie lächelte und lachte – ihr Mund ist übrigens operiert und zusammengenäht worden. Nun lebwohl, sagte ich zu ihr, du sollst nicht mehr lange hierbleiben, mein Wort darauf.

Dann ging ich zum Direktor, es hätte ja nur gefehlt, daß er mich nicht empfangen hätte. Sie haben eine Frau hier, die hinaus und wieder heimgehört, sagte ich, Inger Sellanraa. – Inger? versetzte er. Ja, sie ist ein guter Mensch, ich würde sie gerne zwanzig Jahre hier behalten, sagte er. – Davon kann keine Rede sein, sagte ich, sie ist schon zu lange hier gewesen. – Zu lange? sagte er. Kennen Sie den Fall? – Ja, ich kenne den Fall von Grund aus, ich bin ihr Lensmann gewesen. – Bitte, setzen Sie sich, sagte er da. – Es hätte auch gerade noch gefehlt! – Ja, wir sorgen so gut wie möglich für Inger, sagte der Direktor, und auch für ihr kleines Mädchen, jawohl. So, die Frau ist also aus Ihrer Gegend? Wir haben ihr zu einer eigenen Nähmaschine verhelfen, sie hat ihr Gesellenstück in der Werkstatt gemacht, und wir haben sie in Verschiedenem unterrichtet, sie hat ordentlich Weben, ordentlich Nähen, Färben und Schneidern gelernt. Und Sie sagen, sie sei schon zu lange hier gewesen? – Ich wußte wohl, was ich zu antworten halte, aber ich wollte damit noch etwas warten, und so sagte ich: Ja, der Fall ist schlecht geführt worden und muß wieder ausgenommen werden, jetzt nach der Revision des Strafgesetzes würde sie vielleicht ganz freigesprochen werden. Es ist ihr ein Hase zugeschickt worden, als sie schwanger war. – Ein Hase? fragte der Direktor. – Ein Hase, sagte ich. Und das Kind bekam eine Hasenscharte. – Der Direktor lächelte. So also. Ihrer Meinung nach ist also auf diesen Punkt nicht genug Rücksicht genommen worden? – Nein, antwortete ich, dieser Punkt wurde gar nicht berührt. – Nun, das ist wohl auch nicht so gefährlich. – Für sie war es gefährlich genug. – Meinen Sie, ein Hase könne Wundertaten verrichten? – Ich erwiderte: Wie weit ein Hase Wundertaten verrichten kann oder nicht, damit will ich Sie nicht unterhalten, Herr Direktor. Die Frage ist die, welche Wirkung der Anblick eines Hasen unter gewissen Umständen auf eine Frau, die eine Hasenscharte hat, haben kann! – Der Direktor überlegte eine Weile, dann sagte er: Ja ja, aber hier in der Anstalt haben wir die Verurteilten ja nur aufzunehmen, wir revidieren das Urteil nicht. Nach dem Urteil ist Inger nicht zu lange hier gewesen.

Jetzt kam ich mit dem heraus, was gesagt werden mußte. Bei der Inhaftnehmung von Inger Sellanraa sind Fehler gemacht worden. – Fehler? – Erstens hätte sie in dem Zustand, in dem sie war, gar nicht transportiert werden dürfen. – Der Direktor sah mich scharf an. Das ist richtig, sagte er dann. Aber das ist nicht unsere Sache hier im Gefängnis. – Zweitens, fuhr ich fort, hätte sie nicht zwei Monate lang in vollem Gewahrsam sein dürfen, bis ihr Zustand der Behörde hier am Gefängnis offenbar wurde. – Das saß. Der Direktor schwieg lange. Haben Sie Vollmacht, für die Frau zu handeln? fragte er. – Ja, sagte ich. – Wie gesagt, wir sind hier zufrieden mit Inger und behandeln sie auch danach, schwatzte der Direktor, und wieder zählte er auf, was Inger alles gelernt habe, ja, sie hätten sie auch schreiben gelehrt, sagte er. Und die kleine Tochter hätten sie bei jemand gut untergebracht und so weiter. – Ich erklärte ihm, wie die Verhältnisse in Ingers Heim seien: da auch zwei kleine Kinder, gemietete Hilfe, um sie zu versorgen und so weiter. Ich habe eine Darlegung von ihrem Manne, sagte ich, die kann beigelegt werden, ob der Fall nun wieder aufgenommen werden soll oder ob man für die Frau um Begnadigung einkommen will. – Lassen Sie mich diese Darlegung sehen, sagte der Direktor. – Ich werde sie Ihnen morgen in der Besuchszeit bringen, versetzte ich.

Isak hörte aufmerksam zu, das war ergreifend, ein Märchen aus fremdem Land. Unverwandt hingen seine Augen an Geißlers Mund.

Geißler erzählte weiter. Ich ging zurück ins Gasthaus und setzte eine Darlegung auf, ich machte die Sache zu der meinigen und unterschrieb Isak Sellanraa. Aber du mußt ja nicht glauben, ich hätte ein Wort davon verlauten lassen, daß im Gefängnis etwas Unrichtiges gemacht worden sei. Keine Silbe davon! Rührte nicht daran. Und am nächsten Tage brachte ich das Dokument hin. – Bitte setzen Sie sich! sagte der Direktor sofort. Er las meine Darlegung, nickte ab und zu, schließlich sagte er: Ausgezeichnet. Sie genügt zwar nicht zur Wiederaufnahme des Falles, aber ... – Doch, mit einer Beilage, die ich ebenfalls hier habe, sagte ich, und ich traf da wieder recht gut. Der Direktor beeilte sich zu sagen: Ich habe mir die Sache seit gestern überlegt und finde gute Gründe dafür, ein Gesuch um Begnadigung für Inger einzureichen. – Das Sie im gegebenen Fall unterstützen werden, Herr Direktor? fragte ich. – Ich werde es befürworten, es warm befürworten. – Da verbeugte ich mich und sagte: Dann ist die Begnadigung sicher. Ich danke Ihnen im Namen eines unglücklichen Mannes und eines verlassenen Hauses. – Ich glaube nicht, daß wir weitere Auskunft aus Ihrem Heimatort einzuholen brauchen, sagte der Direktor, Sie kennen sie ja? – Ich erriet wohl, warum die Sache, sozusagen, in aller Stille abgemacht werden sollte, und erwiderte: Die Auskunft von daheim würde die Sache nur in die Länge ziehen.

Da hast du die ganze Geschichte, Isak. – Geißler sah auf seine Uhr. Und nun zur Sache selbst! Kannst du mich noch einmal nach dem Kupferberg begleiten?

Isak war ein Stein und ein Klotz, er konnte nicht so augenblicklich von einem zum andern überspringen. Aufs höchste verwundert und in tiefe Gedanken versunken, saß er da; dann stellte er noch allerlei Fragen. Er erfuhr, daß das Gesuch an den König abgegangen war und in einer der ersten Sitzungen des Staatsrats entschieden werden konnte! Wunderbar! sagte er.

Sie gingen auf den Berg. Geißler, sein Begleiter und Isak, und sie blieben ein paar Stunden weg. In dieser kurzen Zeit verfolgte Geißler den Lauf der Kupferader über einen langen Berg hin und steckte die Grenzen für den Bereich ab, den er kaufen wollte. Wie ein Wiesel lief er. Aber dumm war der Mann nicht, sein rasches Urteil war merkwürdig sicher.

Als er auf den Hof zurückkam – mit einem Sack voll neuer Gesteinsproben – bat er um Feder und Tinte und Papier und setzte sich zum Schreiben hin. Aber er schrieb nicht immerfort eilig, sondern plauderte auch dazwischen: Ja, Isak, große Summen bekommst du diesmal nicht für deinen Berg, aber ein paar hundert Taler kannst du haben! Dann schrieb er wieder. Vergiß nicht, mich daran zu erinnern, daß ich auch noch deine Mühle ansehen will, ehe ich gehe, sagte er. Dann fielen ihm einige rote und blaue Striche an dem Webstuhl auf, und er sagte: Wer hat das gezeichnet? – Ja, Eleseus hatte ein Pferd und einen Dock gezeichnet, er versuchte sich mit seinem bunten Bleistift auf dem Webstuhl und anderem Holzwerk, weil er kein Papier hatte. Geißler sagte: Das ist gar nicht schlecht gemacht, und schenkte Eleseus eine Münze.

Wieder schrieb Geißler eine Weile, dann sagte er: Es werden jetzt wohl bald mehrere neue Ansiedler durchs Ödland hier heraufkommen! – Sein Begleiter fiel ein: Sie sind schon gekommen. – Wer denn? – Vorerst ist da Breidablick, wie sie es nennen, der Brede auf Breidablick drunten. – Ach der! lächelte Geißler verächtlich. – Jawohl, und dann haben noch ein paar andere Grund und Boden gekauft. – Wenn sie nur etwas taugen, sagte Geißler. Und da er in demselben Augenblick entdeckte, daß zwei kleine Jungen in der Stube waren, zog er Klein-Sivert zu sich heran und gab auch ihm eine Münze. Ein merkwürdiger Mann, dieser Geißler! Jetzt waren übrigens seine Augen wie etwas entzündet, die Ränder waren wie von rotem Reif umgeben. Das konnte von Nachtwachen kommen, manchmal kommt aber so etwas auch von starken Getränken. Aber er machte nicht den Eindruck, als gehe es bergab mit ihm; während er so über alles mögliche schwatzte, dachte er gewiß die ganze Zeit an das Dokument vor sich, denn plötzlich ergriff er rasch die Feder wieder und schrieb ein Stück weiter.

Jetzt schien er fertig zu sein.

Er wendete sich an Isak. Ja, wie gesagt, ein reicher Mann wirst du nicht bei diesem Geschäft. Aber es kann später noch mehr werden. Wir wollen es so aufsetzen, daß du später mehr bekommst. Zweihundert kannst du jedoch jetzt gleich haben.

Isak verstand nicht viel vom Ganzen, aber zweihundert Taler, das war jedenfalls wieder ein Wunder und eine großartige Bezahlung. Er würde sie wohl nur auf dem Papier bekommen, natürlich nicht bar, aber es war ihm auch so recht, er hatte ganz anderes im Kopf und fragte: Und Ihr glaubt, daß sie begnadigt wird? – Deine Frau? Wenn ein Telegraph im Dorf wäre, dann würde ich in Drontheim anfragen, ob sie nicht schon frei ist, antwortete Geißler. – Isak hatte wohl vom Telegraphen reden hören; das war etwas Merkwürdiges, ein Draht auf hohen Stangen, etwas Überirdisches – jetzt schlich sich fast etwas wie Mißtrauen gegen Geißlers große Worte in sein Herz, und er wendete ein: Aber wenn es der König abschlägt? – In dem Fall schicke ich meine Beilage zu der Darlegung ein, die alles enthält, und dann *muß* deine Frau frei werden. Zweifle nicht daran!

Dann las er vor, was er geschrieben hatte, den Kaufvertrag für den Berg, zweihundert Taler in die Hand und später ordentlich hohe Prozente, beim Betrieb oder bei einem Weiterverkauf des Kupferfundes. Unterschreib, hier! sagte Geißler.

Isak würde augenblicklich unterschrieben haben, aber er war kein Schriftkundiger, sein ganzes Leben lang hatte er nur Buchstaben in Holz geschnitten. Ach, und da stand die abscheuliche Oline und sah zu! Er ergriff die Feder, diesen Greuel von einem leichten Ding, neigte das richtige Ende nach unten und *schrieb* – schrieb seinen Namen. Danach setzte Geißler noch etwas darunter, vermutlich eine Erklärung, und sein Begleiter unterschrieb als Zeuge.

Fertig.

Aber immer noch blieb Oline unbeweglich stehen, ja eigentlich wurde sie jetzt erst steif. Was würde geschehen?

Stell das Essen auf den Tisch, Oline! sagte Isak, und er war vielleicht ein wenig hochmütig, seit er auf Papier geschrieben hatte. Ihr müßt eben vorliebnehmen, wie wir es haben! sagte er zu Geißler.

Es riecht gut nach Fleisch und Brühe, sagte Geißler. Da sieh her, Isak, hier ist das Geld! – Damit zog Geißler sein Taschenbuch heraus, das dick und strotzend war, er nahm zwei Bündel Banknoten heraus, zählte sie und legte sie auf den Tisch: Zähl selbst! sagte er.

Schweigen. Stille.

Isak! rief Geißler.

Ja. Na ja, sagte Isak, und er murmelte überwältigt: Das ist nun nicht mein Anspruch – nach allem was Ihr schon getan habt. – Es müssen zehn Zehner und zwanzig Fünfer sein, sagte Geißler kurz. Ich hoffe, es wird einmal viel mehr für dich herauskommen.

Da kam Oline wieder zu sich. Das Wunder war geschehen. Sie stellte das Essen auf den Tisch.

Am nächsten Morgen ging Geißler nach dem Flusse und besah sich die Mühle. Alles war klein und roh zusammengezimmert, ja, es war wie eine Mühle für die Unterirdischen, aber stark und nützlich zum Gebrauch für Menschen. Isak führte seinen Gast noch etwas weiter den Fluß hinauf und zeigte ihm eine zweite Stromschnelle, wo er auch schon etwas gearbeitet hatte, es sollte ein kleines Sägewerk werden, wenn ihm Gott die Gesundheit erhielt.

Das einzige ist, daß wir hier so weit von der Schule entfernt sind, sagte er. Ich muß die Jungen drunten im Dorf in Kost geben. – Der bewegliche Geißler sah darin keine größere Unannehmlichkeit. Gerade jetzt lassen sich immer mehr Ansiedler hier in dieser Gegend nieder, und dann kommt eine Schule her. – Ach, das kommt wohl erst so weit, wenn meine Kleinen groß sind. – Und was tut's, wenn du sie drunten unterbringst? Du fährst mit den Jungen und mit Lebensmitteln hinunter und holst sie nach drei oder sechs Wochen wieder ab, das ist doch gar nichts für dich. – Nein.

Nein, eigentlich war es gar nichts, wenn Inger jetzt heim kam. Haus und Hof, Nahrung und sonst viel Schönes hatte er, viel Geld hatte er also jetzt auch und dazu eine eiserne Gesundheit. O diese Gesundheit, stark und ungeschwächt in jeder Beziehung, die Gesundheit eines ganzen Mannes!

Als Geißler abgezogen war, begann Isak über viele hoffärtige Dinge nachzudenken. Jawohl, denn dieser gute Geißler hatte zum Schlusse noch die aufmunternden Worte gesagt, daß er Isak gleich Nachricht schicken wolle, sobald er zum Telegraphen komme. In vierzehn Tagen kannst du drunten auf der Post einmal nachfragen, hatte er gesagt. Das allein war schon etwas Großes, und Isak machte sich nun daran, eine Sitzbank auf seinem Karren zu verfertigen. Wahrhaftig einen Wagenstuhl, der zu den Feldarbeiten abgenommen, aber wieder aufgesetzt wurde, wenn man ins Dorf fuhr. Als jedoch der Wagenstuhl fertig war, sah er so weiß und neu aus, daß er etwas dunkler angestrichen werden mußte. Und außerdem, was war nicht alles zu machen! Der ganze Hof mußte angestrichen werden. Hatte Isak nicht schon seit Jahren daran gedacht, eine große Scheuer mit einer Einfahrtsbrücke zu bauen, um das Heu in den oberen Raum hineinfahren zu können? Und hatte er nicht das Sägewerk bald fertigstellen, sein ganzes Grundstück einfriedigen und ein Boot für den Gebirgssee bauen wollen? Vieles hatte er sich vorgenommen. Aber es half alles nichts, und wenn er auch seine Kräfte vertausendfachen könnte, die Zeit reichte nicht aus. Es war Sonntag, ehe er sich's versah, und gleich darauf war es schon wieder Sonntag.

Aber anstreichen wollte er jedenfalls. Die Häuser standen ja jetzt so nackt und grau da, wie Häuser in Hemdärmeln. Er hatte noch Zeit vor der Feldarbeit, es war ja noch gar nicht eigentlich Frühling, das Kleinvieh war zwar schon draußen, aber der Boden war noch überall gefroren.

Isak packt einige Mandeln Eier ein, um sie zu verkaufen, geht ins Dorf und kehrt mit Ölfarbe zurück. Sie reichte zu einem Gebäude, zu der Scheune, diese wurde rot angestrichen. Er holt neue Farbe und gelben Ocker fürs Wohnhaus. – Ja, es ist, wie ich sage, hier wird's jetzt vornehm, murmelt Oline täglich. O, Oline, sie merkte wohl, daß ihre Zeit auf Sellanraa bald zu Ende sein würde, sie war zäh und stark genug, es zu ertragen, aber doch nicht ohne Bitterkeit. Isak seinerseits hielt nun keine Abrechnung mehr mit ihr, obgleich sie in der letzten Zeit gehörig stahl und unterschlug. Isak schenkte ihr sogar einen jungen Widder, denn sie war ja eigentlich jetzt schon recht lange um wenig Lohn bei ihm. Übrigens war Oline auch nicht schlecht gegen seine Kinder gewesen; sie war nicht streng und rechtschaffen und dergleichen, aber sie hatte eine bequeme Art für die Kinder, gab Rede und Antwort, wenn sie fragten, und erlaubte ihnen fast alles. Kamen sie herbei, wenn sie Käse machte, dann durften sie versuchen, und wenn sie an einem Sonntag einmal vor dem Gesichtwaschen auskneifen wollten, dann ließ sie sie laufen.

Als die Häuser mit der Grundfarbe angestrichen waren, holte Isak im Dorf so viel Farbe, als er nur tragen konnte, und das war nicht wenig. Dreimal strich er die Häuser an, und die Fensterkreuze und -rahmen machte er weiß. Wenn er jetzt aus dem Dorfe zurückkam und sein Heim da auf der Halde sah, war es ihm, als sehe er das Märchenschloß Soria Moria vor sich! Das Ödland war bebaut und nicht mehr zu erkennen, Segen ruhte darauf, Leben war entstanden aus einem langen Traum, Menschen lebten da, Kinder spielten um die Häuser her. Bis hinauf zu den blauen Bergen dehnte sich schöner großer Wald aus.

Und als Isak wieder einmal zum Kaufmann kam, gab dieser ihm einen blauen Brief mit einem Wappen drauf, und der Brief kostete fünf Schilling. Der Brief war ein Telegramm, das mit der Post weitergeschickt worden war, und es war vom Lensmann Geißler. Nein, dieser Geißler, was für ein merkwürdiger Mensch war er doch! Er telegraphierte die wenigen Worte: Inger frei, kommt baldigst, Geißler.

Aber jetzt drehte sich der Kaufladen im Kreise vor Isak, und es war, als wichen der Ladentisch und die Menschen weit, weit in den Hintergrund zurück. Er fühlte mehr, als er es vernahm, daß er sagte: Gott sei Lob und Dank! – Du kannst sie möglicherweise schon morgen hier haben, wenn sie zeitig genug von Drontheim abgereist ist. – So, sagte Isak.

Er wartete bis zum nächsten Tag. Das Boot, das die Post von der Dampfschiffstation mitbrachte, kam allerdings, aber Inger war nicht an Bord. – Dann kann sie erst in der nächsten Woche hier sein, sagte der Kaufmann.

Es war fast gut, daß Isak so viel Zeit vor sich hatte, denn es war noch sehr viel zu tun. Sollte er alles vergessen und seine Felder vernachlässigen? Er geht heim und fährt den Dung hinaus. Das ist bald geschehen. Er sticht mit dem Spaten in die Erde und verfolgt das Auftauen von Tag zu Tag. Die Sonne steht jetzt kräftig und groß am Himmel, der Schnee ist verschwunden, es grünt überall, auch das Rindvieh ist jetzt aus dem Stalle. An einem Tag pflügt Isak, ein paar Tage darauf sät er sein Korn und legt Kartoffeln. Die kleinen Jungen legen die Kartoffeln wie mit Engelshänden, sie haben sehr geschickte Hände und kommen dem Vater weit voraus.

Dann wäscht Isak seinen Wagen am Fluß und befestigt den Sitz darauf. Dann spricht er mit den Kindern von einem Ausflug, den er nach dem Dorfe machen müsse. – Aber gehst du denn nicht zu Fuß? fragen sie. – Nein, ich habe die Absicht, diesmal mit Wagen und Pferd zu fahren. – Dürfen wir nicht auch mitfahren? – Nein, ihr müßt artige Jungen sein und diesmal zu Hause bleiben. Jetzt kommt eure Mutter heim, und dann könnt ihr vieles bei ihr lernen. – Eleseus, der gerne lernen will, fragt: Als du damals auf Papier geschrieben hast, wie war denn das? – Ich habe es fast nicht gefühlt, antwortete der Vater, es ist, als sei die Hand ganz leer dabei. – Will sie nicht davonlaufen, gerade wie auf dem Eis? – Wer? – Die Feder, mit der du geschrieben hast? – O doch. Jawohl, aber man muß eben lernen, sie zu lenken.

Der kleine Sivert jedoch war von anderer Art und sagte nichts von der Feder, er wollte aufsitzen, wollte nur auf dem Wagenbrett sitzen, einen unbespannten Wagen antreiben und ungeheuer schnell fahren. Er brachte es so weit, daß der Vater beide Jungen ein großes Stück Wegs mitfahren ließ.

11

Isak fährt, bis er an ein Moorloch kommt. Da hält er an. Ein schwarzes, tiefes Moorloch, die blaue Wasserfläche liegt regungslos da; Isak wußte, wozu sie gut war, er hatte wohl kaum je in seinem Leben einen anderen Spiegel gebraucht als ein solches Moorloch. Seht, er ist heute in seinem roten Hemd sehr hübsch und ordentlich angezogen, jetzt zieht er eine Schere heraus und schneidet sich den Bart. Der eitle Mühlengeist, wollte er sich geradezu prachtvoll machen und sich von seinem fünf Jahre alten Vollbart trennen? Er schneidet und schneidet und besieht sich im Wasser. Natürlich hätte er diese Arbeit heute auch daheim verrichten können; aber er scheute sich vor Oline. Es war schon sehr viel gewesen, daß er gerade vor ihrer Nase das rote Hemd angezogen hatte. Er schert und schert, ein gutes Teil Darthaare fallen auf den Spiegel. Als das Pferd nicht länger ruhig stehen will, hört er auf und erklärt sich für fertig. O jawohl, er fühlt sich bedeutend jünger. – Ja zum Kuckuck, wenn er es verstand, auch bedeutend schlanker sogar.

Dann fährt er ins Dorf.

Am nächsten Tag kommt das Boot. Isak sitzt aus einem Felsblock neben dem Schuppen des Kaufmanns und späht hinaus, aber auch diesmal erscheint Inger nicht. Lieber Gott, es stiegen ziemlich viel Reisende aus, Erwachsene und Kinder, aber Inger war nicht darunter. Isak hatte sich im Hintergrund gehalten, sich auf diesen Felsblock gesetzt, nun hatte er keinen Grund mehr, noch länger da sitzenzubleiben, und so ging er zum Boot hin. Immernoch kamen Kisten und Tonnen, Leute und Postsachen aus dem Achtriemer heraus, aber Isak sah Inger nicht. Dagegen sah er eine Frau mit einem kleinen Mädchen, die schon drüben an der Tür des Bootshauses stand, aber die Frau war hübscher als Inger, obgleich Inger nicht häßlich war. – Aber wie – das war ja Inger. Hm! sagte Isak und eilte hinüber. Sie begrüßten einander; Inger sagte guten Tag und reichte ihm die Hand, etwas erkältet und blaß noch von der Seekrankheit und der Reise. Isak stand ganz still da, schließlich sagte er: Ja, es ist recht schönes Wetter! – Ich habe dich gut dort drüben gesehen, sagte Inger, aber ich wollte mich nicht durchdrängen. Bist du heute ohnedies im Dorf? fragte sie. – Ja. Hm. – Es geht euch allen doch wohl gut? – Ja, danke der Nachfrage. – Dies ist die Leopoldine, sie ist aus der Reise viel wohler gewesen als ich. Sieh, das ist dein Vater, nun mußt du deinen Vater begrüßen. Leopoldine. – Hm! sagte Isak auch jetzt wieder; es war ihm höchst sonderbar zumute, o er war ein Fremder unter ihnen. – Inger sagte: Wenn du am Boot drunten eine Nähmaschine siehst – sie gehört mir. Und dann habe ich noch eine Kiste. – Isak ging sofort; mehr als gerne ging er. Die Bootsleute zeigten ihm die Kiste, aber wegen der Nähmaschine mußte Inger selbst kommen und sie heraussuchen. Es war ein schöner Kasten von unbekannter Form, mit einem runden Deckel und einem Henkel zum Tragen – eine Nähmaschine in dieser Gegend! Isak lud sich die Kiste und die Nähmaschine auf und sagte zu seiner Familie: Ich laufe rasch mit diesem hinauf ins Dorf, komme aber gleich wieder und trage dann sie, sagte er. – Wen tragen? fragte Inger lächelnd. Meinst du, das große Mädchen könne nicht gehen?

Sie gingen miteinander zu dem Pferd und dem Wagen hin. Hast du ein neues Pferd gekauft? fragte Inger. Und hast du einen Wagen mit einem Wagenstuhl? – Ja, das versteht sich. Doch was ich sagen wollte: Möchtest du nicht erst ein wenig essen? Ich habe Mundvorrat mitgebracht. – Das kann warten, bis wir das Dorf hinter uns haben, sagte sie. Was meinst du, Leopoldine, kannst du allein da sitzen? – Aber das wollte der Vater nicht leiden. Nein, sie könnte auf die Räder herunterfallen. Setz du dich mit ihr hinauf und nimm selbst die Zügel.

So fuhren sie ab, und Isak ging hinter dem Wagen her.

Er betrachtete die beiden auf dem Wagen. Da war nun Inger gekommen, fremd nach Anzug und Aussehen, vornehm, ohne Hasenscharte, nur mit einem roten Streifen auf der Oberlippe. Sie zischte nicht mehr, das war das merkwürdige, sie sprach ganz rein. Ein grau und rot gestreiftes wollenes Kopftuch mit Fransen daran sah prachtvoll aus zu ihrem dunklen Haar. Sie wendete sich auf dem Sitz um und sagte: Es wäre gut, wenn du ein Fell mitgebracht hättest, es kann heute abend kühl für das Kind werden. – Sie kann meine Jacke haben, und wenn wir erst im Wald sind, so ist dort ein Fell, ich habe es dort hinterlegt. – So, du hast ein Fell im Wald! – Ja, ich habe es nicht den ganzen Weg mit auf dem Wagen nehmen wollen, falls ihr heute nicht gekommen wäret. – So. Was hast du gesagt, geht es den beiden Jungen auch gut? – Jawohl, danke der Nachfrage. – Sie werden jetzt groß sein, das kann ich mir denken. – Ja, daran fehlt's nicht. Sie haben jetzt gerade die Kartoffeln gelegt.– Ach so, sagte die Mutter und schüttelte den Kopf.

Können sie schon Kartoffeln legen? – Eleseus geht mir bis hierher und Sivert bis hierher, versetzte Isak und maß an sich.

Die kleine Leopoldine bat um etwas zu essen. Ach, das nette kleine Geschöpf, ein Marienkäferchen auf einem Fuhrwerk! Sie sprach mit einem singenden Tonfall, in einer merkwürdigen Sprache von Drontheim, der Vater mußte es sich bisweilen übersetzen lassen. Sie hatte dieselben Züge wie die Jungen, die braunen Augen und die länglichen Wangen, die alle drei Kinder von der Mutter geerbt hatten; die Kinder waren der Mutter Kinder, und das war gut so! Isak war seinem Töchterchen gegenüber ein wenig schüchtern, angesichts ihrer kleinen Schuhe, der langen dünnen Wollstrümpfe und des kurzen Kleides! Als sie den fremden Vater begrüßte, hatte sie sich verneigt und ihm ein winziges Händchen hingereicht.

Im Walde angekommen, rasteten sie und aßen, das Pferd bekam sein Futter, und Leopoldine hüpfte mit ihrem Brot in der Hand im Heidekraut umher.

Du hast dich nicht sehr verändert, sagte Inger, indem sie ihren Mann betrachtete. – Isak sah auf die Seite und antwortete: So, meinst du? Aber du bist sehr vornehm geworden! – Haha! Nein, ich bin jetzt alt, erwiderte sie so recht scherzhaft. – Es war offenbar, Isak fühlte sich nicht recht sicher, er blieb zurückhaltend, war wie verschüchtert. Wie alt war wohl seine Frau? Sie konnte nicht jünger als dreißig sein – das heißt, sie konnte nicht mehr sein, unmöglich. Und obgleich Isak aß, riß er doch ein Zweiglein Heidekraut ab und kaute auch daran. Was, ißt du auch Heidekraut! rief Inger lachend. Isak warf das Heidekraut weg und steckte einen Bissen in den Mund, dann ging er hin und hob das Pferd vorne in die Höhe. Inger folgte diesem Auftritt mit Erstaunen, sie sah, daß das Pferd auf zwei Beinen stand.– Warum tust du das? fragte sie. – Es ist so zutraulich, sagte er von dem Pferd und ließ es wieder los. Warum hatte er das nur getan? Er hatte wohl eine mächtige Lust dazu verspürt. Vielleicht hatte er seine Verlegenheit dahinter verbergen wollen.

Dann brachen sie wieder auf, und alle drei gingen eine Strecke zu Fuß. Eine Ansiedlung kam in Sicht. Was ist das? fragte Inger. – Das ist Bredes Grundstück, er hat es gekauft. – Brede? – Und es heißt Dreidablick! Es sind große Moore da, aber wenig Wald. – Als sie an Dreidablick vorbei waren, sprachen sie weiter darüber, Isak aber hatte gesehen, daß Bredes Wagen unter freiem Himmel stand.

Doch jetzt wurde das Kind schläfrig, da nahm der Vater es fürsorglich auf den Arm und trug es. Sie wanderten weiter, Leopoldine war bald eingeschlafen, und

Inger sagte: Nun legen wir sie in dem Fell auf den Wagen, dann kann sie schlafen, solange sie will. – Sie wird da so sehr gerüttelt, meinte der Vater und wollte sie lieber tragen. Sie kommen über das Moor und in den Wald hinein, und Ptro sagt Inger. Sie hält das Pferd an, nimmt Isak das Kind ab und sagt, er solle die Kiste und die Nähmaschine zusammenrücken, dann könne Leopoldine hinten im Wagen liegen. Da wird sie gar nicht geschüttelt und gerüttelt, was ist das für Unsinn! – Isak tut, wie sie sagt, hüllt seine kleine Tochter in das Fell und schiebt ihr seine Jacke unter den Kopf. Dann fahren sie weiter.

Der Mann und die Frau gehen zu Fuß und reden von Verschiedenem. Die Sonne scheint bis spät am Abend und das Wetter ist warm. Oline – wo schläft sie für gewöhnlich? fragt Inger. – In der Kammer. – So, und die Buben? – Die liegen in ihrem eigenen Bett in der Stube. Es sind zwei Bettladen in der Stube, noch genau so, wie damals, als du fortgegangen bist. – Ich betrachte dich immerfort, sagt Inger, du siehst genau so aus wie früher. Und allerlei Lasten haben deine Schultern durchs Ödland heraufgetragen, aber sie sind darum nicht schwächer geworden. – O nein. Aber was ich sagen wollte: ist es dir in allen den Jahren erträglich gegangen? – O, Isak war ganz bewegt, bei dieser Frage zitterte ihm die Stimme. Inger antwortete, ja, sie könne nicht klagen.

Es kam zu einer gefühlvollen Aussprache zwischen ihnen, und Isak fragte, ob sie nicht müde sei und lieber fahren wolle. – Nein, danke, antwortete Inger. Aber ich weiß nicht, was mit mir ist, seit sich die Seekrankheit ganz verzogen hat, bin ich immerfort hungrig. – Möchtest du noch etwas essen? – Ja, wenn ich uns nicht zu sehr aufhalte. O diese Inger, sie selbst war wohl nicht hungrig, aber sie gönnte Isak noch etwas, er hatte ja seine letzte Mahlzeit mit dem Heidekrautstengel unterbrochen.

Da der Abend warm und hell war und sie noch einen weiten Weg vor sich hatten, fingen sie wieder an zu essen.

Inger holte ein Paket aus ihrer Kiste heraus und sagte: Ich habe ein paar Sachen für die kleinen Buben. Komm, wir wollen zu dem Gebüsch hinübergehen, da ist es sonnig. – Sie setzten sich unter das Gebüsch, und Inger zeigte die Sachen für die Jungen: hübsche Hosenträger mit Schnallen daran, Schreibbücher mit Vorschriften darin, für jeden einen Bleistift, ein Taschenmesser für jeden. Für sich selbst hatte sie ein ausgezeichnetes Buch. Hier sieh, mein Name steht darauf, es ist ein Andachtsbuch. Sie hatte es von dem Direktor zur Erinnerung bekommen. Isak bewunderte alles mit leisen Worten. Sie zeigte auch eine

Anzahl Kragen, die Leopoldine gehörten, und Isak gab sie ein schwarzes wie Seide glänzendes Halstuch. – Soll ich das haben? fragte er. – Ja, das bekommst du. – Isak nahm es Vorsichtig in die Hand und strich darüber hin – Ist es nicht hübsch? – Ach, hübsch! Damit könnte ich in der ganzen Welt herumreisen! Aber seine Finger waren so rauh, daß sie an der merkwürdigen Seide überall hängen blieben.

Jetzt hatte Inger nichts mehr vorzuweisen, aber als sie wieder zusammenpackte, saß sie so, daß ihre Waden in den rotgestreiften Strümpfen zum Vorschein kamen. – Hm! Das sind wohl Stadtstrümpfe? fragte er.– Ja, es ist Garn aus der Stadt, aber ich habe sie selbst geknüpft – gestrickt, wie wir dort sagten. Es sind ganz lange Strümpfe, bis über die Knie, sieh her ... Kurz daraus hörte sie sich selbst flüstern: Du – du bist noch ganz derselbe – wie früher!

Eine Weile später fuhren sie weiter, Inger sitzt jetzt droben und lenkt das Pferd. Ich habe auch ein Paket Kaffee mitgebracht, sagt sie, aber heute abend kannst du ihn nicht mehr versuchen, denn er ist noch nicht gebrannt. – Du sollst dich auch nicht damit plagen, erwidert er. Wieder nach einer Weile ist die Sonne untergegangen, und es wird kühl. Inger will absteigen und gehen. Sie decken Leopoldine dichter mit dem Fell zu und lächeln darüber, daß sie so lange schlafen kann. Dann unterhalten sich Mann und Frau wieder im Weitergehen. Es ist ein wahres Vergnügen, Inger jetzt sprechen zu hören, niemand hätte besser sprechen können, als Inger jetzt sprach.

Haben wir nicht vier Kühe? fragt sie. – O nein, wir haben jetzt mehr, antwortet er stolz, wir haben acht.– *Acht* Kühe! – Ja, wenn man den Stier mitrechnet. – Habt ihr Butter verkauft? – O ja, und Eier. – Haben wir denn auch Hühner? – Ja, das versteht sich. Und ein Schwein. – Inger muß sich über die Maßen verwundern, sie kann das Gehörte kaum fassen und hält einen Augenblick das Pferd an: Ptro! Und Isak ist stolz und legt es darauf an, sie ganz zu überwältigen. Der Geißler, sagt er, du weißt, der Geißler; der ist vor kurzem hier gewesen. – So? – Ja und er hat uns einen Kupferberg abgekauft. – So. was ist denn das, ein Kupferberg? – Ein Berg aus Kupfer. Er liegt droben im Gebirge an der ganzen Nordseite des Sees. – So. Und das ist etwas, für das du eine Bezahlung bekommen hast? – Jawohl, der Geißler ist nicht der Mann, der nicht bezahlt. – Was hast du bekommen? – Hm. Du wirst es nicht glauben wollen, aber es sind zweihundert Taler. – Die hast du bekommen! ruft Inger und hält wieder einen Augenblick das Pferd an: Ptro! – Habe ich bekommen, jawohl. Und den Hof habe ich auch längst bezahlt. – Ach, du bist großartig'

Es war in Wahrheit ein Vergnügen, Inger in Verwunderung zu setzen und sie zu einer reichen Frau zu machen; deshalb fügte Isak noch hinzu, daß er auch weder beim Kaufmann noch bei sonst jemand Schulden stehen habe. Und er habe nicht allein Geißlers zweihundert Taler noch unberührt daliegen, sondern noch mehr, noch hundertsechzig Taler darüber. Sie hätten also allen Grund, Gott dankbar zu sein. Sie sprachen noch weiter von Geißler, und Inger konnte Aufklärung über das geben, was er für ihre Freilassung getan hatte. Es war doch nicht alles so glatt gegangen; er hatte lange damit zu tun gehabt und war sehr oft beim Direktor gewesen. Geißler hatte auch ein Schreiben an die Staatsräte selbst oder an einige andere von der Behörde geschickt, aber das hatte er hinter dem Rücken des Direktors getan, und als der Direktor das erfuhr, war er böse geworden und hatte sich gekränkt gefühlt, was ja auch nicht anders zu erwarten gewesen war. Aber Geißler hatte sich dadurch nicht einschüchtern lassen, er verlangte ein neues Verhör und ein neues Gerichtsverfahren und alles miteinander. Und da hatte der König unterschreiben müssen.

Der frühere Lensmann Geißler war für diese beiden Menschen immer ein guter Herr gewesen, und sie hatten sich oft besonnen, aus welchem Grunde er es wohl getan haben mochte, er hatte alles miteinander um den einfachen Dank getan, es war nicht zu begreifen. Inger hatte in Drontheim mit ihm gesprochen, war aber dadurch nicht klüger geworden. Alle andern in der Gemeinde sind ihm ganz einerlei, ausgenommen wir, er. klärte Inger. – Hat er das gesagt? – Ja, er ist wütend auf die Gemeinde hier. Und er werde es ihr schon noch zeigen! sagte er. – So. – Und sie würden es schon noch bereuen, daß sie ihn verloren hätten, sagte er.

Jetzt kamen sie aus dem Wald heraus, und da lag Sellanraa vor ihnen. Es waren mehr Gebäude als früher, die Häuser waren hübsch angestrichen; Inger kannte sich nicht mehr aus und hielt jäh an: Du willst doch nicht sagen, daß das da – daß das da bei uns ist! rief sie aus.

Die kleine Leopoldine erwachte endlich und richtete sich auf. Sie war ganz ausgeruht, wurde heruntergehoben, durfte zu Fuß gehen! Gehen wir dorthin? fragte sie. – Ja, ist es nicht schön?

Drüben am Haus bewegten sich kleine Gestalten; das waren Eleseus und Sivert, die Ausguck hielten, nun kamen sie dahergelaufen. Inger schien plötzlich erkältet zu sein, sie hatte heftigen Husten und Schnupfen. Ja, die Erkältung zog ihr sogar in die Augen, sie standen voll Wasser. Man erkältet sich so leicht an Bord, ganz nasse Augen bekommt man vor lauter Schnupfen.

Aber als die kleinen Burschen näher herankamen, hielten sie mitten in ihrem Lauf inne und starrten nur noch. Wie ihre Mutter aussah, das hatten sie vergessen, und ihre kleine Schwester hatten sie ja noch nie gesehen. Aber der Vater– ihn erkannten sie erst wieder, als er ganz nahe herangekommen war. Er hatte sich seinen großen Bart abgeschnitten.

12

Nun ist alles gut.

Isak sät seinen Hafer, eggt ihn und führt die Walze darüber. Leopoldine kommt heraus und will auf der Walze sitzen. Was, auf einer Walze sitzen – sie ist so klein und kennt so was gar nicht, ihre Brüder wissen es besser, es ist ja kein Sitz auf Vaters Walze.

Aber den Vater freut es, daß die kleine Leopoldine zu ihm herkommt und schon so zutraulich ist; er redet mit ihr und sagt, sie müsse vorsichtig auf den Acker treten, damit sie nicht die Schuhe voll Erde bekomme. Ja, und was seh ich, du hast wahrhaftig heute ein blaues Kleid an! Laß mich sehen, ja gewiß, es ist blau. Und einen Gürtel hast du daran und alles miteinander. Kannst du dich an das große Schiff erinnern, auf dem du hergefahren bist? Hast du die Maschine darin gesehen? Ja, jetzt geh nur mit deinen Brüdern hinein, dann spielen sie mit dir.

Seit Oline abgezogen ist, hat Inger ihre alte Arbeit in Haus und Stall wieder übernommen. Sie übertreibt es vielleicht ein wenig mit der Reinlichkeit und Ordnung, um zu zeigen, daß die Dinge jetzt eine andere Art bekommen sollen, und es war auch merkwürdig, welche große Veränderung bald mit allem vorging, sogar die Glasscheiben in der Viehgamme wurden gewaschen und die Stände gescheuert.

Aber das war nur in den ersten Tagen, in der ersten Woche so, dann ließ Inger nach. Eigentlich war es nicht nötig, im Stall alles so blitzblank zu machen, die Zeit konnte besser angewendet werden. Inger hatte in der Stadt viel gelernt, und dieses Wissen sollte ihr nun zugute kommen. Sie nahm wieder Spinnrad und Webstuhl in Gebrauch, und wahrlich, sie war noch geschickter und flinker geworden, etwas zu flink, hui! besonders für Isak, wenn er ihr zusah; er begriff nicht, daß ein Mensch es lernen konnte, so mit seinen Fingern umzugehen, diese langen, hübschen Finger an Ingers großer Hand! Aber mitten drin gab Inger die eine Arbeit auf und machte sich an eine andere. Jawohl, sie hatte jetzt verschiedenes mehr zu besorgen als früher und in größerem Umfang, vielleicht war sie auch nicht ganz so geduldigen Herzens wie einst, etwas Unruhe hatte sich ihr wohl ins Herz geschlichen.

Gleich zuerst waren da die Blumen, die sie mitgebracht hatte, es waren Knollen und Ableger, kleine Leben, an die auch gedacht werden mußte. Die Fenster waren zu klein dafür, die Gesimse zu schmal, man konnte da keine Blumentöpfe aufstellen, sie hatte auch keine Töpfe, und Isak mußte ihr ganz kleine Kästen für Begonien, Fuchsien und Rosen anfertigen. Und überdies genügte auch ein Fenster nicht, was war ein Fenster für eine ganze Stube!

Und außerdem, sagte Inger, habe ich auch kein Bügeleisen. Ich sollte ein Bügeleisen zum Plätten haben, wenn ich Kleider und Anzüge nähe, niemand kann im Nähen etwas Ordentliches leisten, wenn er nicht eine Art Plätteisen hat.

Isak versprach, den Schmied im Dorfe zu veranlassen, ein recht gutes Bügeleisen zu schmieden. O, Isak wollte alles tun, wollte immer nur tun, was Inger verlangte; denn das merkte er wohl, Inger hatte sehr viel gelernt und war außerordentlich tüchtig geworden. Auch ihre Sprache war eine andere geworden, eine bessere, gewähltere. Sie rief ihn jetzt nie mehr mit den alten Worten: Komm herein und iß! sondern sie sagte: Bitte zum Essen! Alles war anders geworden. In den alten Tagen hatte er höchstens gesagt: Ja, und noch eine gute Weile weitergearbeitet, ehe er hineinging. Jetzt antwortete er: Ja, danke, und kam sofort. Die Liebe macht den Klugen dumm, manchmal antwortete Isak: Danke, danke! Ja, gewiß war alles anders geworden, aber wurde es nicht allmählich ein wenig zu vornehm? Wenn Isak in der Muttersprache der Landwirtschaft redete und Mist sagte, sagte Inger Dung, der Kinder wegen.

Sie war sehr sorgfältig mit den Kindern, unterrichtete sie in allem und brackte sie vorwärts; die kleinwinzige Leopoldine machte Fortschritte im Häkeln und die Buben im Schreiben und in anderen Schulfächern, sie würden also nicht ganz unvorbereitet in die Dorfschule kommen. Besonders Eleseus war recht tüchtig geworden, der kleine Sivert dagegen war, geradeheraus gesagt, nichts Besonderes, nur ein Spaßvogel, ein Wildfang, er wagte es sogar, an der Nähmaschine seiner Mutter ein wenig zu drehen und hatte mit seinem

Taschenmesser auch schon am Tisch und an den Stühlen herumgeschnitzelt. Jetzt war ihm schon mit der Wegnahme des Taschenmessers gedroht worden.

Übrigens hatten die Kinder alle Tiere des Hofes zur Unterhaltung, und Eleseus hatte außerdem noch seinen farbigen Bleistift. Er gebrauchte ihn sehr vorsichtig und lieh ihn dem Bruder nur höchst ungern; mit der Zeit waren indes alle Wände mit Zeichnungen bedeckt und der Bleistift wurde bedenklich kleiner. Schließlich sah sich Eleseus gezwungen, Sivert auf Ration zu setzen und ihm den Bleistift nur noch am Sonntag zu einer Zeichnung zu leihen. Das war nun nicht nach Siverts eigenem Wunsch, aber Eleseus war nicht der Mann, der sich etwas abhandeln ließ. Nicht gerade, weil Eleseus der Stärkere gewesen wäre, aber er hatte längere Arme und konnte sich bei Streitigkeiten besser herauswinden.

Aber dieser Sivert! Ab und zu fand er ein Schneehuhnnest im Walde, einmal redete er von einem Mäusenest und machte sich groß damit, wieder einmal faselte er von einer Forelle im Fluß, die so groß sei wie ein Mensch; aber es war die reine Erfindung von ihm, er war nicht ganz frei davon, zu schwarz weiß zu sagen, aber sonst war er ein guter Kerl. Als die Katze Junge bekam, war er es, der ihr Milch brachte, weil sie Eleseus zu wütend anzischte, und Sivert wurde nicht müde, in die unruhige Kiste hineinzuschauen, diese Heimstätte, wo es von kleinen Pfoten wimmelte.

Und dann die Hühner, die er täglich beobachtete! Da war der große Hahn mit seinem Kamm und seiner Federnpracht, die Hühner, die umherliefen und gackerten und Sand aufpickten und nach dem Eierlegen plötzlich ungeheuer verletzt zu schreien anfingen. Da war auch der große Widder. Der kleine Sivert war jetzt im Vergleich zu früher sehr belesen, konnte aber doch nicht von dem Widder sagen: Gott, welch eine römische Nase er hat! Nein, das konnte er nicht. Aber Sivert konnte das, was besser war: er kannte den Widder von klein auf, wo er noch ein kleines Lamm gewesen war; er liebte ihn und war eins mit ihm, wie mit einem Verwandten, einem Mitgeschöpf. Einmal war ein geheimnisvoller Ureindruck durch seine Sinne geflattert, und das war ein Augenblick, den Sivert nie mehr vergaß. Der Widder war draußen auf der Wiese und weidete, plötzlich warf er den Kopf zurück und fraß nicht mehr, blieb nur stehen und starrte geradeaus. Sivert sah unwillkürlich in dieselbe Richtung. – Nein, nichts Merkwürdiges! Aber da fühlte Sivert etwas Merkwürdiges in seinem Innern. Es ist fast, als sehe er in den Garten Eden hinein! dachte Sivert.

Von den Kühen hatten die Kinder auch jeder zwei für sich, große, schwer schreitende Tiere, gutmütige, freundliche Tiere, die sich von den kleinen Menschenkindern jeden Augenblick einholen und streicheln ließen. Dann war da das Schwein, weiß und peinlich sauber mit seiner Person, wenn es gut gehalten wurde, das auf jeden Ton horchte, ein Komiker, gierig auf sein Futter aus, dabei kitzlig und scheu wie ein junges Mädchen. Und dann der Bock – es war immer ein alter Ziegenbock auf Sellanraa; wenn der eine das Leben lassen mußte, rückte ein anderer an seine Stelle. Aber etwas so Bockmäßiges im Gesicht wie ein Bock! Gerade in diesen Tagen hatte er auf sehr viele Geißen aufzupassen; bisweilen jedoch wurde er seiner ganzen Gesellschaft überdrüssig und legte sich, grüblerisch und langbärtig wie er war, auf den Boden, ein Vater Abraham! Und dann plötzlich richtete er sich wieder auf die Knie auf und trottete den Geißen nach. Wo er ging, hinterließ er eine Wolke von scharfem Geruch.

Das tägliche Leben auf dem Hofe geht weiter. Wenn ein seltenes Mal ein Wanderer, der über das Gebirge will, vorbei kommt und fragt: Und euch geht es wohl gut? Da antwortet Isak und antwortet Inger: Ja, danke für die Nachfrage!

Isak schafft und schafft, und für jede einzelne Arbeit zieht er den Kalender zu Rat, er gibt auf den Mondwechsel acht und richtet sich nach den Wetterzeichen, schafft, schafft.

Nun hat er ja durch das Ödland einen einigermaßen ordentlichen Weg hergestellt, so daß er mit Wagen und Pferd bis ins Dorf hinunter fahren kann, aber meist geht er lieber schwerbeladen zu Fuß, und da trägt er dann Ziegenkäse oder Felle oder Birkenrinde, Butter und Eier, lauter Waren, die er verkauft und für die er andere Waren einholt. Nein, im Sommer fährt er nicht oft, weil der Weg von Breidablick bis vollends hinunter sehr schlecht ist. Er hat Brede Olsen aufgefordert, beim Herstellen des Weges mit Hand anzulegen, und Brede hat es wohl auch versprochen, aber nie Wort gehalten. Nun will Isak ihn nicht noch einmal darum bitten. Lieber trägt er schwere Lasten auf seinem Rücken. Inger sagt dann: Ich verstehe gar nicht, wie du das kannst! Du hältst alles aus! Ja, er hielt alles aus. Er hatte Stiefel, die waren so abenteuerlich dick und schwer, unter den Sohlen ganz mit Eisen beschlagen, sogar die Schnürriemen waren mit Nietnägeln angeheftet – schon das, daß ein Mann in solchen Stiefeln gehen konnte, war etwas Merkwürdiges!

Als er nun wieder einmal ins Dorf hinuntergeht, trifft er an mehreren Stellen kleine Gruppen von Arbeitern. Sie mauern steinerne Grundpfeiler ein und stellen Telegraphenstangen auf. Die Leute sind teilweise aus der Gemeinde, Brede Olsen ist auch dabei, obgleich er sich hier niedergelassen hat, um Ackerbau zu treiben. Daß er Zeit übrig hat! denkt Isak.

Der Aufseher fragt Isak, ob er Telegraphenstangen verkaufen wolle. – Nein. – Auch nicht gegen gute Bezahlung? – Nein. – O Isak ging es jetzt rascher von der Hand, er konnte nun schneller antworten. Wenn er jetzt Stangen verkaufte, bekam er nur etwas mehr Geld, einige Taler mehr, aber er hatte keinen Wald mehr, was für ein Vorteil war dann dabei? Nun kommt der Ingenieur selbst herbei und wiederholt sein Verlangen; aber Isak schlägt es auch ihm ab. – Wir haben Stangen genug, sagt der Ingenieur, aber es wäre uns nur bequemer, sie in deinem Walde zu holen und die lange Herbeischaffung zu sparen. – Ich habe selbst zu wenig Stangen und Stämme, erwiderte Isak, ich wollte mir übrigens ein kleines Sägewerk einrichten, denn ich habe keine Scheune und keine Wirtschaftsgebäude.

Jetzt mischt Brede Olsen sich darein und sagt: Wenn ich du wäre, würde ich die Stangen verkaufen, Isak. – Da blitzten die Augen des geduldigen Isak Brede wahrhaftig scharf an, und er erwiderte: Ja, das glaube ich schon. – Wieso? fragte Brede. – Aber ich bin eben nicht du, sagte Isak.

Einige von den Arbeitern kicherten ein wenig über diese Antwort.

Jawohl, Isak hatte einen besonderen Grund, seinen Nachbarn etwas zurückzuweisen, gerade heute hatte er nämlich drei Schafe auf Breidablicks Grundstück gesehen, und das eine davon hatte Isak wiedererkannt, das mit den flachen Ohren, das Oline im Tauschhandel weggegeben hatte. Meinethalben mag Brede das Schaf behalten, dachte er da und ging seines Weges weiter, meinethalben können Brede und seine Frau sich an dem Schaf bereichern!

Und ganz richtig. Das Sägewerk hatte er auch immer im Kopf. O ja, schon im Winter, als der Boden fest war, hatte er die große Kreissäge und die notwendigen Beschläge, die ihm der Kaufmann von Drontheim hatte kommen lassen, heraufgeschafft. Nun lagen diese Maschinenteile mit Leinöl bestrichen, um sie gegen Rost zu schützen, in seinem Schuppen. Einige von den Balken zum Sperrwerk hatte er auch schon herbeigefahren, er hätte mit dem Ausrichten des Gebäudes jeden Tag anfangen können, schob es aber noch hinaus. Was war das? Er begriff es nicht, nahmen seine Kräfte etwa allmählich ab? Andere würden sich nicht darüber wundern, aber ihm selbst kam es ganz unglaublich vor. War er schwindlig geworden? Früher war er vor keiner Arbeit zurückgescheut, hatte er sich denn verändert, seit er das Mahlhaus über einem ebenso großen Wasserfall errichtet hatte? Er konnte sich ja Hilfe vom Dorf nehmen, aber nun wollte er es erst einmal wieder allein versuchen und in den nächsten Tagen damit anfangen; Inger sollte ein wenig mit Hand anlegen.

Er sprach mit Inger darüber. Hm, sagte er, wenn du einmal ein paar Stunden Zeit übrig hast, könntest du mir bei dem Sägewerk helfen. – Inger überlegte. Ja, wenn ich es einrichten kann, sagte sie. So, du willst ein Sägewerk bauen? – Ja, das ist meine Absicht. Ich habe es mir jetzt genau überlegt. – Ist es schwieriger als das Mahlhaus? – Viel schwieriger, zehnmal schwieriger, prahlte er. Was denkst du denn? Da muß alles bis aufs aller-aller-genaueste ineinander passen, und die große Kreissäge muß in der Mitte laufen. – Wenn du es nur zustande bringst, Isak, entgegnete Inger in ihrer Gedankenlosigkeit. – Isak fühlte sich von diesen Worten gekränkt und erwiderte: Das wird sich ja zeigen. – Kannst du nicht einen in dieser Sache kundigen Mann zur Hilfe nehmen. – Nein.– Nun, dann wirst du es auch nicht zustande bringen, sagte sie und hielt nicht mit ihrer Meinung zurück.

Isak hob langsam die Hand an seinen Kopf, es war, als hebe ein Bar die Tatze auf. – Gerade das fürchte ich ja, daß ich es nicht fertig bringe, sagte er, deshalb sollst du, die es versteht, ja auch Hand mit anlegen, sagte er. – Jawohl, da hatte der Bär getroffen, aber er errang keinen Sieg damit. Inger warf den Kopf zurück, wurde widerspenstig und schlug es ab, beim Sägewerk zu helfen. – So, sagte Isak. – Ja, soll ich vielleicht im Fluß stehen und meine Gesundheit aufs Spiel setzen? Und wer soll mit der Maschine nähen und das Vieh und den Haushalt und alles miteinander versorgen? – Nein, nein, sagte Isak.

Ach, aber es handelte sich ja nur um die vier Eckbalken und die zwei Mittelbalken auf den beiden Langseiten, nur dazu hätte sie ihm helfen sollen, sonst zu nichts! War denn Inger im tiefsten Innern während ihres langen Stadtlebens so zimperlich geworden?

Jawohl, Inger hatte sich sehr verändert und dachte nicht mehr beständig an ihr gemeinsames Beste, sondern an sich selbst. Wohl hatte sie Kartätschen und Spinnrad und Webstuhl wieder in Gebrauch genommen, aber sie saß viel lieber an ihrer Nähmaschine, und als der Schlosser ihr ein Bügeleisen geschmiedet hatte, war sie fertig ausgerüstet, um sich im Schneidern als regelrecht ausgebildet zu zeigen. Das war ihr Beruf. Zuerst nähte sie ein paar Kleider für die kleine Leopoldine. Isak gefielen sie, und er lobte sie vielleicht ein wenig zu sehr;

Inger deutete an, das sei noch gar nichts im Vergleich zu dem, was sie könne. – Aber sie sind zu kurz, sagte Isak. – So werden sie in der Stadt getragen, sagte Inger, das verstehst du eben nicht. – Isak war also zu weit gegangen, und er stellte Inger dafür ein Stück Tuch zu eigenem Gebrauch in Aussicht. – Tuch zu einem Mantel? fragte Inger.– Ja, oder wozu du es sonst willst. – Inger entschied sich zu Tuch für einen Mantel und beschrieb Isak, wie es sein sollte.

Aber als sie den Mantel fertig hatte, mußte sie auch jemand haben, dem sie sich darin zeigen konnte; sie begleitete deshalb die beiden Jungen ins Dorf, als sie dort in die Schule gebracht wurden. Und diese Reise war nicht von geringem Nutzen, sie hinterließ Spuren.

Zuerst kamen sie an Breidablick vorüber, da kam die Frau mit ihren Kindern heraus und starrte die Vorüberfahrenden an. Inger und ihre beiden kleinen Jungen saßen auf dem Wagen, und sie fuhren wie Herrenleute, die beiden Jungen kamen wahrhaftig in die Schule, und Inger hatte einen Tuchmantel an! Bei diesem Anblick ging der Frau auf Breidablick ein Stich durchs Herz, den Mantel konnte sie entbehren, sie war gottlob nicht eitel, aber sie hatte selbst Kinder, das große Mädchen Barbro, Helge, den Zweitältesten, und Katrine, alle schulpflichtig. Natürlich waren die beiden älteren im Dorf schon in der Schule gewesen, aber als die Familie aufs Moor und auf dieses abgelegene Breidablick heraufzog, mußten ja die Kinder wieder Heiden werden.

Hast du Lebensmittel für deine Buben mit? fragte die Frau. – Lebensmittel, jawohl. Siehst du die Kiste da nicht? Das ist mein Reisekoffer, den ich mitgebracht habe, und der ist ganz mit Lebensmitteln angefüllt. – Was hast du mitgenommen? – Was ich mitgenommen habe? Speck und Fleisch fürs Mittagessen und Butter und Brot und Käse für die anderen Mahlzeiten. – Ja, ihr habt es großartig da droben, sagte die Frau, und ihre armen bleichwangigen Kinder sperrten Augen und Ohren auf, als diese herrlichen Sachen aufgezählt wurden. – Wo willst du sie unterbringen? fragte die Frau weiter. – Beim Schmied. – So, sagte die Frau. Ja, die meinigen sollen jetzt auch wieder in die Schule, und sie werden beim Lensmann wohnen. – So, sagte Inger. – Ja, oder beim Doktor oder beim Pfarrer. Brede ist eben mit allen den Großen so gut bekannt, daher kommt es. – Da strich Inger ihren Mantel zurecht und schob etliche schwarzseidene Fransen vorteilhaft hervor. – Wo hast du den Mantel gekauft? fragte die Frau. Hast du ihn mitgebracht? – Ich habe ihn selbst genäht. – Ja, es ist, wie ich sage, ihr da droben sitzt bis über die Ohren in Geld und Herrlichkeit.

Als Inger weiterfuhr, war ihr froh zumute, und sie war recht hochmütig, und als sie ins Dorf kam, ließ sie das ein wenig zu sehr hervortreten, jedenfalls nahm die Frau Lensmann Heyerdahl Ärgernis daran, daß sie in einem Mantel ankam. Sie sagte, die Frau auf Sellanraa vergesse offenbar, wer sie sei, ob sie denn vergessen habe, woher sie nach sechsjähriger Abwesenheit gekommen war? Aber Inger hatte nun jedenfalls ihren Mantel gezeigt, und weder die Frau des Kaufmanns noch die Frau des Schmieds noch die Frau des Schullehrers würden etwas dagegen gehabt haben, wenn sie selbst einen solchen Mantel besessen hätten; aber kommt Zeit, kommt Rat.

Es dauerte gar nicht lange, bis Inger Kundschaft bekam. Einige Weiber von der andern Seite des Gebirges kamen aus Neugier. Oline hatte wohl gegen ihren Willen allerlei von Inger erzählt, und die nun kamen, brachten Nachrichten von Ingers Heimatort mit; dafür wurde ihnen aufgewartet, und sie durften die Nähmaschine sehen. Junge Mädchen kamen zu zwei und zwei von der Gemeinde an der Küste herauf und berieten sich mit Inger: es war Herbst, sie hatten zu einem neuen Kleid gespart, und nun konnte ihnen Inger über die Mode in der Welt draußen Auskunft geben, ja ab und zu auch den Stoff zuschneiden. Bei diesen Besuchen lebte Inger auf, sie blühte förmlich, war freundlich und hilfreich und dabei so tüchtig in ihrem Fach, daß sie aus freier Hand zuschneiden konnte; bisweilen nähte sie auch lange Säume auf ihrer Maschine ganz umsonst und gab dann den jungen Mädchen den Stoff zurück mit den herrlich scherzhaften Worten: So, die Knöpfe kannst du jetzt selbst annähen!

Später, im Herbst, wurde Inger sogar gebeten, ins Dorf herunterzukommen und für die Großen zu nähen. Aber das konnte sie nicht, sie hatte ihre Familie und das Vieh und die häuslichen Pflichten, und sie hatte kein Dienstmädchen. Was hatte sie nicht? Ein Dienstmädchen!

Sie sagte zu Isak: Wenn ich eine Hilfe hätte, könnte ich ruhiger an meiner Näharbeit bleiben. – Isak verstand nicht, was sie meinte. Hilfe? fragte er. – Ja, Hilfe im Hause, ein Dienstmädchen. – Da drehte sich wohl alles im Kreise vor Isak, denn er lachte ein wenig in seinen roten Bart und hielt es für Spaß: Jawohl, wir sollten ein Dienstmädchen haben, sagte er. – Das haben alle Hausfrauen in der Stadt, versetzte Inger. – Ach so, sagte Isak.

Seht, er war vielleicht nicht besonders froh und freundlich gestimmt, nicht gut aufgelegt, denn nun hatte er mit dem Bau seines Sägewerks angefangen, und es war nicht schnell vorwärts gegangen; er konnte nicht mit der einen Hand den

Pfosten halten, ihn mit der andern wagerecht leiten und zugleich die Schräghölzer befestigen. Aber als dann die Jungen wieder von der Schule heimkamen, ging es besser, die guten Jungen waren ihm eine große Hilfe. Sivert besonders war merkwürdig gewandt beim Einschlagen der Nägel, aber Eleseus war tüchtiger beim Loten mit der Schnur. Nach Verlauf von einer Woche hatten Isak und die Jungen wirklich die Pfosten aufgerichtet und mit Schräghölzern so dick wie Balken fest befestigt. Eine große Arbeit war bewältigt.

Es ging – alles ging. Aber woher es auch kommen mochte, Isak war jetzt an den Abenden oft müde. Es handelte sich ja nicht nur darum, ein Sägewerk zu bauen und damit Punktum, alles andere mußte auch getan werden. Das Heu war unter Dach, aber das Korn stand noch draußen und färbte sich allmählich golden, bald mußte es geschnitten und untergebracht werden, und auch die Kartoffelernte stand vor der Tür. – Aber Isak hatte eine ausgezeichnete Hilfe an seinen Jungen. Er bedankte sich indes nicht bei ihnen, das war nicht Sitte unter Leuten wie er und die Seinen, aber er war ungeheuer zufrieden mit ihnen. Ab und zu, jedoch nur selten einmal, setzten sie sich wohl auch mitten in der Arbeit zusammen und unterhielten sich miteinander, und da konnte der Vater sich im Ernst mit den Jungen darüber beraten, was sie zuerst und was nachher tun wollten. Das waren stolze Augenblicke für Eleseus und Sivert, und sie lernten dabei wohl zu überlegen, ehe sie redeten, um nicht unrecht zu bekommen. – Es wäre doch schlimm, wenn wir das Sägewerk nicht unter Dach brächten, ehe die Herbststürme einsetzen, sagte der Vater.

Wenn nur Inger noch wie in den alten Tagen gewesen wäre! Aber Ingers Gesundheit war wohl eben leider nicht mehr so gut wie früher, was ja auch nach der langen Einsperrung nicht anders zu erwarten war. Daß ihr Sinn sich verändert hatte, war eine Sache für sich, ach, sie war jetzt so viel weniger nachdenklich, war gleichsam oberflächlicher, leichtsinniger. Von dem Kinde, das sie umgebracht hatte, sagte sie: Ich bin eine recht dumme Person gewesen, wir hätten sie operieren und ihren Mund zunähen lassen können, dann hätte ich nicht nötig gehabt, sie zu erwürgen. Und niemals ging sie hinaus in den Wald an ein kleines Grab, wo sie einstmals die Erde mit den Händen zusammengescharrt und ein kleines Kreuz darauf gesetzt hatte.

Aber Inger war keine unmenschliche Mutter, sie sorgte treulich für ihre anderen Kinder, hielt sie in Ordnung, nähte für sie und konnte bis spät in die Nacht hinein aufsitzen, um ihre Kleider zu flicken. Es war ihr höchster Traum, daß etwas Rechtes aus ihnen werden sollte.

Dann wurde das Korn eingefahren, dann wurden die Kartoffeln herausgehackt und dann wurde es Winter. Ach nein, das Sägewerk kam nicht unter Dach im Herbst! Aber da war nun nichts zu machen, es ging ja auch nicht ums Leben, und bis zum Sommer kam wohl Zeit und Rat.

13

Und im Winter kam die gewohnte Arbeit an die Reihe, Holz wurde gefahren, die Wirtschaftsgeräte und die Fuhrwerke wurden hergerichtet, Inger versorgte das Haus, schaffte und nähte, und die Jungen waren wieder für lange Zeit in der Schule. Seit mehreren Jahren schon hatten sie miteinander ein Paar Schneeschuhe gehabt, und dies eine Paar hatte für beide genügt, solange sie daheim gewesen waren. Da hatte der eine gewartet, so lange der andere lief, oder der eine stellte sich hinter dem andern auf. O es war gut gegangen, etwas Schöneres hatten sie sich gar nicht vorstellen können, sie waren unschuldig. Aber drunten im Dorf waren die Verhältnisse größer, in der Schule wimmelte es von Schneeschuhen, ja, es zeigte sich, daß sogar die Kinder auf Breidablick jedes ein eigenes Paar hatten. Da mußte schließlich Isak ein neues Paar für Eleseus machen, und Sivert durfte die alten behalten.

Isak tat mehr, er kaufte den Jungen Winteranzüge und unzerreißbare Stiefel. Aber als dies getan war, ging Isak zum Kaufmann und bestellte einen Ring. – Einen Ring? fragte der Kaufmann. – Ja, einen Fingerring. Ich bin so hoffärtig geworden, daß ich meiner Frau einen Fingerring schenken will. – Soll es ein silberner oder ein goldener sein, oder nur einer aus Messing, der im Goldbad gewesen ist? – Es soll ein silberner sein. – Der Kaufmann überlegte lange, dann sagte er: Wenn du das tun willst, Isak, und wenn du deiner Frau einen Ring verehren willst, den sie zeigen kann – so kaufe ihr einen goldenen Ring. – Was? sagte Isak laut. Aber im innersten Herzen hatte er wohl selbst an einen goldenen Ring gedacht gehabt.

Sie besprachen es nach allen Richtungen und einigten sich schließlich über Größe und Preis des Ringes; aber noch immer überlegte Isak und schüttelte den Kopf und meinte, das sei doch ein teueres Stück, aber der Kaufmann wollte eben durchaus einen echt goldenen Ring bestellen. Als Isak heimwärts wanderte, war er eigentlich froh über seinen Entschluß, aber zugleich entsetzte er sich über die Ausgaben, zu denen einen die Liebe bringen konnte.

Es war ein richtiger Schneewinter, und als gegen Neujahr eine gute Bahn war, fingen die Leute aus dem Dorf an, Telegraphenstangen über die Moore heraufzufahren und sie in gewissen Abständen voneinander abzuladen. Sie fuhren mit vielen Pferden an Breidablick vorüber, kamen auch an Sellanraa vorbei – schließlich trafen sie mit anderen Pferden zusammen, die von jenseits des Gebirges Stangen herauffuhren, und da war die ganze Linie vollständig.

So verging ein Tag um den andern, ohne große Ereignisse. Was hätte geschehen sollen? Im Frühling begann man mit dem Aufstellen der Telegraphenstangen, Brede Olsen war auch wieder dabei, obgleich er die Frühjahrsarbeit auf seinem Hofe hätte besorgen sollen. Daß er Zeit dazu hat! fragte sich Isak wieder.

Isak selbst hatte kaum Ruhe zum Essen und Schlafen, er konnte kaum alles zur rechten Zeit fertig bringen, seine Felder waren jetzt recht groß geworden.

Aber dann vor der Erntezeit brachte er das Sägewerk unter Dach und konnte sich nun an das Einsetzen der Säge machen. Seht, es war kein Wunderwerk von einem Holzbau, den er fertig gebracht hatte, aber der Bau war riesenstark und stand nun da und war von großem Nutzen. Die Säge ging, die Säge schnitt, Isak hatte seine Augen gebraucht, wenn er drunten im Dorf in der Sägemühle gewesen war, und hatte sich alles wohl gemerkt. Es war eine herzlich kleine Sägemühle, die er da errichtet hatte, aber er war zufrieden mit ihr, er hieb die Jahreszahl über der Tür ein und setzte sein Hauszeichen darunter.

Und in diesem Sommer ereignete sich nun doch mehr als gewöhnlich auf Sellanraa.

Die Telegraphenarbeiter waren jetzt so weit heraufgekommen, daß die erste Gruppe eines Abends an dem Hofe anklopfte und um Obdach bat. Die Leute durften in der Scheune schlafen. Als die Tage vergingen, kam auch die zweite Gruppe, und alle fanden Obdach auf Sellanraa. Die Linie wurde am Hof vorbei weiter hinaufgeführt, aber die Leute kamen trotzdem noch auf den Hof, um da zu übernachten. Und an einem Samstagabend erschien der Ingenieur, um die Löhne auszuzahlen.

Als Eleseus den Ingenieur sah, bekam er Herzklopfen, und er schlich sich zur Tür hinaus, um nicht nach dem farbigen Bleistift gefragt zu werden. Ach, das war ein böser Augenblick, und Sivert kam auch nicht heraus, an dem er ein wenig eine Stütze hätte haben können! Wie ein bleiches Gespenst glitt Eleseus um die

Hausecke; endlich traf er die Mutter. Eleseus bat sie gleich, sie möchte Sivert herausschicken, er konnte sich nicht anders helfen.

Sivert nahm die Sache weniger schwer, er hatte ja auch nicht die große Schuld auf sich liegen. Die Brüder setzten sich in ziemlicher Entfernung nieder, und Eleseus sagte: Wenn du es auf dich nehmen würdest! – Ich? sagte Sivert. – Denn du bist so viel kleiner, dir würde er nichts tun. – Sivert überlegte, er sah, daß der Bruder in großer Not war, und es schmeichelte ihm auch, daß Eleseus ihn brauchte. – Ich könnte dir vielleicht eine Handreichung tun, sagte er altklug. – Du mußt es tun! rief Eleseus und drückte einfach seinem Bruder das Stückchen, das noch von dem farbigen Bleistift übrig war, in die Hand. Es soll dir gehören, sagte er.

Sie wollten miteinander wieder hineingehen, aber Eleseus sagte, er habe noch etwas am Sägewerk zu tun oder vielmehr im Mahlhaus, etwas, was er Nachsehen müsse, es gehe nicht so schnell, er werde kaum vor einer guten Weile fertig sein. Sivert ging allein hinein.

Da saß der Ingenieur mit Silbergeld und Banknoten vor sich und zahlte die Löhne aus. Als das geschehen war, setzte ihm Inger einen Topf Milch nebst Glas vor, und er war dankbar dafür. Er trank. Dann plauderte er mit der kleinen Leopoldine, und als er die Zeichnungen an den Wänden sah, fragte er gleich, wer denn der Meister sei, der sie gemacht habe. Bist du es? fragte er Sivert. Der Ingenieur wollte sich wohl bei der Mutter für die Gastfreundschaft dankbar erweisen. Er erfreute die Mutter, indem er die Zeichnungen lobte, und Inger gab eine gute Erklärung. Ihre Buben hätten die Zeichnungen gemacht, beide Buben; bis sie heimgekommen und dafür gesorgt habe, hätten die Kinder kein Papier gehabt und deshalb die Wände bekritzelt, nun habe sie das Herz nicht, es abzuwaschen. – Laß es nur stehen, sagte der Ingenieur. Papier? sagte er und legte eine Menge großer Bogen auf den Tisch. Da, zeichnet nur weiter, bis ich das nächstemal wiederkomme! Wie steht es denn mit Bleistiften? – Da trat Sivert ganz einfach mit dem Bleistiftstümpfchen vor und zeigte, wie klein es war. Und siehe, er bekam einen neuen, noch ungespitzten farbigen Bleistift! Zeichnet nur drauflos! Aber macht lieber das Pferd rot und den Bock blau. Nicht wahr, du hast noch kein blaues Pferd gesehen?

Dann ging der Ingenieur wieder fort.

Am selben Abend kam ein Mann vom Dorf herauf mit einem Ranzen auf dem Rücken. Er gab einige Flaschen für die Arbeiter ab und entfernte sich dann wieder. Aber nachdem er gegangen war, blieb es nicht mehr so still auf Sellanraa; die Ziehharmonika ertönte, es wurde laut gesprochen und gesungen und auf dem Hofplatz getanzt. Einer der Arbeiter forderte Inger zu einem kleinen Drehum auf, und Inger – ja wer verstand sich auf sie? Sie kicherte und tanzte wahrhaftig ein paarmal im Kreise herum. Als dies getan war, wollten die andern auch mit ihr tanzen, und da tanzte sie recht flott mit.

Wer verstand sich auf Inger! Hier tanzte sie nun vielleicht ihren ersten seligen Tanz in ihrem Leben; man riß sich um sie, dreißig Männer waren hinter ihr her, sie war allein, die einzige, die gewählt werden konnte, keine andere stach sie aus. Und wie flott diese riesenhaften Telegraphenarbeiter sie vom Boden aufhoben! Warum nicht tanzen? Eleseus und Sivert schliefen schon drinnen in der Kammer wie Säcke trotz des Tumultes auf dem Hofe, die kleine Leopoldine aber war noch auf und stand dabei und sah mit großen verwunderten Augen den Sprüngen der Mutter zu.

Isak war indessen die ganze Zeit nach dem Abendessen draußen auf dem Feld gewesen. Als er wieder hereinkam, um zu Bett zu gehen, wurde ihm aus einer Flasche zu trinken angeboren, und er trank auch ein wenig. Er setzte sich, nahm Leopoldine auf den Schoß und sah dem Tanzen zu. Da kannst du dich ordentlich herumschwingen! sagte er gutmütig zu Inger. Da kannst du wahrlich die Füße regen!

Aber nach einer Weile hörte der Musikant auf zu spielen, und der Tanz war vorbei. Die Arbeiter machten sich nun fertig, den noch übrigen Teil der Nacht und den ganzen nächsten Tag im Dorf zu verbringen und erst am Montagmorgen wiederzukommen. Bald lag Sellanraa wieder ganz still da, nur ein paar ältere Männer blieben zurück und legten sich in der Scheune schlafen.

Isak sah sich nach Inger um, damit sie hineingehe und Leopoldine zu Bett bringe; als er sie dann nirgends erblickte, ging er hinein und legte das Kind zu Bett. Und er selbst ging auch zur Ruhe.

Gegen Morgen erwachte er, aber Inger war nicht da. Ist sie im Stall? dachte er. Dann stand er auf, und ging in den Stall. Inger? fragte er. Keine Antwort. Die Kühe drehten die Köpfe und sahen ihn an. Alles war still. Aus alter Gewohnheit zählte er das Vieh, zählte auch das Kleinvieh, das eine Mutterschaf blieb so gern die Nacht über draußen – jetzt war es wieder draußen geblieben. Inger? fragte er wieder. Auch jetzt keine Antwort. Sie ist doch sicher nicht ganz mit hinunter ins Dorf gegangen, dachte er.

Die Sommernacht war hell und warm; Isak blieb eine Weile unter der Haustür sitzen, dann stand er auf und ging in den Wald, um nach dem Mutterschaf zu sehen. Er fand Inger. Inger hier? Ja, Inger und noch einer. Sie saßen im Heidekraut, Inger ließ seine Schildmütze auf ihrem Zeigefinger tanzen, sie sprachen miteinander, Inger war wieder umworben.

Isak ging leise zu ihnen hin. Inger wendete sich um und sah ihn. Da wurde sie weiß wie ein Leintuch, der Kopf sank ihr auf die Brust, sie ließ die Mütze fallen, war vernichtet. – Hm! Weißt du, daß das Mutterschaf wieder fehlt? sagte Isak. Aber das weißt du natürlich nicht, sagte er.

Der junge Telegraphenarbeiter hob seine Mütze auf und verzog sich seitwärts in die Büsche. Ich muß wohl den anderen nachgehen, sagte er. Ja, gute Nacht, sagte er und ging. Niemand erwiderte seinen Gruß.

So, du sitzest hier? sagte Isak. Mußt du hier sitzen?

Er wendete sich heimwärts, und Inger richtete sich auf die Knie auf; sie kam auf die Füße und ging ihm nach. So gingen sie dahin, der Mann voraus, die Frau hinterdrein, Tandem. Sie kamen heim.

Inger hatte wohl indessen Zeit gehabt, sich zu fassen. Und sie faßte sich: Ich wollte gerade nach dem Mutterschaf sehen, sagte sie, denn ich hatte gesehen, daß es nicht da war. Dann kam der Mann, er hat mir beim Suchen geholfen. Wir hatten uns kaum hingesetzt gehabt, als du kamst. Wo willst du jetzt hin?

Ich? Ich muß wohl nach dem Tier sehen.

Nein, jetzt sollst du zu Bett gehen. Und wenn noch jemand suchen soll, so werde ich es tun. Geh du nur zur Ruhe, du kannst sie notwendig brauchen. Im übrigen kann das Schaf auch draußen übernachten, das hat es schon öfters getan.

Ja, um von Raubtieren aufgefressen zu werden, sagte Isak und ging.

Nein, du darfst nicht! rief sie und holte ihn ein. Du brauchst Schlaf, ich will gehen.

Isak ließ sich überreden. Aber er wollte auch nichts davon hören, daß Inger noch nach dem Schaf suchen sollte, und so gingen beide hinein.

Inger sah sofort nach den Kindern. Sie ging in die Kammer, trat an das Bett und tat, als sei sie aus den erlaubtesten Gründen draußen gewesen, ja sie war nicht ganz frei davon, mit Isak ein wenig zu liebäugeln, wie wenn sie von ihm noch eine ganz andere Zuneigung erwartete, als ihr an dem ganzen Abend entgegengebracht worden war – denn jetzt hatte er ja eine volle Erklärung, meinte sie. Aber, nein danke! Isak war nicht so leicht herumzubringen, er hätte es am liebsten gesehen, wenn sie so recht betrübt gewesen wäre und nicht gewußt hätte, was sie vor Reue tun sollte. Das hätte er am liebsten gesehen. Was war denn das, daß sie im Wald draußen etwas zusammengesunken war, das ärmliche bißchen Schrecken, als er sie im Wald entdeckt hatte – was half das, wenn es so schnell wieder verflog!

Am nächsten Tag, der doch ein Sonntag war, zeigte sich Isak noch durchaus nicht versöhnt, er wanderte draußen umher, sah nach seinem Sägewerk und seiner Mühle und betrachtete seine Felder, teils mit den Kindern, teils allein. Als Inger sich einmal anzuschließen versuchte, ging Isak gleich seines Wegs und sagte: Ich muß an den Fluß hinauf und nach etwas sehen. Irgend etwas nagte offenbar an ihm, aber er trug es in der Stille und donnerte nicht los. O, Isak war ein Großer, zum Beispiel Israel, dem das gelobte Land wohl verheißen war, der jedoch darum betrogen worden war, aber dennoch gläubig blieb.

Am Montag war die Stimmung bedeutend leichter, und als die Tage vergingen, begann der ärgerliche Eindruck von jener Nacht sich allmählich zu verwischen. Die Zeit macht gar vieles wieder gut, mit Spucke und Lappen, mit Schlaf und Essen heilt sie alle Wunden. Isak war nicht zum schlimmsten dabei gefahren, er hatte nicht einmal Gewißheit, ob ihm Unrecht angetan worden war, außerdem hatte er an vieles andre zu denken, denn jetzt fing die Ernte an. Und schließlich war ja die Telegraphenlinie bald fertig, dann würde es wohl wieder ruhig auf dem Hof werden. Eine breite helle Straße zog sich nun durch den Laubwald hin, in ihrer Mitte standen die Stangen mit Drähten bis ganz hinauf aufs Gebirge.

Am nächsten Samstag, an dem die letzte Lohnauszahlung stattfand, richtete es Isak so ein, daß er von zu Hause abwesend war; er wollte es selbst so. Er ging mit Butter und Käse ins Dorf hinunter und kam erst in der Nacht zum Montag wieder zurück. Die Arbeiter hatten da alle miteinander die Scheune verlassen, beinahe alle, der letzte Mann schwankte mit einem Sack auf dem Rücken eben zum Hof hinaus, beinahe der letzte Mann. Daß es doch noch nicht ganz sicher war, erriet Isak an einer Eßkiste, die noch in der Scheune stand; wo der Eigentümer war, wußte er nicht, wollte es auch nicht wissen, aber eine Schildmütze lag als anstößiger Beweis auf der Eßkiste.

Isak schleuderte die Eßkiste auf den Hofplatz hinaus, und die Mütze flog hinterdrein, dann schloß er die Scheune ab, ging in den Stall und guckte durchs Fenster hinaus. Mag die Kiste da stehen und die Mütze da liegen bleiben, dachte er wohl; es ist mir einerlei, wem sie gehören, es ist eine schlechte Kiste, und ich verachte sie, dachte er wohl. Aber wenn er jetzt seine Eßkiste holen will, dann wird Isak hinausgehen und ihn ein wenig am Arm nehmen, daß er blau und grün wird. Und wo der Weg zum Hof hinausgeht, das soll er auch erfahren!

Damit verließ Isak das Fenster im Pferdestall und ging zu den Kühen hinein und sah von dort aus zum Fenster hinaus und fand keine Ruhe. Die Kiste war mit einem Strick zusammengeschnürt, der jämmerliche Kerl hatte nicht einmal ein Schloß daran; der Strick war aufgegangen – hatte Isak wohl die Kiste zu fest angepackt? Woher es auch kommen mochte, aber Isak war nicht mehr so ganz sicher, ob er auch recht gehandelt habe. Bei seinem Gang durchs Dorf hatte er nach seinem neuen Reolpflug, gefragt, einem besonders starken zum Umroden von Ödland, den er bestellt hatte, o, eine ausgezeichnete Maschine, eine Gottesgabe, ja und diese war eben angekommen! Da war es ihm gewesen, als komme Segen mit ihr in sein Haus. Die höhere Macht, die die Schritte der Menschen lenkt, war vielleicht jetzt nahe und sah ihm zu, ob er Segen verdiene oder nicht; Isak war immer mit den höheren Mächten beschäftigt, ja in einer Herbstnacht hatte er im Walde draußen Gott mit eigenen Augen gesehen; das war vor allem ein merkwürdiger Anblick gewesen.

Isak ging auf den Hofplatz hinaus und blieb bei der fremden Kiste stehen. Noch überlegte er, ja er schob seinen Hut schief und kratzte sich am Kopfe, dabei sah er ganz keck und flott aus, wie ein Spanier sah er aus. Aber dann mußte er ungefähr so gedacht haben: Ach, da stehe ich und bin weit davon entfernt, ein prächtiger, ausgezeichneter Mensch zu sein, ich bin ein Hund! Dann schnürte er den Strick um die Kiste fest zu, hob die Mütze auf und trug beides wieder in die Scheune hinein. Nun war es getan.

Als er wieder aus der Scheune heraustrat und sich nach der Mühle wandte, weg von seinem Hause, weg von allem, da stand Inger nicht am Fenster, nein. Nun wohl, mag sie stehen, wo sie will, übrigens war sie wohl in ihrem Bett, wo hätte sie sonst sein sollen? Aber in den alten Tagen, in den ersten unschuldigen Jahren auf der Ansiedelung, da hatte Inger keine Ruhe gehabt, sondern war aufgeblieben und hatte auf ihn gewartet, wenn er auf dem Heimweg vom Dorfe war. Das war jetzt anders geworden, alles war anders geworden. Auch als er ihr den Ring gab – ach, hätte etwas mehr mißglückt sein können? Isak war übermäßig bescheiden gewesen und weit entfernt, von einem echt goldenen Ring zu sprechen. Es ist nichts Besonderes, hatte er gesagt, steck ihn einmal an den Finger und probier, ob er dir paßt. – Ist das Gold? fragte sie. Ja, aber er ist nicht sehr breit, versetzte er. – Doch! hätte sie erwidern sollen, sie sagte indes: Nein, aber gerade recht. – Du kannst ihn ja jetzt behalten, wie sonst eine Kleinigkeit, sagte er schließlich niedergeschlagen.

Aber Inger war doch dankbar für den Ring, sie trug ihn an der rechten Hand und ließ ihn funkeln, wenn sie nähte; ab und zu durften ihn die Mädchen anprobieren und ihn eine Weile am Finger behalten, wenn sie bei ihr waren und sie wegen eines neuen Kleides um Rat fragten. Begriff denn Isak nicht, daß sie ungeheuer stolz auf den Ring war! ...

Aber es war sehr einsam, da in der Mühle zu sitzen und die ganze lange Nacht dem Brausen des Sturzbaches zuzuhören. Isak hatte nichts Unrechtes getan und brauchte sich nicht zu verstecken, er ging also von der Mühle fort, heimwärts, in sein Haus. –

Und nun wurde Isak ganz beschämt, wahrlich beschämt und froh. Brede Olsen saß da, der Nachbar, niemand anderer, er saß da und trank Kaffee. Ja, Inger war auf, die beiden saßen nur beieinander und tranken Kaffee. Da ist Isak! sagte Inger in freundlichem Ton, indem sie aufstand und ihm auch eine Schale Kaffee einschenkte. Guten Abend! sagte Brede ebenso freundlich.

Isak merkte wohl, daß Brede bei dem Abschiedsfest der Telegraphenarbeiter mit dabei gewesen war; er sah übernächtig aus, aber das tat nichts, er war fröhlich und freundlich. Natürlich tat er ein wenig groß: Eigentlich habe er keine Zeit zu dieser Telegraphenarbeit, denn er habe ja seinen Hof, aber er habe nicht nein sagen können, der Ingenieur sei so sehr in ihn gedrungen. Und dann habe es ja auch dazu geführt, daß Brede nun die Inspektorstelle über die Linie übernehmen müsse. Es sei nicht wegen der Bezahlung, sagte Brede, er könnte im Dorf drunten viel mehr verdienen, aber er habe nicht ungefällig sein wollen. Nun habe man ihm eine kleine glänzende Maschine an der Wand angebracht, die sei ganz unterhaltend, fast ein Telegraph selbst.

Isak konnte mit dem besten Willen über diesen Prahlhans und Faulpelz nicht böse sein, dafür fühlte er sich zu erleichtert, als er an diesem Abend anstatt eines Fremden seinen Nachbarn in seinem Hause vorfand. Isak hatte das Gleichgewicht des Bauern, dessen einfache Gefühle, dessen Handfestigkeit, dessen Langsamkeit; er stimmte Brede zu und nickte zu seiner Oberflächlichkeit.

Hast du nicht noch eine Schale Kaffee für Brede? fragte er Inger. Und Inger schenkte ein.

Übrigens erzählte Inger, der Ingenieur sei ein ganz ausgezeichnet freundlicher Herr. Er habe sich die Zeichnungen und das Geschriebene der Kinder angesehen und habe dann gesagt, er wolle Eleseus zu sich nehmen. – Zu sich nehmen? fragte Isak. – Ja, mit in die Stadt. Er solle für ihn schreiben, solle Schreiber auf seinem Bureau werden, so sehr hätten ihm Eleseus Zeichnungen und das Geschriebene gefallen. – So, sagte Isak. – Ja, was meinst du dazu? Er will ihn auch dort konfirmieren lassen. Das sind doch schöne Aussichten, nicht wahr? – Das meine ich auch, sagte Brede. Und soweit kenne ich den Ingenieur, wenn der schon so etwas sagt, dann meint er es auch. – Wir haben hier auf der Ansiedlung keinen Eleseus, den wir entbehren könnten, sagte Isak.

Nach diesen Worten wurde es eine Weile ganz still und unbehaglich in der Stube. Natürlich war Isak nicht der Mann, mit dem sich reden ließ. – Wenn nun aber der Junge selbst vorwärts kommen will und wenn er das Genie hat, etwas Rechtes zu werden! sagte Inger schließlich. – Wieder Stille. Doch nun sagte Brede lächelnd: Wenn doch der Ingenieur eines von meinen Kindern nehmen wollte! Ich habe genug Kinder. Aber das älteste ist die Barbro, und das ist ein Mädchen. – Ja ja, die Barbro ist recht und gut, sagte Inger, um höflich zu sein. – O ja, daran fehlt es nicht, stimmte Brede bei, die Barbro ist ein tüchtiges Mädchen, sie kommt jetzt zum Lensmann in Dienst. – Zum Lensmann? – Ja, ich habe es durchaus versprechen müssen. Die Frau Lensmann hat mir gar keine Ruhe gelassen.

Es war jetzt schon gegen Morgen, und Brede rüstete sich zum Aufbruch. – Ich habe noch meine Mütze und meine Eßkiste in eurer Scheune stehen, sagte er. Wenn nicht etwa die Burschen alles miteinander mitgenommen haben, fügte er scherzhaft hinzu.

14

Und die Zeit verging.

Ja, natürlich kam Eleseus in die Stadt, Inger setzte es durch. Nachdem er ein Jahr dort gewesen war, wurde er konfirmiert, dann blieb er fest auf dem Bureau des Ingenieurs und wurde immer tüchtiger im Schreiben. O, was waren das für Briefe, die er heimschickte, bisweilen mit roter und blauer Tinte geschrieben, die reinen Gemälde! Und wie die Sprache darin, die Sätze! Ab und zu bat Eleseus um Geld, bat um Unterstützung: er brauchte Geld zu einer Taschenuhr samt Kette, damit er am Morgen nicht zu lange schlief; dann zu einer Pfeife und Tabak, wie es die andern jungen Schreiber in der Stadt hatten, dann zu etwas, das er Taschengeld nannte, dann zu etwas, das Abendschule hieß, wo er Zeichnen und Turnen und andere für seinen Stand und seine Stellung notwendige Dinge lernte. Alles in allem war Eleseus in einer Stellung in der Stadt nicht billig zu haben.

Taschengeld? fragte Isak. Ist das Geld, das man in der Tasche hat? – Ja, das muß wohl so sein, man tut es wohl, damit man nicht ganz leer daherkommt. Und es ist ja gar nicht so viel, ein Taler ab und zu. – Ganz richtig, ein Taler hier und ein Taler dort, antwortete Isak zornig. Aber er war zornig, weil Eleseus ihm fehlte und er ihn daheim haben wollte. Aber schließlich werden es viele Taler, fuhr er fort. Ich kann das nicht leisten, du mußt ihm schreiben, daß er nichts mehr bekommt. – So, na ja, sagte Inger beleidigt. – Der Sivert, was bekommt denn der als Taschengeld? fragte Isak.– Inger erwiderte: Du bist nie in einer Stadt gewesen und verstehst das nicht, der Sivert braucht kein Taschengeld. Und im übrigen kommt der Sivert nicht zu kurz, wenn sein Oheim Sivert einmal stirbt. – Das weißt du nicht. – Doch, das weiß ich.

Und das war gewissermaßen richtig, der Oheim Sivert hatte sich dahin ausgesprochen, daß Klein-Sivert ihn beerben solle. Oheim Sivert hatte an Eleseus' Prahlerei und Vornehmtuerei in der Stadt Anstoß genommen, er hatte genickt und die Lippen zusammen gekniffen und gesagt, ein Schwestersohn, der nach ihm genannt sei – nach dem Oheim Sivert – brauche keineswegs zu verhungern. Aber was besaß der Oheim Sivert wohl? Besaß er neben seinem vernachlässigten Hof und seinem Bootsschuppen auch noch einen so großen Haufen Geld, wie man allgemein annahm? Niemand wußte es. Und dazu kam noch, daß Oheim Sivert ein eigensinniger Mensch war, er verlangte, Klein-Sivert solle zu ihm kommen und bei ihm bleiben. Oheim Sivert betrachtete das als Ehrensache: er wollte Klein-Sivert zu sich nehmen, wie der Ingenieur Eleseus zu sich genommen hatte. Aber wie sollte Klein-Sivert von zu Hause wegkommen? Das war unmöglich. Er war des Vaters einzige Hilfe. Außerdem hatte der Junge auch keine große Lust, zu dem Oheim zu gehen, dem berühmten Bezirkskassierer, er war schon einmal dort gewesen, aber dann lieber wieder heimgegangen. Er war jetzt konfirmiert, reckte und streckte sich und wuchs heran, feiner Flaum sproßte ihm auf den Wangen, und er hatte starke Hände mit Schwielen daran. Er schaffte wie ein Mann.

Isak hätte ohne Siverts Hilfe niemals die neue Scheune aufrichten können, aber jetzt stand sie mit der Einfahrtsbrücke und den Luken und allem ebensogroß da wie die Pfarrscheune selbst. Natürlich war sie nur aus Fachwerk mit Bretterverschalung, aber besonders solid gebaut mit eisernen Klammern an den Ecken und mit zolldicken Brettern aus der eigenen Sägemühle verschalt. Ja, und da hatte Klein-Sivert mehr als einen Nagel eingeschlagen und hatte die schweren Balken fürs Sparrenwerk aufgehoben, daß er fast darunter umgesunken war. Sivert verstand sich ausgezeichnet mit seinem Vater und arbeitete ständig an seiner Seite, er war von des Vaters Art. Und er war nicht so fein und so verwöhnt, sondern ging nur jedesmal, ehe er sich auf den Weg zur Kirche machte, auf die Halde hinauf und rieb sich mit ein wenig Rainfarn ab, um einen guten Geruch an sich zu haben. Da fing wahrlich die kleine Leopoldine an, größere Ansprüche zu machen, was man ja auch nicht anders erwarten konnte, da sie ein Mädchen und dazu die einzige Tochter war. Jetzt im Sommer hatte sie ihre abendliche Grütze nicht ohne Sirup darauf essen können, nein, das gewann sie nicht über sich. Und sie leistete auch nicht viel bei der Arbeit.

Inger hatte den Gedanken an ein Dienstmädchen nicht aufgegeben, und jeden Frühling hatte sie aufs neue davon angefangen, aber jedesmal war Isak unnachgiebig geblieben. Wie viel mehr Kleider hätte sie zuschneiden können, wieviel mehr nähen und feine Stoffe weben und gestickte Pantoffeln fertig bringen, wenn sie Zeit gehabt hätte! Aber eigentlich zeigte sich Isak gar nicht mehr so unnachgiebig wie früher, wenn er auch noch brummte. Hoho, beim erstenmal hatte er eine lange Rede gehalten, nicht aus Rechtsgefühl und Verständigkeit, auch nicht aus Hochmut, sondern leider nur aus Schwäche, aus Wut. Aber jetzt war es, als habe er etwas nachgegeben und als schäme er sich.

Wenn ich Hilfe im Haus haben soll, so ist jetzt die Zeit dazu, sagte Inger. Denn später ist Leopoldine größer und kann dies und jenes tun. – Hilfe? fragte Isak, wobei sollst du dir denn helfen lassen? – Wobei ich mir helfen lassen will? Läßt du dir etwa nicht helfen? Wozu ist denn Sivert da?

Was sollte Isak auf solchen Unverstand entgegnen? Er sagte: Ja ja, wenn du eine Magd bekommst, dann werdet ihr wohl pflügen und ernten und den Hof besorgen. Dann können Sivert und ich unserer Wege gehen. Wie das auch sein mag, entgegnete Inger, jedenfalls könnte ich jetzt Barbro als Magd bekommen, sie hat ihrem Vater darüber geschrieben. – Welche Barbro? fragte Isak. Etwa Bredes Barbro? – Ja, sie ist in Bergen. – Bredes Barbro will ich nicht hier in meinem Hause haben, sagte er. Wen du auch sonst nehmen magst, fügte er hinzu.

Er wies also nicht jede andere zurück.

Seht, in Barbro von Breidablick hatte Isak kein Vertrauen; sie war unbeständig und oberflächlich wie der Vater – vielleicht auch wie die Mutter – war flüchtigen Sinnes, ohne Ausdauer. Beim Lensmann war sie nicht lange geblieben, nur ein Jahr, als sie dann konfirmiert war, kam sie zum Kaufmann, blieb aber auch da nur ein Jahr. Dann war sie erweckt und fromm geworden, und als die Heilsarmee ins Dorf kam, trat sie in diese ein, bekam eine rote Binde um den Arm und eine Gitarre in die Hände. In dieser Ausstaffierung reiste sie auf der Jacht des Kaufmanns nach Bergen. Das war im vorigen Jahr gewesen, und jetzt eben hatte sie ihre Photographie heim nach Breidablick geschickt; Isak hatte sie gesehen: ein fremdes Fräulein mit gekräuseltem Haar und einer langen Uhrkette über die Brust herunter. Die Eltern waren stolz auf ihre kleine Barbro und zeigten das Bild jedem, der an Breidablick vorbeikam; es war großartig, wie sie sich herausgemacht hatte, und sie hatte keine rote Binde mehr um den Arm und keine Gitarre mehr in den Händen.

Ich habe es mitgenommen und es der Frau des Lensmanns gezeigt, die erkannte sie gar nicht wieder, sagte Brede. – Bleibt sie in Bergen? fragte Isak mißtrauisch. – Sie bleibt in Bergen, solange sie dort ihr Brot verdient, antwortete Brede. Wenn sie nicht lieber nach Christiania reist, setzte er hinzu. Was soll sie hier daheim! Sie hat jetzt eine neue Stelle, ist Haushälterin bei zwei Junggesellen, feinen Kontorherrn. Und was sie für einen großen Lohn hat! – Wieviel? fragte Isak. Das gibt sie in ihrem Brief nicht genau an. Aber daß er etwas Ungeheueres ist gegen hier im Dorf, das merke ich daran, daß sie Weihnachtsgeschenke und viele andere Geschenke bekommen hat, ohne daß am Lohn etwas abgezogen worden wäre. – So, sagte Isak. – Ja, du möchtest sie wohl nicht als Magd haben? fragte Brede. – Ich? entfuhr es Isak. – Nein, hehe, ich hab nur so gefragt. Denn die Barbro soll nur bleiben, wo sie ist. Aber was ich sagen wollte: Du hast nichts Besonderes am Telegraphen droben bemerkt? – Am Telegraphen? Nein. – Ach nein, es ist nicht oft etwas in Unordnung daran, seit ich ihn übernommen habe. Und dann habe ich ja meine eigene Maschine an der Wand, die mir's anzeigt, wenn etwas daran fehlt. In den nächsten Tagen muß ich aber einmal die Linie abschreiten und nachsehen. Ich habe eben viel zu viel zu tun und zu besorgen, ein einziger Mann kann das nicht alles leisten. Aber da ich nun einmal Inspektor hier bin und dies öffentliche Amt habe, muß ich ihm eben auch nachkommen, so lange ich es habe. – Isak fragte: Du denkst doch nicht daran, es aufzugeben? – Ich weiß nicht, antwortete Brede, ich bin noch nicht entschlossen. Aber man läßt mir keine Ruhe, ich soll wieder ins Dorf hinunterkommen. – Wer läßt dir keine Ruhe? fragte Isak. – Alle miteinander. Der Lensmann möchte mich wieder als Gerichtsdiener, dem Doktor fehle ich zum Überlandfahren, und die Frau Pfarrer hätte mich schon mehr als einmal zur Hilfe haben wollen, wenn nur nicht der Weg so weit wäre. Nun, wie war es denn, Isak, hast du wirklich so viel Geld für deinen Berg bekommen? – Ja, das ist nicht gelogen, antwortete Isak. – Aber was wollte denn der Geißler damit? Nun liegt er da. Das ist doch etwas Merkwürdiges. Jetzt ist ein Jahr ums andere darüber hingegangen. – Isak hatte selbst oft über dieses Rätsel nachgegrübelt, er hatte auch mit dem Lensmann darüber geredet, hatte nach Geißlers Adresse gefragt, um ihm zu schreiben. Gewiß war die Sache merkwürdig. – Ich weiß nichts, sagte Isak.

Brede verbarg nicht, daß ihn dieser Handel mit dem Berg sehr interessiere: Es heißt, es seien noch mehrere Berge wie die deinigen droben in der Allmende, sagte er; da können große Dinge drin sein, wir aber gehen hier herum wie die stummen Tiere und sehen es nicht. Ich habe mich nun entschlossen, an einem Tag einmal hinaufzugehen und da zu untersuchen. – Ach so, du versteht dich auf Felsen und Gesteinsarten? fragte Isak. – Ja, ein wenig schon, und ich habe auch andere darüber befragt. Und wie es auch sein mag, so muß ich irgend etwas für mich finden, ich kann mit all den Meinen nicht von dem Hofe hier leben. Zum Kuckuck, das ist einfach unmöglich. Bei dir ist es ganz anders, du hast lauter Wald und guten Ackerboden. Bei mir ist nichts als Moor. – Moor ist guter Boden, sagte Isak kurz. Ich habe selbst Moor. – Es ist ganz unmöglich, es auszutrocknen, erwiderte Brede ...

Aber es war nicht unmöglich, das Moor auszutrocknen. Als Isak an diesem Tag weiter hinunter kam, stieß er auf neue Ansiedlungen. Zwei lagen weiter unten, dem Dorfe zu, aber eine war hoch droben zwischen Dreidablick und Sellanraa – o es wurde allmählich im Ödland gearbeitet, in Isaks erster Zeit lag es ganz menschenleer da. Und diese drei Ansiedler waren von auswärts, es schienen Leute mit Verstand zu sein; das erste, was sie taten, war nicht, Geld aufzunehmen und sich ein Haus zu bauen, sie kamen in einem Jahr her, zogen Gräben und verschwanden wieder, genau wie wenn sie gestorben wären. Das war die richtige Art: Gräben ziehen, pflügen, säen. Axel Ström war jetzt Isaks nächster Nachbar, ein tüchtiger Mann, Junggeselle, von Geburt ein Helgeländer; er hatte Isaks neuen Reolpflug entlehnt, um seinen Moorboden damit umzupflügen, und erst im zweiten Jahr hatte er sich einen Heuschuppen und eine Gamme errichtet und sich ein paar Stück Vieh angeschafft. Sein Besitztum hieß Maaneland, Mondland, weil der Mond so schön darauf schien. Er hatte keine eigene Frauensperson zur Hilfe, und Hilfe im Sommer war an diesem abgelegenen Ort nur schwer zu haben, aber wie er seine Arbeit einteilte und ausführte, das war ganz und gar die richtige Art. Oder hätte er etwa wie Brede zuerst ein Haus bauen und dann mit seiner Familie und vielen kleinen Kindern ins Ödland kommen sollen, ohne Vieh oder Äcker, von denen er leben konnte? Was verstand Brede Olsen vom Entwässern des Moores oder Urbarmachen des Ödlandes?

Brede Olsen verstand es, die Zeit mit Lappalien zu vergeuden; da kam er wirklich eines Tages an Sellanraa vorüber und wollte hinauf auf die Berge, um nach edlen Metallen zu suchen! Am Abend kehrte er zurück, hatte aber nichts Bestimmtes gefunden. Nur ein paar Anzeichen, sagte er und nickte dazu. Er wollte den Gang bald noch einmal machen und wollte auch die Berge nach Schweden zu untersuchen.

Und ganz richtig, Brede kam wieder. Er hatte wohl Geschmack daran gewonnen, er schob es auf die Telegraphenlinie, er müsse sie nachsehen. Indessen versorgten Frau und Kinder den Hof daheim oder ließen alles ungetan liegen. Isak bekam Bredes Besuche bald satt, und er ging aus dem Hause, wenn er kam. Dann schwätzten Inger und Brede herzlich miteinander. Was konnten sie nur zu schwätzen haben? O, Brede war oft im Dorf drunten und wußte immer etwas Neues von den Großen dort, Inger aber hatte ihrerseits ihre berühmte Reise nach Drontheim und ihren Aufenthalt, von dem sie erzählen konnte. In den Jahren, die sie fortgewesen war, hatte sie schwätzen gelernt, sie fing mit jedermann gleich eine Unterhaltung an. Nein, sie war nicht mehr dieselbe treuherzige, rechtschaffene Inger von früher.

Immer noch kamen Frauen und Mädchen nach Sellanraa, um sich Kleider zuschneiden oder im Handumdrehen wohl auch einen langen Saum auf der Maschine nähen zu lassen, und Inger unterhielt sie gut dabei. Auch Oline kam wieder, sie konnte es wahrscheinlich nicht aushalten, wegzubleiben, denn sie kam sowohl im Frühjahr als im Herbst, aalglatt, butterweich und falsch. – Ich mußte einmal sehen, wie es bei euch steht, sagte sie jedesmal. Und ich habe so Heimweh nach den kleinen Knaben, sagte sie, ich habe sie so in mein Herz geschlossen, die lieben Engel, die sie damals waren. Ja, ja, jetzt sind es große Burschen, aber es ist ganz merkwürdig, ich muß immer daran denken, wie sie noch so klein waren und ich für sie zu sorgen hatte. Und ihr baut und baut und macht den Hof zu einer ganzen Stadt. Werdet ihr auch eine Glocke auf dem neuen Scheunendach anbringen, gerade wie im Pfarrhaus?

Als Oline wieder einmal aus Sellanraa ankam, brachte sie eine andere Frau mit, und die beiden Frauen und Inger hatten nun einen guten Tag zusammen. Je mehr Menschen Inger um sich herumsitzen hatte, desto besser und desto schneller hantierte sie mit der Schere und nähte auf der Maschine; sie tat groß, schwang ihre Schere oder das Plätteisen. Das erinnerte sie an die Zeit in der Anstalt, wo sie so viele gewesen waren. Inger verbarg durchaus nicht, wo sie ihre Kunst und ihr Wissen her hatte, von Drontheim hatte sie's. Es war, als habe sie nicht auf gewöhnliche Weise dort eine Strafe abgesessen, sondern als sei sie in der Lehre gewesen: Schneidern, Weben, Färben und Schreiben, in all dem hatte sie Unterricht in Drontheim gehabt. Von der Anstalt redete sie mit einem gewissen Heimatgefühl, es waren so viele Leute dagewesen: Vorsteher und Aufsichtsbeamte und Wächter; als sie damals wieder heimgekommen war, sei es sehr einsam für sie gewesen, und es sei ihr überaus hart gefallen, sich von dem Gesellschaftsleben, an das sie nun gewohnt gewesen, zurückzuziehen. Sie tat sogar, als habe sie sich erkältet, weil sie in der rauhen Luft draußen gewesen war, ja, noch jahrelang nach ihrer Rückkehr sei es ihr nicht gut bekommen, in Wind und Wetter draußen zu sein. Zu der Arbeit außer dem Hause müßte sie eigentlich eine Magd haben. – Ja, aber Herrgott im Himmel, sagte Oline, du mit deiner Gelehrsamkeit und mit deinem großen Haus, du müßtest doch eine Magd halten können!

Es war recht angenehm, auf Verständnis zu stoßen, und Inger widersprach Oline nicht. Sie rasselte mit ihrer Maschine, daß es dröhnte, und ließ den Ring an ihrem Finger funkeln.

Nun siehst du selbst, sagte Oline zu der andern Frau, ist es nicht wahr, daß Inger einen goldenen Ring bekommen hat? – Wollt ihr ihn sehen? fragte Inger und zog ihn ab. Oline griff danach, sie schien nicht ganz sicher zu sein und untersuchte den Ring wie ein Affe eine Nuß untersucht: sah auch nach dem Stempel: Ja, es ist, wie ich sagte, diese Inger mit all ihrem Reichtum und all ihren Mitteln. – Die andere Frau nahm den Ring mit Ehrfurcht in die Hand und lächelte demütig. – Du darfst ihn eine Weile anbehalten, sagte Inger. Steck ihn nur an, er geht nicht entzwei!

Und Inger war freundlich und gutherzig. Sie erzählte von der Domkirche in Drontheim und begann: Ihr habt wohl die Domkirche in Drontheim nicht gesehen? Nein, ihr seid ja nicht in Drontheim gewesen! Diese Domkirche war gleichsam Ingers eigene Domkirche; sie verteidigte sie, prahlte mit ihr, gab Höhe und Breite an, sie sei wie ein Märchen! Sieben Pfarrer predigten gleichzeitig in ihr und hörten doch nichts voneinander. Dann habt ihr wohl den Brunnen des Heiligen Olaf auch nicht gesehen? Er liegt mitten in der Domkirche auf der einen Seite, und dieser Brunnen ist grundlos. Als wir da hingingen, hatten wir einen Stein mitgenommen, und den ließen wir hineinfallen, aber er erreichte den Grund nicht. – Er erreichte den Grund nicht! flüsterten die Frauen und schüttelten die Köpfe. – Aber außerdem sind noch tausend andere Dinge in der Domkirche! rief Inger entzückt aus. Da ist nun der silberne Schrein, das ist der Schrein von Sankt Olaf dem Heiligen, ihm gehört er. Aber die Marmorkirche, die eine kleine Kirche ganz und gar aus Marmor war, aber diese Kirche, die haben uns die Dänen im Krieg genommen ...

Die Frauen mußten aufbrechen. Oline zog Inger auf die Seite und mit sich in die Vorratskammer hinein, wo, wie sie wußte, die Käse lagen, und machte die Tür hinter sich zu. – Was willst du von mir? fragte Inger. – Oline flüsterte: Der Os-Anders wagt nicht mehr hierherzukommen. Ich habe es ihm gesagt. – Ach so, sagte Inger. – Ich habe ihm gesagt, er solle es nur wagen, nach dem, was er dir angetan hat! – Ja ja, sagte Inger. Aber er ist seither mehrere Male hier gewesen, und im übrigen kann er gerne kommen, ich fürchte mich nicht vor ihm! – Nein, sagte Oline, aber ich weiß, was ich weiß, und wenn du es willst, werde ich ihn anzeigen. – So, sagte Inger, nein, das sollst du nicht tun.

Aber es war ihr nicht widerwärtig, daß Oline auf ihrer Seite stand; es kostete sie zwar einen kleinen Ziegenkäse, aber Oline bedankte sich großartig dafür. Es ist, wie ich sage und immer gesagt habe. Inger besinnt sich nicht lange, wenn sie gibt, dann gebraucht sie beide Hände. Nein, du hast keine Angst vor Os-Anders, aber ich habe ihm nun verboten, dir je wieder unter die Augen zu kommen. Das war das mindeste, was ich für dich tun konnte. – Da sagte Inger: Was kann es mir ausmachen, wenn er kommt, mir kann er nicht mehr schaden. – Oline spitzte die Ohren: So, hast du ein Mittel dagegen erfahren – Ich bekomme keine Kinder mehr, sagte Inger.

Da standen sie ja auf gleichem Fuß und hatten beide gleich gute Trümpfe. Oline wußte ja, daß der Lappe Os-Anders vorgestern gestorben war ...

Warum sollte Inger keine Kinder mehr bekommen? Sie lebte nicht in Feindschaft mit ihrem Mann, sie waren nicht wie Hund und Katze, weit entfernt! Alle beide hatten ihre Eigenheiten, aber sie stritten sich selten und nie lange, nachher war alles wieder gut. Oftmals konnte auch Inger wieder wie in den alten Tagen sein und im Stall und auf den Feldern große Arbeit leisten, es war, als ginge sie da in sich und bekomme gesunde Rückfälle. Dann sah Isak seine Frau mit dankbaren Augen an, und wenn er zu denen gehört hätte, die sich gleich aussprechen, würde er wohl gesagt haben: Was? Hm! Was machst du für einen Spaß! oder etwas anderes Anerkennendes. Allein er schwieg zu lange, und sein Lob kam zu spät. Aber auf diese Weise machte es Inger keine Freude, und es lag nichts daran, ständig tüchtig zu sein.

Sie hätte über fünfzig Jahre alt sein und noch Kinder bekommen können, aber so wie sie aussah, sich drehte und wendete, war sie vielleicht nicht einmal vierzig. Alles hatte sie in der Anstalt gelernt – hatte sie wohl auch einige Kunstgriffe für ihre Person gelernt? Außerordentlich wohlüberlegt und wohlunterrichtet kehrte sie von dem Umgang mit den andern Mörderinnen heim, vielleicht hatte sie auch dies und jenes von den Herren gehört, von den Aufsehern, den Ärzten? Einmal erzählte sie Isak, ein junger Mediziner habe über ihr ganzes Verbrechen gesagt: Warum sollte man jemand strafen, wenn er Kinder umbringt, ja sogar gesunde Kinder, sogar wohlgestaltete? Die sind ja doch nichts anderes als Fleischklumpen. – Isak erwiderte: War er denn ein Untier? – Er! rief Inger, und dann erzählte sie, wie gut er gegen sie gewesen sei, gegen sie, Inger selbst, er gerade habe ja einen andern Arzt veranlaßt, ihren Mund zu operieren und sie zu einem Menschen zu machen. Ja, jetzt habe sie nur eine Narbe.

Ja, jetzt hatte sie nur eine Narbe, und sie war eine recht hübsche Frau geworden, groß, ohne Fettansatz, mit bräunlicher Haut und dichtem Haarwuchs. Im Sommer ging sie meist barfuß und hoch aufgeschürzt mit freimütigen Beinen. Isak sah sie, wer sah sie nicht!

Sie stritten sich nicht, nein, Isak hatte nicht die Gabe dazu, und seine Frau war jetzt viel mundfertiger geworden. Zu einem guten gründlichen Streit brauchte dieser Klotz, dieser Mühlengeist Zeit, er verwirrte sich in ihren Worten und brachte nicht viel heraus, und außerdem hatte er auch ein Herz für sie, eine kräftige Liebe. Er brauchte sich auch gar nicht oft zu verteidigen, Inger griff ihn nicht an, er war in vieler Beziehung ein ausgezeichneter Mann, und Inger ließ ihn ungerügt. Worüber hätte sie sich beklagen sollen? Wahrlich, Isak war nicht zu verachten, sie hätte einen schlimmeren Mann bekommen können. War er alt geworden, abgerackert? Freilich hatte sie Anzeichen von Müdigkeit an ihm bemerkt, aber nicht so, daß es etwas ausgemacht hätte. Er war, sozusagen, erfüllt von alter Gesundheit und Unverbrauchtheit ebenso wie sie, und im Nachsommer ihrer Ehe leistete er seinen Teil an Zärtlichkeit mindestens ebenso warm wie sie.

Aber eine besondere Pracht oder Schönheit war keineswegs an ihm. Nein, darin war Inger ihm überlegen. Bisweilen dachte sie wohl auch, sie habe schon Schöneres gesehen, Männer in feinen Kleidern und mit Spazierstöcken. Herren mit Taschentüchern und gestärkten Kragen, o diese Stadtherren! Deshalb behandelte sie Isak auch nur als den, der er war, sozusagen nur nach Verdienst, nicht besser: er war ein Ansiedler im Walde; wäre ihr Mund von jeher recht gewesen, so hätte sie ihn nie genommen, das wußte sie jetzt. Nein, dann hätte sie einen andern kriegen können. Diese Heimat, die ihr geworden war, dieses ganze öde Dasein, das ihr Isak bereitet hatte, war im Grunde genommen recht mäßig; jedenfalls hätte sie drunten in ihrer Heimatgemeinde verheiratet sein und Gesellschaft und Umgang genug haben können, anstatt hier oben im Ödland eine Hexe zu werden. Hier paßte sie nicht mehr her, sie hatte jetzt andere Anschauungen.

War es nicht merkwürdig, wie sich die Ansichten ändern konnten! Es gelang Inger nicht mehr, sich über ein besonders schönes Kalb zu freuen, oder die Hände vor Verwunderung zusammenschlagen, wenn Isak mit einer recht großen Beute vom Fischfang heimkam, nein, sie hatte sechs Jahre lang in größeren Verhältnissen gelebt. Ja, so ganz allmählich waren auch die Tage vorüber, wo sie ihn freundlich und liebreich zu den Mahlzeiten hereinrief. Jetzt sagte sie: Kommst du denn nicht zum Essen? War das eine Art! Zuerst wunderte er sich ein wenig über diese Veränderung, über eine so verdammt verdrießliche und unhöfliche Art, und er erwiderte: Ich habe nicht gewußt, daß das Essen fertig ist. – Aber als sie behauptete, er müsse das doch einigermaßen nach dem Stand der Sonne wissen, hörte er auf, etwas zu entgegnen und noch ein Wort darüber zu verlieren.

O, aber einmal, da ertappte er sie und griff tüchtig zu! Das war, als sie ihm Geld stehlen wollte. Nicht weil er selbst so sehr aufs Geld aus gewesen wäre, sondern weil es durchaus und ganz allein ihm gehörte. Hoho, da hätte sie fürs ganze Leben einen Leibschaden davontragen können! Und doch war Inger da nicht ganz verworfen und gottvergessen gewesen; Eleseus sollte ja das Geld haben, der liebe Eleseus in der Stadt, der wieder um einen Taler gebeten hatte. Sollte er da zwischen all den andern feinen Leuten mit leeren Taschen umhergehen müssen! Hatte sie nicht ein Mutterherz? Sie hatte Geld von Isak verlangt, und da dies nicht half, hatte sie selbst zugegriffen. Woher es nun aber kommen mochte, ob Isak ihr mißtraute oder ob es ein Zufall war – der böse Streich wurde jedenfalls gleich entdeckt, und in demselben Augenblick fühlte sich Inger an beiden Armen gefaßt; sie fühlte, daß sie zuerst in die Höhe gehoben und dann schwer auf den Boden gestoßen wurde. Das war etwas Ungewöhnliches, eine Art Bergsturz. O da waren Isaks Hände nicht abgeschafft und müde! Inger stöhnte laut auf, ihr Kopf sank nach hinten, sie zitterte und streckte ihm den Taler hin.

Auch jetzt sprach sich Isak nicht weiter aus, obgleich Inger ihn nicht daran hinderte, zu Wort zu kommen, er stieß eigentlich nur schnaufend hervor: Prügel gehören dir, sonst kann man dich nicht mehr im Zaum halten!

Er war nicht wiederzuerkennen. O, er machte wohl langunterdrücktem Ärger Luft!

Nun verging ein trauriger Tag und eine lange Nacht und noch ein weiterer Tag. Isak ging fort und schlief draußen, obgleich er trockenes Heu liegen hatte, das eingefahren werden sollte; Sivert war bei dem Vater. Inger hatte Leopoldine und die Tiere um sich, aber sie fühlte sich allein, weinte die ganze Zeit und schüttelte den Kopf über sich selbst: eine so große Gemütsbewegung hatte sie nur einmal in ihrem Leben durchgemacht; jetzt mußte sie an damals denken, als sie ihr neugeborenes Kind umbrachte.

Wo waren Isak und der Sohn? Sie waren nicht müßig gewesen; wohl stahlen sie einen Tag und mehr von der Heuernte, aber sie bauten ein Boot droben am Bergsee. Allerdings ein plumpes Fahrzeug ohne alle Ausschmückung, aber stark und dicht war es, wie alles, was sie machten, und nun hatten sie ein Boot und konnten mit dem Netze fischen.

Als sie wieder heimkamen, lag das Heu noch eben so trocken da. Sie hatten dem Himmel den Streich gespielt, sich auf ihn zu verlassen, und hatten dabei noch gewonnen, der Vorteil war auf ihrer Seite. Da deutete Sivert plötzlich hinüber und rief: Die Mutter hat geheut! – Der Vater sah auf die Wiese hinunter und sagte: So. – Isak hatte ja gleich gesehen, daß ein Teil des Heus verschwunden war, jetzt war Inger wohl drinnen bei der Hausarbeit. Das war eine ganz besondere Leistung, nachdem er ihr gestern mit Schlägen gedroht und sie geschüttelt hatte. Und es war schweres, kräftiges Heu, sie hatte hart arbeiten müssen und außerdem hatte sie auch noch alle Kühe und Ziegen zu melken gehabt. – Geh hinein und iß! sagte Isak zu Sivert. – Du nicht auch? – Nein.

Als Sivert eine Weile drinnen gewesen war, kam Inger heraus; sie blieb demütig auf der Türschwelle stehen und sagte: Kannst du dir's nicht selbst gönnen, daß du auch hereinkommst und etwas ißt? – Darauf knurrte Isak nur und sagte: Hm. Aber Inger demütig zu sehen, war in der letzten Zeit ein so seltenes Erlebnis geworden, daß er in seinem Starrsinn etwas erschüttert wurde. – Wenn du mir ein paar Zähne in meinen Rechen einsetzen würdest, dann könnte ich weiter rechen, sagte sie. Sie wendete sich mit einer Bitte an den Herrn des Hofes, an das Oberhaupt von allem, und sie war dankbar, daß er ihr nicht eine höhnische, abschlägige Antwort gab. Du hast jetzt genug gerecht und eingefahren, sagte er. – Nein, es ist noch nicht genug. – Ich habe jetzt keine Zeit, deinen Rechen zu flicken, du siehst, daß Regen kommt.

Damit ging Isak an die Arbeit.

Er wollte sie wohl schonen; die paar Minuten Zeit, die das Flicken des Rechens in Anspruch genommen hätte, wären zehnmal ausgewogen worden, wenn Inger mit auf der Wiese geblieben wäre. Nun kam überdies Inger mit dem Rechen so wie er war herbei und begann Heu zusammenzurechen, daß es eine Art hatte. Sivert kam mit Pferd und Heuwagen, alle strengten sich aufs äußerste an, der Schweiß lief ihnen herunter, und das Heu wurde geborgen. Das war ein Meisterstück. Und wieder versank Isak in Gedanken an jene höhere Macht, die alle unsere Schritte lenkt, von dem Stehlen eines Talers an bis zum Bergen einer großen Menge trockenen Heus. Außerdem lag nun auch das Boot fertig droben; nachdem er ein halbes Menschenalter lang über ein solches nachgegrübelt hatte, lag es nun droben im Gebirgsee. Ach ja, Herr Gott im Himmel! sagte er.

15

Im ganzen genommen wurde das ein merkwürdiger Abend, ein Wendepunkt; Inger, die seit langer Zeit neben dem Geleise hergegangen war, war durch ein einziges Aufheben vom Boden wieder auf den richtigen Platz gekommen. Keines von ihnen sprach von dem Geschehenen; Isak hatte sich später wegen dieses Talers, der ja nicht viel Geld war, und den er doch herausgeben mußte, weil er selbst ihn dem Eleseus gönnte, geschämt. Und gehörte der Taler nicht überdies ebensogut Inger wie ihm? Es kam eine Zeit, da Isak der Demütige war.

Es kamen allerhand Zeiten; Inger hatte also wieder ihren Sinn geändert. Ja, sie änderte sich wieder, gab allmählich ihre Vornehmtuerei auf und wurde wieder eine ernste und herzliche Frau auf einer Ansiedlung. Daß die Fäuste eines Mannes so Großes ausrichten konnten! Aber so sollte es sein, es handelte sich hier um ein starkes tüchtiges Frauenzimmer, das ein langer Aufenthalt in künstlicher Luft verwirrt gemacht hatte – sie stieß nach dem Manne, der aber zu fest auf seinen Füßen stand. Er hatte seinen natürlichen Platz auf der Erde, auf seinem Grund und Boden, nicht einen Augenblick verlassen. Er konnte nicht weggeschoben werden.

Es kamen vielerlei Zeiten; im nächsten Jahr herrschte wieder Trockenheit, und wahrlich, sie verminderte die Ernte und zehrte am Mut der Menschen. Das Korn auf dem Felde verbrannte, die Kartoffeln jedoch – die merkwürdigen Kartoffeln – wurden nicht versengt, sondern blühten, blühten. Die Wiesen sahen allmählich grau aus, aber die Kartoffeln blühten. Eine höhere Macht leitete alle Dinge, aber die Wiesen fingen an grau zu werden.

Da, eines Tages erschien Geißler, der frühere Lensmann Geißler, endlich kam er wieder. Es war wirklich seltsam, daß er nicht tot war, sondern wieder auftauchte. Warum kam er wohl?

Diesmal hatte Geißler allerdings kein großes Gepäck und allerlei Dokumente über Gebirgskäufe und so weiter bei sich, er war im Gegenteil recht einfach gekleidet, sein Haar und Bart waren ergraut und seine Augen rot umrändert. Er brachte niemand mit, der ihm seine Sachen trug, er hatte nur eine Tasche mit Schriftstücken und nicht einmal einen Reisesack bei sich.

Guten Tag! sagte Geißler.

Guten Tag! erwiderten Isak und Inger. Seid Ihr wieder auf Reisen?

Geißler nickte.

Und ich danke auch für den Besuch in Drontheim! fügte Inger noch hinzu.

Dazu nickte auch Isak und sagte: Ja, wir beide sagen schönen Dank dafür.

Aber Geißler hatte die Gewohnheit, nicht nur Herz und Gefühl zu zeigen, er sagte gleich: Ich will übers Gebirge nach Schweden hinüber.

Obgleich die Leute auf dem Hofe wegen der Trockenheit niedergedrückt waren, wurden sie durch Geißlers Besuch doch aufgeheitert; sie bewirteten ihn reichlich. Es war eine große Freude für sie, ihn herzlich aufnehmen zu können, er hatte ihnen ja so viel Gutes getan.

Geißler selbst war nicht niedergedrückt; er redete sofort von allem Möglichen, sah auf die Felder hinaus und nickte; oh, er war noch immer ganz aufrecht und sah aus, als habe er mehrere hundert Taler bei sich. Mit ihm kam Leben und Aufmunterung ins Haus; nicht daß er gelärmt hätte, aber er führte eine lebhafte Unterhaltung.

Ein herrlicher Ort, dieses Sellanraa! sagte er. Und jetzt ziehen immer mehr Leute hier herauf, Isak, fünf Ansiedlungen hab ich gezählt, oder sind es noch mehr? Sieben im ganzen, die beiden andern kann man vom Weg aus nicht sehen.

Sieben Höfe, sagen wir fünfzig Menschen. Die Umgebung hier wird allmählich dicht bebaut. Habt ihr nicht auch schon eine Schulgerechtigkeit und eine Schulstube?

Doch.

Das habe ich gehört. Ein Schulhaus auf Bredes Grundstück, weil das mehr in der Mitte liegt. Also, Brede ist ein Ansiedler geworden! Geißler lachte verächtlich. Von dir habe ich reden hören, Isak, du bist der Meister hier. Das freut mich. Du sollst ja jetzt auch ein Sägewerk haben?

Ja, so wie es eben ist. Aber ich fahre gut dabei. Und ich habe auch schon öfters einen Balken für die da unten gesägt.

So soll es sein!

Es würde mich freuen, zu hören, was Ihr darüber sagt, Herr Lensmann, wenn Ihr mitgehen und das Sägewerk ansehen wolltet.

Geißler nickte, wie wenn er ein Fachmann wäre, und sagte, das wolle er gerne tun, ja er werde sich das Sägewerk ansehen und alles genau betrachten. Er fragte: Du hast doch zwei Jungen, wo ist denn der andere? In der Stadt? Auf einem Bureau? Hm! sagte Geißler. Aber dieser dort sieht aus wie ein Prachtkerl! Wie heißt du?

Sivert.

Und der andere?

Eleseus.

Auf so einem Ingenieurbureau ist er? Was lernt er denn dort? Das ist nur Hungerleiderei. Er hätte zu mir kommen können, sagte Geißler.

O ja, versetzte Isak nur, um sich höflich zu zeigen. Geißler tat ihm leid. O der gute Geißler sah nicht aus, als könne er sich jetzt fremde Hilfe halten, er hatte es vielleicht jetzt allein schwer genug, sein Rock war ja an den Handgelenken geradezu ausgefranst.

Möchtet Ihr nicht ein Paar trockene Strümpfe anziehen? fragte Inger, indem sie ein Paar von ihren eigenen neuen herbeibrachte, ein Paar gereifelte und dünne aus ihren eigenen vornehmsten Tagen.

Nein, danke, sagte Geißler kurz, obgleich er gewiß triefend nasse Füße hatte.

Er hätte lieber zu mir kommen sollen, sagte er von Eleseus. Ich könnte ihn sehr notwendig brauchen, sagte er, indem er eine kleine silberne Tabaksdose aus der Tasche zog und damit spielte. Das war vielleicht das einzige Prachtstück, das er von früher her noch besaß.

Aber er hatte keine rechte Ruhe und hielt sich nicht lange bei einem Gegenstand auf. Die silberne Dose wurde wieder eingesteckt, und er fing von etwas Neuem an. Aber wie grau doch die Wiese da draußen aussieht! Vorhin dachte ich, es sei der Schatten. Warum muß denn der Boden hier verbrennen? Komm einmal mit mir, Sivert!

Rasch stand er von dem gedeckten Tisch auf, wendete sich der Tür zu, dankte Inger für das Essen und verschwand. Sivert ging mit ihm.

Sie gingen nach dem Fluß. Geißler spähte die ganze Zeit mit klugen Augen umher; plötzlich blieb er stehen und sagte: Hier! Und dann erklärte er: Es geht durchaus nicht an, daß ihr den Boden verbrennen laßt, wenn ihr doch einen allmächtigen Fluß habt, wo ihr Wasser holen könnt. Morgen soll die Wiese wieder grün sein.

Der erstaunte Sivert sagte nur: Ja.

Jetzt hebst du hier schräg herunter einen mäßigen Graben aus, der Boden ist eben, und am Einlauf machen wir eine Rinne. Da ihr eine Sägemühle habt, habt ihr wohl auch ein paar lange Bretter? Gut! Hol Hacke und Spaten und fang hier an, ich komme gleich wieder und stecke die Linie ordentlich ab.

Er lief wieder ins Haus hinein, es quietschte in seinen Stiefeln, so naß waren sie. Er stellte Isak bei den Holzrinnen an; er müsse viele Rinnen machen, und sie müßten da und dort, wo der Boden nicht durch einen Graben aufgerissen werden dürfe, gelegt werden. Isak versuchte einzuwenden, daß das Wasser vielleicht nicht bis dahin dringen würde, es sei ein sehr weiter Weg, der trockene Boden werde es aufsaugen, ehe es bis an die versengten Stellen gelange. Geißler erklärte, ja, es werde wohl eine Weile dauern, die Erde werde zuerst tüchtig aufschlucken, aber dann werde die Feuchtigkeit weiter gehen. – Morgen um diese Zeit werden Acker und Wiese wieder grün sein! – So, sagte Isak und nagelte aus Leibeskräften Rinnen zusammen.

Geißler ging zu Sivert zurück. So ist's recht, sagte er, mach nur so weiter, ich habe gleich gesehen, daß du ein Prachtkerl bist! Die Linie muß nach diesen Pflöcken laufen. Triffst du auf große Steine oder Felsblöcke, so weich aus, aber bleib in der gleichen Höhe. Verstehst du, in derselben Höhe!

Wieder ging's zurück zu Isak. Jetzt hast du eine Rinne fertig, aber wir brauchen sechs. Spute dich, Isak, morgen wird alles grün sein, und deine Ernte ist gerettet!

Geißler setzte sich auf den Hügel, legte beide Hände auf die Knie und war entzückt; er plauderte, blitzschnell kamen ihm die Gedanken. Hast du Pech, hast du Werg? Das ist ausgezeichnet, alles hast du. Denn im Anfang werden ja die Rinnen lecken, dann aber ziehen sie an und werden so dicht wie Flaschen. Du sagst, du habest Werg und Pech vom Boot bauen, nun, wo ist das Boot? Droben im Gebirgssee? Das will ich mir auch ansehen.

O, der Geißler versprach so viel! Er war ein flüchtiger Herr und war noch unruhiger geworden als früher, alles mußte bei ihm sozusagen im Sprung geschehen. Aber dann ging es auch im Sturm. Er war nicht ohne Überlegenheit. Natürlich war er zu Übertreibungen geneigt. Acker und Wiese konnten unmöglich über Nacht grün werden; aber Geißler war rasch im Erfassen und Beschließen, wenn die Ernte auf Sellanraa gerettet wurde, war es wirklich diesem merkwürdigen Mann zu verdanken.

Wie viele Rinnen hast du jetzt? Das ist zu wenig. Je mehr Holzrinnen du hast, desto glatter läuft das Wasser. Wenn du zehn bis zwölf zehn Ellen lange Rinnen zusammennagelst, so fährst du gut dabei. Was sagst du, du habest zwölf Ellen lange Bretter? Dann nimm sie, es bezahlt sich bis zum Herbst.

Danach hatte Geißler wieder keine Ruhe mehr. Er stand auf und lief abermals zu Sivert hinüber. Großartig, Sivert, jetzt geht's gut! Dein Vater hämmert die

Rinnen zusammen und dichtet sie, wir bekommen mehr, als ich mir zuerst dachte, geh jetzt und hole die Rinnen, wir wollen anfangen!

Den ganzen Nachmittag herrschte ein großes Gehetze, das war die tollste Arbeit, die Sivert je mitgemacht hatte, ein ihm ganz unbekanntes Tempo. Sie gönnten sich keine Zeit, zum Essen hinein zu gehen. Aber jetzt lief das Wasser! Da und dort mußten sie tiefer graben, da und dort mußte eine Rinne gehoben oder tiefer gelegt werden, aber das Wasser lief! Bis zum späten Abend gingen die drei Männer umher, verbesserten und förderten ihre Arbeit und waren ernsthaft davon erfüllt; und als die Flüssigkeit anfing, über die ausgetrockneten Stellen hinzurieseln, blitzte ein heller Freudenstrahl in den Herzen der Hofbewohner auf.

Ich habe meine Uhr vergessen, wieviel Uhr ist es denn? fragte Geißler. Ja, grün, morgen um diese Zeit! sagte er.

Sogar in der Nacht stand Sivert auf und sah nach der Wasserleitung. Er begegnete seinem Vater, der zu demselben Zweck draußen war. Ach Gott, welche Spannung und welches Ereignis im Ödland!

Aber am nächsten Tag lag Geißler lange zu Bett und war schlaff; der Eifer hatte ihn verlassen. Er hatte keine Lust, das Boot droben anzusehen, und nur weil er sich schämte, ging er wenigstens nach dem Sägewerk. Nicht einmal für die Wasserleitung hatte er noch dasselbe Interesse. Als er sah, daß weder Acker noch Wiese über Nacht grün geworden waren, verlor er den Mut; er dachte nicht daran, daß das Wasser immer weiter lief und sich immer weiter ausbreitete. Doch hielt er sich einigermaßen aufrecht, und so sagte er: Möglicherweise kann es bis morgen dauern, ehe du den Erfolg siehst, aber du darfst den Mut nicht verlieren.

Gegen Abend kam Brede Olsen dahergeschlendert. Er brachte Gesteinsproben mit, die er Geißler zeigen wollte. Sie sind meiner Ansicht nach außerordentlich merkwürdig, sagte er. – Aber Geißler wollte Bredes Steine nicht sehen. Treibst du auf diese Weise Ackerbau hier, indem du herumläufst und Reichtümer entdecken willst? fragte er höhnisch. – Brede hatte indes keine Lust mehr, von seinem früheren Lensmann Zurechtweisungen hinzunehmen, er gab es ihm tüchtig heim, fing an ihn zu duzen und sagte: Ich kümmere mich nicht um dich! – Du tust ja heute noch nichts Rechtes, treibst nichts als Lappalien, versetzte Geißler. – Und du etwa? sagte Brede. Was hast denn du diese ganze Zeit über getan? Du hast einen Berg da droben gekauft, der gar nichts wert ist und nur so daliegt. Hehe, ja du bist mir der Rechte, du! – Mach, daß du fortkommst! sagte Geißler. – Und Brede hielt sich auch nicht länger auf, er hob seinen kleinen Sack auf die Schulter und kehrte ohne Abschied in sein Nest zurück.

Geißler setzte sich wieder, blätterte in einigen Papieren und dachte eifrig nach. Es war, als habe er Blut geleckt und wolle nun nachsehen, wie es sich mit dem Kupferberg verhielt, mit dem Kontrakt, der Analyse: es war ja fast reines Kupfer, Schwarzkupfer da, er mußte etwas damit anfangen, durfte nicht wieder zusammenklappen.

Der Grund, warum ich eigentlich gekommen bin, ist, dies hier in Ordnung zu bringen, sagte er zu Isak. Ich habe die Absicht, recht viele Leute hierher zu ziehen und droben im Gebirge einen großen Betrieb einzurichten. Was denkst du dazu?

Isak tat er wieder leid, deshalb widersprach er nicht.

Das ist nicht gleichgültig für dich, fuhr Geißler fort. Es kommen dann viele Menschen hierher, und es gibt viel Umtrieb und Lärm und Sprengungen, ich weiß nicht, wie dir das gefallen wird. Aber andrerseits kommt Leben und Bewegung in den Bezirk und du wirst großen Absatz für die Erzeugnisse deiner Milchwirtschaft bekommen. Du kannst dafür verlangen, was du willst.

Ja, sagte Isak.

Gar nicht davon zu reden, daß du von dem, was aus dem Berg gewonnen wird, hohe Prozente erhältst. Das wird viel Geld, Isak.

Isak antwortete: Ich habe schon zu viel von Euch bekommen ...

Am nächsten Morgen verließ Geißler den Hof und wanderte in östlicher Richtung weiter, Schweden zu. Als Isak sich erbot, ihn zu begleiten, sagte er kurz: Nein, ich danke. Es tat Isak fast weh, als er ihn so arm und allein fortgehen sah. Inger hatte ihm einen prächtigen Mundvorrat mitgegeben, sie hatte sogar Waffeln für ihn gebacken, aber sie waren bei weitem nicht gut genug, er hätte auch noch Sahne in einer Flasche und eine Menge Eier mitnehmen sollen; aber das wollte er nicht tragen. Inger war recht enttäuscht darüber.

Geißler wurde es gewiß schwer, Sellanraa zu verlassen, ohne für seinen Aufenthalt zu bezahlen, wie er es gewohnt war. Er tat deshalb, als habe er bezahlt, als habe er wirklich einen größeren Geldschein hingelegt, denn er sagte zu der kleinen Leopoldine: Und nun sollst du auch noch etwas haben. Hier nimm! Damit gab er ihr seine Tabaksdose, die silberne Dose! – Du kannst sie auswaschen und Nadeln drin aufheben. Übrigens paßt sie nicht gut dazu, wenn ich nur geschwind nach Hause könnte, dann solltest du etwas anderes bekommen, ich habe ja verschiedenes ...

Aber die Wasserleitung lag nach Geißlers Besuch noch da, sie lag da und schaffte Tag und Nacht, Woche um Woche, sie machte die Felder grün, half den Kartoffeln zum Verblühen, half dem Korn in den Halm zu schießen.

Die Ansiedler von weiter unten kamen einer nach dem andern herauf, um sich das Wunderwerk anzusehen. Auch Axel Ström kam, der Besitzer von Maaneland, der unverheiratet war und keine eigene weibliche Hilfe hatte, sondern alles selbst besorgte, auch er kam. Er war heute aufgeräumter und sagte, es sei ihm nun ein Mädchen zur Hilfe für den Sommer versprochen worden, nun sei dieser Kummer gestillt! Er nannte den Namen des Mädchens nicht, und Isak fragte nicht danach; aber es war Bredes Barbro, die man ihm versprochen hatte, es sollte ihn nur ein Telegramm nach Bergen kosten. Na, und Axel legte ja das Geld für dieses Telegramm aus, obgleich er gewiß ein äußerst sparsamer Mann, ja geradezu etwas geizig war.

Die Wasserleitung war es, die Axel an diesem Tag heraufgelockt hatte, er sah sie sich von dem einen Ende bis zum andern an und interessierte sich ungeheuer dafür. Auf seinem Grundstück war zwar kein größerer Fluß, aber doch ein Bach, auch hatte er keine Bretter zu Rinnen, aber er wollte den ganzen Wasserlauf in die Erde graben, das ließ sich auch machen. Es sehe auch auf seinem tiefgelegenen Grundstück nicht so schlimm aus, wenn aber die Trockenheit anhalte, müsse er auch bewässern. – Als er das gesehen hatte, was er hatte sehen wollen, sagte er Lebewohl. Isak und seine Frau luden ihn ein, hereinzukommen, aber er sagte, er habe keine Zeit, er wolle an diesem Abend noch mit dem Graben anfangen; dann ging er.

Das war ein anderer Mann als Brede!

O, jetzt hatte Brede Grund, über die Moore zu laufen, um über die Wasserleitung und das Wunderwerk auf Sellanraa zu schwatzen! Ja, es ist nicht gut, wenn man zu fleißig auf seinem Grundstück ist, sagte er. Da hat nun der Isak so viele Gräben zum Austrocknen gezogen, daß er jetzt wieder wässern muß.

Isak war geduldig, aber er wünschte oft, er könnte diesen Menschen loswerden, diesen Schwätzer in der Nähe von Sellanraa. Brede war verpflichtet, die Telegraphenlinie in Ordnung zu halten, da er ja regelrecht dazu angestellt war. Aber die Telegraphenbehörde hatte ihm schon mehrere Male wegen seiner Nachlässigkeit einen Rüffel erteilen müssen, und jetzt war Isak abermals die Stelle angeboten worden. Nein, mit dem Telegraphen war Brede nicht beschäftigt, sondern mit den Metallen in den Bergen; es war eine wahre Sucht bei ihm geworden, eine fixe Idee.

Jetzt geschah es auch recht oft, daß er in Sellanraa einkehrte und meinte, er habe den Schatz gefunden. Er nickte dann und sagte: Ich sag jetzt nichts mehr, aber ich habe etwas ganz Besonderes gefunden, das leugne ich nicht. Er verschwendete seine Zeit und seine Kräfte um nichts und wieder nichts. Wenn er dann müde in sein Haus zurückkehrte, warf er einen kleinen mit Gesteinsproben gefüllten Sack auf den Boden, pustete und schnaufte nach seinem Tagewerk und meinte, niemand arbeite so hart für seinen Unterhalt wie er. Er baute etwas Kartoffeln auf saurem Moorboden, mähte die Grasplätze ab, die von selbst um sein Haus her wuchsen, das war seine Feldarbeit. Er war in ein falsches Fahrwasser geraten, es mußte ein schlimmes Ende mit ihm nehmen. Jetzt war schon sein Torfdach zerfetzt und die Küchentreppe von der Dachtraufe verfault, ein kleiner Schleifstein lag umgestürzt am Boden und das Fuhrwerk stand ewig unter freiem Himmel.

Brede hatte es insofern gut, als er sich über solche Kleinigkeiten durchaus nicht abgrämte. Wenn die Kinder den Schleifstein beim Spielen umherrollten, war der Vater sehr gutmütig und lieb, ja, er half bisweilen selbst beim Rollen. Eine leichte und faule Natur ohne Ernst, aber auch ohne Schwerlebigkeit, ein schwacher Charakter ohne Verantwortlichkeitsgefühl, aber er fand Auswege, sich den Lebensunterhalt zu verschaffen, wie er auch sein mochte; so lebte er mit den Seinen von der Hand in den Mund, sie lebten alle miteinander. Aber natürlich konnte der Kaufmann Brede und seine Familie nicht in alle Ewigkeit am Leben erhalten, das hatte er schon oft gesagt, und jetzt sagte er es in strengem Ton. Brede sah das selbst ein und versprach, nun werde er die Sache in Ordnung bringen; er wolle sein Grundstück verkaufen, vielleicht verdiene er gut dabei, und dann werde er den Kaufmann bezahlen.

Ja, selbst wenn er daran verlor, wollte Brede verkaufen, was sollte er mit einem Grundstück! Er sehnte sich wieder ins Dorf hinunter, nach Leichtsinn, Klatschereien und dem Kaufladen – dahin sehnte er sich, anstatt ruhig hier zu schaffen und zu wirken und die große Welt zu vergessen. Ach, hätte er die Weihnachtsfeiern mit dem Lichterbaum, oder das Nationalfest am siebzehnten

Mai oder die Wohltätigkeitsverkäufe im Gemeindehaus vergessen können! Er liebte es ja über alles, mit den Leuten zu schwatzen, sich nach Neuigkeiten zu erkundigen, aber mit wem hätte er sich hier auf den Mooren unterhalten können? Inger auf Sellanraa hatte eine Weile Anlage dazu gezeigt, jetzt war sie wieder ganz anders geworden, wieder ganz wortkarg. Und übrigens war sie im Gefängnis gewesen und er war ein öffentlich angestellter Mann, das schickte sich nicht.

Nein, er hatte sich selbst auf die Seite gestellt, als er das Dorf verließ. Jetzt sah er mit Eifersucht, daß der Lensmann einen andern Gerichtsboten und daß der Doktor einen andern Kutscher hatte; er war von den Menschen, die ihn brauchten, fortgelaufen, jetzt, da er nicht mehr zur Hand war, behalfen sie sich ohne ihn. Aber welch ein Gerichtsbote und welch ein Kutscher! Eigentlich müßte er – Brede – mit Wagen und Pferd ins Dorf zurückgeholt werden!

Aber da war nun Barbro, und warum hatte er denn versucht, sie auf Sellanraa unterzubringen? O, das hatte er nach reiflicher Überlegung mit seiner Frau getan. Wenn alles richtig ging, so hätte das Mädchen da Aussichten für die Zukunft gehabt, ja vielleicht wären da Aussichten für die ganze Familie Brede gewesen. Die Haushälterinnenstelle bei den zwei Kontoristen in Bergen war ja schon recht, aber Gott mochte wissen, was Barbro da schließlich bekam? Barbro war ja hübsch und auf ihren Vorteil aus, sie hätte vielleicht hier bessere Gelegenheit, vorwärts zu kommen. Es waren zwei Söhne auf Sellanraa.

Aber als Brede merkte, daß dieser Plan fehlschlug, dachte er sich einen andern aus. O, im Grunde war es wirklich nichts Erstrebenswertes, mit Inger verwandt zu werden, mit einer bestraften Person, es gab noch andere Burschen als die auf Sellanraa! Da war nun Axel Ström. Er hatte Hof und Gamme, er war ein Mann, der schaffte und sparte und sich allmählich Vieh und andere Besitztümer anschaffte, aber keine Frau und keine weibliche Hilfe hatte. Das kann ich dir sagen, wenn du Barbro bekommst, so hast du alle Hilfe, die dir not tut! sagte er zu Axel. Und hier kannst du ihre Photographie sehen, sagte er.

Ein paar Wochen vergingen, dann kam Barbro. Ja, Axel war nun schon mitten in der Heuernte, er mußte bei Nacht mähen und bei Tag wenden und hatte alles allein zu leisten; aber nun kam Barbro. Sie kam wie ein wirkliches Geschenk. Es zeigte sich auch, daß sie arbeiten konnte; sie scheuerte das Geschirr, wusch die Kleider und kochte das Essen, sie melkte die Tiere und half draußen beim Heurechen, jawohl, sie war mit draußen beim Heu und trug es mit herein, es fehlte nicht. Axel entschloß sich, ihr einen guten Lohn zu geben, er gewann doch noch dabei.

Hier war sie nicht nur die Photographie einer feinen Dame. Barbro war groß und schlank, sie hatte eine etwas heisere Stimme, zeigte Reife und Erfahrung in vielem und war durchaus keine Neukonfirmierte. Axel begriff nicht, warum ihr Gesicht so mager und elend aussah: Ich sollte dich eigentlich vom Ansehen kennen, aber du gleichst deiner Photographie gar nicht. – Das kommt von der Reise, erwiderte sie. Ja und von der Stadtluft. – Es dauerte auch nicht lange, da wurde sie wieder rund und hübsch, und sie sagte: Glaub mir, so eine Reise und so eine Stadtluft, die zehren tüchtig an einem! Sie spielte auch auf die Versuchungen in Bergen an – da müsse man sich in acht nehmen! Aber während sie sich weiter unterhielten, sagte sie, Axel solle sich auf eine Zeitung, eine Bergener Zeitung abonnieren, damit sie auch sehen könne, was in der Welt vorgehe. Sie sei jetzt ans Lesen, an Theater und Musik gewöhnt, hier sei es sehr einsam, sagte sie.

Da Axel Ström mit seiner Sommeraushilfe so Glück gehabt hatte, abonnierte er auf die Zeitung und ertrug auch die Familie Brede, die recht oft auf seine Ansiedlung kam und da aß und trank. Er wollte seiner Dienstmagd Freude machen. Nichts konnte behaglicher sein, als die Sonntagabende, wenn Barbro die Saiten ihrer Gitarre schlug und mit ihrer etwas heiseren Stimme dazu sang; Axel war über die fremden hübschen Lieder und darüber, daß wirklich jemand auf der Ansiedlung bei ihm war und sang, gerührt.

Im Laufe des Sommers lernte er Barbro allerdings auch von anderen Seiten kennen, aber im großen und ganzen war er zufrieden. Sie war nicht ohne Launen, und sie konnte rasche Antworten geben, etwas zu rasche. An jenem Sonnabend, als Axel notwendig ins Dorf hinunter zum Kaufmann mußte, hätte Barbro das Vieh und die Hütte nicht verlassen und auch alles andere nicht einfach im Stich lassen dürfen. Die Ursache dazu war ein kleiner Streit gewesen. Und wo war sie hingegangen? Nur nach Hause, nach Breidablick, aber trotzdem. Als Axel in der Nacht zurückkam, war Barbro nicht da, er versorgte die Tiere, aß und ging schlafen. Gegen Morgen erschien Barbro. – Ich wollte wieder einmal fühlen, wie es einem in einem Haus mit einem Bretterboden zumut ist, sagte sie recht höhnisch. – Darauf konnte Axel eigentlich nichts erwidern, denn er hatte ja nur eine Torfhütte mit einem Lehmboden, aber er antwortete, er habe immerhin auch Bretter und werde wohl auch einmal ein Haus mit einem Bretterboden haben! – Da war es, als gehe sie in sich; nein, schlimmer war Barbro nicht, und obgleich es Sonntag war, ging sie rasch in den Wald, holte Wacholderzweige für den Lehmboden und machte ihn hübsch.

Aber da sie so ausgezeichnet und von Herzen gut war, mußte ja auch Axel mit dem hübschen Kopftuch herausrücken, das er am vorhergehenden Abend für sie gekauft hatte; er hatte eigentlich gedacht, er wolle es aufheben, um ordentlich etwas von ihr dafür zu erreichen. Aber nun gefiel es ihr sehr gut, sie probierte es sofort auf, ja sie fragte ihn, ob es ihr nicht gut stehe. O doch, sehr gut, aber sie könnte gerne sein Felleisen auf den Kopf setzen, es würde ihr auch stehen. Da lachte sie und wollte auch recht liebenswürdig sein, deshalb sagte sie: Ich gehe lieber mit diesem Kopftuch in die Kirche und zum Abendmahl als im Hut. In Bergen trugen wir ja alle Hüte, ja, ausgenommen gewöhnliche Dienstmädchen, die vom Lande hereinkamen.

Wieder lauter Freundschaft!

Und als Axel mit der Zeitung herausrückte, die ihm auf der Post mitgegeben worden war, setzte sich Barbro hin und las die neuesten Nachrichten von der Welt draußen; von einem Einbruch bei einem Goldschmied in der Strandstraße, von einer Schlägerei zwischen Zigeunern, von einer Kindsleiche, die in den Stadtfjord hereingetrieben und in ein altes, unter den Armen quer abgeschnittenes Hemd eingewickelt gewesen war. Wer kann nur das Kind ins Wasser geworfen haben? fragte Barbro. Aus alter Gewohnheit las sie auch noch die Marktpreise.

Und die Zeit verging.

16

Auf Sellanraa gab es große Veränderungen.

Ja, nichts war von der ersten Zeit her wiederzuerkennen! Hier waren nun verschiedene Gebäude, ein Sägewerk und eine Mühle, und die öden Strecken waren wohlbebautes Land geworden. Und noch mehr stand bevor. Aber Inger war vielleicht noch am merkwürdigsten, ganz anders wieder und überaus tüchtig.

Die Krise vom letzten Sommer hatte wohl nicht auf einmal ihren Leichtsinn besiegen können, im Anfang hatte sie mehrere Rückfälle, sie ertappte sich darauf, daß sie von der Anstalt und von Drontheims Domkirche sprechen wollte. Ach, so kleine unschuldige Dinge! Ihren Ring zog sie vom Finger und ihre so freimütig kurzen Röcke machte sie länger. Sie war nachdenklich geworden, es wurde stiller auf dem Hofe, die Besuche nahmen ab, die fremden Mädchen und Frauen aus dem Dorf kamen seltener, weil sie sich nicht mehr mit ihnen einließ. Niemand kann im Ödland leben und nur immer lachen und scherzen, Freude ist nicht Lustigkeit.

Droben im Ödland hat jede Jahreszeit ihre Wunder, aber immer und unveränderlich sind die dunklen, unermeßlichen Laute von Himmel und Erde, das Umringtsein nach allen Seiten hin, die Waldesdunkelheit, die Freundlichkeit der Bäume. Alles ist schwer und weich zugleich, kein Gedanke ist da unmöglich. Nördlich von Sellanraa lag ein ganz kleiner Teich, eine Lache, nur so groß wie ein Aquarium. Da tummelten sich winzige Fischkinder, die nie größer wurden; sie lebten und starben und waren zu nichts nütze, lieber Gott, zu rein gar nichts! Eines Abends stand Inger da und horchte auf die Kuhglocken. Sie hörte nichts, denn alles war totenstill ringsum, aber plötzlich vernahm sie Gesang aus dem Aquarium. Er war sehr schwach und beinahe nicht vernehmlich, nur wie hinsterbend. Das war das Lied der kleinwinzigen Fische.

Sellanraa lag so günstig, daß die Bewohner jeden Herbst und Frühjahr die Wildgänse, die über das Ödland hinflogen, sahen und ihr Rufen und Locken in der Luft droben hören konnten, es klang wie verwirrtes Reden. Und dann war es, als stehe die Welt stille, bis der Zug vorüber war. Fühlten sich die Menschen da nicht von einer Art Schwäche überfallen? Sie nahmen ihre Arbeit wieder auf, aber zuvor taten sie einen tiefen Atemzug, ein Hauch aus dem Jenseits hatte sie gestreift.

Große Wunder umgaben sie zu allen Zeiten. Im Winter die Sterne und auch die Nordlichter, ein flammendes Firmament, eine Feuersbrunst droben bei Gott. Hie und da, nicht oft, nicht für gewöhnlich, aber hie und da vernahmen sie auch donnern. Das war hauptsächlich im Herbst, und es war düster und feierlich für Menschen und Tiere. Die Haustiere, die auf der nahen Wiese weideten, drängten sich zusammen und blieben beieinander stehen. Worauf horchten sie? Warteten sie auf das Ende? Und worauf warteten die Menschen im Ödland, wenn sie beim Grollen des Donners mit gesenktem Kopfe dastanden?

Der Frühling – jawohl, dessen Eile und Ausgelassenheit und Entzücken; aber der Herbst! Der stimmte die Leute anders. Da fürchteten sie sich oft in der

Dunkelheit, und sie nahmen ihre Zuflucht zum Abendgebet, sie wurden hellseherisch und hörten Vorboten. Manchmal gingen sie an einem Herbsttag hinaus, um etwas hereinzuholen, die Männer vielleicht Holz, die Frauen das Vieh, das jetzt wie unsinnig nach Pilzen suchte – und sie kehrten zurück, das Herz von geheimnisvollen Dingen erfüllt. Waren sie unversehens auf eine Ameise getreten und hatten deren Hinterleib auf dem Pfad festgetreten, so daß der Vorderkörper nicht mehr loskommen konnte? Oder waren sie einem Schneehuhnnest zu nahe gekommen und war ihnen eine Mutter zischend entgegengeflattert? Und nicht einmal die großen Kuhpilze waren ohne Bedeutung. Der Mensch wird nicht starr und bleich, wenn er sie nur ansieht. Ein Kuhpilz blüht nicht und rührt sich nicht von der Stelle, aber es ist etwas Überwältigendes an ihm, und er ist ein Ungeheuer, er gleicht einer Lunge, die nackt und ohne hüllenden Körper ein eigenes Leben führt.

Inger wurde schließlich recht schwermütig, das Ödland bedrückte sie, sie wurde fromm. Hätte sie dem entgehen können? Niemand im Ödland kann dem entgehen, da gibt es nicht nur irdisches Streben und Weltlichkeit, da ist Frömmigkeit und Gottesfurcht und viel Aberglauben. Inger meinte wohl, sie habe mehr Grund als andere, der Züchtigung des Himmels gewärtig sein zu müssen, diese würde wohl nicht ausbleiben, sie wußte, daß Gott an den Abenden durch das ganze Ödland streifte und fabelhaft gute Augen hatte, er würde sie schon finden. In ihrem täglichen Leben war nicht so sehr viel, was sie hätte anders machen können. O, sie konnte den goldenen Ring zu unterst in ihrer Truhe verbergen und sie konnte an Eleseus schreiben, er solle sich auch bekehren; aber außerdem blieb wohl nichts anderes übrig, als selbst gute Arbeit zu leisten und sich nicht zu schonen. Ja, eines konnte sie doch noch tun! Sich in demütige Kleider hüllen und nur am Sonntag ein schmales blauseidenes Band um den Hals tragen, um einen Unterschied vom Werktag zu machen. Diese unechte und unnotwendige Armut war der Ausdruck für eine Art Philosophie, für Selbsterniedrigung, Stoizismus. Das blauseidene Band war nicht mehr neu, war von einer Mütze abgetrennt, die Leopoldine zu klein geworden war, es war da und dort verblichen und gerade heraus gesagt auch etwas schmutzig – nun gebrauchte es Inger als einen demütigen Sonntagstaat. Jawohl, sie übertrieb und machte die Armut in der Hütte nach, sie trug eine falsche Armut zur Schau – wäre ihr Verdienst größer gewesen, wenn sie zu einem so geringen Staat gezwungen gewesen wäre? Laßt sie in Frieden, sie hat ein Recht auf Frieden!

Sie übertrieb großartig und tat mehr, als sie mußte. Es waren zwei Männer auf dem Hofe, aber Inger paßte wohl auf, bis sie fort waren, und sägte dann Holz; wozu sollte nun diese Qual und Züchtigung gut sein? Sie war ein ganz unbedeutender, ganz geringer Mensch, ihre Fähigkeiten waren recht gewöhnlich, ihr Tod oder ihr Leben würde nirgends im Lande gemerkt werden, außer hier im Ödland. Hier war sie beinahe groß, jedenfalls war sie die größte, und sie meinte, sie sei aller der Züchtigung, die sie auf sich selbst verwendete, wohl wert. – Ihr Mann sagte: Sivert und ich haben darüber gesprochen, wir wollen nichts davon wissen, daß du unser Holz sägst und dich überschaffst. – Ich tue es um meines Gewissens willen, entgegnete Inger.

Um des Gewissens willen? Das stimmte Isak wieder nachdenklich; er war jetzt ein Mann in Jahren, langsam im Überlegen, aber gewichtig, wenn er schließlich seine Ansicht sagte. Das Gewissen mußte doch recht kräftig sein, wenn es Inger so vollständig hatte umwenden können. Und was es nun auch sein mochte, aber Ingers Bekehrung wirkte auch auf ihn ein, sie steckte ihren Mann an, er wurde grüblerisch und zahm. Das war ein sehr schwerer, fast unüberwindlicher Winter; Isak suchte die Einsamkeit, suchte Verborgenheit. Um seinen eigenen Wald zu schonen, hatte er nun im Staatswald an der schwedischen Grenze einige Dutzend gute Stämme gekauft – er wollte beim Fällen dieser Bäume niemand zur Hilfe haben, er wollte allein sein, Sivert wurde befohlen, daheim zu bleiben und auf die Mutter aufzupassen, damit sie sich nicht zu sehr anstrenge.

In den kurzen Wintertagen ging also Isak noch in der Dunkelheit zum Wald und kam erst bei Dunkelheit wieder heim. Nicht immer schienen Mond und Sterne, manchmal waren seine eigenen Fußstapfen vom Morgen wieder zugeschneit, dann konnte er sich nur schwer zurechtfinden. Und an einem Abend hatte er ein Erlebnis.

Er hatte schon den größten Teil des Wegs zurückgelegt, und bei dem hellen Mondschein sah er Sellanraa schon drüben auf der Halde liegen; da lag es hübsch und wohl gebaut, aber klein, fast wie ein unterirdisches Gehöft anzusehen, weil es so tief eingeschneit war. Aber jetzt bekam er wieder Bauholz, und Inger sowie die Kinder würden sich sehr verwundern, wozu er das Holz verwenden wollte, an was für ein überirdisches Gebäude er dachte. Er setzte sich in den Schnee und wollte ein wenig ausruhen, um nicht erschöpft heimzukommen.

Ringsum ist es ganz still, und Gott sei Dank für diese Stille und seine eigene nachdenkliche Stimmung, sie ist nur vom Guten! Isak ist ja ein Ansiedler, und er schaut nach seinem Grundstück hinüber, wo er noch mehr Ödland umgraben muß. Er bricht in Gedanken große Steine aus, er hat ein entschiedenes Talent zum Entwässern. Und er weiß, dort drüben liegt noch eine recht tiefe Sumpfstrecke auf seinem Eigentum. Dieser Sumpf ist voller Erz, eine metallische Haut steht auf jeder Lache, den will er jetzt trocken legen. Mit den Augen teilt er den Boden in Vierecke ein, er hat Pläne und Absichten mit diesen Vierecken, er will sie recht grün und fruchtbar machen. O, ein urbar gemachtes Feld war etwas sehr Gutes, es wirkte auf ihn wie Ordnung und Recht und dazu wie Genuß ...

Er stand auf und fand sich nicht mehr ganz zurecht. Hm! Was war geschehen? Nichts, er hatte nur ein wenig ausgeruht. Jetzt aber steht etwas vor ihm, ein Wesen, ein Geist, graue Seide – nein, es war nichts. Es wurde ihm sonderbar zumut, er machte einen kurzen unsicheren Schritt vorwärts und ging geradeswegs auf einen Blick zu, einen großen Blick, zwei Augen, gleichzeitig fangen die Espen in der Nähe zu rauschen und zu raunen an. Nun weiß jedermann, daß die Espe eine ganz infame, unbehagliche Art zu rauschen hat, jedenfalls hatte Isak noch niemals ein widerlicheres Rauschen gehört als jetzt, und er fühlte, wie ihm ein Schauer über den Rücken lief. Er griff auch mit der Hand nach vorne, aber dies war vielleicht die hilfloseste Bewegung, die diese Hand je gemacht hatte.

Aber was war nun das da vor ihm, und hatte es eine Gestalt oder nicht? Isak hatte ja seiner Lebtag darauf geschworen, daß es eine höhere Macht gebe, und einmal hatte er sie auch gesehen, aber das, was er jetzt sah, glich Gott nicht. Ob der Heilige Geist wohl so aussah? Aber warum stand er dann jetzt hier – auf dem weiten Feld zwei Augen, ein Blick und sonst nichts? War es, um ihn zu holen, um seine Seele zu holen, dann mochte es so sein, einmal würde es ja doch geschehen, dann wurde er selig und kam in den Himmel.

Isak war gespannt, was geschehen würde, ein Schauder durchrieselte ihn, die Gestalt strömte ja Kälte und Frost aus, es mußte der Teufel sein. Hier betrat Isak sozusagen bekannten Boden, es war nicht unmöglich, daß es der Teufel war; aber was wollte er hier? Auf was hatte er Isak jetzt eben ertappt? Auf dem Gedanken Ödland umzubrechen, aber das konnte ihn doch unmöglich geärgert haben. Von einer anderen Sünde, die er begangen haben konnte, wußte Isak nichts, er war nur auf dem Heimweg vom Walde, ein müder und hungriger Arbeiter, er wollte nach Sellanraa, alles in guter Absicht.

Wieder machte er einen Schritt vorwärts, aber es war kein langer Schritt, und er wich überdies sofort wieder ebenso weit zurück. Da die Erscheinung nicht weichen wollte, runzelte Isak wahrhaftig die Stirne, als traue er der Sache nicht mehr recht. Wenn es der Teufel war, so mochte es der Teufel sein, der hatte jedoch nicht die höchste Macht. Luther hatte ihn einstmals beinahe umgebracht, und es gab viele, die ihn mit dem Kreuzeszeichen und Jesu Namen verscheucht hatten. Nicht, daß Isak die Gefahr herausgefordert und sich dann hingesetzt und darüber gelacht hätte, aber das Sterben und Seligwerden, das er zuerst im Sinne gehabt hatte, diesen Gedanken gab er jedenfalls auf, und jetzt machte er zwei Schritte auf die Erscheinung zu, bekreuzigte sich und rief: Im Namen Jesu!

Hm? Als er seine eigene Stimme hörte, war es, als komme er plötzlich wieder zu sich, und er sah Sellanraa auf der Halde liegen. Die Espen rauschten nicht mehr, die beiden Augen waren aus der Luft verschwunden.

Er zögerte nicht länger auf dem Weg und forderte die Gefahr nicht heraus. Aber als er auf seiner eigenen Türschwelle stand, räusperte er sich kräftig und erleichtert, und er ging erhobenen Hauptes in die Stube hinein, wie ein Mann, ja wie ein Held.

Inger stutzte und fragte, warum er so leichenblaß aussähe.

Da leugnete er nicht, daß er dem Teufel begegnet sei.

Wo? fragte sie.

Dort drüben. Uns gerade gegenüber.

Inger zeigte keinen Neid. Ja, sie lobte ihn nicht gerade deshalb, aber in ihrer Miene lag nichts, was einem bösen Wort oder einem Fußtritt geglichen hätte. Ach, Ingers Gemüt hatte sich im Gegenteil in den letzten Tagen etwas aufgehellt, und sie war freundlicher geworden, woher es auch kommen mochte, nun fragte sie nur:

Ist es der Teufel selbst gewesen?

Isak nickte und sagte, soweit er habe sehen können, sei er es selbst gewesen.

Wie bist du ihn losgeworden?

Ich ging im Namen Jesu auf ihn los, antwortete Isak.

Inger wiegte überwältigt den Kopf hin und her, und es dauerte eine Weile, bis sie das Essen auftragen konnte. Jedenfalls darfst du aber jetzt nicht mehr ganz allein in den Wald gehen, sagte sie.

Sie zeigte sich besorgt um ihn, das tat ihm wohl. Er tat, als sei er noch gleich mutig und als kümmere er sich durchaus nicht um irgendeine Begleitung in den Wald, aber er tat nur so, um Inger mit seinem unheimlichen Erlebnis nicht mehr als notwendig zu erschrecken. Er war ja der Mann und das Oberhaupt des Hauses, der Schutz aller.

Inger durchschaute ihn auch und sagte: Ja ja, du willst mich nur nicht ängstlich machen, aber du mußt Sivert mitnehmen. – Isak lächelte nur verächtlich. Du kannst im Walde krank und elend werden, und ich glaube, du bist auch in der letzten Zeit nicht so recht gesund gewesen. – Wieder lächelte Isak verächtlich. Krank? Abgeschunden und müde, jawohl; aber krank! Inger solle ihn nicht lächerlich machen, er sei und bleibe gesund, er esse, schlafe und arbeite, er sei ja geradezu unheilbar gesund. Einmal sei ein gefällter Baum auf ihn gestürzt und habe ihm das Ohr abgerissen, er habe das Ohr aufgehoben und es mit der Mütze Tag und Nacht an seinem Platz festgehalten, und da sei es wieder angewachsen. Für innere Unpäßlichkeiten nehme er Süßholzsaft in kochender Milch und komme dadurch in Schweiß, Lakritze also, die er beim Kaufmann hole, ein erprobtes Mittel, das Theriak der Alten. Wenn er sich in die Hand haue, lasse er sein Wasser über die Wunde laufen und salze sie ein, dann sei es in wenigen Tagen geheilt. Der Doktor sei noch nie nach Sellanraa geholt worden.

Nein, Isak war nicht krank. Eine Begegnung mit dem Teufel konnte schließlich der Gesündeste haben. Isak fühlte auch von dem gefährlichen Abenteuer keine Nachwehen, im Gegenteil, es war, als sei er dadurch gestärkt worden. Als sich der Winter seinem Ende zuneigte und der Frühling nicht mehr so ewig weit entfernt war, fühlte sich der Mann und das Oberhaupt allmählich als eine Art Held: Ich verstehe mich auf solche Dinge, wir müssen nur meinem Rat folgen, zur Not kann ich sogar bannen.

Im ganzen genommen waren ja die Tage länger und heller, Ostern war vorüber, die gefällten Bäume waren heimgefahren, alles leuchtete, die Menschen atmeten nach dem überstandenen Winter auf.

Inger war wieder die erste, die sich aufrichtete, sie war jetzt schon lange in guter Laune. Woher das kam? Hoho, es hatte seine guten Gründe, sie war wieder dick geworden, sollte wieder ein Kind bekommen. Alles ebnete sich in ihrem

Leben, nichts versagte. Aber das war ja die größte Barmherzigkeit nach all dem, was sie verbrochen hatte, sie hatte Glück, das Glück verfolgte sie! Isak wurde wahrhaftig eines Tages aufmerksam und mußte sie fragen: Ich glaube wirklich, es wird wieder etwas, wie ist das möglich? – Ja, gottlob, es wird gewiß etwas! antwortete sie. – Beide waren gleich überrascht. Natürlich war Inger nicht zu alt; Isak kam sie nicht zu alt vor, aber trotzdem, wieder ein Kind, ja ja! Die kleine Leopoldine war ja schon mehrere Male im Jahr für längere Zeit in der Schule auf Breidablick, da hatten sie keine Kleinen mehr zu Hause, und außerdem war Leopoldine jetzt auch schon ein großes Mädchen.

Einige Tage vergingen, aber am nächsten Samstag machte sich Isak energisch auf den Weg ins Dorf, und er wollte erst am Montagmorgen zurückkommen. Er wollte nicht sagen, was er im Sinne hatte, aber siehe da, er kam mit einer Magd zurück. Sie hieß Jensine. – Du bist wohl nicht recht klug, sagte Inger, ich brauche sie nicht. – Isak erwiderte, jawohl, jetzt brauche sie eine Magd.

Und jedenfalls war das nun ein so hübscher und gutherziger Einfall von Isak, daß Inger ganz beschämt und gerührt war; das neue Mädchen war die Tochter des Schmieds; sie sollte vorerst den Sommer über dableiben, später werde man weitersehen.

Und außerdem, sagte Isak, habe ich an Eleseus telegraphiert.

Inger zuckte zusammen. Telegraphiert? Wollte Isak sie rein umbringen mit seiner Gutherzigkeit? Seht, es war ja seit langer Zeit ihr großer Schmerz, daß Eleseus in der Stadt war, in der ruchlosen Stadt! Sie hatte an ihn vom lieben Gott geschrieben und ihm außerdem auch erklärt, der Vater werde allmählich alt, der Hof aber immer größer, Klein-Sivert könne nicht alles leisten und er solle ja auch den Oheim Sivert einmal beerben – und sie hatte ihm für alle Fälle einmal auch das Reisegeld geschickt. Aber Eleseus war ein Stadtmensch geworden und sehnte sich nicht ins Bauernleben zurück, er erwiderte, was er denn daheim ungefähr tun solle? Ob er auf dem Hofe schaffen und all sein Wissen und seine Gelehrtheit wegwerfen solle? Und tatsächlich habe ich keine Lust dazu, schrieb er. Und wenn du mir wieder etwas Stoff zu Wäsche schicken kannst, dann brauche ich deshalb keine Schulden zu machen, schrieb er. – O ja, die Mutter schickte Stoff zu Wäsche, sandte merkwürdig oft Stoff zu Wäsche; aber als sie erweckt und fromm geworden war, da war es ihr wie Schuppen von den Augen gefallen, und sie begriff, daß Eleseus den Stoff unter der Hand verkaufte und das Geld zu anderem benutzte.

Dasselbe begriff auch der Vater. Er sagte nie ein Wort darüber, denn er wußte, daß Eleseus der Augapfel der Mutter war, daß sie über ihn weinte und den Kopf schüttelte; trotzdem aber verschwand ein Stück doppelseitiges Tuch nach dem andern. Darüber war sich Isak ganz klar, daß kein Mensch auf der weiten Welt so viel Wäsche auftragen könnte. Wenn er also alles in allem betrachtete, so mußte Isak deshalb als Mann und Oberhaupt wieder eingreifen. So ein Telegramm durch den Kaufmann kostete allerdings unverhältnismäßig viel, aber teils würde das Telegramm sicher eine ungeheure Wirkung auf den Sohn ausüben, teils war es ja für Isak selbst etwas ganz Außergewöhnliches, wenn er bei seiner Rückkehr Inger von dem Telegramm mitteilen konnte. Als er heimwärts wanderte, trug er sogar noch den Koffer der Magd auf dem Rücken; und er fühlte sich ebenso stolz und so geheimnisvoll wie an jenem Tage, als er Inger den goldenen Ring mitgebracht hatte ...

Es kam eine herrliche Zeit, Inger wußte gar nicht, was Nützliches und Gutes sie nun alles tun sollte. Wie in alten Tagen sagte sie oft zu ihrem Mann: Du kannst alles zustande bringen! Und ein anderes Mal: Du schaffst dich zu tot! Und abermals: Nein, jetzt mußt du hereinkommen und essen, ich habe Waffeln für dich gebacken! Um ihm eine Freude zu machen, fragte sie: Ich möchte nur wissen, was du mit diesen Balken vorhast und was du eigentlich bauen willst? – Nein, das weiß ich noch nicht recht, antwortete er und tat sehr wichtig.

Es war jetzt wieder ganz wie in den alten Tagen. Und nachdem das Kind geboren war – es war ein Mädchen, ein großes, wohlgestaltetes Mädchen –, hätte Isak ein Stein oder ein Hund sein müssen, wenn er nicht Gott dankbar gewesen wäre. Aber was wollte er bauen? Das wäre etwas für Oline, darüber könnte sie klatschen: einen Anbau ans Haus, noch eine Stube. Seht, die Familie auf Sellanraa war nun sehr zahlreich geworden: sie hatten eine Magd, sie erwarteten Eleseus nach Hause und ein funkelnagelneues kleines Mädchen war angekommen, – die alte Stube mußte nun Schlafkammer werden, anders ging es nicht.

Und natürlich mußte Isak das Inger eines Tages erzählen; sie war ja so neugierig darauf, es zu erfahren, und obgleich Inger das ganze Geheimnis vielleicht schon von Sivert gehört hatte – sie tuschelten ja oft miteinander –, so tat sie ordentlich überrascht, ließ die Arme sinken und sagte: Das ist doch wohl nicht dein Ernst? – Aber zum Platzen voll von innerem Glück erwiderte er: Du kommst mit so vielen neuen Kindern daher, wie soll ich sie denn unterbringen?

Die Mannsleute waren nun jeden Tag eifrig beim Steinausbrechen für die neue Grundmauer. Sie waren einander jetzt ungefähr gleich bei dieser Arbeit; der eine frisch und fest in seinem jungen Körper und rasch im Erfassen der günstigsten Lage, im Erkennen der passendsten Steine, der andere alternd und zäh, mit langen Armen und das Brecheisen mit ungeheuerem Gewicht einsetzend. Und wenn sie einmal so ein richtiges Kraftstück ausgeführt hatten, schnauften sie gerne eine Weile aus und hielten einen scherzhaften und zurückhaltenden Schwatz miteinander.

Brede will ja verkaufen, sagte der Vater. – Ja, versetzte der Sohn. – Möchte wissen, wieviel er verlangt? – Ja, wieviel wohl? – Du hast nichts gehört? – Nein, doch, zweihundert. – Der Vater überlegte eine Weile, dann sagte er: Was meinst du, gibt das hier einen Eckstein? – Es kommt darauf an, ob wir ihn zuhauen können, antwortete Sivert und stand augenblicklich auf, reichte dem Vater den Setzhammer und nahm selbst den Vorhammer. Er wurde rot und heiß, richtete sich in seiner ganzen Größe auf und ließ den Vorhammer niedersausen, richtete sich wieder auf und ließ ihn abermals niederfallen – zwanzig gleiche Schläge, zwanzig Donnerschläge! Er schonte weder das Werkzeug noch sich selbst, er leistete tüchtige Arbeit, das Hemd kroch ihm über die Hose heraus und entblößte ihm den Bauch, bei jedem Schlag richtete er sich auf die Zehenspitzen auf, um dem Hammer noch größere Wucht zu verleihen. Zwanzig Schläge!

Nun wollen wir sehen! rief der Vater. – Der Sohn hielt inne und fragte: Hat er einen Sprung bekommen? – Alle beide legten sich nieder und untersuchten den Stein, untersuchten den Kerl, den Halunken, nein, er hatte keinen Sprung bekommen. – Jetzt will ich es einmal mit dem Vorhammer allein probieren, sagte der Vater und richtete sich auf. Noch gröbere Arbeit, einzig und allein mit Kraft, der Vorhammer wurde heiß, der Stahl gab nach, die Feder, mit der Isak schrieb, wurde stumpf. Er geht vom Stiel ab, sagte er von dem Vorhammer und hörte auf zu schlagen. Ich kann auch nicht mehr, sagte Isak. O, das meinte er nicht, daß er nicht mehr könne!

Dieser Vater, dieser Prahm, unansehnlich, voller Geduld und Güte, er gönnte es dem Sohn, den letzten Schlag zu tun und den Stein zu spalten. – Da lag er nun in zwei Teilen. Ja, du hast einen kleinen Kniff dabei, sagte der Vater. Hm. Aus Breidablick könnte man schon etwas machen. – Ja, das sollte ich meinen.– Ja, wenn das Moor mit Gräben durchzogen und umgegraben würde. – Das Haus müßte hergerichtet werden.– Ja, selbstverständlich, das Haus müßte hergerichtet werden, oh, es würde viel zu arbeiten geben, dort, aber ... Wie war es, hast du gehört, ob die Mutter am Sonntag in die Kirche will? – Ja, sie hat davon gesprochen. – So. Aber komm, nun müssen wir uns ordentlich umschauen, damit wir eine schöne Steinschwelle für den Anbau finden. Du hast wohl noch nichts Passendes dazu gesehen? – Nein, antwortete Sivert.

Dann arbeiteten sie weiter.

Ein paar Tage später meinten beide, nun hätten sie genug Steine zu der Mauer. Es war an einem Freitagabend, sie setzten sich, um auszuschnaufen, und plauderten wieder eine Weile.

Hm. Nun, was meinst du, sagte der Vater, wollen wir ein wenig an Breidablick denken? – Warum? fragte Sivert. Was sollen wir damit? – Ja, das weiß ich nicht. Das Schulhaus ist auch dort und Breidablick liegt mitten drin. – Ja, und? fragte der Sohn. – Ich wüßte gar nichts damit anzufangen, denn man kann es zu nichts verwenden. – Hast du daran gedacht? fragte Sivert. – Der Vater antwortete: Nein. Ich denke an Eleseus, ob er wohl darauf arbeiten möchte? – Eleseus? – Ja, aber ich weiß nicht. – Lange Überlegung auf beiden Seiten. Dann sammelte der Vater das Handwerkzeug zusammen, lud es sich auf und wendete sich heimwärts. – Ich meine, du solltest mit ihm darüber reden, sagte Sivert schließlich. Und der Vater schloß das Gespräch mit den Worten: Nun haben wir auch heute keinen schönen Stein zu der Türschwelle gefunden.

Der nächste Tag war ein Samstag, und da mußten sie schon sehr früh aufbrechen, um mit dem Kinde rechtzeitig übers Gebirge zu kommen. Jensine, die Magd, sollte auch mit, da hatten sie die eine Patin, die andern Gevattern mußten jenseits des Gebirges unter Ingers Verwandten aufgetrieben werden.

Inger war sehr hübsch, sie hatte sich ein besonders kleidsames Kattunkleid genäht und trug überdies weiße Streifen um den Hals und an den Handgelenken. Das Kind war ganz in Weiß, nur unten am Saum war ein neues blauseidenes Band durchgezogen, aber es war ja auch ein ganz besonderes Kind, es lächelte und plauderte schon und horchte auf, wenn die Stubenuhr schlug. Der Vater hatte den Namen ausgewählt. Ihm kam dies zu, er wollte hier eingreifen – laßt uns nur meinem Rat folgen! Er hatte zwischen Jakobine und Rebekka, die beide etwas mit Isak zusammenhingen, geschwankt, schließlich war er zu Inger gegangen und hatte ängstlich gesagt: Hm. Was meinst du zu Rebekka? – O ja, antwortete Inger. – Als Isak dies hörte, wurde er ordentlich männlich und sagte barsch: Wenn sie etwas heißen soll, so soll sie Rebekka heißen. Dafür stehe ich ein!

Und natürlich wollte er mit in der Kirche sein, der Ordnung halber und auch, um das Kind zu tragen, der kleinen Rebekka sollte ein gutes Taufgeleite nicht fehlen. Er stutzte sich den Bart, zog wie in jüngeren Jahren ein frisches rotes Hemd an; es war zwar in der größten Hitze, aber er hatte einen schönen neuen Winteranzug, den legte er an. Übrigens war Isak nicht der Mann, der sich Verschwendung und Flottheit zur Pflicht machte, deshalb zog er zu der Wanderung übers Gebirge ein Paar von seinen märchenhaften Siebenmeilenstiefeln an.

Sivert und Leopoldine mußten bei den Haustieren daheim bleiben.

Sie ruderten im Boot über den Gebirgssee, und das war eine große Erleichterung gegen früher, wo sie immer außen herum hatten wandern müssen. Aber mitten auf dem Wasser, als Inger der Kleinen die Brust geben wollte, sah Isak etwas Glänzendes an einem Faden um ihren Hals hängen. – was konnte das sein? In der Kirche bemerkte er, daß sie den goldenen Ring am Finger trug. O, diese Inger, sie hatte sich es nicht versagen können!

17

Eleseus kam nach Hause.

Er war jetzt mehrere Jahre fort gewesen und war größer als der Vater geworden, mit langen weißen Händen und einem kleinen dunklen Schnurrbart. Er spielte sich nicht auf, sondern schien sich ein natürliches, freundliches Wesen zur Pflicht zu machen; die Mutter war verwundert und froh darüber. Er bekam mit Sivert zusammen die Kammer, die Brüder waren gut Freund miteinander und spielten einander manchen Schabernack, an dem sie sich höchlich ergötzten. Aber natürlich mußte Eleseus beim Zimmern des Anbaus helfen, und da wurde er bald müde und erschöpft, weil er körperlicher Arbeit ganz ungewohnt war. Ganz schlimm wurde es, als Sivert die Arbeit aufgeben und sie den beiden andern überlassen mußte – ja, da war dem Vater eher geschadet als gedient.

Und wohin ging Sivert? Ja, war nicht eines Tages Oline übers Gebirge dahergekommen mit der Botschaft von Oheim Sivert, daß er im Sterben liege! Mußte da nicht Klein-Sivert hingehen? Das war ein Zustand! – Niemals hätte das Verlangen des Oheims, Sivert jetzt bei sich zu haben, ungelegener kommen können, aber da war nichts zu machen.

Oline sagte: Ich hatte gar keine Zeit, den Auftrag zu übernehmen, nein, ganz und gar nicht, aber ich habe nun einmal die Liebe zu allen den Kindern hier und für Klein-Sivert besonders, und so wollte ich ihm zu seinem Erbe verhelfen. – Ist denn der Oheim Sivert sehr krank? – Ach du lieber Gott, er nimmt mit jedem Tag mehr ab! – Liegt er zu Bett? – Zu Bett! Herr des Himmels, ihr solltet nicht so freventlich herausreden. Sivert springt und läuft nicht mehr auf dieser Welt.

Nach dieser Antwort mußten sie ja annehmen, daß es mit dem Oheim Sivert stark auf das Ende zugehe, und Inger trieb Klein-Sivert noch tüchtig zur Eile an; sofort sollte er gehen.

Aber der Oheim Sivert, der Halunke, der Schelm, lag durchaus nicht im Sterben, er lag nicht einmal beständig zu Bett. Als Klein-Sivert ankam, fand er eine fürchterliche Unordnung und Vernachlässigung auf dem kleinen Hofe vor, ja die Frühjahrsarbeit war nicht einmal ordentlich getan worden, nein, nicht einmal der Winterdung war hinausgefahren, aber der Tod schien nicht augenblicklich bevorzustehen. Der Oheim Sivert war allerdings ein alter Mann, über siebzig, er war hinfällig und trieb sich halbangezogen im Hause herum, lag auch oft zu Bett und mußte für Verschiedenes notwendig Hilfe haben; zum Beispiel mußte das Heringsnetz, das im Bootsschuppen hing und da schlecht aufgehoben war, ausgebessert werden. O ja, aber der Oheim war durchaus nicht so am Ende, daß er nicht noch gepökelte Fische essen und sein Pfeifchen rauchen konnte.

Nachdem Sivert eine halbe Stunde dagewesen war und gesehen hatte wie alles zusammenhing, wollte er gleich wieder heim. – Heim? fragte der Alte. – Ja, wir bauen eine Stube, und dem Vater fehlt meine Hilfe. – So, sagte der Alte, ist denn nicht Eleseus daheim? – Doch, aber der ist diese Arbeit nicht gewohnt. – Warum bist du dann gekommen? – Sivert erklärte, welche Botschaft Oline gebracht habe. – Im Sterben? fragte der Alte. Meinte sie, ich liege im Sterben? Zum Teufel auch! – Hahaha! lachte Sivert. – Der Alte sah den Neffen gekränkt an und sagte: Du machst dich über einen Sterbenden lustig, und du bist nach mir getauft worden! – Sivert war zu jung, um eine betrübte Miene aufzusetzen, er hatte sich nie etwas aus dem Oheim gemacht, und jetzt wollte er wieder heim.

Na, und du hast also auch gemeint, ich liege im Sterben und bist da gleich hergerannt, sagte der Alte. – Oline hat es gesagt, beharrte Sivert. – Nach kurzem Schweigen machte der Oheim ein Angebot: Wenn du mein Netz im Bootsschuppen flickst, darfst du etwas bei mir sehen. – So, sagte Sivert, und was ist es? – Ach, das geht dich nichts an, versetzte der Alte mürrisch und legte sich wieder zu Bett.

Die Verhandlungen brauchten offenbar Zeit. Sivert wußte nicht recht, was tun. Er ging hinaus und sah sich um, alles war unordentlich und vernachlässigt, die Arbeit hier in Angriff nehmen zu sollen, wäre ein Unding gewesen. Als er wieder hereinkam, war der Oheim auf und saß am Ofen.

Siehst du dies? fragte er und deutete auf einen eichenen Schrein, der zwischen seinen Füßen auf dem Boden stand. Das war der Geldschrein. In Wirklichkeit war es einer von jenen Flaschenkasten, mit vielen Abteilungen, den Beamte und andere vornehme Leute in alten Tagen auf ihren Reisen mit sich geführt hatten; es waren jetzt keine Flaschen mehr drin, der alte Bezirkskassierer bewahrte Rechnungen und Gelder darin auf. Oh, diese Flaschenkiste, die Sage ging, daß sie den Reichtum der ganzen Welt berge, die Leute im Dorfe pflegten zu sagten: Wenn ich nur das Geld hätte, das der Sivert in seinem Schrein hat!

Der Oheim Sivert entnahm dem Schrein ein Papier und sagte feierlich: Du kannst doch wohl Geschriebenes lesen? Lies dies Dokument! – Klein-Sivert war durchaus nicht überlegen im Lesen von Schriftstücken, nein, das war er nicht, aber jetzt las er, daß er zum Erben der ganzen Hinterlassenschaft des Oheims eingesetzt sei. – Und nun kannst du tun, was du willst, sagte der Alte und legte das Dokument wieder in den Schrein.

Sivert fühlte sich nicht besonders gerührt, das Dokument berichtete ihm eigentlich nicht mehr, als was er vorher gewußt hatte, schon von Kind auf hatte er ja nichts anderes gehört, als daß er den Oheim einmal beerben werde. Etwas anderes wäre es gewesen, wenn er in dem Schrein Kostbarkeiten hätte zu sehen bekommen. – Es ist wohl viel Merkwürdiges in dem Schrein, sagte er. – Mehr als du denkst, versetzte der Oheim kurz.

Er war so enttäuscht und ärgerlich über den Neffen, daß er den Schrein zuschloß und wieder zu Bett ging. Da lag er dann und gab verschiedene Mitteilungen kund: Dreißig Jahre lang bin ich hier im Dorf Bevollmächtigter und Herr der Gelder gewesen, ich habe es nicht nötig, jemand um eine Handreichung anzuflehen. Woher wußte denn Oline, daß ich am Sterben sei? Kann ich nicht, wenn ich will, drei Mann zum Doktor fahren lassen? Ihr sollt nicht euren Spott mit mir treiben. Und du, Sivert, kannst nicht warten, bis ich meinen Geist ausgehaucht habe. Ich will dir nur eins sagen: jetzt hast du das Dokument gelesen und es liegt in meinem Geldschrein; mehr sag ich nicht. Aber wenn du von mir fortgehst, dann richte deinem Bruder Eleseus aus, daß er hierherkommen soll. Er heißt nicht nach mir und trägt nicht meinen irdischen Namen – aber er soll nur kommen!

Trotz der Drohung, die in diesen Worten lag, überlegte Sivert sich die Sache und sagte dann: Ich werde Eleseus deinen Auftrag ausrichten.

Oline war noch auf Sellanraa, als Sivert zurückkam. Sie hatte Zeit gehabt, einen Gang durch die Gegend zu machen, ja sogar bis zu Axel Ström und Barbros Ansiedlung, dann kam sie wieder zurück und tat äußerst wichtig und geheimnisvoll. Die Barbro ist dicker geworden, sagte sie flüsternd, das wird doch nichts zu bedeuten haben? Aber sagt es niemand! Was, da bist du ja wieder, Sivert, da brauche ich ja wohl nicht erst zu fragen, ob dein Oheim entschlafen ist? Ja, ja, er war ein alter Mann und ein Greis am Rande des Grabes. Was – er ist also nicht tot? Gott sei Lob und Dank! Was, ich hätte nur ein leeres Geschwätz verführt, sagst du? Wenn ich nur bei allem so frei von Schuld wäre! Konnte ich denn wissen, daß dein Oheim Gott ins Angesicht log? Er nimmt ab, das waren meine Worte, und diese werde ich einmal vor Gottes Thron wiederholen. Was sagst du, Sivert? Ja, aber lag nicht dein Oheim zu Bett und rauchte und faltete beide Hände auf der Brust und sagte, nun liege er da und kämpfe es aus?

Mit Oline konnte man sich unmöglich in einen Streit einlassen, sie überwältigte ihren Gegner mit ihrem Geschwätz und machte ihn mundtot. Als sie hörte, daß der Oheim Sivert Eleseus zu sich rief, ergriff sie auch diesen Umstand sofort und verwendete ihn zu ihrem Vorteil. Da könnt ihr hören, ob ich ein leeres Geschwätz im Munde geführt habe. Der alte Sivert ruft seine Verwandten herbei und schmachtet nach seinem Fleisch und Blut, es ist am Letzten bei ihm. Du mußt ihm das nicht abschlagen, Eleseus, geh nur gleich, damit du deinen Oheim noch am Leben triffst. Ich muß auch übers Gebirge, da können wir zusammen gehen.

Oline verließ indes Sellanraa nicht, bis sie Inger auf die Seite gezogen und ihr noch über Barbro zugeflüstert hatte: Sag es niemand, aber sie hat die Anzeichen! Und nun meint sie wohl, sie werde die Frau auf der Ansiedlung. Manche Leute kommen obenauf, ob sie auch von Anfang an so klein sind wie Sandkörner am Meeresstrand. Wer hätte nun das von Barbro geglaubt! Axel ist sicher ein fleißiger Mann, und so große Güter und Höfe wie hier im Ödland gibt es nicht auf unserer Seite des Gebirges, das weißt du auch, Inger, du stammst ja aus unserer Gemeinde und bist dort geboren. Barbro hatte ein paar Pfund Wolle in einer Kiste, es war lauter Winterwolle, ich habe keine davon verlangt, und sie hat mir auch keine davon angeboten, wir sagten nur Grüßgott und Gutentag, obgleich ich sie von Kindesbeinen an gekannt habe, damals, als ich hier auf Sellanraa war, und du, Inger, fort in der Lehre –

Jetzt weint die kleine Rebekka, warf Inger rasch ein, und dann steckte sie Oline noch eine Handvoll Wolle zu.

Große Dankesbezeugung von Oline: Ja, ist es nicht, wie ich eben zu der Barbro gesagt habe, so freigebig wie die Inger gibt es niemand mehr, sie schenkt sich wahrhaftig lahm und wund und murrt nie darüber. Ja, geht nur hinein zu dem kleinen Engel, noch nie hat ein Kind seiner Mutter so ähnlich gesehen, wie die kleine Rebekka dir. Ob sich Inger erinnern könne, was sie einmal gesagt habe, daß sie keine Kinder mehr bekomme? Da könne sie nun sehen! Nein, man solle auf die Alten hören, die selbst Kinder gehabt hätten, denn Gottes Wege sind unerforschlich, sagte Oline.

Dann trabte sie hinter Eleseus durch den Wald aufwärts, vor Alter gebückt, fahl und grau und neugierig, immer dieselbe. Nun würde sie zum alten Sivert gehen und zu ihm sagen, sie – Oline – sei es gewesen, die Eleseus bestimmt habe, zu ihm zu kommen.

Aber Eleseus hatte sich durchaus nicht nötigen lassen, es war nicht schwer gewesen, ihn zu überreden. Seht, im Grunde genommen war er besser, als es den Anschein hatte, er war wirklich auf seine Art ein guter Bursche, gutmütig und freundlich von Natur, nur ohne große körperliche Kräfte. Daß er aus der Stadt nur ungern aufs Land zurückkehrte, hatte seinen guten Grund, er wußte ja wohl, daß die Mutter wegen Kindsmord in der Strafanstalt gewesen war, in der Stadt hörte er nichts davon, aber da auf dem Lande wußten es wohl alle. War er nun nicht mehrere Jahre lang mit Kameraden zusammen gewesen, die ihm ein feineres Empfinden beigebracht hatten, als er früher gehabt hatte? War nicht eine Gabel ebenso notwendig wie ein Messer? Hatte er nicht alle Tage da drinnen nach Kronen und Öre gerechnet, und hier rechnete man immer noch nach dem alten Talerfuß. O ja, er wanderte sehr gern übers Gebirge in eine andere Gegend, daheim auf dem väterlichen Hofe mußte er ja jeden Augenblick seine Überlegenheit im Zaume halten. Er gab sich Mühe, sich den andern anzupassen, und es gelang ihm auch, aber er mußte auf der Hut sein, zum Beispiel, als er vor ein paar Wochen nach Sellanraa heimgekommen war. Er hatte ja einen hellgrauen Frühjahrsüberzieher mitgenommen, obgleich man mitten im

Sommer war; als er ihn an einem Nagel in der Wohnstube aufhängte, hätte er gut das silberne Schild mit seinen Buchstaben darauf nach außen drehen können, aber er hatte es nicht getan. Ebenso war es mit dem Stock, dem Spazierstock! Es war allerdings nur ein Regenschirmstock, von dem er den Stoff und die Stahlschienen abgemacht hatte, aber auf Sellanraa hatte er ihn nicht getragen und lustig geschwungen, weit entfernt, er hatte ihn verborgen am Schenkel angelegt getragen.

Nein, es war nicht verwunderlich, daß Eleseus übers Gebirge ging. Er taugte nicht zum Hausbauen, er taugte dazu, Buchstaben zu schreiben, das konnte nicht der erste beste, aber in seiner Heimat war niemand, der seine Gelehrsamkeit und seine Kunst zu schätzen wußte, ausgenommen vielleicht die Mutter. So wanderte er fröhlichen Herzens vor Oline her den Wald hinauf, er wollte weiter oben auf sie warten, er lief wie ein Kalb, hetzte ordentlich vorwärts. Eleseus hatte sich gewissermaßen vom Hofe weggestohlen, er hatte Angst, gesehen zu werden, jawohl, denn er hatte den Frühjahrsüberzieher und den Spazierstock mitgenommen. Jenseits des Gebirges konnte er ja hoffen, bessere Leute zu treffen und auch selbst gesehen zu werden, vielleicht sogar in die Kirche zu kommen. Deshalb plagte er sich in der Sonnenhitze mit dem überflüssigen Überrock.

Und er hinterließ keine Lücke, wurde nicht vermißt beim Hausbau, im Gegenteil, nun bekam ja der Vater den Sivert wieder, der Sivert war von viel größerem Nutzen und hielt vom Morgen bis Abend aus. Sie brauchten auch nicht viel Zeit zum Aufrichten des Gebäudes, es war nur ein Anbau, drei Wände; sie brauchten auch die Stämme nicht zuzuhauen, das wurde im Sägewerk gemacht. Die Schwartenbretter kamen ihnen dann gleich beim Dachbau zugute. Eines schönen Tages stand wirklich die Stube vor ihren Augen fertig da, gedeckt, mit gelegtem Boden und eingesetzten Fenstern. Weiter konnten sie vor der Ernte nicht mehr damit kommen. Das Verschalen und Anstreichen mußte auf später warten.

Da kam plötzlich Geißler mit großer Gefolgschaft übers Gebirge daher! Und das Gefolge war zu Pferd, auf glänzenden Pferden mit gelben Sätteln; es waren wohl reiche Reisende, sie waren sehr schwer und dick, die Pferde bogen sich unter ihnen durch. Mitten unter diesen großen Herren ging Geißler zu Fuß. Es waren im ganzen vier Herren und Geißler, dazu noch zwei Diener, von denen jeder ein Lastpferd führte.

Auf dem Hofplatz stiegen die Reiter ab, und Geißler sagte: Da haben wir Isak, den Markgrafen selbst. Guten Tag, Isak! Du siehst, da komme ich wieder, wie ich gesagt habe.

Geißler war noch ganz der Alte; obgleich er zu Fuß kam, schien er sich keineswegs geringer zu fühlen als die andern, ja sein abgetragener Rock hing ihm lang und leer über seinen eingefallenen Rücken hinunter, aber sein Gesicht zeigte einen überlegenen und hochmütigen Ausdruck. Er sagte: Diese Herren und ich haben die Absicht, ein Stück weit den Berg hinaufzuwandern; sie sind zu dick und möchten ein wenig Speck los werden.

Die Herren waren übrigens freundlich und gutmütig; sie lächelten zu Geißlers Worten und entschuldigten sich, daß sie wie im Krieg über den Hof hereinbrächen. Sie hätten Mundvorrat bei sich, würden ihn also nicht arm fressen, wären aber dankbar, wenn sie für die Nacht ein Dach über den Kopf bekommen könnten. Vielleicht dürften sie in dem neuen Gebäude da übernachten!

Als sie eine Weile ausgeruht hatten und Geißler bei Inger und den Kindern drin gewesen war, gingen alle die Gäste auf den Berg und blieben bis zum späten Abend weg. Am Nachmittag hatten die Leute auf dem Hofe ab und zu ganz unerklärliche Laute, Schüsse, gehört, und bei der Rückkehr brachten die Herren neue Gesteinsproben in Säcken mit. Schwarzkupfer, sagten sie und nickten über den Steinen. Es entspann sich eine lange, gelehrte Unterredung, und sie guckten dabei in eine Karte, die sie in groben Strichen gezeichnet hatten. Unter den Herren waren ein Sachverständiger und ein Ingenieur, einer wurde Landrat genannt, einer Hüttenbesitzer. Luftbahn, sagten sie, Seilbahn, sagten sie. Geißler warf ab und zu ein Wort ein, und das schien die Herren jedesmal richtig aufzuklären, es wurde großes Gewicht auf seine Worte gelegt.

Wem gehört das Land südlich vom See? fragte der Landrat Isak. – Dem Staat, antwortete Geißler flugs. Er war wachsam und klug, in der Hand hielt er das Dokument, das Isak einst mit seinem Namenszeichen unterschrieben hatte. – Ich habe ja schon gesagt, daß es dem Staat gehört, warum fragst du noch einmal danach? sagte er. Wenn du mich kontrollieren willst, bitte!

Später am Abend nahm Geißler Isak allein mit sich hinein und sagte: Wollen wir den Kupferberg verkaufen? – Isak antwortete: Aber der Herr Lensmann hat mir ja den Berg schon einmal abgekauft und bezahlt. – Richtig, sagte Geißler, ich habe den Berg gekauft. Aber du sollst doch auch Prozente vom weiteren Verkauf oder vom Betrieb haben, willst du diese Prozente verkaufen? – Das verstand Isak nicht, und Geißler mußte es ihm erklären. Isak könne keine Grube in Betrieb setzen, er sei ein Landmann, er mache Land urbar, er, Geißler, könne aber auch keine Grube betreiben. Aber Geld, Kapital? O, soviel er wolle! Aber er habe keine Zeit, er habe gar so vielerlei vor, sei ständig auf Reisen, müsse für seine Güter im Norden und im Süden sorgen. Nun wolle er – Geißler – an diese schwedischen Herren verkaufen, sie seien alle Verwandte seiner Frau und reiche Leute, Fachleute, sie könnten die Grube eröffnen und in Betrieb nehmen. Ob Isak es nun verstehe? – Ich will, wie Sie wollen, sagte Isak.

Merkwürdig – dieses große Zutrauen tat dem armen Geißler wohl: Ja, ich weiß nun nicht, ob du gut dabei fährst, sagte er und überlegte. Doch plötzlich wurde er sicher und fuhr fort: Aber wenn du mir freie Hand gibst, werde ich jedenfalls besser für dich handeln, als du es selbst tun könntest. – Isak fing an: Hm. Ihr seid von der ersten Stunde an hier ein guter Herr für uns gewesen ... Geißler runzelte die Stirne und unterbrach ihn: Also, es ist gut!

Am nächsten Morgen setzten sich die Herren hin, um zu schreiben. Sehr ernsthafte Sachen schrieben sie; zuerst einen Kaufkontrakt auf vierzigtausend Kronen für den Kupferberg, dann ein Dokument, worin Geißler zugunsten seiner Frau und seiner Kinder auf jeden Heller von diesen vierzigtausend verzichtete. Isak und Sivert wurden hereingerufen, um diese Papiere als Zeugen zu unterschreiben. Als dies getan war, wollten die Herren Isak seine Prozente für eine Bagatelle abkaufen, für fünfhundert Kronen. Aber Geißler unterbrach sie mit den Worten: Scherz beiseite!

Isak verstand nicht viel vom Ganzen, er hatte einmal verkauft und seine Bezahlung dafür erhalten, und im übrigen, Kronen – das war gar nichts, es waren keine Taler. Sivert dagegen dachte sich mehr dabei, der Ton der Verhandlungen war ihm auffallend: das war gewiß eine Familiensache, die hier beigelegt und abgemacht wurde. So sagte einer der Herren: Lieber Geißler, du brauchtest wirklich nicht so rote Ränder um die Augen zu haben! worauf Geißler scharfsinnig aber ausweichend antwortete: Nein, das brauchte ich wirklich nicht. Aber es geht eben nicht nach Verdienst in dieser Welt.

War es so, daß Frau Geißlers Brüder und Verwandte ihren Mann abfinden, sich vielleicht mit einem Schlag von seinen Besuchen befreien und die widerwärtige Verwandtschaft los werden wollten? Nun war ja der Kupferberg wahrscheinlich nicht wertlos, das wurde von keinem behauptet, aber er war sehr abgelegen, die

Herren sagten geradezu, sie kauften ihn jetzt, um ihn weiter zu verhandeln an Leute, die viel leichter eine Grube in Betrieb setzen und ausbauen könnten als sie. Darin lag nichts Unnatürliches. Sie sagten auch offen, sie wüßten nicht, wie viel der Berg eintragen könnte. Wenn eine Grube eröffnet würde, seien vielleicht vierzigtausend Kronen keine Bezahlung; wenn aber der Berg so liegen bleibe, wie er jetzt sei, dann sei es hinausgeworfenes Geld. Aber jedenfalls wollten sie reinen Tisch machen, und deshalb böten sie Isak fünfhundert Kronen für seinen Anteil.

Ich bin Isaks Bevollmächtigter, sagte Geißler, und ich verkaufe sein Recht nicht unter zehn Prozent der Kaufsumme.

Viertausend! sagten die Herren.

Viertausend! beharrte Geißler. Der Berg ist Isaks Eigentum gewesen, er erhält viertausend. Mir hat er nicht gehört, ich bekomme vierzigtausend. Wollen sich die Herren wohl die Mühe nehmen und das bedenken.

Ja, aber viertausend!

Geißler stand auf und sagte: Jawohl oder gar kein Verkauf.

Sie überlegten, tuschelten miteinander und gingen auf den Hofplatz hinaus, zogen die Sache in die Länge. Richtet die Pferde! riefen sie dann den Dienern zu. Einer der Herren ging zu Inger hinein, bezahlte fürstlich für den Kaffee, einige Eier und das Nachtquartier. Geißler ging anscheinend gleichgültig umher, aber er war noch ebenso wachsam: Wie ist es mit der Wasserleitung im vorigen Jahr gegangen? fragte er Sivert. – Sie hat uns die ganze Ernte gerettet. – Ich sehe, ihr habt den Sumpf dort umgerodet, seit ich das letztemal hier war. – Ja. – Ihr müßt euch noch ein Pferd anschaffen, sagte Geißler. Er sah alles.

Komm jetzt her, damit wir fertig werden! rief der Hüttenbesitzer.

Darauf gingen alle miteinander in den Neubau, und Isaks viertausend wurden aufgezählt. Geißler bekam eine Urkunde; er steckte sie nachlässig in die Tasche, als hätte sie gar keinen Wert. Heb sie wohl auf, sagten die andern zu ihm, und deiner Frau wird das Bankbuch in einigen Tagen zugestellt werden, sagten sie. – Geißler runzelte die Stirne und erwiderte: Es ist gut!

Aber sie waren noch nicht fertig mit Geißler. Nicht als ob er den Mund aufgetan hätte, um etwas für sich zu verlangen, aber da stand er nun, und sie sahen, wie er dastand; vielleicht hatte er sich auch selbst einen kleinen Teil des Geldes ausbedungen. Als der Hüttenbesitzer ihm ein Banknotenbündel reichte, nickte Geißler nur und sagte wieder, es sei gut. Und nun trinken wir noch ein Glas mit Geißler, sagte der Hüttenbesitzer.

Sie tranken, dann waren sie fertig und verabschiedeten sich von Geißler.

In diesem Augenblick kam Brede Olsen einher. Was wollte der nun? Brede hatte natürlich die dröhnenden Schüsse am gestrigen Tage gehört und verstanden, daß droben im Gebirge etwas vor sich ging. Jetzt kam er und wollte auch Gebirgsstrecken verkaufen. Er ging an Geißler vorbei, wendete sich an die Herren und sagte: er habe einige merkwürdige Gesteinsarten entdeckt, ganz wunderbare, die einen seien rot wie Blut, andere hell wie Silber; er kenne jeden Winkel da droben und könne rasch mit den Herren hinaufgehen, er wisse mehrere lange Metalladern – was das wohl für eine Art Metall sein könne? – Hast du Proben bei dir? fragte der Bergbaukundige. – Ja. Aber ob sie nicht ebensogut auf den Berg hinaufgehen könnten? Es sei nicht weit, Proben, jawohl! Viele Säcke voll, viele Kisten voll, er habe sie zwar nicht bei sich, aber daheim in seinem Hause; er könne rasch hinlaufen und sie holen. Aber er könne in kürzerer Zeit von den Bergen droben holen, wenn die Herren warten wollten. Die Herren jedoch schüttelten den Kopf und ritten davon.

Brede sah ihnen gekränkt nach. Wenn die Hoffnung einen Augenblick in ihm aufgetaucht war, dann erlosch sie jetzt wieder; er arbeitete unter der Ungunst des Schicksals, nichts wollte ihm glücken. Nur gut, daß er einen leichten Sinn hatte, um das Leben trotzdem ertragen zu können. Er sah den Reitern nach und sagte schließlich: Na, viel Glück auf die Reise!

Aber jetzt zeigte er sich wieder unterwürfig gegen Geißler, seinen früheren Lensmann, er duzte ihn nicht mehr, sondern verbeugte sich und sagte Ihr. Geißler hatte unter irgend einem Vorwand seine Brieftasche herausgezogen und ließ sehen, wie sie von Banknoten strotzte. – Könnt Ihr mir nicht helfen, Lensmann! sagte Brede.– Geh heim und grabe dein Moor um! sagte Geißler und half ihm nicht im geringsten. – Ich hätte gut eine ganze Traglast voll Steine mitbringen können, aber wäre es denn nicht viel besser gewesen, die Herren hätten die Berge selbst angesehen, da sie nun doch einmal hier waren? – Geißler tat, als höre er nicht, was Drede sagte, sondern fragte Isak: Weißt du nicht, was ich mit dem Dokument gemacht habe? Es war äußerst wichtig, viele tausend Kronen wert. Ach, da ist es, mitten zwischen den Banknoten. – Was waren denn das für Leute, haben sie nur einen Ausflug zu Pferd gemacht? fragte Brede.

Geißler war wohl vorher in großer Spannung gewesen, jetzt fiel er merklich ab. Aber er hatte doch noch Lust und Leben genug, um noch allerlei auszurichten. Sivert sollte mit ihm hinauf auf den Berg, Geißler hatte ein großes Papier bei sich, da zeichnete er die Grenze auf der Südseite des Wassers deutlich darauf ein. – Was er wohl für einen Gedanken dabei hatte! Als er ein paar Stunden später wieder auf den Hof zurückkam, war Brede noch da, aber Geißler beantwortete keine einzige von seinen Fragen, sondern war müde und winkte ihm nur mit der Hand ab.

Er schlief ununterbrochen bis zum nächsten Morgen, da stand er mit der Sonne auf und war wieder ganz frisch. Sellanraa! sagte er, als er auf dem Hofplatz stand und weit umherschaute.

All das Geld, das ich bekommen habe, soll denn das mir gehören? fragte Isak.

Was du sagst! erwiderte Geißler. Verstehst du denn nicht, daß du mehr hättest haben sollen? Und eigentlich hättest du sie nach unserem Kontrakt von mir haben sollen, aber wie du gesehen hast, ließ sich das nicht machen. Wieviel hast du bekommen? Nach alter Rechnung nur tausend Taler. Ich denke eben darüber nach, daß du noch ein Pferd für den Hof haben mußt. – Ja. – Ich weiß dir ein Pferd. Der jetzige Gerichtsbote bei Lensmann Heyerdahl läßt seinen Hof verfallen, das Herumreisen und die Leute auspfänden ist ihm unterhaltender. Er hat schon einen Teil seines Viehstandes verkauft, jetzt will er auch seinen Gaul los sein. – Ich werde mit ihm reden, sagte Isak.

Geißler deutete mit der Hand weit herum und sagte: Alles gehört dem Markgrafen! Du hast Haus und Vieh und wohlbestellte Felder, niemand kann dich aushungern.

Nein, antwortete Isak, wir haben alles, was Gott geschaffen hat.

Geißler lief noch eine Weile auf dem Hof umher, dann ging er plötzlich zu Inger hinein. Kannst du wohl auch heute etwas Mundvorrat entbehren? fragte er. Wieder ein paar Waffeln, aber ohne Butter und Käse darauf; sie sind allein schon nahrhaft und fett genug. Nein, tu wie ich sage, ich will nicht noch mehr tragen.

Geißler ging wieder hinaus. Er hatte wohl allerlei Gedanken im Kopf. Im Neubau setzte er sich an den Tisch und begann zu schreiben. Er hatte sich die Sache schon vorher ausgedacht, deshalb brauchte er nicht viel Zeit dazu. Es sei eine Eingabe an den Staat, sagte er überlegen zu Isak. An das Ministerium des Innern, sagte er. Ich habe für so vieles zu sorgen!

Als er seinen Mundvorrat bekommen hatte und sich verabschiedete, war es, als falle ihm plötzlich noch etwas ein. Ja richtig, als ich das letztemal fortging, vergaß ich gewiß – ich hatte einen Schein aus meiner Brieftasche genommen, hatte ihn dann aber in meine Westentasche gesteckt. Da habe ich ihn nachher gefunden. Ich habe so vielerlei Geschäfte. Damit steckte er Inger etwas in die Hand und ging.

Ja, dann ging Geißler, und er schien ganz getrosten Mutes zu sein. Er war durchaus nicht herunter und starb auch noch lange nicht, kam auch wieder nach Sellanraa, und erst viele Jahre später starb er. Die Hofleute vermißten ihn aber sehr, als er nun gegangen war; Isak hatte ihn wegen Breidablick um Rat fragen wollen, war aber nicht dazu gekommen. Geißler hätte ihm wohl auch abgeraten, den Hof zu kaufen – für einen Kontoristen wie Eleseus Ödland zu kaufen!

18

Oheim Sivert war doch am Sterben. Eleseus war ungefähr drei Wochen bei dem Alten gewesen, da war er tot. Eleseus bestellte das Begräbnis und war recht tüchtig in dieser Richtung, er holte da und dort in den Häusern einige Fuchsiastöcke, entlehnte eine Flagge und hing sie auf Halbmast, kaufte schwarzen Flor beim Kaufmann zu heruntergelassenen Vorhängen. Isak und Inger wurden benachrichtigt und kamen zum Begräbnis. Eleseus war der eigentliche Wirt und verstand sich sehr wohl auf die Aufwartung für die Eingeladenen, ja nachdem am Sarg noch gesungen worden war, sprach Eleseus sogar einige passende Worte, worüber seine Mutter vor lauter Stolz und Rührung ihr Taschentuch gebrauchen mußte. Alles ging ausgezeichnet.

Auf dem Heimweg in seines Vaters Gesellschaft mußte Eleseus seinen Überzieher offen tragen, den Spazierstock aber verbarg er in einem Ärmel. Es ging alles gut, bis sie im Boot übers Wasser fuhren; da stieß Isak aus Versehen an den Rock und ein Krach ließ sich hören. – Was war das? fragte Isak. – O nichts, antwortete Eleseus.

Aber der zerbrochene Stock wurde nicht weggeworfen; als sie heimkamen, suchte Eleseus nach einem passenden Ring um die Bruchstelle. – Können wir ihn nicht speideln? fragte Sivert, der große Spaßvogel. Sieh hier, wenn wir auf beiden

Seiten einen guten Holzspan legen und mit Pechdraht umwickeln ...? – Ja, ich werde dich mit Pechdraht umwickeln! erwiderte Eleseus. – Hahaha! Ach so, du willst wohl lieber ein rotes Strumpfband herumwickeln? – Hahaha! lachte auch Eleseus, aber dann ging er zu seiner Mutter hinein, und bei ihr bekam er einen alten Fingerhut, von dem er den oberen Teil abfeilte, wodurch er dann einen sehr schönen Ring für den Spazierstock bekam. O, Eleseus war gar nicht so ungeschickt mit seinen langen Fingern.

Die Brüder trieben immer noch ihren Spaß miteinander. Bekomme ich das, was der Oheim Sivert hinterlassen hat? fragte Eleseus. – Ob du es bekommst? Wieviel ist es? versetzte Sivert. – Hahaha! Du willst zuerst wissen, wieviel es ist, du Geizhals! – Ja, du kannst es gern haben, sagte Sivert. – Es wird zwischen fünf- und zehntausend sein. – Talern? rief Sivert; er konnte die Frage nicht zurückhalten, – Eleseus rechnete ja nicht nach Talern, aber jetzt paßte es ihm, er nickte und ließ Sivert bis zum nächsten Tag auf diesem Glauben.

Dann kam Eleseus wieder auf die Sache zurück. Reut dich wohl dein Geschenk von gestern? fragte er. – Du Dummkopf, versetzte Sivert, allerdings, aber fünftausend Taler waren nun einmal fünftausend Taler und keine Kleinigkeit; wenn der Bruder nicht ein Geizhals oder ein schlechter Kerl war, dann teilte er mit ihm. – Nun will ich dir etwas sagen, erklärte endlich Eleseus, ich glaube nicht, daß ich von der Erbschaft fett werde. – Sivert sah ihn überrascht an: So, nicht? – Nein, nicht besonders und nicht par ecellence fett.

Eleseus hatte ja gelernt, sich in Rechnungen auszukennen; der Schrein des Oheims, der berühmte Flaschenkasten, war vor ihm geöffnet worden, und er hatte alle Papiere und Summen durchgehen und Kassensturz halten müssen. Oheim Sivert hatte seinen Neffen nicht zu Landarbeit oder zum Flicken des Fischnetzes verwendet, sondern ihn in eine fürchterliche Unordnung von Zahlen und Rechnungen hineinversetzt. Wenn ein Steuerzahler vor zehn Jahren mit einer Ziege oder einer Kiste getrocknetem Kohlfisch bezahlt hatte, dann stand weder die Ziege noch der Kohlfisch da, sondern der alte Sivert holte den Mann aus seinem Gedächtnis hervor und sagte: Er hat bezahlt. – Nun, dann streichen wir diesen Posten, sagte Eleseus.

Hier war Eleseus der rechte Mann, er war freundlich und munterte den Kranken damit auf, daß er sagte, es stehe alles gut; die beiden hatten sich gut zusammen eingelebt, ja ab und zu hatten sie sogar ihren Spaß miteinander. Eleseus war ja wohl in dem einen oder andern töricht, aber das war der alte Sivert auch; sie hatten geradezu hochtrabende Dokumente abgefaßt, nicht nur zum Vorteil von Klein-Sivert, sondern auch fürs Dorf, die Gemeinde, der der Alte dreißig Jahre gedient hatte. – Herrliche Tage waren es! – Ich hätte wahrlich niemand Besseren bekommen können als dich, Eleseus! sagte Oheim Sivert. Er schickte jemand fort und ließ mitten im Sommer ein geschlachtetes Schaf kaufen, die Fische wurden ihm frisch aus dem Meer gebracht, und Eleseus wurde befohlen, aus dem Schrein zu bezahlen; sie lebten recht gut miteinander.

Sie ließen Oline kommen, und sie hätten niemand Besseren haben können, um an einem Festmahl teilzunehmen, auch war niemand besser dazu geschaffen als sie, von des alten Siverts letzten Tagen großen Ruhm zu verbreiten. Und die Befriedigung war gegenseitig. Ich meine, wir sollten Oline auch mit einer kleinen Erbschaft bedenken, sagte der Oheim, sie ist jetzt Witwe und hat es recht knapp. Es bleibt trotzdem noch genug für Klein-Sivert. – Es kostete Eleseus nur ein paar Federstriche mit geübter Hand, einen Nachtrag zu dem letzten Willen, und dann war auch Oline unter die Erben eingereiht. – Ich werde für dich sorgen, sagte der alte Sivert zu ihr; falls ich nicht wieder gesund werden sollte und nicht mehr auf der Erde leben werde, will ich, daß du nicht Hunger leiden mußt, sagte er. – Oline rief, sie sei sprachlos; aber das war sie gar nicht, sie war gerührt und weinte und dankte, niemand hätte solche Verbindungen zwischen einer irdischen Gabe und zum Beispiel »der großen himmlischen Wiedervergeltung im Jenseits« finden können wie Oline. Nein, sprachlos war sie nicht.

Aber Eleseus? Waren ihm vielleicht im Anfang die Verhältnisse des Oheims günstig und zufriedenstellend vorgekommen, so mußte er sich doch später die Sache neu überlegen und mit der Wahrheit herausrücken. Er versuchte es mit einem schwachen Einwand: Die Kasse ist ja nicht so ganz in Ordnung, sagte er. – Jawohl, aber da ist ja alles, was ich sonst hinterlasse. – Ja, und dann hast du wohl auch noch da und dort Geld auf der Bank? fragte Eleseus, denn so ging das Gerücht. – Na, antwortete der Alte, das kann nun sein wie es will. Aber das Großnetz, der Hof und die Häuser und das Vieh, und weiße Kühe und rote Kühe! Ich glaube, du faselst, mein guter Eleseus!

Eleseus wußte nicht, wie viel das Großnetz wert sein konnte; aber das Vieh hatte er jedenfalls gesehen: es bestand aus einer Kuh. Sie war weiß und rot. Oheim Sivert redete vielleicht irre. Und Eleseus verstand auch des Alten Rechnungen nicht alle; sie waren in einem großen Durcheinander, der reine Wirrwarr, besonders seit dem Jahr, in dem der Münzfuß von Talern in Kronen übergegangen war. Der Bezirkskassierer hatte oft die kleinen Kronen für volle

Taler gerechnet. Kein Wunder, daß er sich für reich hielt! Aber Eleseus fürchtete, wenn erst einmal alles geordnet sein würde, werde nicht viel übrigbleiben, vielleicht nichts, ja, vielleicht werde es nicht einmal hinreichen.

O, Klein-Sivert konnte ihm leicht das versprechen, was der Oheim hinterlassen würde!

Die Brüder scherzten darüber, Sivert war nicht niedergeschlagen, im Gegenteil, vielleicht hätte er sich schließlich mehr gegrämt, wenn er wirklich fünftausend Taler verschleudert hätte. Er wußte wohl, daß er aus reiner Berechnung nach dem Oheim genannt worden war, er hatte also auch nichts von ihm verdient. Jetzt zwang er Eleseus die Erbschaft förmlich auf: Ja gewiß mußt du sie annehmen, komm, wir wollen es schriftlich machen! sagte er. Ich gönne es dir, wenn du reich wirst. Verschmäh es nicht!

Sie hatten viel Spaß miteinander. Sivert war in der Tat der, der Eleseus am meisten half, das Leben daheim auszuhalten, vieles wäre ohne Sivert schwerer für Eleseus gewesen.

Jetzt war übrigens Eleseus wieder tüchtig verdorben worden, die drei Wochen Müßiggang jenseits des Gebirges waren nicht vom Guten für ihn gewesen, er war da auch in die Kirche gegangen und hatte sich gut herausgeputzt, ja er war auch mit jungen Mädchen zusammengetroffen. Daheim auf Sellanraa gab es keine. Jensine, die Magd, war nicht zu rechnen, sie war nur ein Arbeitstier, sie paßte besser für Sivert. – Ich möchte wohl wissen, wie die Barbro von Breidablick geworden ist, seit sie erwachsen ist, sagte er. – Geh hinunter zu Axel Ström und sieh sie dir an, entgegnete Sivert.

An einem Sonntag machte sich Eleseus auf den Weg. Jawohl, er war auswärts gewesen und hatte Mut und Lustigkeit wiedergefunden, hatte Blut geleckt, in Axels Gamme lebte er wieder auf. Barbro selbst war keineswegs zu verachten, jedenfalls war sie die einzige hier in der Gegend; sie spielte Gitarre und war witzig, außerdem roch sie nicht nach Rainfarn, sondern nach echten Sachen, nach Haarwasser. Seinerseits gab Eleseus zu verstehen, daß er nur in den Ferien daheim sei, das Bureau werde ihn bald zurückberufen. Immerhin sei es angenehm, wieder einmal daheim zu sein, wieder in der alten Heimat, und er habe jetzt droben die Kammer für sich allein zum Bewohnen. Aber es sei eben doch nicht die Stadt!

Nein, das weiß Gott, daß das Ödland nicht die Stadt ist! stimmte Barbro bei.

Axel selbst kam diesen beiden Stadtkindern gegenüber nicht recht zur Geltung. Er langweilte sich und ging hinaus auf seine Felder. Nun hatten die beiden freie Hand, und Eleseus war großartig. Er erzählte, er sei im Nachbardorfe gewesen und habe dort einen Oheim begraben, auch vergaß er nicht zu sagen, daß er am Sarge eine Rede gehalten hatte.

Als er ging, sagte er zu Barbro, sie solle ihn ein Stück Wegs begleiten. Aber nein, danke! – Ist es Sitte und Brauch in der Stadt, daß die Damen die Herren heimbegleiten? fragte sie. – Da wurde Eleseus wahrhaftig rot und verstand, daß er sie beleidigt hatte.

Trotzdem ging er am nächsten Sonntag wieder aufs Nachbargut, und da trug er den Spazierstock in der Hand. Die beiden unterhielten sich wieder wie das letztenmal, und Axel wurde wieder übersehen: Dein Vater hat jetzt einen großen Hof, er hat sehr viel gebaut, sagte er. – O ja, und er hat auch das Geld zum Bauen. Vater kann alles, was er will! antwortete Eleseus und prahlte drauf los; für uns andere arme Schlucker ist es nicht so leicht. – Wieso? – Na, habt ihr es nicht gehört? Jetzt eben sind einige schwedische Millionäre bei ihm gewesen und haben ihm einen Kupferberg abgekauft. – Was du da sagst? Und hat er viel Geld dafür bekommen? – Kolossal viel. Ja ja, ich will nicht prahlen, aber es waren jedenfalls viele Tausend. Aber was ich sagen wollte: Bauen, sagtest du? Ich sehe, du hast Zimmerholz draußen liegen, wann willst du selbst bauen? – Niemals, warf Darbro ein.

Niemals! Das war nun Vorwitz oder Übertreibung. Axel hatte im letzten Herbst Steine ausgebrochen und sie im Winter hergefahren; jetzt im Sommer hatte er die Mauer samt Keller und allem andern fertig gemacht, er brauchte nur noch das Haus aufzurichten. Er sagte, er hoffe, das Haus schon im Herbst unter Dach zu bringen, er habe auch schon daran gedacht, Sivert zu bitten, ihm ein paar Tage zu helfen, was Eleseus dazu meine? – O ja, meinte Eleseus. Aber du kannst mich bekommen, fügte er lächelnd hinzu. – Euch? sagte Axel ehrerbietig und redete ihn plötzlich mit Euch an. Ihr habt Genie für andere Sachen.– Wie das schmeckte, sogar hier im Ödland anerkannt zu werden. Ich fürchte sehr, daß diese meine Hände nicht dazu taugen, sagte Eleseus auch und tat äußerst vornehm.– Laß mich sehen! sagte Barbro, indem sie seine Hand ergriff.

Axel fühlte sich wieder auf die Seite gesetzt und ging hinaus; nun waren die beiden abermals allein. Sie waren gleichaltrig, waren zusammen in die Schule gegangen, hatten miteinander gespielt, umhergetollt und sich geküßt; jetzt frischten sie mit unendlicher Überlegenheit die Kindheitserinnerungen auf, und Barbro spielte sich ordentlich auf, das war nicht zu verkennen. Natürlich war Eleseus nicht zu vergleichen mit den großen Kontoristen in Bergen, die Kneifer und goldene Uhren hatten, aber hier auf dem Ödland war er unleugbar ein richtiger Herr. Und nun holte sie ihre Photographie von Bergen herbei und zeigte sie ihm: So habe sie damals ausgesehen, und wie jetzt! – Was soll dir denn jetzt fehlen? fragte er. – So, du meinst, ich habe nicht verloren? – Verloren? Ich will dir nur ein für allemal sagen, daß du jetzt doppelt so hübsch bist, überhaupt voller geworden, sagte er. Verloren? Nein, das ist klassisch! sagte er. – Aber findest du mein Kleid, das am Hals und im Rücken ausgeschnitten ist, auf dem Bild nicht hübsch? Und dann hatte ich auch, wie du siehst, eine silberne Kette, die habe ich von einem der Kontoristen, bei denen ich war, geschenkt bekommen. Aber dann habe ich sie verloren; das heißt nicht geradezu verloren, sondern ich brauchte Geld, als ich heimreiste. – Eleseus fragte: Kann ich nicht die Photographie bekommen? – Sie bekommen? Und was bekomme ich dafür? O, Eleseus wußte recht gut, was er am liebsten geantwortet hätte, aber er wagte es nicht zu sagen. Ich werde mich photographieren lassen, wenn ich wieder in der Stadt bin, dann bekommst du meine auch, sagte er dagegen. Sie aber nahm das Bild wieder an sich und sagte: Nein, ich habe nur noch die eine. – Da wurde es düster in seinem jungen Herzen, und er streckte die Hand nach dem Bild aus. – Ja, ja, dann gib mir gleich etwas dafür! sagte sie lachend. O, da griff er zu und küßte sie herzlich ab.

Nun wurde es ungezwungener; Eleseus entfaltete sich, er wurde großartig. Sie liebäugelten und lachten und scherzten. Als du nach meiner Hand gefaßt hast, war das so weich wie ein Sammetpfötchen, sagte er. – Ja, ja, nun fährst du bald wieder in die Stadt und dann kommst du wohl nie mehr hierher, sagte Barbro. – Hältst du mich für so schlecht? versetzte Eleseus. – Hast du niemand dort, der dich zurückhält? – Nein. Unter uns gesagt, ich bin nicht verlobt, sagte er. – Doch, das bist du gewiß. – Nein, es ist tatsächlich wahr, was ich sage.

Sie scherzten und liebäugelten lange miteinander, Eleseus war ganz verliebt. Ich werde dir schreiben, sagte er, darf ich das? – Ja, antwortete sie. – Ja, denn ich will nicht kleinlich sein und es nicht ohne Erlaubnis tun! Doch plötzlich wurde er eifersüchtig und fragte: Es heißt, du seiest mit Axel hier verlobt. Ist es so? – Mit ihm, dem Axel! sagte sie so verächtlich, daß es ihn tröstete. Er wird sich brennen! sagte sie. Dann bereute sie ihre Worte, und sie fügte hinzu: Der Axel ist schon recht. Und er hält eine Zeitung für mich und macht mir sehr oft

Geschenke, ich kann nichts anderes sagen. – Gott bewahre mich, er kann in seiner Art ein höchst vorzüglicher und unvergleichlicher Mann sein, gab Eleseus zu, aber das ist nun einmal nicht der Kernpunkt.

Aber bei dem Gedanken an Axel mußte sich Barbro wohl etwas beunruhigt fühlen, sie stand auf und sagte zu Eleseus: Nein, jetzt mußt du gehen, ich muß in den Stall.

Am nächsten Sonntag ging Eleseus bedeutend später als sonst hinunter, und er hatte den Brief selbst mitgenommen. Das war ein Brief. Das Entzücken und Kopfzerbrechen einer ganzen Woche hatten ihn zustande gebracht, ihn ausgedacht! An Fräulein Barbro Bredesen, zwei- bis dreimal habe ich nun das für mich so unaussprechliche Glück gehabt, dich wiederzusehen ...

Wenn er nun so spät am Abend ankam, mußte wohl Barbro im Stall fertig sein, ja, sie war vielleicht eben zu Bett gegangen. Doch das schadete nichts, es paßte im Gegenteil gerade gut.

Barbro war jedoch auf und saß in der Gamme. Aber jetzt sah es plötzlich aus, als wolle sie gar nicht mehr zärtlich sein, nein durchaus nicht. Eleseus bekam den Eindruck, daß Axel wohl hinter ihr her gewesen sein und sie ermahnt haben mußte. – Bitte, hier ist der Brief, den ich dir versprochen habe. – Danke! sagte sie, indem sie den Brief öffnete und ihn ohne ersichtliche Freude las. – Ich hätte wohl ebensogut schreiben können wie du! sagte sie. – Er war enttäuscht, was hatte sie nur? Und wo war Axel? Fort. Er war dieser törichten Sonntagsbesuche vielleicht überdrüssig und wollte nicht dabei sein; aber er konnte ja auch eine notwendige Besorgung gehabt haben, so daß er gestern ins Dorf hinuntergegangen war. Fort war er jedenfalls.

Warum sitzt du denn an einem so schönen Abend in der dumpfen Gamme? Komm mit heraus! sagte Eleseus. – Ich warte auf Axel, antwortete sie. – Auf Axel? Kannst du nicht ohne den Axel sein? – Doch, aber soll er etwa nichts zu essen haben, wenn er kommt?

Die Zeit verging, sie war vergeudet, die beiden kamen sich nicht näher; Barbro war und blieb launisch. Er versuchte, ihr wieder vom Nachbardorf zu erzählen und vergaß wieder nicht, daß er eine Rede gehalten hatte: Ich hatte allerdings nicht so besonders viel zu sagen, aber einige waren doch zu Tränen gerührt. – So, sagte sie. – Und an einem Sonntag bin ich in der Kirche gewesen. – Hast du da mit einer angebändelt? – Ob ich mit einer angebändelt habe? Ich war nur dort und habe mich umgesehen. Der Pfarrer predigte nicht besonders, nach meiner unmaßgeblichen Meinung, er hatte keinen guten Vortrag.

Die Zeit verging.

Was meinst du wohl, was Axel denken wird, wenn er dich so spät hier antrifft? sagte Barbro plötzlich. – Ach, wenn sie ihm einen Stoß vor die Brust versetzt hätte, hätte er nicht mutloser werden können. Hatte sie denn das Letztenmal ganz vergessen? War nicht verabredet worden, daß er am heutigen Abend kommen sollte? Er war schwer gekränkt und murmelte: Ich kann ja wieder gehen! – Darüber schien sie sich nicht zu entsetzen.– Was habe ich dir getan? fragte er mit bebenden Lippen. Es schien ihm sehr tief zu gehen, er war in großer Not. – Mir getan? Ach, du hast mir nichts getan. – Aber, was ist denn mit dir heute abend? – Mit mir? Hahaha! Aber im übrigen kann ich mich nicht darüber wundern, wenn Axel böse wird. – Ich werde gehen, wiederholte Eleseus. Aber sie erschrak wieder nicht darüber, sie machte sich nichts aus ihm, und es war ihr einerlei, daß er da vor ihr saß und mit seinen Gefühlen kämpfte. Oh, sie war eine Canaille!

Nun begann der Arger in ihm aufzukochen. Zuerst äußerte er ihn in feiner Weise: sie sei wahrlich keine vorteilhafte Repräsentantin des weiblichen Geschlechtes. Und als das nichts half – oh, er hätte lieber schweigen und ertragen sollen, sie wurde nur immer schlimmer. Aber er wurde auch nicht besser, sondern sagte: Wenn ich gewußt hätte, wie du bist, wäre ich heute abend gar nicht heruntergekommen. – Und was dann? versetzte sie. Dann hättest du deinen Stock, den du da in der Hand hältst, nicht spazieren getragen. – O, Barbro war in Bergen gewesen, sie konnte spotten, sie hatte auch ordentliche Spazierstöcke gesehen, deshalb konnte sie jetzt so unverschämt fragen, was das für ein geflickter Regenschirmstock sei, mit dem er anstolziert komme? – Er ertrug es. Dann möchtest du wohl auch deine Photographie wieder haben? fragte er. – Wenn das nicht wirkte, dann wirkte nichts mehr. Ein Geschenk zurücknehmen, das war das Äußerste, was man sich im Ödland denken konnte! Was machst du dir denn daraus? antwortete sie ausweichend. – Gut, erklärte er keck, ich werde sie dir sofort zurückschicken. Gib mir nun auch meinen Brief wieder.

Damit stand er auf.

Jawohl, sie gab ihm den Brief, aber da traten ihr auch die Tränen in die Augen, und ihre Laune schlug plötzlich um. Das Dienstmädchen war gerührt, der

Freund verließ sie, leb' wohl zum letztenmal! Du brauchst nicht zu gehen, sagte sie, ich mache mir nichts daraus, was Axel glaubt. – Aber jetzt wollte er seinen Vorteil ausnützen, und so verabschiedete er sich. Denn wenn eine Dame so ist wie du, dann absentiere ich mich, sagte er.

Langsam wanderte er von der Gamme weg heimwärts, er pfiff und schwang seinen Stock und tat ganz unbekümmert. Bah! Eine kleine Weile nachher kam Barbro auch heraus und rief ihm ein paarmal nach. Jawohl, er blieb stehen, das tat er, aber er war ein beleidigter Löwe. Sie setzte sich ins Heidekraut und schien ihr Benehmen zu bereuen, sie zerrte an einem Heidekrautbüschel, und allmählich wurde er wieder vernünftiger, ja, er bat sie sogar noch um einen Kuß, zum letzten Abschied, sagte er. – Nein, das wollte sie nicht. – So sei doch so reizend wie das letztenmal! sagte er. Er schwänzelte von allen Seiten um sie herum und ging immer rascher und rascher, um womöglich eine Gelegenheit zu erwischen. Aber sie wollte nicht reizend sein, sie erhob sich, und da stand sie. Da nickte er nur und ging.

Als er außer Sehweite war, trat plötzlich Axel hinter einigen Büschen hervor. Barbro fuhr zusammen und fragte: Wie ist denn das, kommst du von oben herunter? – Nein, ich komme von unten herauf, antwortete er, aber ich habe euch beide hier heraufgehen sehen. – Ach so, wirklich! Ja, davon wirst du fett werden! rief sie auf einmal rasend, sie war auch jetzt ebenso schlechter Laune wie vorher! Was brauchst du da herumzuschnüffeln? Was geht es dich an? – Axel war auch nicht gerade freundlich. – So, er ist also heute auch wieder hier gewesen? – Und wenn auch? Was willst du von ihm? – Was ich von ihm will? Nein, was willst du von ihm? Du solltest dich schämen! – Mich schämen? Sollen wir darüber schweigen, oder sollen wir darüber reden? fragte Barbro nach einer alten Redensart. Ich will nicht wie ein altes Steinbild in deiner Gamme sitzen, daß du es weißt. Warum ich mich schämen sollte? Wenn du eine andere Haushälterin nehmen willst, dann gehe ich meiner Wege. Du brauchst nur deinen Mund zu halten, wenn es nicht schändlich ist, dich überhaupt darum zu bitten. Da hast du meine Antwort. Jetzt werde ich auf der Stelle hineingehen, dir dein Essen anrichten und Kaffee kochen, dann kann ich nachher tun, was ich will.

Unter fortwährendem Zanken ging sie hinein.

Nein, Axel und Barbro waren nicht immer einig. Sie war nun schon zwei Jahre bei ihm, aber es hatte immer ab und zu Streit gegeben, hauptsächlich weil Barbro wieder fort wollte. Er drang in sie, wollte, sie solle für immer dableiben, sich ganz bei ihm niederlassen und seine Gamme und sein Leben mit ihm teilen, er wußte, wie schlimm es wäre, wenn er wieder ohne Hilfe sein müßte, – sie hatte ihm auch schon mehrere Male versprochen, seinen Antrag anzunehmen, ja, in liebevollen Stunden konnte sie sich gar nichts anderes denken, als dazubleiben. Aber sobald sich ein Streit entspann, drohte sie mit dem Fortgehen, und wenn sie auch nichts anderes sagte, als sie wolle in die Stadt und ihre Zähne herrichten lassen, sie fielen ihr sonst aus. Fortgehen, fortgehen! Er mußte sie irgendwie an den Ort fesseln können.

Fesseln? Es klang, als höhne sie einer jeden Fessel. So, du willst auch jetzt fortgehen? sagte er. – Und wenn dem so wäre? versetzte sie. – Kannst du denn reisen? – Kann ich nicht? Du meinst, ich sei in Not, weil es dem Winter zugeht, aber ich kann in Bergen jederzeit eine Stelle bekommen. – Da sagte Axel sehr ruhig: Das kannst du jedenfalls vorderhand nicht! Du sollst doch ein Kind bekommen? – Ein Kind? Nein, von was für einem Kind redest du da? – Axel starrte sie an. War Barbro verrückt geworden?

Etwas anderes war, daß Axel selbst vielleicht etwas zu wenig nachsichtig war: seit er nun diesen Anspruch auf sie hatte, war er mit etwas zu großer Sicherheit aufgetreten; das war unklug, er brauchte ihr ja nicht so oft zu widersprechen und sie zu reizen, es wäre nicht notwendig gewesen, ihr im Frühjahr geradezu zu befehlen, die Kartoffeln zu legen, er hätte sie zur Not allein legen können. Wenn sie erst verheiratet wären, würde schon die Zeit kommen, wo er sich zum Herrn aufwerfen konnte, aber bis dahin mußte er seinen Verstand gebrauchen und nachgeben.

Aber das Schmähliche war eben die Sache mit diesem Kontoristen, dem Eleseus, der mit glatten Redensarten und einem Spazierstock einhergeschlendert kam. War nun das ein Benehmen für ein verlobtes Mädchen in ihrem Zustand! War so etwas überhaupt zu begreifen? Bis jetzt war Axel ohne Nebenbuhler hier gewesen. Ja, so änderte sich die Lage!

Hier sind neue Zeitungen für dich, sagte Axel. Und hier ist eine Kleinigkeit, die ich für dich gekauft habe. Du kannst nun sehen, ob es dir gefällt. – Sie war kalt. Obgleich alle beide kochend heißen Kaffee tranken, antwortete sie eiskalt: Ich wette, es ist ein goldener Ring, den du mir schon seit über einem Jahr versprochen hast.

Da hatte sie sich jedenfalls vergaloppiert, denn es war tatsächlich der Ring. Ein goldener Ring war es allerdings nicht, und einen solchen hatte er ihr auch nie versprochen, daran erinnerte sie sich jetzt: aber es war ein silberner Ring mit zwei vergoldeten Händen darauf, also ein echter karatgestempelter. Aber ach, der unglückselige Aufenthalt in Bergen! Barbro hatte dort richtige Verlobungsringe gesehen, man sollte ihr nur nichts weismachen wollen! – Diesen Ring kannst du selbst behalten, sagte sie. – Was fehlt denn daran? – Was daran fehlt? Nichts fehlt daran, antwortete sie. Damit stand sie auf und begann den Tisch abzuräumen. – Du kannst ja diesen vorläufig haben, später wird sich dann vielleicht auch noch ein anderer finden, sagte Axel. – Darauf erwiderte Barbro nichts.

Übrigens war Barbro an dem Abend recht schlecht. War nicht ein neuer silberner Ring dankenswert? Dieser vornehme Kontorist hatte ihr wohl den Kopf verdreht. Axel konnte sich nicht enthalten, zu sagen, was dieser Eleseus immer hier zu suchen habe. Was will er von dir? – Von mir? – Ja, sieht denn der Mensch nicht, wie es um dich bestellt ist? Sieht er dich denn nicht an? – Barbro stellte sich vor Axel hin und sagte: So, du meinst wohl, du habest mich nun an dich gebunden, aber du sollst sehen, daß das erlogen ist. – So, sagte Axel. – Ja, und du sollst sehen, daß ich auch von hier fortgehe. – Darauf verzog Axel nur den Mund zu einem leichten Lächeln, aber er tat es nicht einmal offen und in die Augen fallend, denn er wollte sie nicht reizen. Dann sagte er beruhigend wie zu einem Kinde: Nun sei einmal artig, Barbro. Du weißt ja, du und ich!

Und natürlich, spät in der Nacht endete es damit, daß Barbro wieder freundlich wurde und sogar mit dem silbernen Ring am Finger einschlief.

O, es würde wohl alles wieder gut werden!

Für die beiden in der Gamme wurde wirklich alles wieder gut, aber für Eleseus war es schlimmer. Es fiel ihm schwer, die Kränkung, die er erlitten hatte, zu überwinden. Da er sich nicht auf Hysterie verstand, glaubte er, er sei aus reiner Bosheit genarrt worden; die Barbro auf Breidablick war ein wenig zu keck gewesen, selbst wenn man mit in Rechnung zog, daß sie in Bergen gewesen war.

Die Photographie hatte er Barbro auf diese Weise zurückgeschickt, daß er sie selbst in einer Nacht zurückbrachte und zu ihr in den Heuboden hineinwarf, wo sie ihre Schlafstelle hatte. – Er hatte es aber durchaus nicht in grober, unhöflicher Form getan, nein, weit entfernt; er hatte lange an der Tür herumgetastet, um sie aufzuwecken, und als sie sich auf den Ellbogen aufrichtete und fragte: Findest du denn heut nacht den Weg nicht herein? hatte diese vertrauliche Frage ihn wie mit einer Nadel oder einen Degen gestochen; aber er hatte nicht geschrien, sondern nur die Photographie hübsch auf den Fußboden hineingleiten lassen. Und dann war er seiner Wege gegangen. Gegangen? Tatsächlich war er nur ein paar Schritte gegangen, dann fing er an zu laufen, zu laufen; er war sehr aufgeregt, ja förmlich lustig, das Herz hämmerte ihm in der Brust; hinter einem Buschwerk hielt er an und schaute zurück, nein sie kam ihm nicht nach! Ach er hatte es halb und halb gehofft! Und wenn sie ihm wenigstens so annähernd Zuneigung gezeigt hätte. Aber zum Kuckuck, dann brauchte er auch nicht so zu laufen, wenn sie ihm nicht auf den Fersen folgte, nur im Hemd und Unterrock, verzweifelt, ja zerschmettert über sich selbst und über die vertrauliche Frage, die nicht für ihn bestimmt gewesen war!

Er wanderte heimwärts, ohne Stock und ohne zu pfeifen, nein, er war kein großer Herr mehr. Ein Stich in die Brust ist keine Kleinigkeit.

Und war es damit zu Ende?

An einem Sonntag ging er wieder hinunter, nur um Ausschau zu halten. Mit einer fast krankhaften unglaublichen Geduld lag er lauernd hinter dem Gebüsch und starrte nach der Hütte hinüber. Als sich endlich Leben und Bewegung zeigte, war es, als sollte er vollends vernichtet werden. Axel und Barbro traten beide aus der Gamme und gingen zusammen in den Stall. Sie waren jetzt zärtlich zueinander, ja sie hatten eine freundliche Stunde, sie gingen Arm in Arm, er wollte ihr wohl im Stall helfen. Sieh einer!

Eleseus betrachtete das Paar mit einer Miene, als habe er alles verloren, als sei er zugrunde gerichtet. Vielleicht dachte er ungefähr so: sie geht Arm in Arm mit Axel Ström, wie sie dazu gekommen ist, weiß ich nicht, einmal hat sie ihre Arme um mich geschlungen. Sie verschwanden im Stall.

Na, meinetwegen! Bah! Sollte er hier im Gebüsch liegen und sich selbst vergessen? Das sollte er wohl tun, sich flach auf die Erde legen und sich so vergessen? Wer war sie? Aber er war der, der er war. O noch einmal Bah!

Er sprang auf und stand aufrecht da. Dann streifte er Blätter und Heidekraut von seinen Hosen und sichtete sich wieder hoch auf. Sein Zorn und sein Übermut traten auf seltsame Art zutage: er war desperat und fing an ein Lied von nicht unbedeutender Leichtfertigkeit anzustimmen. Und wenn er dann die schlimmsten Stellen recht absichtlich viel lauter sang, dann lag auf seinem Gesicht ein inniger Ausdruck.

19

Isak kam mit einem Pferd aus dem Dorfe zurück.

Jawohl, er hatte das Pferd des Amtsdieners gekauft, es war, wie Geißler gesagt hatte, zu haben, aber es kostete zweihundertvierzig Kronen, gleich sechzig Taler. Die Pferdepreise waren jetzt ins Unerschwingliche gestiegen, in Isaks Kindheit hatte man die besten Pferde für fünfzig Taler haben können.

Aber warum hatte er nicht selbst Pferde gezüchtet? O, er hatte es sich wohl überlegt, hatte an ein junges Füllen gedacht – das er ein und auch zwei Jahre hätte aufziehen müssen. Das konnte der tun, dem seine Feldarbeit Zeit dazu ließ, einer, der seine Sümpfe so daliegen lassen konnte und sie nicht umzuroden brauchte, bis er einmal ein Pferd hatte, das ihm die Ernte heimfuhr. Wie der Amtsdiener sagte: Ich habe keine Lust, ein Pferd zu füttern, das Heu, das ich habe, können meine Frauenzimmer hereintragen, während ich auf Verdienst auswärts bin.

Das neue Pferd war schon ein alter Gedanke von Isak, ein mehrjähriger Gedanke, nicht Geißler hatte ihn ihm erst in den Kopf gesetzt. Deshalb hatte er ja auch soweit möglich Vorbereitungen dafür getroffen, noch eine Raufe, noch einen Weidepfahl für den Sommer; Wagen und Karren hatte er mehrere, und weitere wollte er im Herbst anfertigen. Das Wichtigste von allem, das Futter, hatte er natürlich auch nicht vergessen; warum wäre es sonst so notwendig gewesen, das letzte Stück Moor schon im letzten Jahre umzubrechen, wenn er nicht vorbeugen hätte wollen, weil er sonst seinen Kuhbestand hätte vermindern müssen! Jetzt war auf dem Moor Grünfutter gesät worden, das war für die kalbenden Kühe bestimmt.

Ja, alles war bedacht worden. Inger hatte wieder guten Grund, wie in alten Tagen vor Verwunderung die Hände zusammenzuschlagen.

Isak brachte Neuigkeiten aus dem Dorf mit: Breidablick sollte verkauft werden, jetzt war es vom Kirchplatz aus bekannt gemacht worden. Die wenigen Felder, die bebaut waren, die Wiesen und die Kartoffeläcker, alles war inbegriffen, vielleicht auch das Vieh, ein paar Haustiere, Kleinvieh. Will er denn rump und stump alles verkaufen und sich ganz ausziehen! rief Inger. Und wo will er denn hinziehen? – Ins Dorf. –

Das war ganz richtig, Brede wollte ins Dorf ziehen. Allerdings hatte er zuerst versucht, sich bei Axel Ström einzuquartieren, wo ja Barbro schon war. Das ging jedoch nicht. Brede wollte um alles in der Welt das Verhältnis zwischen seiner Tochter und Axel nicht zerstören, und so nahm er sich wohl in acht, aufdringlich zu werden, aber natürlich war es ihm ein böser Strich durch die Rechnung. Axel wollte ja bis zum Herbst das neue Haus unter Dach bringen, wenn dann er und Barbro hineinzogen, hätte da nicht Brede mit seiner Familie die Gamme bekommen können? Nein! Seht, Brede dachte nicht als Ansiedler, er verstand nicht, daß Axel ausziehen mußte, weil er die Gamme für seinen wachsenden Viehstand brauchte; die Gamme mußte auch hier in den Stall verwandelt werden. Aber selbst nachdem Brede alles erklärt worden war, blieb ihm dieser Gedankengang fremd. Die Menschen kommen doch wohl vor den Tieren, sagte er. – Nein, das war nicht des Ansiedlers Ansicht, o weit entfernt! Die Tiere zuerst, die Menschen konnten sich immer einen Winteraufenthalt verschaffen. – Da mischte sich Barbro drein und sagte: So, du stellst die Tiere über die Menschen? Es ist gut, daß ich das erfahren habe! – Wahrlich, Axel machte sich ja eine ganze Familie zum Feind, weil er kein Obdach für sie hatte. Aber er gab nicht nach. Er war ja auch nicht dumm und gutmütig, sondern im Gegenteil allmählich immer geiziger geworden, er wußte wohl, daß bei einer solchen Einquartierung mehr Mägen zu befriedigen sein würden.

Brede beschwichtigte seine Tochter und gab ihr zu verstehen, daß er am liebsten wieder ins Dorf ziehe, er könne es auf dem Ödland nicht aushalten, sagte er, und allein aus diesem Grunde verkaufe er seinen Hof.

Ja, aber im Grunde genommen war es nun nicht Brede Olsen, der verkaufte, sondern die Bank und der Kaufmann waren es, die Breidablick zu Geld machten, aber um den Schein zu wahren, sollte es in Bredes Namen geschehen. Auf diese Weise glaubte er der Schande zu entgehen. Und Brede war auch gar nicht so sehr niedergedrückt, als Isak mit ihm zusammentraf, er tröstete sich damit, daß er ja immer noch Inspektor über die Telegraphenlinie sei; das sei eine sichere Einnahme, und mit der Zeit werde er sich schon wieder zu seiner alten Stellung im Dorfe, zum allgemeinen Helfer und Begleiter des Lensmanns emporarbeiten.

Natürlich war Brede auch gerührt gewesen. Das gehörte dazu: es sei ja so eine Sache, sich von der Stelle, die er lieb gewonnen und wo er so viele Jahre lang gelebt und geschafft und gearbeitet habe, zu trennen. Aber der gute Brede ließ sich nie dauernd unterkriegen, das war seine gute Seite, das Anziehende an ihm. Er hatte einmal die Eingebung bekommen, Ödland urbar zu machen, dieser

Versuch war nicht glücklich ausgefallen, aber auf dieselbe lustige Weise hatte er auch in anderen Fragen gehandelt, und da war es ihm besser gelungen. Ja, wer konnte wissen, ob er nicht mit seinen Gesteinsproben noch einmal gewaltige Geschäfte machte! Und jedenfalls war da Barbro, die er auf Maaneland untergebracht hatte! Sie komme ja nie wieder von Axel Ström weg, das dürfe man wohl sagen, es sei jedermann offenkundig!

Nein, so lange er seine Gesundheit habe und für sich und die Seinen schaffen könne, stehe es nicht schlecht, sagte Brede Olsen. Und gerade jetzt seien alle seine Kinder allmählich erwachsen, sie zögen fort und sorgten für sich selbst, sagte er. Helge sei schon bei der Heringsfischerei, und Katrine komme zu Doktors in Dienst. Dann hätten sie nur zwei kleinere Kinder daheim – allerdings komme bald noch ein drittes dazu, aber …

Isak brachte aus dem Dorf eine Neuigkeit mit: Die Frau des Lensmannes hatte ein Kleines bekommen. – Inger fragte plötzlich lebhaft: Einen Jungen oder ein Mädchen? – Das habe ich nicht gehört, antwortete Isak.

Also die Frau des Lensmannes hatte ein Kind bekommen, sie, die immer im Frauenverein gegen die überhandnehmenden Geburten bei den Armen geeifert hatte. Man solle der Frau das Stimmrecht geben und ihr Einfluß auf ihr eigenes Schicksal einräumen, hatte sie gesagt. Jetzt war sie gefangen. Ja, sagte die Frau Pastor, sie hat ihren Einfluß wohl angewendet, hahaha, und doch ist sie ihrem Schicksal nicht entgangen! Dieses witzige Wort über Frau Heyerdahl ging im ganzen Dorf herum und wurde von sehr vielen verstanden; auch Inger verstand es vielleicht, nur Isak verstand nichts.

Isak verstand zu arbeiten, verstand, seine Hantierung zu betreiben. Er war jetzt ein reicher Mann mit einem großen Hof, aber von dem vielen baren Geld, das ihm der Zufall in den Schoß geworfen hatte, machte er nur einen schlechten Gebrauch: er hob es auf. Das Ödland rettete ihn. Hätte Isak im Dorf gewohnt, dann hätte vielleicht die große Welt auch etwas auf ihn eingewirkt, dort war so viel Schönes, so vornehme Verhältnisse, er würde Unnötiges gekauft haben und wäre am Werktag in einem roten Hemd gegangen. Hier im Ödland war er gegen alle Verschwendung geschützt, er lebte in reiner Luft, wusch sich am Sonntagmorgen und badete, wenn er droben am Gebirgssee war. Die tausend Taler – jawohl, ein Geschenk vom Himmel, jeden Heller davon zum Aufbewahren! Wozu sonst? Isak konnte seine gewöhnlichen Ausgaben mit

Leichtigkeit durch den Verkauf seiner Erträgnisse von dem Viehbestand und den Feldern bestreiten.

Eleseus wußte ja besser Bescheid, er hatte dem Vater geraten, sein Geld auf der Bank anzulegen. Es war auch wohl möglich, daß dies das Verständigste gewesen wäre, aber jedenfalls war es aufgeschoben worden, wurde vielleicht nie getan. Nicht, weil Isak immer den Rat des Sohnes überhört hätte, Eleseus war wahrlich nicht so schlimm, das hatte Isak in der letzten Zeit herausgefunden. Jetzt in der Heuernte hatte er es mit dem Mähen versucht – nein, ein Meister wurde er darin nicht, und er mußte sich in Siverts Nähe halten und sich von ihm jedesmal die Sense wetzen lassen, aber Eleseus hatte lange Arme und konnte das Heu wie ein ganzer Mann zusammenraffen. Jetzt waren er und Sivert und Leopoldine und Jensine drüben auf der Wiese und setzten das erste Heu auf Heinzen, und Eleseus schonte sich da auch nicht, sondern arbeitete mit dem Rechen, bis er Blasen bekam und mit verbundenen Händen gehen mußte. Seit mehreren Wochen schon hatte er keinen rechten Appetit gehabt, war aber deshalb doch nicht arbeitsscheu geworden. Über den Jungen mußte etwas Neues gekommen sein, es sah aus, als sei ein gewisses Mißgeschick in einer gewissen Liebesangelegenheit oder etwas anderes in dieser Richtung, ein großer Schmerz oder eine Enttäuschung, vom Guten für ihn gewesen. Seht, jetzt hat er sogar seinen letzten von der Stadt mitgebrachten Tabak aufgeraucht, und das hätte vielleicht unter anderen Umständen einen Kontoristen dazu bringen können, die Türe zuzuschlagen oder sich über dies und jenes scharf auszusprechen; aber nein, Eleseus wurde dadurch nur ein gesetzter Bursche, fester in der Haltung, ja wahrlich ein Mann.

Auf was verfiel aber dann der Spaßvogel Sivert, um ihn zu reizen?

An diesem Tag knieten beide Brüder auf Steinen im Fluß und tranken, und Sivert war so unvorsichtig, Eleseus anzubieten, ihm ein besonders gutes Moos zu Tabak zu trocknen, – oder vielleicht willst du es roh rauchen? sagte er. – Ich werde dir Tabak geben, versetzte Eleseus, indem er den Arm ausstreckte und den Bruder bis an die Schultern ins Wasser tauchte. Ha, da bekam er's! Sivert lief noch lange mit einem nassen Kopf herum.

Ich glaube, Eleseus wächst sich allmählich zu einem tüchtigen Kerl heraus, dachte der Vater, wenn er den Sohn bei der Arbeit sah. – Hm. Ob der Eleseus nun für ganz daheimbleiben will? fragte er Inger. – Sie sagte ebenso sonderbar vorsichtig: Das könnte ich nicht sagen. Nein, das will er nicht. – So, hast du mit ihm darüber gesprochen? – Ach nein. Doch, ich habe nur ein ganz klein wenig gesagt. Aber ich errate es. – Ich möchte wissen, wie es wäre, wenn er einen eigenen Hof hätte? – Wieso? – Ob er ihn bebauen würde? – Nein. – So, hast du mit ihm darüber geredet? – Darüber geredet? Siehst du nicht, wie verändert er ist? Ich kenne ihn gar nicht mehr. – Du brauchst ihn nicht schlecht zu machen, sagte Isak unparteiisch. Ich sehe nichts anderes, als daß er draußen ein gutes Tagewerk vollbringt. – So, ja, ja, antwortete Inger schüchtern. – Ich weiß nicht, was du gegen den Jungen hast! rief Isak erzürnt. Er leistet mit jedem Tag bessere Arbeit, kannst du mehr erwarten? – Inger murmelte: Er ist nicht mehr, wie er war. Du solltest mit ihm wegen der Westen sprechen. – Wegen der Westen? Wieso? – Er sagt, daß er im Sommer in der Stadt weiße Westen getragen habe. – Isak dachte darüber nach und begriff nichts. Aber kann er denn nicht eine weiße Weste bekommen? fragte er. Isak war verwirrt, das Ganze war natürlich nur ein Weibergeschwätz, er meinte, der Junge sei mit der weißen Weste im Recht und begriff überdies nicht, was das bedeuten sollte, er wollte also rasch darüber weggehen. Nun, was würdest du dazu sagen, wenn er Bredes Ansiedlung zum heraufarbeiten bekäme? – Wer? fragte Inger. – Eleseus. – Breidablick? fragte Inger. Tu das ja nicht. Die Sache war nämlich die, daß sie den Plan schon mit Eleseus durchgesprochen hatte, sie kannte ihn wohl von Sivert, der den Mund nicht hatte halten können. Und im übrigen – warum hätte Sivert über den Plan schweigen sollen, den der Vater sicher nur deshalb verraten hatte, damit er durchgesprochen würde? Es war nicht das erstemal, daß er Sivert auf diese Weise zum Vermittler machte. Na, aber was hatte Eleseus geantwortet? Wie früher, wie in seinen Briefen aus der Stadt: Nein, ich will das, was ich gelernt habe, nicht wegwerfen und wieder der reine Garnichts sein! Das hatte er geantwortet. Ja, dann war ja die Mutter mit ihren guten Gründen herausgerückt, aber Eleseus hatte für alles nur abschlägige Antworten gehabt und gesagt, er habe andere Pläne für sein Leben. Das junge Herz hat seine unerforschlichen Gründe; nach dem, was geschehen war, fand er es vielleicht auch unmöglich, der Nachbar von Barbro zu werden. Das konnte niemand wissen. Er hatte der Mutter gegenüber nur obenhin Auskunft gegeben und gesagt, er könne in der Stadt eine bessere Stelle bekommen, als er jetzt habe, er könne auch Schreiber beim Landrichter oder Landrat werden; man müsse hinaufkommen, in einigen Jahren werde er vielleicht Lensmann oder Leuchtturmwächter, oder er komme aufs Zollamt. Es gebe so viele Möglichkeiten für den, der etwas gelernt habe.

Woher es nun auch kam, aber jedenfalls wurde die Mutter bekehrt, wurde mitgerissen, und sie war ja selbst so wenig sicher, die Welt konnte sie gar leicht wieder in ihre Schlingen ziehen. Im Winter hatte sie sogar in einem gewissen ausgezeichneten Andachtsbuch gelesen, das sie bei ihrem Weggang in der Anstalt in Drontheim bekommen hatte; aber jetzt? Ob denn Eleseus wirklich Lensmann werden könne? – Jawohl, antwortete Eleseus. Was ist denn der Lensmann Heyerdahl anderes, als ein früherer Schreiber auf einer Amtsstube?

Große Aussichten! Die Mutter wollte Eleseus geradezu abraten, sein Leben zu ändern und sich wegzuwerfen. Was sollte ein solcher Mann im Ödland? Aber warum gab sich Eleseus jetzt so viel Mühe und schaffte so fleißig auf den Feldern der Heimat? Gott mochte es wissen, er hatte vielleicht eine Absicht dabei! Etwas Bauernehrgeiz hatte er wohl auch, er wollte nicht zurückstehen. Außerdem schadete es nicht, wenn er an dem Tag, an dem er die Heimat wieder verließ, mit dem Vater gut Freund war. Um die Wahrheit zu sagen, so hatte er verschiedene kleine Schulden in der Stadt, es wäre gut, wenn er diese bereinigen könnte, das würde großen neuen Kredit bedeuten. Und hier handelte es sich nicht nur um einen Hundertkronenschein, sondern um etwas, das etwas war.

Eleseus war nicht dumm, o weit entfernt, er war sogar auf seine Art schlau. Er hatte den Vater wohl heimkommen sehen und wußte, daß er in diesem Augenblick drinnen am Fenster saß und herüberschaute. Wenn sich da nun Eleseus besondere Mühe bei der Arbeit gab, gereichte ihm das vielleicht gerade jetzt zum Vorteil, und es geschah ja niemand ein Unrecht dadurch.

Eleseus hatte etwas Verfeinertes an sich, was es nun auch sein mochte, aber zugleich auch etwas Verpfuschtes, wie etwas Zerstörtes, er war nicht böse, aber ein wenig verstockt. Hatte ihm in den verflossenen Jahren eine starke Hand über sich gefehlt? Was konnte die Mutter jetzt für ihn tun? Einzig und allein ihm helfen. Sie konnte sich von den großen Zukunftsaussichten des Sohnes blenden lassen und ihm beim Vater die Stange halten. Das konnte sie.

Aber Isak wurde schließlich ärgerlich über ihre abweisende Haltung, seiner Meinung nach war der Plan mit Breidablick gar nicht so übel. Heute auf dem Heimweg hatte er sogar der Versuchung nachgegeben und das Pferd angehalten, um sich in aller Eile einen sachkundigen Überblick über die vernachlässigte Ansiedlung zu verschaffen: unter arbeitsamen Händen konnte etwas daraus werden. – Warum soll ich es nicht wagen? fragte er Inger jetzt. Ich habe so viel Herz für Eleseus übrig, daß ich ihm dazu verhelfen will. – Ach, wenn du ein Herz für ihn hast, so nenne Breidablick vor ihm nicht mehr, versetzte sie. – So. – Nein, denn er hat viel größere Gedanken als wir.

Isak ist ja selbst seiner Sache nicht ganz sicher, er kann also nicht so recht gewichtig reden, aber es ärgert ihn, daß er mit diesem Plan herausgerückt ist und so unvorsichtig offen geredet hat, deshalb will er ihn nur ungern aufgeben. Er soll tun, was er will, erklärte Isak plötzlich. Und er sagt es mit lauter, drohender Stimme zum Besten für Inger, falls sie zufällig nicht gut hören sollte. Ja, sieh mich nur an, aber ich sage jetzt nichts mehr. Das Schulhaus ist dort, und es ist auf dem halben Wege vom Dorfe hierher und alles miteinander, was sind denn das für große Gedanken, die er hat? Mit einem Sohne wie er könnte ich leicht verhungern, ist das etwa besser? Aber nun frage ich, wie es kommt, daß mein eigenes Fleisch und Blut ungehorsam gegen – mein eigenes Fleisch und Blut sein kann? – Isak schwieg. Er begriff wohl, je mehr er redete, desto schlimmer wurde es. Er wollte jetzt erst einmal die Sonntagskleider ausziehen, in denen er im Dorfe gewesen war; aber nein, er änderte diesen Entschluß wieder und wollte so bleiben, wie er war, – was er wohl damit wollte? Du mußt versuchen, es mit Eleseus ins reine zu bringen, sagte er dann. – Inger antwortete: Es wäre am besten, du würdest es ihm selbst sagen. Mir folgt er nicht! – Jawohl, Isak ist das Haupt für alle, das wollte er meinen. Eleseus sollte es nur versuchen, sich zu mucksen! Aber ob es nun war, weil er eine Niederlage befürchtete – Isak weicht jetzt aus und sagt: Ja, das könnte ich tun, ich könnte es ihm selbst sagen. Aber da ich so vieles andere zu besorgen habe, so muß ich jetzt an anderes denken. – So? fragt Inger verwundert.

Nun geht Isak wieder fort, nur bis an die Grenze des Grundstücks, aber jedenfalls fort. Er ist sehr geheimnisvoll und will allein sein. Die Sache ist die, er ist heute mit einer dritten Neuigkeit vom Dorf zurückgekommen, und diese dritte ist größer als die beiden andern, sie ist ungeheuer groß; er hat sie am Waldessaum versteckt. Da steht sie, in Sackleinwand und Papier eingebunden. Er packt sie aus, und es ist eine große Maschine. Seht, sie ist rot und blau, wunderbar, mit vielen Zähnen und vielen Messern, mit Gelenken, mit Armen, Rädern, Schrauben, eine Mähmaschine. Natürlich wäre das neue Pferd nicht gerade an diesem Tag geholt worden, wenn es nicht wegen der Mähmaschine hätte sein müssen.

Isak steht mit einem ungeheuer scharfsinnigen Gesicht da und versucht, die Gebrauchsanweisung, die der Kaufmann ihm vorgelesen hatte, von einem Ende zum andern aus seinem Gedächtnis hervorzuholen; er befestigt eine Stahlfeder da und schiebt dort einen Bolzen ein, dann ölt er jedes Loch und jede Ritze, dann sieht er das Ganze noch einmal nach. Noch nie hat Isak einen solchen Augenblick erlebt. Eine Feder in die Hand nehmen und sein Hauszeichen unter ein Dokument setzen – jawohl, auch das ist eine große Gefahr und Schwierigkeit. Ebenso mit dem Reolpflug, der viele gebogene Messer hat, die ineinandergreifen müssen. Und dann die große Kreissäge im Sägewerk, die haargenau in ihrem Lager ruhen muß und nicht nach Ost und West ausweichen oder gar herausspringen darf. Aber die Mähmaschine – ein wahres Elsternest aus stählernen Zweigen und Haken und Vorrichtungen und Hunderten von Schrauben. O, Ingers Nähmaschine war nur eine Kleinigkeit dagegen!

Dann spannte sich Isak selbst vor und probierte die Maschine. Das war gerade der große Augenblick. Deshalb wollte er zuerst im Verborgenen mit der Maschine bleiben und auch sein eigenes Pferd sein.

Denn wie, wenn nun die Maschine falsch zusammengesetzt war und ihre Arbeit nicht verrichtete, sondern mit einem Knall zersprang? Aber das geschah nicht, die Maschine mähte Gras. Das würde auch gerade noch fehlen! Isak hatte hier in tiefes Studium versunken stundenlang gestanden, die Sonne war indessen untergegangen. Wieder spannt er sich vor und probiert, die Maschine mäht Gras. Das fehlte auch gerade noch!

Als gleich nach dem heißen Tag der Tau fiel und die beiden Brüder, jeder mit seiner Sense, auf der Wiese standen, um für den nächsten Tag zu mähen, tauchte Isak bei den Häusern auf und sagte: Hängt eure Sensen heute abend nur wieder hinein. Ihr könnt das neue Pferd anschirren und mit ihm hinüber an den Wald kommen.

Damit ging aber Isak nicht ins Haus hinein, um sein Abendbrot zu essen, was die andern schon getan hatten, sondern er drehte aus dem Hofplatz gleich wieder um und ging aufs neue dahin, woher er gekommen war.

Sollen wir den Karren anspannen? rief ihm Sivert nach.

Nein, antwortete der Vater und ging weiter.

Er strotzte förmlich von Geheimniskrämerei und war ganz übermütig, bei jedem Schritt wiegte er sich in den Knien, so nachdrücklich schritt er dahin. Ging es dem Tod und Untergang entgegen, so war er jedenfalls ein mutiger Mann, er trug nichts in den Händen, mit dem er sich hätte verteidigen können.

Die Jungen kamen mit dem Pferd nach, jetzt sahen sie die Maschine, und sie hielten jäh an. Das war die erste Mähmaschine hier im Ödland, die erste auch im Dorfe, rot und blau, prachtvoll anzusehen. Der Vater, das Oberhaupt aller, rief gleichgültig und ganz wie sonst: Kommt her und spannt das Pferd vor diese Mähmaschine! – Die Söhne spannten ein.

Dann fuhren sie, der Vater fuhr. Brr! sagte die Maschine und mähte das Gras nieder. Die Söhne hinterher, ohne etwas in den Händen, ohne zu arbeiten, lächelnd. Jetzt hielt der Vater an und sah zurück – na, es könnte besser gemäht sein. Er schraubte an ein paar Stellen, um die Messer näher an den Boden zu legen, und probierte wieder. Nein, so wird ungleich gemäht, uneben gemäht. Die Scheide, an der alle Messer sind, wackelt ein wenig auf und nieder. Vater und Söhne wechselten ein paar Worte. Eleseus hat die Gebrauchsanweisung gefunden und liest darin.

Da steht, daß du dich auf den Sitz setzen sollst, Vater, dann gehe die Maschine ruhiger, sagt er. – So, versetzte der Vater. Ja, das weiß ich wohl, fügte er hinzu, ich habe alles genau studiert. – Er setzt sich auf den Sitz und fährt wieder, nun geht es ruhig. Aber plötzlich mäht die Maschine nicht mehr, nein, alle Messer stehen auf einmal still. Ho! Was nun? Der Vater springt vom Sitz herunter, aber jetzt ist er nicht mehr übermütig, sondern beugt ein kummervolles, fragendes Gesicht über die Maschine. Vater und Sohne starren diese an; etwas ist verkehrt, Eleseus hat die Gebrauchsanweisung in der Hand. – Da liegt ein kleiner Bolzen! sagt Sivert, indem er ihn vom Boden aufhebt. – Ach so, es ist gut, daß du ihn gefunden hast, sagt der Vater, als wäre das alles, was es brauchte, um die Maschine wieder in Ordnung zu bringen. Gerade diesen Bolzen habe ich gesucht. – Aber nun konnten sie das Loch nicht finden; wo zum Kuckuck war das Loch zu dem Bolzen? Da, sagt Eleseus und deutet mit dem Finger.

Und jetzt mußte sich Eleseus wohl der Sache etwas gewachsen fühlen, seine Fähigkeit, eine Gebrauchsanweisung zu erforschen, war hier unersetzlich; er deutete überflüssig lange auf das Loch und sagte: Nach der Illustration zu verstehen, muß der Bolzen hier hinein! – Jawohl muß er hier hinein, sagte auch der Vater, da hatte ich ihn ja eingesetzt! Und um seine Autorität wieder herzustellen, befahl er Sivert, nach noch weiteren Bolzen im Gras zu suchen. Es muß noch einer da sein, sagte er mit ungeheuer wichtiger Miene, wie wenn er alles im Kopf hätte. Findest du keinen mehr? Na, dann sitzt er wohl noch in seinem Loch!

Dann wollte der Vater wieder fahren.

Aber das ist falsch! ruft Eleseus. O, Eleseus steht mit der Zeichnung in der Hand, mit dem Gesetz in der Hand da, ihn darf man nicht auf die Seite schieben. Diese Feder hier muß außen sein! – Ja? fragt der Vater. – Jawohl, aber jetzt ist sie unten, du hast sie unten hingesetzt. Es ist eine Stahlfeder, die muß außen sein, sonst springt der Bolzen wieder heraus, und dann stehen alle Messer still. Hier steht es auf der Abbildung! – Ich habe meine Brille nicht bei mir, deshalb kann ich die Zeichnung nicht deutlich sehen, sagt der Vater kleinlauter. Hier, du hast bessere Augen, schraube du die Feder ein. Aber mach es nun richtig. Wenn es nicht so weit wäre, würde ich meine Brille holen.

Jetzt ist alles in Ordnung, und der Vater sitzt auf. Eleseus ruft ihm nach: Und dann mußt du ein bißchen schnell fahren, dann schneiden die Messer besser! Hier steht es!

Isak fährt und fährt, und alles geht gut, und Brr! sagt die Maschine. Sie hinterläßt einen breiten Weg von gemähtem Gras, in einer schönen Linie liegt es da, fertig zum Ausbreiten. Jetzt kann man Isak vom Hause aus sehen, und alle Frauenzimmer eilen heraus. Inger trägt die kleine Rebekka auf dem Arm, obgleich die kleine Rebekka längst laufen kann. Aber jetzt kommen sie daher, vier Frauenzimmer, große und kleine, und sie eilen mit weitaufgerissenen Augen zu dem Wunderwerk hin, sie umdrängen es. O, wie mächtig Isak jetzt ist und richtig stolz; frei auf der Maschine droben sitzt er, im Sonntagsgewand, in vollem Staat, in Rock und Hut, obgleich ihm der Schweiß von der Stirne tropft! Er fährt in vier großen Winkeln über ein passendes Wiesenstück, schwingt um, fährt, mäht, kommt an den Frauen vorüber, die wie aus den Wolken gefallen sind, sie begreifen es nicht, und Brr! sagt die Maschine.

Dann hält Isak an und steigt herunter. Seht, er sehnt sich gewißlich danach, zu hören, was die Menschen auf der Erde sagen, was sie jetzt wohl sprechen werden! Er hört leise Ausrufe, die Menschen wollen ihn auf seinem großen Posten nicht stören, aber sie stellen ängstliche Fragen aneinander, und diese Fragen hört Isak. Und jetzt, um ein freundliches väterliches Oberhaupt für alle zu sein, muntert Isak sie auf, indem er sagt: Ja, ja, ich mähe nun dieses Wiesenstück, dann könnt ihr das Heu morgen ausbreiten. – Du hast wohl gar keine Zeit, hereinzukommen und zu essen? fragt Inger überwältigt. – Nein, ich habe jetzt anderes zu tun, erwidert er.

Dann ölt er die Maschine noch einmal und gibt den anderen zu verstehen, daß es sich hier um eigentliche Wissenschaft handle. Dann fährt er wieder und mäht weiter. Schließlich gehen die Frauenzimmer wieder hinein.

Glücklicher Isak! Glückliche Menschen auf Sellanraa!

Isak erwartet sehr bald, die Nachbarn von drunten ankommen zu sehen. Axel Ström hat sehr viel Interesse, er kommt vielleicht schon morgen. Aber Brede von Breidablick ist imstand und kommt noch heute nacht. Isak hätte gar nichts dagegen, ihnen die Mähmaschine zu erklären und darzutun, wie gut er sie in allem regieren kann. Er will darauf hinweisen, daß man mit der Sense unmöglich so glatt und gleichmäßig mähen könne. Aber was eine solche erstklassige blau und rote Mähmaschine kostet, das ist auch gar nicht zu sagen!

Glücklicher Isak!

Aber als er die Maschine zum drittenmal anhält und wieder ölt, fällt ihm wahrhaftig die Brille aus der Tasche. Und das schlimmste ist, daß seine Söhne es gesehen haben. War eine höhere Macht dabei im Spiel, war es eine Ermahnung, etwas weniger hochmütig zu sein? Er hatte ja auf dem Heimweg oft die Brille aufgesetzt und die Gebrauchsanweisung studiert, sie aber eben nicht verstanden, da hatte Eleseus eintreten müssen. Ach Gott im Himmel, ja, Kenntnisse sind etwas Gutes! Und um sich selbst zu demütigen, will Isak es nun aufgeben, Eleseus zum Landmann zu machen, er wollte nicht mehr davon reden. Nicht, daß die Jungen aus dem Mißgeschick mit der Brille eine große Sache gemacht hätten, im Gegenteil, der Spaßvogel Sivert konnte zwar nicht an sich halten, nein, das konnte er nicht, er zupfte Eleseus am Ärmel und sagte: Komm, jetzt gehen wir hinein und verbrennen unsere Sensen; Vater mäht für uns! – Dieser Scherz kam im rechten Augenblick.

Zweiter Teil

1

Sellanraa ist nicht länger eine unbewohnte Stätte, sieben Menschen leben hier mit groß und klein. Aber während der kurzen Zeit der Heuernte kam auch noch der eine oder andere Besuch dazu, Leute, die gerne die Mähmaschine sehen wollten, Brede natürlich als der erste; aber auch Axel Ström kam und die

Nachbarn bis zum Dorf hinunter. Und von der andern Seite des Gebirges kam Oline; sie war unverwüstlich.

Auch diesmal kam Oline nicht ohne Neuigkeiten aus ihrem Dorfe; sie stellte sich nie leer ein: Jetzt war die Verrechnung von dem Nachlaß des alten Sivert fertig geworden, und es blieb kein Vermögen übrig! Gar keines!

Hier kniff Oline den Mund zusammen, und ihre Blicke schweiften gespannt von einem zum andern. Na, tönte denn kein Seufzer durch die Stube, fiel nicht die Decke ein? Eleseus war der erste, der lächelte. Wie ist's denn, bist du nicht nach dem Ohm Sivert getauft? fragte er mit gedämpfter Stimme. Und Klein-Sivert antwortete ebenso gedämpft: Doch. Aber ich habe ja seinen ganzen Nachlaß dir verehrt. – Wieviel war's denn? – Zwischen fünf- und zehntausend. – Taler? rief Eleseus schnell und machte Sivert genau nach.

Oline meinte, es sei jetzt nicht Zeit zu spaßen, ach, wie war sie selbst geprellt worden, und sie hatte doch am Sarg des alten Sivert ihre ganze zähe Willenskraft aufgeboten und Tränen geweint. Eleseus wußte ja selbst am besten, was er geschrieben hatte: Soundso viel für Oline, als Stab und Stütze für ihr Alter. Was war aus diesem Stab geworden? Übers Knie gelegt und gebrochen!

Arme Oline, sie hätte wohl eine Kleinigkeit erben dürfen, das wäre der einzige lichte Punkt in ihrem Leben gewesen! Sie war nicht verwöhnt. Geübt im Bösen, jawohl, daran gewöhnt, sich von Tag zu Tag mit Kniffen und kleinen Betrügereien durchzuschlagen, groß allein in der Kunst, Klatsch zu verbreiten, ihre Zunge gefürchtet zu machen, jawohl. Nichts hätte sie jetzt noch schlimmer machen können, eine Erbschaft am allerwenigsten. Sie hatte ihr ganzes Leben lang gearbeitet, hatte Kinder geboren und ihnen ihre eigenen paar Handfertigkeiten beigebracht, hatte für sie gebettelt, vielleicht auch gestohlen, aber sie doch ernährt – eine Mutter in kleinen Verhältnissen. Ihre Gaben waren nicht geringer als die Gaben anderer Politiker, sie wirkte und schaffte für sich und die Ihrigen, richtete sich nach dem Augenblick und brachte sich durch, verdiente ein Käschen da und eine Handvoll Wolle dort und würde in alltäglicher und unaufrichtiger Schlagfertigkeit leben und sterben. Oline – vielleicht hatte sich der alte Sivert an die Zeit erinnert, wo er sie noch als jung, rotwangig und hübsch gekannt hatte. Aber nun war sie alt und häßlich, ein Bild der Vergänglichkeit, sie sollte lieber tot sein. Wo wird sie begraben? Sie besitzt kein eigenes Erbbegräbnis, wahrscheinlich wird sie einmal in irgendeinem Kirchhof bei lauter fremden und unbekannten Knochenresten unter den Boden gebracht, da wird sie einmal landen. Oline, geboren und gestorben. Auch sie war einmal jung. Eine Erbschaft für sie jetzt noch zur elften Stunde! Jawohl, ein einziger lichter Punkt, und die Hände einer Sklavin der Arbeit würden sich für einen Augenblick gefaltet haben. Die Gerechtigkeit hätte ihr noch einen verspäteten Lohn gespendet, weil sie für ihre Kinder gebettelt, vielleicht auch gestohlen, sie aber jedenfalls ernährt hatte. Für einen Augenblick – und wieder hätte Dunkel in ihr geherrscht, die Augen hätten geschielt, die Hände gesucht und getastet: Wieviel ist es? würde sie sagen. Was, nicht mehr? würde sie sagen. Und sie hätte wieder recht. Sie war vielfache Mutter und verstand das Leben einzuschatzen, das war großen Lohnes wert.

Alles schlug fehl. Die Rechnungen des alten Sivert waren jetzt, nachdem Eleseus sie durchgesehen hatte, wohl einigermaßen in Ordnung, aber der kleine Hof und die Kuh, der Bootsschuppen und das Großnetz deckten nur knapp den Fehlbetrag in der Kasse. Und daß es überhaupt einigermaßen so gut ging, wie es ging, das war zum Teil Oline zu verdanken; sie war sehr versessen darauf, daß ein Rest für sie übrigbleibe, und so zog sie vergessene Posten, von denen sie als alte Klatschbase wußte, oder Posten, die der Revisor absichtlich übersehen hatte, um nicht achtenswerte Dorfgenossen in Schaden zu bringen, ans Licht. Diese verflixte Oline! Und sie beschuldigte nicht einmal den alten Sivert selbst; er hatte ja sicherlich aus gutem Herzen testiert und hätte auch reichlich Geld hinterlassen, jawohl; nein, die beiden Vertreter der Kreisverwaltung, die die Sache zu ordnen hatten, die hatten sie geprellt. Aber einst wird auch dies dem Allwissenden zu Ohren kommen! sagte Oline drohend.

Merkwürdigerweise sah sie nichts Lächerliches darin, daß sie im Testamente genannt war; das war trotz allem eine Ehre, niemand sonst von den Ihrigen stand darin.

Die Leute auf Sellanraa trugen das Unglück mit Geduld, sie waren ja auch nicht ganz unvorbereitet. Inger konnte es allerdings nicht recht fassen: Der Oheim Sivert, der seiner Lebtag so reich gewesen ist! sagte sie. – Er hätte als aufrechter und reicher Mann vor den Thron des Lammes treten können, aber sie haben ihn beraubt! behauptete Oline. – Isak war im Begriff, fortzugehen, und Oline sagte: Das ist sehr dumm, Isak, daß du fort willst, so kriege ich ja die Mähmaschine nicht zu sehen. Du hast doch eine Mähmaschine, nicht wahr? – Jawohl. – Ja, jedermann spricht davon. Und daß sie rascher mäht als hundert Sensen. Was du dir nicht alles anschaffen kannst, Isak, mit deinem Geld und deinem Vermögen! Unser Pfarrer hat einen neuen Pflug mit zwei Pflugscharen, aber was ist der

Pfarrer neben dir! Das würde ich ihm offen ins Gesicht sagen. – Sivert kann dir mit der Maschine vormähen, er kann es schon viel besser als ich, sagte Isak und ging fort.

Isak ging fort. Auf Breidablick ist Versteigerung gerade um die Mittagsstunde, und er kann eben noch rechtzeitig hinkommen.

Nicht, als ob Isak noch daran dachte, die Ansiedlung zu kaufen, aber das ist nun die erste Versteigerung in der Gegend, und da will er dabei sein.

Als er bis nach Maaneland gekommen ist und Barbro da sieht, will er nur grüßen und weitergehen, aber Barbro redet ihn an und fragt ihn, ob er dort hinunter wolle? – Ja, antwortet er und will weitergehen. Es ist Barbros Kinderheimat, die versteigert wird, deshalb antwortet er so kurz angebunden. – Willst du zur Versteigerung? fragt sie. – Zur Versteigerung? Na, ich gehe eben einmal hinunter. Wo ist denn Axel? – Axel? Ich weiß nicht, wo er ist. Er ist zur Versteigerung gegangen, er will wohl auch dies oder jenes zu einem Spottpreis ergattern.

Wie dick doch Barbro war, und wie bissig, ganz rasend!

Die Versteigerung hat schon angefangen. Isak hört des Lensmannes Aufrufe und sieht viele Leute. Als er näher kommt, sieht er, daß er nicht alle kennt; es sind verschiedene Leute von auswärts da, aber Brede treibt sich in seinem besten Anzug herum und ist lebhaft und gesprächig: Guten Tag, Isak! So, du erweist mir auch die Ehre und kommst zu meiner Versteigerung. Ich danke dir! Wir sind viele Jahre lang Nachbarn und gute Freunde gewesen, und niemals hat es ein böses Wort zwischen uns gegeben. – Brede wird ganz gerührt: Es ist ja sonderbar, wenn man sich vorstellt, daß man einen Ort verlassen soll, für den man gelebt und gestrebt und den man liebgewonnen hat. Aber was hilft es, wenn es einem nun einmal so bestimmt ist. – Vielleicht wird es jetzt für dich viel besser, tröstet Isak. – Ja, weißt du, das glaube ich auch, erwidert Brede rasch gefaßt. Es ist mir nicht leid, durchaus nicht. Ich habe hier auf dem Lande keine Seide gesponnen, das wird jetzt besser werden, die Kinder werden größer und stiegen aus dem Nest – na, die Frau sorgt ja wieder für ein Kleines, aber trotzdem! Und plötzlich sagt Brede klipp und klar: Ich habe den Telegraphen aufgekündigt.– Was? fragt Isak. – Ich habe den Telegraphen aufgekündigt. – Du hast den Telegraphen aufgekündigt? – Ja, zu Neujahr. Was soll ich weiter damit? Und wenn ich im Verdienen wäre und den Lensmann oder den Pfarrer fahren müßte, dann hätte immer der Telegraph zu allererst kommen müssen. Nein, das gibt es nicht. Das kann einer machen, der überflüssige Zeit hat; die Telegraphenlinie entlang rennen, über Berg und Tal für eine kleine oder gar keine Bezahlung, das tut der Brede nicht! Und außerdem habe ich mich mit dem Vorstand, der mein Vorgesetzter ist, verkracht.

Der Lensmann wiederholt immer noch die Angebote auf die Ansiedlung, und sie haben nun die wenigen hundert Kronen erreicht, die das Gut geschätzt wird, deshalb werden jetzt nur noch fünf oder zehn Kronen mehr auf einmal geboten. Ich glaube wahrhaftig, jetzt bietet der Axel! sagt Brede plötzlich und eilt neugierig zu ihm hinüber. Willst du meinen Hof kaufen? Ist dir deiner nicht groß genug? – Ich biete für einen andern Mann, erwidert Axel etwas ausweichend. – Na ja, das ist mir einerlei, so ist das nicht gemeint. – Der Lensmann hebt den Hammer, ein neues Gebot wird gemacht, hundert Kronen mehr auf einmal; niemand geht höher, der Lensmann nennt das letzte Angebot noch ein paarmal, wartet eine Weile mit erhobenem Hammer und schlägt dann zu.

Wer hatte geboten?

Axel Ström. Für einen andern Mann.

Der Lensmann schreibt ins Protokoll: Axel Ström pr. Kommission.

Für wen kaufst du? fragt Brede. Nicht, als ob es mir nicht ganz einerlei wäre.

Aber nun stecken einige Herren am Tische des Lensmannes die Köpfe zusammen. Da sitzt ein Vertreter der Bank, der Kaufmann ist, mit seinem Ladendiener da, etwas hat sich ereignet, die Forderungen der Gläubiger sind nicht gedeckt! Brede wird gerufen, leicht und sorglos kommt er daher und nickt nur, jawohl, ganz derselben Ansicht. Wer hätte auch denken können, daß der Hof nicht mehr bringen werde, sagte er. Und plötzlich verkündet er allen Anwesenden mit lauter Stimme: Da wir nun mit der Versteigerung fertig sind und ich doch einmal den Lensmann herbemüht habe, so will ich alles verkaufen, was ich hier habe. Den Wagen, die Tiere, eine Mistgabel, den Schleifstein, das brauche ich alles nicht mehr, ich verkaufe Rump und Stump.

Geringe Angebote. Bredes Frau, auch sie leichtfüßig und sorglos, trotz ihres ungeheueren Umfangs, hat inzwischen begonnen, an einem Tisch Kaffee zu verkaufen; sie findet diese Beschäftigung unterhaltend, sie lächelt, und als Brede selbst kommt und Kaffee trinkt, verlangt sie zum Spaß auch von ihm Bezahlung. Und Brede zieht wirklich seinen mageren Beutel und bezahlt. Seht doch nur die Frau an! sagt er zu der ganzen Versammlung. Sie versteht's! sagt er.

Der Wagen ist nicht viel wert, er hat zu oft unter freiem Himmel gestanden; aber Axel bietet schließlich noch ganze fünf Kronen mehr und ersteht auch den Wagen. Dann kauft Axel nichts mehr. Aber alles verwundert sich, daß der vorsichtige Mann so viel gekauft hat.

Nun ging's an die Tiere. Sie standen heute im Stall, um in der Nähe zu sein. Was sollte Brede mit Tieren, wenn er kein Weideland mehr dafür hatte! Kühe hatte er gar nicht, er hatte seine Landwirtschaft mit zwei Geißen begonnen, jetzt hatte er viere. Außerdem hatte er sechs Schafe. Ein Pferd besaß er nicht.

Isak kaufte ein gewisses Schaf mit flachen Ohren. Als Bredes Kinder dieses Schaf aus dem Stall herausführten, bot er sofort darauf; das erregte Aufmerksamkeit, Isak von Sellanraa war ja ein reicher und angesehener Mann, der brauchte doch nicht noch mehr Schafe, als er schon hatte. Bredes Frau hält einen Augenblick mit ihrem Kaffeeverkauf inne und sagt: Zu diesem Schaf kann man dir nur zureden, Isak; es ist zwar alt, aber es wirft jedes Jahr zwei oder drei Lämmer. – Ja, das weiß ich, erwidert Isak und sieht sie voll an. Ich kenne das Schaf.

Er macht sich mit Axel Ström zusammen auf den Heimweg und führt sein Schaf am Strick. Axel ist schweigsam, und irgend etwas scheint ihn zu wurmen, was es nun auch sein mag. Aber er hat doch eigentlich keine äußere Ursache, niedergeschlagen zu sein, denkt Isak. Seine Wirtschaft ist in gutem Stande, er hat das meiste Futter schon hereingebracht und er ist eben dabei, sein Wohnhaus aufzurichten. Es geht bei Axel Ström, wie es gehen soll, ein wenig langsam, aber sicher. Jetzt hat er sich auch ein Pferd angeschafft.

Du hast Bredes Hof gekauft, sagt Isak. Willst du ihn bewirtschaften? – Nein, ich will ihn nicht bewirtschaften. Ich habe ihn für einen andern gekauft. – So. – Was meinst du, habe ich zu viel bezahlt? – O nein. Er hat gute Moore, wenn sie entwässert werden. – Ich habe den Hof für meinen Bruder in Helgeland gekauft. – So. – Aber ich habe so halb und halb daran gedacht, mit ihm zu tauschen. – Du willst mit ihm tauschen? – Wenn Barbro lieber da unten wohnen möchte.

Schweigend gehen sie ein gutes Stück. Dann sagt Axel: Man ist sehr hinter mir her, ich soll den Telegraphen übernehmen. – Den Telegraphen? So. Ja, ich habe gehört, der Brede habe ihn aufgekündigt. – So, antwortet Axel lächelnd; das ist nicht ganz genau so gewesen, ihm, dem Brede, ist aufgekündigt worden. – Ja ja, sagte Isak und versucht Brede ein wenig zu entschuldigen; der Telegraph nimmt viel Zeit weg. – Sie haben ihm zu Neujahr gekündigt, wenn er sich nicht bessere.

– So. – Meinst du nicht, ich könnte den Posten übernehmen? – Isak dachte lange nach und antwortete dann: Ja ja, das bringt Geld. – Sie wollen mir mehr geben. – Wieviel? Das Doppelte. – Das Doppelte? Ja, dann meine ich, du könntest es dir überlegen. – Aber die Strecke ist etwas länger geworden. Nein, ich weiß doch nicht, was ich tun soll; es läßt sich jedoch jetzt weniger aus dem Wald herausschlagen, als zu deiner Zeit, und ich muß mir noch mehr Geräte anschaffen, ich habe jetzt zu wenig. An bar Geld fehlt es immer, und mein Viehstand ist nicht so groß, daß ich davon verkaufen könnte. Ich meine, ich sollte es einmal ein Jahr mit dem Telegraphen versuchen ... Keinem der beiden fiel es ein, daß Brede sich bessern und seinen Posten behalten könnte.

Als sie nach Maaneland kamen, ist auch Oline aus ihrem Heimweg dort angelangt, ja, Oline ist merkwürdig, sie kriecht fett und rund daher wie eine Raupe und ist doch über siebzig Jahre, aber sie kommt weiter. Sie sitzt in der Gamme und trinkt Kaffee, aber als sie die Männer gewahr wird, läßt sie alles liegen und stehen und kommt heraus. Guten Tag, Axel, zurück von der Versteigerung? fragt sie. Du hast doch nichts dagegen, daß ich Barbro einen Besuch mache? Und du baust ein Wohnhaus und wirst ein immer größerer Herr? Du hast ein Schaf gekauft, Isak? – Ja, erwidert Isak, kommt es dir nicht bekannt vor? – Ob es mir bekannt vorkommt? Nein. – Es hat aber doch diese flachen Ohren, sieh nur. – Flache Ohren, wieso denn? Und wenn auch? Ja, was ich sagen wollte: Wer hat denn Bredes Hof gekauft? Eben habe ich zu der Barbro gesagt, wer wohl ihr Nachbar werden würde, habe ich gesagt. Die arme Barbro sitzt nur da und weint, wie nicht anders zu erwarten ist. Aber der Allmächtige hat ihr eine zweite Heimat hier auf Maaneland beschert. Flache Ohren? Ich habe in meinem Leben schon viele Schafe mit flachen Ohren gesehen. Und das ist wahr, Isak, diese Maschine, die du hast, ist fast mehr als meine alten Augen fassen können. Und was sie gekostet hat, danach will ich lieber gar nicht fragen, so hoch kann ich gar nicht zählen. Wenn du sie gesehen hast, Axel, dann weißt du, was ich meine, es war mir, als sähe ich Elias in seinem feurigen Wagen, Gott verzeih mir die Sünde ...

Als das Heu unter Dach war, fing Eleseus an, sich zur Abreise zu rüsten. Er hatte dem Ingenieur geschrieben, er komme jetzt wieder, aber darauf die sonderbare Antwort erhalten, daß die Zeiten schlecht seien, man müsse sich einschränken, der Ingenieur könne den Posten nicht mehr besetzen und müsse von nun an alles selbst schreiben.

Das war doch eine verfluchte Sache! Aber wozu brauchte auch dieser Bezirksingenieur einen Schreiber? Damals, als er den kleinen Jungen Eleseus von seinem Elternhaus wegnahm, wollte er sich wohl nur als großer Mann in der Gegend zeigen, und wenn er ihn bis über die Konfirmation genährt und gekleidet hatte, so hatte er auch ein wenig Hilfe auf dem Bureau dafür gehabt. Jetzt war der Junge erwachsen, nun war es eine andere Sache.

Aber, schrieb der Ingenieur, wenn Du zurückkommst, so will ich tun, was ich kann, um Dich auf einem anderen Bureau unterzubringen, obgleich es wahrscheinlich schwierig sein wird. Es gibt so überflüssig viele junge Leute hier, die diese Laufbahn einschlagen. Freundliche Grüße.

Gewiß wollte Eleseus zurück in die Stadt, ja ganz zweifellos. Sollte er sich wegwerfen? Er wollte doch weiterkommen in der Welt. Und Eleseus sagte den Seinigen nichts von der veränderten Sachlage; das führte doch zu nichts, und außerdem war er etwas schlapp, also schwieg er. Das Leben auf Sellanraa wirkte wieder auf ihn, es war ein rühmloses und alltägliches Dasein, es war ruhig und einschläfernd, man wurde ein Träumer, da war niemand, vor dem er sich hätte aufspielen, niemand, mit dem er sich hätte messen können. Das Stadtleben hatte sein Wesen gespalten, hatte ihn vornehmer gemacht als die andern, aber auch schwächer, er fühlte sich jetzt eigentlich überall heimatlos. Daß er wieder anfing, den Geruch des Rainfarn angenehm zu finden – nun gut! Aber es hatte doch keinen Sinn, wenn ein Bauernjunge, der abends seine Mutter die Kühe melken hörte, dabei auf folgende Gedanken kam: Jetzt wird gemolken, hör doch nur, es ist doch beinahe wunderbar anzuhören, es ist wie eine Art Lied, in lauter einzelnen Strahlen, ganz anders als die Hornmusik in der Stadt oder die Heilsarmee oder die Pfeife des Dampfschiffs. Der Milchstrahl, der in ein Gefäß rinnt ...

Es war nicht Brauch auf Sellanraa, seine Gefühle sehr zu zeigen, und Eleseus fürchtete sich vor dem Augenblick des Abschieds. Er war jetzt gut ausgestattet, er sollte wieder einen Ballen Leinwand zu Unterzeug mitbekommen, und der Vater hatte Geld bereitgelegt, das Eleseus eingehändigt werden sollte, wenn er die Schwelle überschritt. Geld – konnte Isak wirklich Geld entbehren? Aber es ging nicht anders, Inger deutete ja an, daß es zum letztenmal sei. Eleseus werde bald aufrücken und für sich selbst sorgen. – So, sagte Isak. – Die Stimmung wurde feierlich, im Hause wurde es still, alle hatten zum Abschiedsessen ein gekochtes Ei bekommen, und Sivert stand schon draußen, fertig gerüstet, mitzugehen und das Gepäck zu tragen. Eleseus konnte mit dem Abschied anfangen.

Er fing bei Leopoldine an. Ja, sie sagte ihm auch Lebewohl und machte das recht nett. Ebenso wiederholte die Magd Jensine, die eben Wolle kartätschte, den Abschiedsgruß. Aber beide Mädchen glotzten ihn ganz verflucht an, nur weil er vielleicht ein klein wenig rote Augen hatte. Er reichte seiner Mutter die Hand, und sie weinte natürlich laut auf und kümmerte sich den Henker darum, daß er das Weinen nicht leiden konnte. Laß dir's gut gehen! schluchzte sie. Der Abschied vom Vater war der schlimmste, unbedingt, aus tausend Gründen: er war so abgearbeitet und so unendlich getreu, hatte die Kinder auf den Armen getragen, ihnen von Möwen und anderen Vögeln erzählt und von Tieren und allen Wundern des Feldes. Das war gar nicht lange her, ein paar Jahre ...

Der Vater steht am Fenster, dann dreht er sich plötzlich um, ergreift die Hand des Sohnes und sagt laut und ärgerlich: Ja, ja, leb wohl! Ich sehe, das neue Pferd hat sich dort losgerissen! Und hinaus läuft er und rennt davon. Ach, und er hatte sich ja selbst kurz vorher hingeschlichen und das Pferd losgebunden, und das wußte der Spitzbube Sivert recht gut, der draußen stand und dem Vater lächelnd nachschaute. Und außerdem war ja das Pferd auf der Nachmahd.

Dann war Eleseus fertig.

Doch da kam ihm die Mutter auf die Türschwelle nach, schluchzte noch mehr und sagte: Gott sei mit dir! und drückte ihm etwas in die Hand. Dies hier – und du sollst ihm nicht danken, das mag er nicht. Und schreib auch fleißig!

Zweihundert Kronen.

Eleseus sah hinüber. Der Vater strengte sich ungeheuer an, einen Tüderpflock in die Erde zu rammen, was ihm anscheinend gar nicht gelingen wollte, obgleich es doch weicher Wiesengrund war.

Die Brüder schritten fleißig aus, sie kamen nach Maaneland, da stand Barbro auf der Schwelle und lud sie ins Haus ein. Gehst du wieder fort, Eleseus? Dann mußt du aber hereinkommen und wenigstens eine Tasse Kaffee trinken.

Sie gehen in die Gamme, und Eleseus ist nicht mehr verrückt vor Liebe und will zum Fenster hinausspringen oder Gift nehmen, nein, er legt seinen Hellen Überrock über die Knie und sorgt dafür, daß das silberne Schild obenhin zu liegen kommt, danach fährt er sich mit dem Taschentuch übers Haar, und dann macht er die sehr feine Bemerkung: Ein klassisches Wetter heute!

Barbro hat auch nicht die Fassung verloren, sie spielt mit ihrem silbernen Ring an der einen Hand und mit dem goldenen an der andern – ja, sie hatte wahrhaftig jetzt auch den goldenen Ring bekommen – und sie hat eine Schürze an, die vom Hals bis zu den Füßen geht, so sieht man ihr wenigstens ihre Mündlichkeit nicht an. Und nachdem sie den Kaffee gekocht hat und während die Gäste ihn trinken, näht sie erst ein bißchen an einem weißen Tuch und häkelt dann ein bißchen an einem Kragen und betreibt allerlei jungfrauenhafte Arbeiten. Barbro ist nicht in Verlegenheit über den Besuch, und das ist gut, dadurch wird der Ton natürlich, und Eleseus kann wieder so obenhin und einnehmend tun.

Wo ist denn Axel? fragt Sivert.

Wo er ist? Irgendwo, antwortet Barbro und richtet sich auf. Ja, jetzt kommst du wohl nie wieder heim aufs Land? fragt sie Eleseus. – Das ist höchst unwahrscheinlich, erwidert er. – Hier ist nicht der rechte Ort für jemand, der an die Stadt gewöhnt ist. Ich wäre froh, wenn ich mit dir reisen könnte. – Ach, das ist dir nicht Ernst. – Nicht, meinst du? O, ich habe es erfahren, wie es ist, wenn man in der Stadt wohnt, und wie es auf dem Lande ist. Ich bin in einer größeren Stadt gewesen als du. Da ist es kein Wunder, wenn es mir hier nicht gefällt. – Gewiß, so habe ich es nicht gemeint, du bist ja sogar in Bergen gewesen, beeilte er sich zu sagen. Es war ja schrecklich, wie hochfahrend sie war! – Ja, wenn ich die Zeitung nicht hätte, so liefe ich sofort davon, sagte Barbro. – Aber der Axel und alles miteinander, das habe ich gemeint. – Ach, der Axel, das ginge mich nichts an. Und du selbst, hast du nicht vielleicht jemand in der Stadt, der auf dich wartet? – Nun konnte Eleseus nicht anders, er mußte sich ein wenig aufspielen, er kniff die Augen zu und ließ es auf der Zunge zerschmelzen: daß er allerdings doch vielleicht jemand in der Stadt habe, der auf ihn warte. Ach ja, aber er hätte das alles noch ganz anders ausnützen können, wenn Sivert nicht dabeigesessen hätte, so konnte er nur sagen: Ach, Unsinn! – Na, sagte sie verletzt, und es war eigentlich eine Schande, wie übellaunig sie war: Unsinn! Ja, du kannst von den Leuten auf Maaneland nicht mehr erwarten, wir sind nicht so großartig.

Aber Eleseus kümmerte sich den Henker um sie, sie war recht fleckig im Gesicht geworden, und ihr Zustand war jetzt sogar seinen Kinderaugen aufgegangen. – Willst du nicht ein wenig Gitarre spielen? fragte er? – Nein, erwiderte sie kurz angebunden. Was ich sagen wollte, Sivert, kannst du nicht kommen und Axel ein paar Tage beim Ausrichten des neuen Hauses helfen? Wie wär's, wenn du gleich morgen dabliebst, wenn du vom Dorf zurückkommst? – Sivert überlegte: Ja, aber ich habe keinen Arbeitsanzug da, sagte er. – Ich will heut abend hinlaufen und deine Werktagskleider holen, daß du sie hast, wenn du zurückkommst. – Na ja, sagte Sivert, ich will mir's überlegen. – Barbro wurde unnötig eifrig. Du mußt es aber gern tun! Der Sommer vergeht, und das Wohnhaus sollte noch vor den Herbsttagen aufgerichtet und gedeckt sein. Axel hat dich schon oft darum bitten wollen, aber er kommt immer nicht dazu. Nein, du mußt uns diese Handreichung gern tun. – Wenn ich etwas helfen kann, dann tu ich es auch gern, erwiderte Sivert.

Das war also abgemacht.

Aber nun ist Eleseus wirklich berechtigt, sich beleidigt zu fühlen. Er sieht ja ein, daß es von Barbro recht klug ist, wenn sie um ihrer selbst und um Axels willen darauf aus ist, Hilfe für den Hausbau zu bekommen; aber sie tut das zu offenkundig. Sie ist noch nicht die Hausfrau auf dem Hofe, und es ist noch keine Ewigkeit her, seit er selbst sie geküßt hat, dieses Frauenzimmer! Hatte sie denn gar keine Scham im Leibe? – Doch, sagt er darum plötzlich, ich werde wiederkommen und bei dir Gevatter stehen. – Barbro warf ihm einen Blick zu und sagte ärgerlich: Gevatter? Und du willst von Unsinn sprechen! Außerdem werde ich dir Nachricht schicken, wenn ich einmal um einen Gevatter verlegen sein sollte. – Was konnte Eleseus anderes tun, als beschämt lächeln und sich weit weg wünschen! – Besten Dank für den Kaffee, sagte Sivert. – Ja, Dank für den Kaffee, sagte auch Eleseus, aber er stand nicht auf und verbeugte sich auch nicht, nein, zum Henker; sie schwoll ja vor Gift und Galle!

Laß doch einmal sehen, sagte Barbro. Ja, die Kontorherren, bei denen ich war, die hatten auch silberne Schildchen in den Röcken, noch viel größere, sagte sie. Nun, also du kommst zurück und bleibst hier über Nacht, Sivert? Ich hole deine Kleider.

Das war der Abschied.

Die Brüder gingen weiter, Eleseus hatte zwei große Banknoten in der Brusttasche und die Barbro konnte seinetwegen der Kuckuck holen. Die Brüder hüteten sich wohl, auf irgendeinen rührenden Gesprächsstoff zu kommen, auf des Vaters sonderbaren Abschied und der Mutter Tränen, sie machten einen Umweg um Breidablick herum, um dort nicht angehalten zu werden, und führten scherzhafte Reden über diesen Streich. Als sie so weit hinuntergekommen waren, daß sie das Dorf sehen konnten, wo Sivert umdrehen sollte, übermannte es sie beide doch ein wenig. Sivert sagte: Es kann wohl sein, daß es jetzt ohne dich ein wenig einförmig wird. – Da fing Eleseus an zu pfeifen und seine Schuhe zu untersuchen, und er sah, daß er einen Spreißel im Finger hatte, und suchte in seinen Taschen – nach Papieren, sagte er –, oh, wie schlau! Aber es wäre dennoch schlimm gegangen, wenn nicht Sivert sie beide gerettet hätte: Den Letzten! rief er, gab dem Bruder einen Schlag auf den Rücken und lief davon. Das half, sie riefen einander noch einige Abschiedsworte zu, und dann zog jeder seines Weges.

Schicksal oder Glückszufall! Eleseus kehrte trotz allem in die Stadt zurück auf einen Posten, den er nicht mehr innehatte, aber durch dieselbe besondere Fügung bekam Axel Ström einen Arbeiter. Am 21. August fingen sie an das Blockhaus aufzurichten, und zehn Tage später war es unter Dach. Ach, es war kein großartiges Wohnhaus und nur ein paar Balkenlagen hoch, aber es war doch ein Blockhaus und keine Erdhütte, und das Vieh konnte nun in dem Raum, der seither menschliche Wohnung gewesen war, einen herrlichen Winterstall bekommen.

2

Am dritten September verschwand Barbro, das heißt, ganz verschwand sie nicht, sie war nur bei den Gebäuden nirgends zu finden.

Axel schreinerte so gut er konnte, er war dabei, ein Fenster und eine Tür in den Neubau einzusetzen und war sehr in seine Arbeit vertieft. Als aber die Mittagszeit vorbei war und man ihn noch immer nicht hereinrief, ging er in die Gamme. Niemand war da. Er suchte sich selbst etwas Essen zusammen und schaute sich um, während er aß; Barbros Kleider hingen alle da, sie konnte also nur draußen irgendwo sein. Er ging wieder an seine Arbeit im Neubau und schaffte dort eine Weile, dann schaute er wieder in die Gamme – noch immer niemand da. Sie mußte irgendwo liegengeblieben sein.

Barbro! ruft er. Nichts. Er sucht in der Umgebung der Häuser, geht hinüber zu einigen Gebüschen bei den Feldern, er sucht lange, vielleicht eine Stunde, er ruft – nichts! Endlich findet er sie weit entfernt; sie liegt auf der Erde hinter Gebüsch versteckt, der Bach läuft an ihren Füßen vorbei, sie ist barhäuptig und barfuß, und sie ist bis in den Rücken hinauf tropfnaß.

Hier liegst du? sagt er. Warum hast du keine Antwort gegeben? – Ich konnte nicht, flüsterte sie und war stockheiser. – Was – hast du denn im Wasser gelegen? – Ja, ich bin ausgeglitten. Oh! – Ist dir schlecht? – Ja. Es ist vorbei. – Ist es vorbei? fragt er. – Ja. Jetzt mußt du mir helfen, daß ich nach Hause komme. – Wo ist –? – Was? – Wo ist das Kind? – Es war tot. – War es tot? – Ja.

Axel rührt sich nicht, er bleibt stehen. Wo ist es? fragt er.

Das brauchst du nicht zu wissen, erwidert sie. Hilf mir nach Hause. Es war tot. Ich kann selbst gehen, wenn du mich nur ein wenig unter dem Arme faßt.

Axel trägt sie nach Haus und setzt sie auf einen Stuhl, das Wasser läuft an ihr herab. – Ist es tot gewesen? fragt er. – Du hörst es ja, erwidert sie. – Wo hast du es? – Du willst es wohl ausschnüffeln? Hast du etwas zu essen gefunden, während ich fort war? – Was wolltest du denn dort am Bach? – Was ich am Bach wollte? Ich wollte Wacholder holen. – Wacholder? – Für die Milcheimer. – Dort wächst doch kein Wacholder, sagt er. – So geh doch an deine Arbeit! ruft sie heiser und ungeduldig. Was ich am Bach wollte? Ich wollte mir Besenreis holen. Ob du gegessen hast? frag ich. – Gegessen? wiederholt er. Ist es dir sehr schlecht? – Ach nein! – Ich will den Doktor holen. – Ja, untersteh dich! erwidert sie. Damit steht sie auf und fängt an sich trockene Kleider zum Umziehen herbeizuholen. Weißt du sonst gar nicht, wie du dein Geld wegwerfen sollst?

Axel geht wieder an seine Arbeit, verrichtet indes nicht viel; aber er klopft ein wenig und hobelt ein wenig, damit ihn Barbro hört; schließlich keilt er das Fenster ein und dichtet es mit Moos.

Am Abend hat Barbro nicht viel Hunger, aber sie arbeitet hier ein wenig und dort ein wenig, sie geht in den Stall und melkt und steigt nur etwas vorsichtiger als sonst über die hohen Schwellen. Wie gewöhnlich legte sie sich im Heustall schlafen, und die beiden Male, die Axel während der Nacht nach ihr schaure, schlief sie fest. Sie hatte eine gute Nacht.

Am nächsten Morgen war Barbro beinahe wie sonst, nur gänzlich stimmlos vor Heiserkeit, und sie hatte sich einen langen Strumpf um den Hals gewickelt. Sie konnten nichts miteinander reden. Die Tage vergingen, und das Ereignis wurde alt, andere Dinge traten in den Vordergrund. Der Neubau sollte eigentlich leer stehen, daß die Balken sich setzen konnten, damit das Haus dicht und zugfrei werde, aber es blieb keine Zeit, das abzuwarten, es mußte sofort beziehbar gemacht und der Stall eingerichtet werden. Nachdem dies geschehen und der Umzug vollendet war, wurden die Kartoffeln herausgenommen und nachher das Korn geschnitten. Das Leben lief im gewohnten Geleise.

Aber an vielen kleinen und großen Dingen merkte Axel, daß ihre Beziehungen lockerer geworden waren, Barbro fühlte sich in Maaneland jetzt nicht mehr zu Hause und auch nicht mehr gebunden als jedes andere Dienstmädchen. Das Band zwischen ihnen hatte sich gelockert, als das Kind starb. Axel hatte immer so großartig gedacht: Warte nur, bis das Kind da ist! Aber das Kind kam und ging wieder. Zuletzt legte Barbro auch noch die Fingerringe ab und trug keinen mehr davon. – Was soll das bedeuten? fragte er. – Was das bedeuten soll? sagte sie und warf den Kopf zurück.

Aber das konnte doch nichts anderes als Arglist und Verrat von ihrer Seite sein.

Jetzt hatte er die kleine Leiche am Ufer des Baches gefunden. Nicht als ob er weiter danach gesucht hätte, er wußte ja beinahe genau das Plätzchen, wo sie liegen mußte, aber er ließ es träge auf sich beruhen. Der Zufall wollte, daß er es nicht ganz vergaß: Vögel fingen an, über dieser Stätte zu kreisen, schreiende Elstern und Raben und eine Weile später auch ein Adlerpaar in schwindelnder Höhe. Es war gerade, als ob zuerst eine einzelne Elster gesehen hätte, daß hier etwas niedergelegt worden war, und als ob sie dann auch gerade wie ein Mensch nicht darüber hätte schweigen können, sondern hätte darüber schwatzen müssen. Dadurch wurde auch Axel aus seiner Gleichgültigkeit geweckt, und er wartete einen passenden Augenblick ab, sich hinzuschleichen. Er fand die Leiche unter Moos und Zweigen und ein paar Steinplatten in ein Tuch, einen großen Lappen, gewickelt. Mit einer Mischung von Neugier und Grausen öffnete er das Bündel ein wenig – geschlossene Augen, dunkle Haare, ein Junge, gekreuzte Beine, mehr sah er nicht. Der Lappen war naß gewesen und war halb getrocknet, das Ganze sah aus wie ein halbausgewundenes Bündel von Wasche.

Axel konnte die Leiche nicht so offen liegen lassen, im Innersten hatte er wohl auch Angst für sich selbst und für sein Haus; er lief heim, holte einen Spaten und machte das Grab tiefer; aber da es so nah am Bach war, sickerte das Wasser herein, und er mußte weiter oben am Hügel ein neues Grab schaufeln. Währenddem schwand seine Furcht, Barbro könnte kommen und ihn hier finden, er wurde trotzig und dachte, seinetwegen könne sie wohl kommen, ja, dann könnte sie, bitte, die kleine Leiche nett und ordentlich einhüllen, ob das Kind nun totgeboren war oder nicht! Er sah sehr wohl ein, was er mit dem Tode dieses Kindes verloren, daß er nun alle Aussicht hatte, in seinem Neubau ohne Hilfe zu sitzen, und zwar gerade jetzt, wo sein Viehstand mehr als dreimal so groß war wie vorher. Bitte schön, es wäre gar nicht zu viel, wenn sie käme! Aber

Barbro – es kann gut sein, daß sie entdeckt hatte, womit er beschäftigt war, jedenfalls kam sie nicht, er mußte selbst die kleine Leiche einhüllen, so gut er konnte, und sie in das neue Grab legen. Dann breitete er schließlich die Rasenstücke wieder darüber und verwischte jede Spur; nun war nichts weiter zu sehen als ein kleiner grüner Hügel im Gebüsch.

Als er heimkehrte, traf er Barbro im Hofe. Wo bist du gewesen? fragte sie. – Die Bitterkeit in seinem Herzen hatte sich wohl verloren, denn er antwortete: Nirgends. Wo bist denn du gewesen? Aber Barbro las wohl eine Warnung aus seinem Gesichtsausdruck, sie ging ins Haus, ohne noch ein Wort zu sagen.

Axel ging ihr nach.

Was soll denn das bedeuten, daß du deine Fingerringe nicht mehr trägst? fragte er geradezu. – Vielleicht fand sie es am ratsamsten, ein klein wenig nachzugeben, sie lachte und sagte: Du bist so grimmig, daß ich lachen muß. Wenn du aber willst, daß ich die Ringe zuschanden arbeite, wenn ich sie Werktags trage, so kann ich es ja tun! Damit suchte sie sie hervor und steckte sie an.

Aber nun sah sie wohl, daß sein Gesicht einen dummzufriedenen Ausdruck annahm, und sie fragte dreist: Hast du noch mehr an mir auszusetzen? – Ich habe nichts an dir auszusetzen, erwiderte er. Du sollst nur wieder sein, wie du früher gewesen bist, ganz zu Anfang, als du herkamst. Das meine ich. – Es ist nicht so leicht, immer gleich zu sein, sagte sie. – Er fuhr fort: Daß ich deines Vaters Gut kaufte, geschah nur deshalb, daß wir dorthin ziehen könnten, wenn du lieber dort wohnen möchtest. Was meinst du dazu? – Ho, nun hatte er verspielt, oh, er hatte nur Angst, er könnte seine weibliche Hilfe verlieren und mit seinem Viehstand und seinem Haushalt allein bleiben, das merkte sie gut. – Das hast du schon einmal gesagt, erwiderte sie abweisend. – Jawohl, aber ich habe keine Antwort erhalten. – Antwort? sagte sie. Ich ertrage es nicht, das noch einmal zu hören.

Axel meinte, er sei ihr weit entgegengekommen. Er hatte die Familie Brede weiter auf Breidablick wohnen lassen, und obgleich er den kleinen Ertrag mit dem Gut gekauft hatte, so hatte er doch nur einige Fuhren Heu eingeführt und die Kartoffeln der Familie überlassen. Es war eine große Ungereimtheit von Barbro, jetzt böse zu werden, aber ihr war das ganz einerlei, sie fragte, als ob sie tief gekränkt wäre: Sollten wir nach Breidablick ziehen und meine ganze Familie obdachlos machen?

Hörte er denn recht? Mit offenem Mund saß er da, dann fing er an zu schlucken, als bereite er sich zu einer langen Antwort vor, aber es wurde nichts daraus, und er fragte nur: Ziehen sie denn nicht ins Dorf? – Das weiß ich nicht, erwiderte sie. Hast du ihnen vielleicht dort eine Wohnung gemietet?

Axel wollte nicht weiter mit ihr rechten, aber er konnte doch nicht ganz verschweigen, daß sie ihn einigermaßen in Verwunderung gesetzt habe, und so sagte er: Du wirst immer halsstarriger und verstockter, aber du meinst es nicht so. – Ich meine alles, was ich sage, entgegnete sie. Und nun sag mir einmal, warum konnten meine Leute nicht lieber hierher ziehen? Dann hätte ich doch etwas Hilfe von meiner Mutter gehabt. Aber du meinst ja, ich hatte nicht so viel zu tun, daß ich Hilfe brauche.

Sie hatte damit natürlich einigermaßen recht, aber auch sehr viel unrecht: Die Familie Brede hätte ja dann in der Gamme wohnen müssen, und Axel hätte wieder nicht gewußt, wohin mit seinem Vieh. Wo wollte sie denn hinaus, fehlte ihr denn aller Sinn und Verstand? – Ich will dir etwas sagen, es ist besser, du bekommst eine Magd. – Jetzt im Winter, wo es nicht mehr soviel zu tun gibt? Nein, ich danke. Damals, als ich eine brauchte, da hätte ich eine bekommen sollen, jawohl.

Wieder hatte sie einigermaßen recht: Sie hätte eine Magd haben müssen, als sie nicht wohl und in gesegneten Umständen war. Aber Barbro war ja niemals mit ihrer Arbeit im Rückstand geblieben, sie war eigentlich jetzt ebenso flink und tüchtig, tat alles, was geschehen mußte, und ließ niemals ein Wort von einer Magd verlauten. Aber sie hätte eine haben sollen. Ja, dann verstehe ich es nicht, sagte er mutlos.

Schweigen.

Dann fragte Barbro: Ich habe sagen hören, du wollest den Telegraphen übernehmen, den mein Vater hat? – Wieso, wer hat das gesagt? – Es geht das Gerede. – Ja, es ist nicht unmöglich, erklärte Axel. – So. – Warum fragst du? – Ich frage, weil du meinem Vater Haus und Hof abgenommen hast und ihm nun auch noch seinen Lebensunterhalt nehmen willst.

Schweigen.

Aber nun wollte sich Axel doch nicht noch mehr gefallen lassen, und er rief: Ich will dir etwas sagen, du bist das gar nicht wert, was ich für dich und die Deinen tue.

So, sagte Barbro.

Nein! rief er und schlug mit der Faust auf den Tisch. Dann stand er auf.

Du brauchst nicht zu meinen, daß du mir Angst machen kannst, piepste sie mit schwacher Stimme und drückte sich näher an die Wand.

Dir Angst machen! machte er ihr nach und blies verächtlich. Aber jetzt ist es ernst, und ich will wissen, wie es mit dem Kind gewesen ist. Hast du es ertränkt?

Ertränkt?

Ja, es ist doch im Wasser gewesen.

So, du hast das gesehen? sagte sie. Du hast wohl – daran gerochen, hätte sie beinahe gesagt, wagte es aber nicht, denn es war vielleicht jetzt gerade nicht mit ihm zu spaßen. Du hast es also gesehen?

Ich habe gesehen, daß es im Wasser gelegen hat.

Ach, das hast du wohl sehen dürfen, versetzte sie. Es wurde im Wasser geboren, ich glitt aus und konnte nicht mehr aufstehen.

So, du bist ausgeglitten?

Ja, und in demselben Augenblick kam auch das Kind.

So, sagte er. Aber du hast doch einen Lappen mitgenommen. Hast du geahnt, daß du ausgleiten würdest?

Einen Lappen mitgenommen? wiederholte sie.

Einen großen weißen Lappen, eines von meinen Hemden, das du quer abgeschnitten hattest.

Jawohl, den Lappen habe ich mitgenommen, um Wacholder drin nach Hause zu tragen, sagte Barbro.

Wacholder?

Ja, Wacholder. Habe ich dir nicht gesagt, daß ich Wacholder holen wollte!

Ja, oder Besenreis.

Ach, das ist doch einerlei, was es war ...

Allein trotz dieses starken Zusammenstoßes wurde es wieder gut zwischen den beiden, das heißt, es wurde nicht mehr gut, aber erträglich, Barbro war klug und zeigte sich nachgiebiger, sie witterte Gefahr. Aber unter diesen Verhältnissen wurde ja das Leben auf Maaneland immer gezwungener und unerträglicher, ohne Vertrauen, ohne Freude, immer auf der Hut. Es ging immer nur einen Tag um den andern, aber solange es überhaupt ging, mußte Axel zufrieden sein. Er hatte nun einmal dieses Mädchen zu sich genommen, er brauchte es, war ihr Liebster gewesen, hatte sich an sie gebunden, es war keine leichte Sache, sich und sein ganzes Leben zu ändern. Barbro wußte alles, was mit dem Neubau zusammenhing, wo Hab und Gut aufbewahrt war, wann die Kühe und Geißen werfen würden, ob das Winterfutter kärglich oder reichlich war, welche Milch zu Käsen bestimmt war und welche im Haushalt verbraucht werden durfte – eine Fremde würde von nichts eine Ahnung haben, und eine Fremde war vielleicht gar nicht aufzutreiben.

Ach, aber oft schon hatte Axel doch daran gedacht, Barbro fortzutun und ein anderes Mädchen dafür zu nehmen; sie war zuweilen ein wahrer Zankapfel, und er fürchtete sich beinahe vor ihr. Selbst zu der Zeit, in der er das Unglück gehabt hatte, Glück bei ihr zu haben, war er bisweilen vor ihrer merkwürdig grimmigen und unliebenswürdigen Art zurückgewichen. Allein sie war schön und hatte auch ihre süßen Stunden und begrub ihn gut in ihren Umarmungen. Doch das war einmal, jetzt hatte es aufgehört. Nein, danke schön, diese elende Geschichte wollte sie nicht noch einmal durchmachen! Aber es ist nicht so leicht, sich und sein ganzes Leben umzuformen. Dann wollen wir sofort heiraten, sagte Axel dringend. – Sofort? erwiderte sie. Nein, ich fahre zuerst in die Stadt und lasse meine Zähne herrichten. Ich habe sie ja vor lauter Zahnweh beinahe alle verloren.

Da mußte es nun eben weitergehen wie seither; Barbro bekam keinen bestimmten Lohn mehr, aber sie bekam viel mehr als ihren Lohn, und so oft sie Geld begehrte und es auch erhielt, dankte sie dafür, als ob es ein Geschenk wäre. Übrigens begriff Axel nicht, wozu sie das Geld brauchte; was sollte sie hier auf dem Lande mit Geld? Sparte sie es zusammen? Aber wozu in aller Welt sparte sie jahraus, jahrein, zusammen?

Es war da sehr viel, was Axel nicht begriff: hatte sie denn nicht den Verlobungsring, ja sogar einen goldenen Ring bekommen? Es hatte ja auch lange Zeit nach diesem letzten großen Geschenk ein gutes Verhältnis zwischen ihnen geherrscht, aber in alle Ewigkeit wirkte es doch nicht, keineswegs, und er konnte ihr doch nicht immer wieder Ringe kaufen. Kurz und gut: wollte ihn Barbro nicht? Frauenzimmer sind doch merkwürdige Geschöpfe! Stand sonst noch irgendwo ein Mann mit schönem Viehstand und einem neuen Wohnhaus für sie bereit? Axel hatte alles Recht, mit der Faust auf den Tisch zu schlagen über die Dummheit und Launenhaftigkeit der Weiber.

Es war ganz merkwürdig, Barbro schien keinen andern Gedanken im Kopf zu haben, als das Leben in der Stadt und in Bergen. Aber um Gottes willen, warum war sie dann überhaupt wieder herauf in den Norden gekommen? Ein Telegramm ihres Vaters allein hätte sie nicht dazu vermocht, auch nur einen Fuß vor den andern zu setzen, sie mußte einen andern Grund gehabt haben. Hier war sie doch Jahr um Jahr von morgens bis abends unzufrieden. Holzgeschirre statt solcher aus Blech und Eisen, Kessel statt Kasserollen; dieses ewige Melken statt eines Spaziergangs in die Meierei; Bauernstiefel, Schmierseife, einen Heusack unter dem Kopf, niemals Hornmusik, keine Menschen. Hier war sie ...

Nach dem großen Zusammenstoß haderten sie noch oftmals miteinander. Sollen wir darüber schweigen oder sollen wir darüber reden? sagte Barbro. Du denkst wohl gar nicht mehr daran, was du meinem Vater angetan hast? sagte sie. – Axel fragte: So, was habe ich denn getan? – Das weißt du selbst am besten, sagte sie. Aber Inspektor wirst du nun übrigens doch nicht. – So. – Nein, das glaube ich nicht, bis ich es sehe. – Du meinst wohl, ich sei nicht klug genug dazu? – Es ist ja ganz gut für dich, wenn du klug bist, aber du liest nicht und du schreibst nicht, du nimmst auch niemals nur eine Zeitung in die Hand. – Ich kann so viel lesen und schreiben, als ich nötig habe, sagte er; aber du bist nichts als ein großes Lästermaul. – Da hast du deinen Ring! schrie sie und warf den silbernen Ring auf den Tisch. – So, und wo ist denn der andere? fragte er nach einer Weile. – Wenn du deine Ringe wieder nehmen willst, so kannst du sie haben, sagte sie und mühte sich, den goldenen Ring abzustreifen. – Dein Zorn macht keinen Eindruck auf mich, sagte er und ging hinaus.

Und natürlich trug sie sehr bald beide Ringe wieder.

Es machte Barbro auf die Dauer auch nichts aus, daß er sie wegen des Todes des Kindes im Verdacht hatte. Ganz im Gegenteil, sie pfiff darauf und war hochmütig. Nicht als ob sie etwas eingestanden hatte, aber sie sagte: Ja, und wenn ich es auch ertränkt hätte! Du lebst hier in der Einöde und weißt nichts davon, wie es sonst in der Welt zugeht. – Als sie wieder einmal über diese Frage sprachen, dachte sie, sie wolle ihm einen Begriff davon beibringen, daß er die Sache viel zu ernsthaft nehme; sie selbst legte einem Kindsmord nicht mehr Wichtigkeit bei, als er verdiente. Sie wußte von zwei Mädchen in Bergen zu erzählen, die ihre Kinder umgebracht hatten, und die eine hatte einige Monate

Strafe erhalten, weil sie so dumm gewesen war und es nicht selbst umgebracht, sondern es ausgesetzt hatte, damit es erfrieren sollte, und die andere war freigesprochen worden. Nein, das Gesetz ist jetzt hierin nicht mehr so unmenschlich wie früher, sagte Barbro. Und außerdem kommt es auch gar nicht immer heraus, sagte sie. Eines der Mädchen, die im Hotel in Bergen dienten, hat zwei Kinder umgebracht; sie war aus Christiania und trug einen Hut mit Federn darauf. Für das letzte Kind bekam sie drei Monate, aber das mit dem ersten ist nicht herausgekommen, erzählte Barbro.

Axel hörte zu, und es graute ihm immer mehr vor ihr. Er suchte zu begreifen, suchte in dieser Finsternis irgend etwas zu erkennen, aber im Grunde hatte sie recht. Er nahm die Sache viel zu ernsthaft. Sie war mit all ihrer banalen Verderbtheit eines ernsthaften Gedankens gar nicht wert. Ein Kindsmord war für sie gar kein Begriff, hatte gar nichts Außerordentliches an sich, es war nur der Ausschlag der ganzen moralischen Sittenlosigkeit und des Leichtsinns, der von einem Dienstmädchen zu erwarten war. Das zeigte sich auch in den Tagen, die darauf folgten: da gab es keine Stunde des Nachdenkens, sie war genau wie früher voll überflüssigen Geschwätzes, ganz Dienstmädchen. Ich muß fort wegen meiner Zähne, sagte sie. Und dann sollte ich ein Mantlett haben. Ein »Mantlett« war eine Art kurzen Kragens, der nur bis zur Mitte reichte, das war einige Jahre lang Mode gewesen, und Barbro wollte auch ein Mantlett haben.

Wenn Barbro alles so selbstverständlich hinnahm, was blieb Axel dann übrig, als sich auch zu beruhigen? Sein Verdacht stand auch nicht immer ganz fest, und sie gestand ja niemals etwas ein, im Gegenteil, sie hatte einmal ums andere alle Schuld geleugnet, ohne Zorn, ohne Halsstarrigkeit, aber zum Henker, genau so, wie ein Dienstmädchen leugnet, eine Schüssel zerschlagen zu haben, selbst wenn sie es getan hat. Ein paar Wochen vergingen, dann wurde es Axel doch zuviel, er blieb eines Tages mitten in der Stube stehen und hatte eine Offenbarung. Aber du großer Gott, alle hatten doch ihren Zustand gesehen, daß sie rund und dick und in anderen Umständen war! Und jetzt war sie wieder schlank, wo aber war das Kind? Wenn nun alle Menschen kämen und suchten? Sie würden eines Tages eine Erklärung verlangen. Und wenn also nichts Schlimmes geschehen war, so wäre es viel besser gewesen, die Leiche auf dem Friedhof zu begraben. Dann wäre sie fort aus dem Gebüsch, fort aus Maaneland.

Nein, das hätte mir nur Unannehmlichkeiten bereitet, erklärte Barbro. Sie hätten das Kind geöffnet, und es hätte ein Verhör gegeben. Das wollte ich nicht haben.

Wenn es nur später nicht viel schlimmer wird, sagte er.

Barbro entgegnete: Warum denkst du so viel darüber nach? Laß es doch im Gebüsch! Ja, sie fragte lächelnd: Meinst du vielleicht, es komme hinter dir her? Du mußt nur den Mund halten und dich nicht mehr darum kümmern.

So, na ja.

Habe ich vielleicht das Kind ertränkt? Nein, es hat sich selbst ertränkt, als ich ins Wasser fiel. Es ist ja unglaublich, was du für Gedanken hast! Und außerdem kommt es nie heraus, sagte sie.

Mit Inger von Sellanraa ist es doch auch herausgekommen, wie ich gehört habe, wendete er ein.

Barbro dachte nach. Das beunruhigt mich gar nicht! sagte sie. Das Gesetz ist seither anders geworden; wenn du die Zeitung lesen würdest, hättest du es gesehen. Viele kriegen Kinder und töten sie, und niemand tut ihnen deshalb weiter etwas zuleide! Barbro sucht ihm das zu erklären, und sie versteht etwas von der Sache, sie ist nicht umsonst draußen in der Welt gewesen und hat viel gehört und gesehen und gelernt, jetzt saß sie vor ihm und war gescheiter als er. Sie hatte drei Hauptgründe, die sie immer wieder vorbrachte: Erstens hatte sie es nicht getan, zweitens wäre es gar nicht so gefährlich, selbst wenn sie es getan hätte, und drittens würde es niemals herauskommen.

Ich habe gemeint, es komme alles heraus, wendete er ein.

O nein, bei weitem nicht! entgegnete sie. Und ob sie ihn nun verblüffen oder ihm Mut machen wollte, oder ob es aus Eitelkeit oder aus Großtuerei geschah, sie ließ in diesem Augenblick eine Bombe platzen: Ich habe selbst etwas getan, das nicht herausgekommen ist, sagte sie.

Du? sagte er ungläubig. Was hast du denn getan?

Was ich getan habe? Ich habe getötet.

Vielleicht hatte sie nicht beabsichtigt, ganz so weit zu gehen, jetzt mußte sie aber noch weiter gehen, er saß ja da und starrte sie an. Ach, es war nicht einmal grenzenlose Frechheit von ihr, es war Zanksucht, Großtuerei, sie wollte überlegen sein und das letzte Wort behalten: Glaubst du mir nicht? rief sie. Erinnerst du dich an die Kindsleiche im Hafen? Die hatte ich hineingeworfen.

Was! rief er.

Die Kindsleiche damals. Du weißt auch gar nichts mehr! Wir haben doch in der Zeitung davon gelesen.

Nach einer Weile brach er los: Du bist ein entsetzliches Weib!

Aber seine Verwirrung stärkte sie, flößte ihr eine Art unnatürlicher Kraft ein, so daß sie Einzelheiten berichten konnte: Ich hatte es mit in meinem Koffer – ja, es war tot, das hatte ich gleich getan, als es geboren war. Und als wir in den Hafen kamen, warf ich es hinaus.

Axel saß finster und schweigend da; aber Barbro redete weiter, das sei jetzt schon lange her, schon mehrere Jahre, es sei damals gewesen, als sie nach Maaneland kam. Da könne er sehen, daß nicht alles herauskomme, bei weitem nicht alles. Was er meine, wie das wäre, wenn alles herauskäme, was alle Leute täten? Und was erst die verheirateten Leute in der Stadt täten! Die brächten ihre Kinder um, ehe sie geboren seien, es gebe besondere Arzte dafür. Diese Leute wollten nicht mehr als ein Kind, höchstens zwei Kinder haben, und darum tötete es der Doktor im Mutterleib. Axel könne ihr glauben, daß das draußen in der Welt nicht schwer genommen werde.

Axel fragte: Na, dann hast du wohl das zweite Kind auch umgebracht?

Nein, erwiderte sie äußerst gleichgültig. Das habe ich nicht nötig gehabt, sagte sie. Aber sie kam noch einmal darauf zurück, daß es gar nicht so gefährlich gewesen wäre. Sie schien daran gewöhnt, dieser Frage in die Augen zu sehen, deshalb blieb sie so gleichgültig dabei. Beim erstenmal war es allerdings vielleicht etwas grausig, ein klein wenig unheimlich für sie gewesen, ein Kind umzubringen, aber das zweitemal? Sie konnte mit einer Art von geschichtlichem Gefühl an die Tat denken: Das war geschehen und geschah auch wieder.

Mit schwerem Kopf verließ Axel die Stube. Es focht ihn weiter nicht sehr an, daß Barbro ihr erstes Kind umgebracht hatte; das ging ihn nichts an. Und daß sie dieses Kind überhaupt gehabt hatte, darüber war auch nicht viel zu sagen. Eine Unschuld war sie nicht gewesen, und sie hatte sich auch nicht dafür ausgegeben. im Gegenteil, sie hatte ihre Erfahrenheit durchaus nicht verborgen und ihn sogar in manchem dunkeln Spiel unterwiesen. Gut. Aber dieses letzte Kind hätte er gerne behalten, ein kleiner Junge, ein weißes Geschöpfchen in einen Lappen gewickelt! Wenn sie schuld war an des Kindes Tod, so hatte sie ihm ein Unrecht zugefügt, ein Band zerschnitten, das ihm wertvoll war und das ihm nie mehr ersetzt wurde. Aber es konnte ja sein, daß er ihr unrecht tat, daß sie wirklich im Bach ausgeglitten war und sich nicht mehr aufrichten konnte. Allerdings, der Lappen war ja da, das halbe Hemd, das sie mitgenommen hatte ...

Die Stunden gingen auch jetzt hin, es wurde Mittag und es wurde Abend. Und als Axel zu Bett gegangen war und lange genug ins Dunkel hineingestarrt hatte, schlief er ein und schlief bis an den Morgen. Ein neuer Tag brach an, und nach diesem Tag kamen noch andere Tage.

Barbro blieb immer dieselbe. Sie wußte sehr viel von der Welt und behandelte solche Kleinigkeiten, die hier auf dem Lande Gefahren waren und Schrecken verbreiteten, mit Gleichgültigkeit. Das war auch wieder tröstlich, sie war gescheit für beide, unbesorgt für beide. Übrigens sah sie auch nicht aus wie ein gefährlicher Mensch. Barbro ein Ungeheuer? Keine Spur. Sie war im Gegenteil ein schönes Mädchen, blauäugig mit einem Stumpfnäschen, und die Arbeit ging ihr flink von der Hand. Die Ansiedlung war ihr nur ein wenig verleidet, und verleidet waren ihr auch die Holzgeschirre, die so oft gescheuert werden mußten, und vielleicht war ihr auch der ganze Axel verleidet, und das ganze verfluchtzurückgezogene Leben, das sie führte. Aber sie brachte keines der Tiere um und stand auch nicht bei Nacht mit gezücktem Messer über ihm.

Nur noch einmal kam es dazu, daß die beiden über die Kindsleiche draußen im Walde miteinander sprachen. Axel wiederholte noch einmal, sie hätte auf dem Kirchhof begraben und mit Erde bedeckt werden sollen, aber Barbro blieb auch jetzt dabei, daß ihre Handlungsweise ganz recht gewesen sei. Bei dieser Gelegenheit sagte sie etwas, das zeigte, daß auch sie überlegte, ho, und schlau war, und weiter sah, als ihre Nase reichte, ja, daß sie mit einem kleinen ärmlichen Negergehirn dachte: Und wenn es auch aufkommt, dann spreche ich mit dem Lensmann, ich habe bei ihm gedient, und die Frau Heyerdahl hilft mir. Es stehen nicht alle so gut wie ich, und sie werden doch freigesprochen. Und außerdem steht Vater gut mit den großen Herren, er ist Gerichtsbote und alles, was drum und dran ist.

Axel schüttelte nur den Kopf.

Du glaubst es nicht?

Was du dir einbildest, daß dein Vater ausrichten könne!

Was weißt denn du davon? rief sie ärgerlich. Denk daran, daß du ihn ins Elend gebracht hast, du hast ihm seinen Hof und seinen Lebensunterhalt genommen!

Sicherlich hatte sie eine Art Vorstellung davon, daß ihres Vaters Ansehen in der letzten Zeit eingebüßt hatte und daß dies zum Schaden für sie selbst ausschlagen könnte. Was sollte Axel darauf antworten? Er schwieg. Er war ein Mann des Friedens, ein Mann der Arbeit.

3

Als es dem Winter zuging, war Axel wieder der einzige Mensch auf Maaneland. Barbro war gegangen. Ja, das war das Ende.

Ihre Reise in die Stadt solle nicht lange dauern, sagte sie. Es sei ja keine Reise nach Bergen, aber sie wolle nicht einen Zahn nach dem andern verlieren und einen Mund bekommen wie ein Kalb. Was das kosten werde? fragte Axel. Wie kann ich das wissen? erwiderte sie. Dich wird's jedenfalls nichts kosten, ich werde es abverdienen.

Sie hatte ihm auch auseinandergesetzt, warum es am besten sei, wenn sie die Reise jetzt mache; jetzt seien nur zwei Kühe zu melken, bis zum Frühjahr würden noch zwei kalben und auch die Geißen Junge werfen, die Heuernte würde kommen, die Arbeit würde drängen bis über den Juni hinaus. – Tu, was du willst, sagte Axel.

Die Sache sollte ihn nichts kosten, gar nichts. Aber sie müsse doch etwas Geld haben, nur eine kleine Summe; sie brauche Geld zur Reise und für den Zahnarzt, außerdem brauche sie ein Mantlett und noch verschiedenes andere, aber das müsse ja nicht sein, wenn es ihm unangenehm sei. – Du hast bis jetzt schon Geld genug bekommen, sagte Axel. – So, erwiderte sie. Das ist aber jedenfalls nicht mehr da. – Hast du denn nichts zurückgelegt? – Zurückgelegt? Du kannst ja in meiner Kiste nachsuchen. Ich habe auch in Bergen nichts zurückgelegt, und dort hatte ich doch einen viel größeren Lohn. – Ich habe kein Geld für dich, sagte er.

Axel hatte keinen rechten Glauben daran, daß Barbro von dieser Reise zurückkommen werde, und sie hatte seine Geduld mit ihrer Unliebenswürdigkeit so über alle Maßen geprüft, daß er anfing, ihrer überdrüssig zu werden. Es gelang ihr schließlich auch nicht, eine nennenswerte Summe aus ihm herauszuwinden, aber er sah durch die Finger, als sie sich einen ungeheueren Mundvorrat einpackte, ja, er selbst fuhr sie und ihre Kiste hinunter ins Dorf zum Postboot.

Nun war es also geschehen.

Er hätte ganz gut wieder allein auf der Ansiedlung sein können, er war es von früher her gewöhnt, aber er war jetzt durch seinen Viehstand allzusehr gebunden, und wenn er einmal von Hause abwesend sein mußte, waren die Tiere nicht versorgt. Der Kaufmann hatte ihm geraten, sich Oline kommen zu lassen, sie sei doch einmal mehrere Jahre auf Sellanraa gewesen, allerdings sei sie jetzt alt, aber noch rührig und arbeitsam. Ja, Axel hatte nach Oline geschickt, aber sie war nicht gekommen, und er hatte auch nichts von ihr gehört.

Während Axel auf sie wartet, fällt er Holz im Walde, drischt seine kleine Kornernte und besorgt seinen Viehstand. Es war einsam und still um ihn. Ab und zu kam Sivert von Sellanraa vorbei auf der Fahrt ins Dorf oder vom Dorf zurück; hinunter führte er Brennholz oder Häute oder Käse, aber zurück kam er fast immer leer, der Hof Sellanraa brauchte nicht viel Waren zu kaufen.

Dann und wann kam auch Brede Olsen an Maaneland vorbei und in der letzten Zeit häufiger als sonst – wer konnte wissen, was er hier so eifrig, so fleißig zu laufen hatte! Es war, als ob er sich noch in den letzten Wochen an der Telegraphenlinie unentbehrlich machen und den Posten behalten wolle. Seit Barbro abgereist war, kam er nie mehr zu Axel herein, sondern ging nur rasch vorbei, und das war doch vielleicht ein gar zu arger Hochmut von ihm, da er immer noch auf Breidablick wohnen blieb und nicht abgezogen war. Eines Tages, als er vorbeigehen wollte, ohne auch nur zu grüßen, hielt ihn Axel an und fragte, bis wann er den Hof zu räumen gedenke. – Auf welche Weise hast du dich von Barbro getrennt? fragte Brede dagegen. Das eine Wort gab das andere: Du hast sie ohne alle Mittel fortgeschickt. Es war nahe daran, daß sie nicht einmal bis Bergen gekommen wäre.

So, sie ist also in Bergen? – Ja, schließlich sei sie hingekommen, schreibt sie, aber dir hat sie nicht dafür zu danken. – Ich werde dich jetzt sofort aus Breidablick hinauswerfen, sagte Axel. – Ja, weil du seither so gutherzig gewesen bist, erwiderte der andere spöttisch. Nach Neujahr werfen wir uns selbst hinaus, fuhr er fort und ging dann seines Weges.

So, Barbro war nach Bergen gereist, es war also genau so gegangen, wie Axel sich gedacht hatte. Er war nicht betrübt darüber. Betrübt? Weit entfernt, sie war ein Zankteufel, aber bis jetzt hatte er doch noch nicht alle Hoffnung aufgegeben gehabt, sie würde doch vielleicht wiederkommen. Er wußte beim Henker nicht, wie es zuging, er hing doch ein bißchen zu fest an dieser Person, an diesem Ungeheuer; zuzeiten konnte sie ihre süßen Stunden haben, unvergeßliche

Stunden, und gerade, um sie daran zu hindern, ganz bis Bergen durchzubrennen, war er beim Abschied mit Geld so geizig gewesen. Und nun war sie doch auf und davon gegangen. Von ihren Kleidern hing noch dies und das da, und ein Strohhut mit einem Flügel darauf lag in Papier gehüllt droben auf dem Bodenraum; aber sie kam nicht ihr Eigentum zu holen. Ach ja, vielleicht war er doch ein wenig betrübt! Wie Spott und Hohn erschien es ihm, daß er immer noch ihre Zeitung erhielt, und das würde wohl auch vor Neujahr nicht aufhören.

Aber schließlich hatte er doch an anderes zu denken, er mußte ein Mann sein.

Im Frühjahr mußte er an der Nordwand des Neubaus eine Scheune anfügen, jetzt im Winter mußten die Stämme dazu gefällt und die Bretter gesägt werden. Axel hatte keinen zusammenhängenden Wald mit großen Bäumen, aber da und dort standen auf seinem Grund und Boden mächtige Föhren, und er suchte sich solche am Wege nach Sellanraa aus, damit sich das Hinschaffen der Stämme nach dem Sägewerk leichter bewerkstelligen ließe.

Eines Morgens füttert er sein Vieh sehr reichlich, damit es bis zum Abend aushalten kann, schließt die Türen hinter sich zu und geht in den Wald; außer Axt und Mundvorrat nimmt er noch eine hölzerne Schneeschaufel mit. Das Wetter ist mild, gestern tobte ein schwerer Sturm mit Niederschlägen, aber heute ist es still. Er geht den ganzen Weg an der Telegraphenlinie entlang, bis er zur Stelle ist; dort zieht er seine Jacke aus und fängt an zu hacken. Jeden Baum, den er fällt, zweigt er sofort ab, haut die Stämme glatt und schichtet Zweige und Äste auf Haufen.

Brede Olsen kommt den Weg herauf, dann ist also die Linie wohl durch den gestrigen Sturm in Unordnung geraten. Aber vielleicht lief Brede auch ohne besonderen Grund die Linie ab, er war sehr eifrig im Dienst geworden, er hatte sich also doch gebessert. Die Männer sprachen nicht miteinander und grüßten sich auch nicht.

Axel merkt wohl, daß das Wetter im Begriff ist, umzuschlagen, der Wind wird immer stärker, aber Axel arbeitet nur eifrig weiter. Die Mittagsstunde ist längst vorbei, aber er hat noch nichts gegessen. Jetzt eben fällt er eine große Föhre, und diese schlägt ihn in ihrem Fall zu Boden. Wie ist das zugegangen? Unglück war unterwegs. Eine Riesenföhre schwankt auf ihrer Wurzel, der Mensch bestimmt ihr eine Seite zum Fallen, der Sturm eine andere. Der Mensch verliert. Es wäre noch angegangen, allein der Schnee deckte den unebenen Boden, Axel trat fehl, sprang auf die Seite und kam mit einem Bein in eine Felsspalte, nun lag er zwischen Felsen eingeklemmt und hatte eine große Föhre über sich.

Jawohl, es hätte trotzdem noch angehen können, allein er lag so ausgesucht verdreht, allerdings, soweit er fühlen konnte, mit ganzen Gliedern, aber schief und ohne eine Möglichkeit, sich unter dem schweren Gewicht hervorzuarbeiten. Nach einer Weile hatte er die eine Hand frei, auf der andern aber liegt er, und er kann die Axt nicht erreichen. Er sieht sich um und überlegt, wie jedes gefangene Tier es auch gemacht hätte, sieht sich um und überlegt und arbeitet und müht sich unter dem Baum ab. Brede muß in einiger Zeit auf dem Rückweg wieder vorbeikommen, denkt er und müht sich ab und atmet schwer.

Im Anfang nimmt Axel die Sache leicht und ist nur ärgerlich, daß er durch diesen Zufall, dieses elende Ungefähr festgehalten ist, er ist keine Spur besorgt für seine Gesundheit und noch weniger für sein Leben. Allerdings fühlt er, daß die Hand, auf der er liegt, allmählich gefühllos wird, und auch das Bein in der Felsenspalte wird kalt und auch gefühllos, aber das geht ja immer noch an. Brede kommt wohl bald.

Aber Brede kommt nicht.

Der Sturm nimmt zu und treibt Axel den Schnee gerade ins Gesicht. Jetzt wird's Ernst! denkt er, ist aber immer noch unbekümmert, ja, es ist beinahe, als ob er sich selbst durch den Schnee zublinzle: Aufgepaßt, jetzt wird's nämlich Ernst! Nach einer langen Weile stößt er einen einzelnen Hilferuf aus. Der ist wohl bei dem Sturm nicht weit zu hören, aber er geht der Linie entlang zu Brede. Axel liegt da mit ganz wertlosen Gedanken: Wenn er doch nur die Axt erreichen könnte, dann könnte er sich vielleicht freihacken! Wenn er nur die Hand hervorziehen könnte! Diese lag auf etwas Spitzem, einem Stein, und der bohrte sich langsam und höflich allmählich in den Handrücken ein. Wenn nur dieser verflixte Stein weg gewesen wäre! Aber noch niemals hat jemand von einem Stein einen rührenden Zug berichten können.

Die Zeit vergeht, das Schneetreiben wird schlimmer. Axel wird zugeschneit; er ist ganz hilflos, der Schnee legt sich harmlos und unschuldig auf sein Gesicht, eine Weile schmilzt er, dann wird das Gesicht kalt, und der Schnee schmilzt nicht mehr. Nun wird es wirklich Ernst!

Jetzt stößt er zwei laute Hilferufe aus und horcht dann hinaus.

Nun wird auch seine Axt zugeschneit, er fleht nur noch ein Stückchen Schaft hervorragen. Dort drüben hängt sein Beutel mit dem Mundvorrat; hätte er ihn nur erreichen können, dann hätte er etwas gegessen, einen ordentlichen Happen. Und wenn er schon in seinen Ansprüchen an das Leben so dreist war, so konnte er sich gleich auch seine Jacke herwünschen, denn es wird kalt. Wieder stößt er einen gewaltigen Ruf aus.

Da steht Brede. Er ist stehen geblieben und sieht hinüber zu dem rufenden Mann, er bleibt nur einen Augenblick stehen und sieht hinüber, wie um zu ergründen, was los ist. Komm her und gib mir meine Axt! ruft Axel etwas kläglich. – Brede sieht weg, er hat ergründet, was los ist, jetzt schaut er in die Höhe zu dem Telegraphendraht hinauf und will augenscheinlich anfangen zu pfeifen! War er denn verrückt? – Komm her und gib mir die Axt, ich liege unter einem Baum! wiederholte Axel etwas lauter als vorher. Aber Brede hat sich so sehr gebessert und ist so eifrig in seinem Dienste, daß er nichts sieht als den Telegraphendraht und nur eifrig pfeift. Und wohlgemerkt, munter und rachgierig pfeift er! – So, du willst mich umbringen und mir nicht einmal die Axt reichen! ruft Axel. – Aber jetzt muß Brede offenbar notwendig noch weiter die Linie entlang gehen und nach dem Draht schauen, und er verschwindet im Schneetreiben.

So, na ja! Aber jetzt wäre es doch ein rechter Staatsstreich, wenn Axel sich selbst so weit freimachte, daß er die Axt erreichen könnte! Er spannt Leib und Brust an, um die ungeheure Last zu heben, die ihn daniederhält, er bewegt den Baum, schüttelt ihn, erreicht aber damit nur, daß noch mehr Schnee auf ihn herabrieselt. Nach einigen vergeblichen Versuchen gibt er es auf.

Es fängt an zu dunkeln. Brede ist gegangen, aber wie weit kann er inzwischen gekommen sein? Nicht sehr weit, Axel ruft wieder und redet dabei von der Leber weg: Willst du mich hier einfach liegen lassen, du Mörder? ruft er. Denkst du nicht an deiner Seelen Seligkeit? Du weißt, du könntest für eine einzige kleine Handreichung eine Kuh von mir bekommen, aber du bist ein Hund, Brede, und du willst mich umbringen! Aber ich werde dich anzeigen, so wahr ich hier liege, merk dir's! Kannst du nicht herkommen und mir die Axt geben?

Stille. Axel strengt sich wieder unter seinem Baume an, hebt ihn ein wenig mit dem Leib und erreicht damit, daß immer noch mehr Schnee auf ihn herunterfällt. Dann ergibt er sich in sein Schicksal und seufzt, matt und schläfrig wird er auch. Sein Vieh steht jetzt in der Gamme und brüllt, es hat seit heute morgen nicht naß und nicht trocken bekommen, Barbro füttert es nicht mehr, sie ist davongelaufen, mit beiden Fingerringen noch dazu. Es wird dunkel, jawohl, es wird Abend, und es wird Nacht, aber das ginge ja noch an, allein es wird auch kalt, sein Bart vereist, seine Augen werden auch bald vereisen, die Jacke dort am Baume würde ihm guttun, und ist es denn möglich, sein eines Bein ist bis zur Hüfte wie tot? Alles steht in Gottes Vaterhand! sagt er, er kann augenscheinlich ganz fromm reden, wenn er will. Es wird dunkel, jawohl, er kann auch ohne angezündete Lampe sterben! Er wird ganz weich und gut, und um recht demütig zu sein, lächelt er freundlich und albern ins Unwetter hinein, es ist ja der Schnee des Herrn, der unschuldige Schnee! Ja, er kann es ja auch lassen, Brede anzuzeigen.

Er wird still und immer schläfriger, ganz lahm, als ob er vergiftet wäre, er sieht so viel Weiß vor den Augen, Wälder und Ebenen, große Schwingen, weiße Schleier, weiße Segel, weiß, weiß – was kann das sein? Unsinn, er weiß ganz gut, daß das Schnee ist, er liegt im Freien, es ist kein Wahn, daß er unter einem Baum begraben ist. Dann ruft er wieder aufs Geratewohl, brüllt, da unten im Schnee liegt seine gewaltige haarige Brust und brüllt, es muß bis in die Gamme bei dem Vieh zu hören sein, er brüllt ein ums andere Mal. Du bist ein Schwein, ein Untier! ruft er Brede nach. Hast du bedacht, was du tust, wenn du mich so verkommen läßt? Willst du mir die Axt geben? frag ich. Bist du ein gemeines Vieh oder ein Mensch? Aber Glück zu, wenn es deine Absicht ist, mich hier liegen zu lassen –

Er muß geschlafen haben, er liegt ganz steif und leblos da, aber seine Augen stehen offen, zwar mit Eis umrändert, aber offen, er kann nicht damit blinzeln; hat er mit offenen Augen geschlafen? Vielleicht hat er nur ein paar Minuten oder auch eine Stunde geschlummert, Gott weiß es, aber jetzt steht Oline da. Axel hört, daß sie fragt: Im Namen Jesu Christi, lebst du noch? Und weiter fragt sie, warum er daliege, ob er verrückt sei? Jedenfalls steht Oline da.

Ja, Oline hat etwas Witterndes, etwas Schakalartiges, sie taucht auf, wenn ein Unglück um den Weg ist, sie hat eine sehr scharfe Witterung. Wie hätte Oline im Leben vorwärts kommen können, wenn sie nicht so eifrig gewesen wäre und keine so scharfe Witterung gehabt hätte? Jetzt hatte sie also Axels Botschaft erhalten und war trotz ihrer siebzig Jahre über das Gebirge gekommen, um ihm zu helfen. Gestern hat sie der Sturm in Sellanraa festgehalten, heute kam sie nach Maaneland, fand niemand zu Hause, fütterte das Vieh, trat unter die Tür und horchte hinaus, melkte das Vieh, lauschte dann wieder, sie begriff gar nicht –

Da hörte sie rufen und sagte sich: Entweder ist es der Axel oder einer der Unterirdischen, in beiden Fällen ist es der Mühe wert, ein wenig nachzusehen, die ewige Weisheit des Allmächtigen in so viel Unruhe im Walde zu ergründen – und mir tut er nichts, ich bin nicht wert, ihm die Schuhriemen zu lösen –

Hier steht sie nun.

Die Axt? Oline gräbt und gräbt im Schnee und findet die Axt nicht. Sie versucht ohne Axt fertig zu werden und gibt sich Mühe, den Baum, so wie er daliegt, zu heben; aber sie ist wie ein kleines Kind und vermag nur die äußersten Zweige zu schütteln. Sie sucht wieder nach der Axt, es ist finster, aber sie gräbt mit Händen und Füßen. Axel kann nicht deuten, er kann nur sagen, wo die Axt einmal gelegen hatte, aber da ist sie nicht mehr. Wenn es nur nach Sellanraa nicht so weit wäre! sagt Axel. Aber nun fängt Oline an nach ihrem eigenen Kopf zu suchen, und Axel ruft ihr zu, nein, nein, dort sei sie nicht. – Nein, nein, sagt Oline, ich will nur überall nachsehen. Und was ist denn das? fragt sie. – Hast du sie gefunden? fragt Axel. – Ja, mit des Allmächtigen Beistand, erwidert Oline hochtrabend. Aber Axel ist nicht sehr hochgemut, er gibt zu, daß er vielleicht nicht recht bei Verstand sei, er ist beinahe fertig. Und was denn Axel mit der Axt wolle? Er könne sich ja nicht rühren, sie, Oline, müsse ihn loshacken. O, Oline habe schon mehr Äxte in der Hand gehabt, habe schon mehr als einmal in ihrem Leben Holz gespalten!

Axel kann nicht gehen, sein eines Bein ist bis zur Hälfte wie abgestorben, der Rücken ist ihm wie gerädert, heftige Stiche bringen ihn beinahe zum Heulen, im ganzen genommen fühlt er sich kaum als lebendiger Mensch, ein Teil von ihm liegt immer noch unter dem Baum. Es ist so sonderbar, und ich verstehe es nicht, sagt er. Oline versteht es gut und erklärt das Ganze mit wunderbaren Worten: ja, sie hat einen Menschen vom Tode errettet, und soviel weiß sie, der Allmächtige hat sie als sein geringes Werkzeug gebraucht, er hat keine himmlischen Heerscharen schicken wollen. Ob Axel nicht seinen weisen Ratschluß erkenne? Und wenn der Herr einen Wurm in der Erde hätte zu Hilfe schicken wollen, so hätte er das tun können. – Ja, das weiß ich wohl, aber es ist mir so sonderbar zumut, sagte Axel. – Sonderbar? Er solle nur ein ganz klein wenig warten, sich bewegen, sich vorbeugen und wieder aufrichten, ja, so, immer nur ein wenig auf einmal, seine Gelenke seien eingerostet und abgestorben, er solle seine Jacke anziehen, damit er warm werde. In ihrem ganzen Leben werde sie nun und nimmer den Engel des Herrn vergessen, der sie das letztemal vor die Türe gerufen habe – und da hörte sie Rufe aus dem Walde. Es sei wie in den

Tagen des Paradieses gewesen, als mit Posaunen geblasen wurde bei den Mauern von Jericho –

Wunderbar! Aber während dieses Geschwätzes hat Axel Zeit, er übt seine Gelenke und lernt zu gehen.

Langsam geht's dem Hause zu, Oline ist immer noch der Retter in der Not und stützt Axel. So geht es ganz gut. Als sie ein Stück Weges hinuntergekommen sind, begegnen sie Brede. – Was ist denn das? fragt Brede. Bist du krank? Soll ich dir helfen? sagt er. – Axel schweigt abweisend. Er hat Gott gelobt, sich nicht zu rächen und Brede nicht anzuzeigen, aber weiter ist er nicht gegangen. Und weshalb war Brede nun wieder auf dem Wege bergauf? Hatte er gesehen, daß Oline nach Maaneland gekommen war, und begriffen, daß sie die Hilferufe hören mußte? – So, du bist da, Oline? sagt Brede geschwätzig. Wo hast du ihn gefunden? Unter einem Baum? Ja, ist es nicht sonderbar mit uns Menschen! legt er los. Ich sah eben die Telegraphenlinie nach, da hörte ich rufen. Wer sich sofort auf die Beine machte, das war ich, ich wollte Hilfe leisten, falls es nötig sein sollte. Also du bist es gewesen, Axel? Und du hast unter einem Baum gelegen? – Jawohl, und du hast es gehört und gesehen, als du herunterkamst, aber du bist an mir vorbeigegangen, antwortete Axel. – Gott sei mir Sünder gnädig! ruft Oline über solch schwarze Bosheit. – Brede erklärt, wie es gewesen sei. Dich gesehen? Ich hab dich gut gesehen. Aber du hättest mich doch rufen können, warum hast du nicht gerufen? Ich sah dich ausgezeichnet, aber ich dachte, du hättest dich ein wenig zum Ausruhen hingelegt. – Willst du den Mund halten! ruft Axel drohend. Du hast mich absichtlich liegen lassen.

Oline sieht ein, daß Brede jetzt nicht eingreifen darf, das würde ihre eigene Unentbehrlichkeit verringern und ihr Rettungswerk nicht mehr ganz vollständig erscheinen lassen. Sie verhindert Brede, Axel hilfreiche Hand zu reichen, ja, er darf nicht einmal den Rucksack oder die Axt tragen. Oh, in diesem Augenblick ist Oline vollständig auf Axels Seite; wenn sie später einmal zu Brede kommt und hinter einer Schale Kaffee sitzt, wird sie ganz auf seiner Seite sein. – Laß mich doch wenigstens die Axt oder die Schneeschaufel tragen, sagt Brede. – Nein! erwidert Oline an Axels Statt. Die will er selbst tragen. – Brede bleibt dabei: Du hättest mich doch rufen können, Axel. Wir sind doch nicht so verfeindet, daß du mir das Wort nicht hättest gönnen können. Du hast gerufen? So, dann hättest du lauter rufen müssen, du mußt doch wissen, was für ein Schneesturm tobte. Und außerdem hättest du mir mit der Hand winken können. – Ich hatte keine Hand frei, mit der ich hätte winken können, erwidert Axel. Du hast wohl gesehen, daß ich wie gefesselt dalag. – Nein, das hab ich nicht gesehen. So etwas ist mir doch noch nie vorgekommen! Laß mich doch deine Sachen tragen, hörst du! – Oline sagt: Laß Axel in Frieden! Er ist krank.

Aber jetzt hat auch Axels Hirn sich wieder erholt. Er hat schon früher allerlei von der alten Oline gehört, und begreift, daß sie für alle Zukunft teuer und lästig für ihn werden würde, wenn sie die einzige wäre, die ihm das Leben gerettet hatte. Er will den Triumph ein wenig verteilen, Brede darf wirklich den Rucksack und die Werkzeuge tragen, ja, Axel ließ ein Wort fallen, daß ihm das eine Erleichterung sei, daß es ihm wohltue. Allein Oline will sich nicht darein finden, sie zerrt an dem Rucksack und erklärt, daß sie und sonst niemand tragen werde, was zu tragen sei. Die schlaue Einfalt ist im Streit von allen Seiten. Axel steht einen Augenblick ohne Stütze da, und Brede muß wahrhaftig den Rucksack fahren lassen, um Axel zu stützen, obgleich dieser gar nicht mehr wankt.

Und nun geht es in der Weise weiter, daß Brede den schwachen Mann stützt und Oline die Last trägt. Sie schleppt und schleppt und ist voll Grimm und Bosheit. Sie hat sich den geringsten und gröbsten Teil der Arbeit auf dem Heimwege zuschieben lassen müssen! Was, zum Teufel, hatte Brede hier verloren? – Du, Brede, sagte sie. Was muß ich hören? Dein Hof ist dir verkauft worden? – Warum fragst du? erwidert Brede keck. – Warum ich frage? Ich hab nicht gewußt, daß das geheim gehalten werden soll. – Unsinn, Oline, du hättest kommen und auf den Hof bieten sollen! – Ich? Du treibst deinen Spott mit einem alten Weibe. – So, bist du denn nicht reich geworden? Es heißt doch, du habest des alten Sivert Geldschrein geerbt, ha, ha, ha! – Es stimmte Oline nicht milder, daß sie an das fehlgeschlagene Erbe erinnert wurde. Ja, er, der alte Sivert, hat mir alles Gute gegönnt, das kann man nicht anders sagen, erwidert sie. Aber als er tot war, wurde er all seines irdischen Gutes beraubt. Du weißt es ja auch, Brede, wie es ist, wenn man ausgeplündert wird und kein eigenes Dach mehr über dem Kopf hat. Aber der alte Sivert, der hat jetzt große Säle und Paläste, und du und ich, Brede, wir sind noch auf der Erde, und jedermann wischt die Schuhe an uns ab. – Was gehst denn du mich an, sagt Brede und wendet sich an Axel. Ich bin sehr froh, daß ich gerade vorbeigekommen bin und dir nach Hause helfen kann. Gehe ich dir auch nicht zu schnell? – Nein.

Aber mit Oline streiten, ein Wortgefecht mit Oline! Unmöglich! Niemals gab sie nach, und niemand kam ihr darin gleich, Himmel und Erde zusammenzumischen zu einem einzigen Gebräu von Bosheit und Freundschaft, Gift und Gefasel. Nun muß sie auch noch hören, daß es eigentlich Brede ist, der

Axel nach Hause hilft. – Was ich sagen wollte, fing sie an. Hast du eigentlich den großen Herren, die damals auf Sellanraa waren, deine Säcke mit Steinen gezeigt? – Wenn du willst, Axel, so nehme ich dich einfach auf den Rücken und trage dich, sagt Brede. – Nein, erwidert Axel. Aber ich danke dir für den guten Willen.

Unterdessen gehen sie immer weiter, sie sind nun bald zu Hause, und Oline begreift, daß sie keine Zeit verlieren darf, wenn sie noch etwas erreichen will: Es wäre am besten gewesen, Brede, wenn *du* Axel vom Tode errettet hättest, sagt sie. Aber wie war das, Brede, du hast seine Not gesehen und hast seine Hilferufe gehört und bist einfach vorbeigegangen? – Halt nur deinen Mund, Oline! sagt Brede.

Mundhalten wäre nun eigentlich auch das Bequemste für sie gewesen, sie watete im Schnee und hatte schwer zu tragen; sie keuchte, aber den Mund hielt sie dennoch nicht. Sie hatte sich einen Trumpf für zuletzt aufgespart, eine gefährliche Sache, sollte sie es wagen? – Und die Barbro, die ist also auf und davon gegangen? fragt sie. – Ja, erwidert Brede leichtfertig. Und dadurch hast du einen Winterverdienst bekommen. – Aber hier bot sich Oline wieder eine gute Gelegenheit, sie konnte zu verstehen geben, wie sehr sie gesucht sei, begehrt weit herum in ihrer Gemeinde. Sie hätte zwei Plätze, ja eigentlich drei haben können. Im Pfarrhaus wolle man sie auch haben. Und zu gleicher Zeit gab sie etwas zu verstehen, was Axel wohl hören durfte, das konnte nichts schaden: Es sei ihr soundso viel für den Winter geboten worden, dazu ein Paar neue Schuhe und das Futter für ein Schaf obendrein. Aber sie wisse, daß sie hier auf Maaneland zu einem besonders guten Mann komme, der sie überreich belohnen werde, und darum komme sie lieber hierher. Nein, Brede solle sich nur keine Sorge machen, bis jetzt habe ja der himmlische Vater eine Tür nach der andern vor ihr aufgetan und sie aufgefordert, einzutreten. Und es sehe ja aus, als ob Gott eine besondere Absicht dabei gehabt habe, als er sie nach Maaneland schickte, denn sie habe heute abend einen Menschen vom Tode errettet.

Jetzt ist Axel ganz ermattet, und sein Bein versagt. Merkwürdig, bis dahin ist es immer besser gegangen, je mehr Wärme und Leben in seine Glieder zurückkehrten, jetzt jedoch hat er Brede dringend nötig, um sich aufrecht halten zu können! Es schien anzufangen, als Oline von ihrem Lohn sprach, und später, als sie ihm wieder das Leben gerettet hatte, da wurde es ganz schlimm. Wollte er ihren Triumph noch einmal herabsetzen? Gott weiß es, aber sein Hirn war jedenfalls wieder ganz in Ordnung. Als sie sich den Häusern nähern, bleibt Axel stehen und sagt: Ich glaube nicht, daß ich bis nach Hause kommen kann. Brede nimmt ihn ohne weiteres auf den Rücken. Und nun geht's weiter, Oline voll Gift und Galle, Axel, so lang er ist, auf Bredes Rücken. Aber wie ist denn das, sollte Barbro nicht ein Kind bekommen? – Ein Kind? stöhnt Brede unter seiner Last. Es ist ein äußerst sonderbarer Aufzug, Axel läßt sich bis auf die Türschwelle tragen.

Brede keucht unmäßig. Ja, oder war es etwa kein Kind? fragt Oline. – Hier fällt Axel ein und sagt zu Brede: Ich weiß wirklich nicht, wie ich heute abend hätte heimkommen sollen, wenn du nicht gewesen wärest! Aber er vergißt auch Oline nicht und sagt: Ich danke auch dir, Oline, du bist die erste gewesen, die mich gefunden hat. Ich danke euch allen beiden.

Das war der Abend, an dem Axel gerettet wurde.

In den folgenden Tagen ist Oline schwer dazu zu bringen, von etwas anderem zu reden, als von dem großen Ereignis. Axel hat genug zu tun, sie etwas in den Schranken zu halten. Oline kann das Plätzchen in der Stube zeigen, wo sie stand, als der Engel des Herrn sie vor die Türe rief, damit sie die Hilferufe höre; Axel hat wieder anderes zu denken und muß ein Mann sein. Er fängt seine Arbeit im Walde wieder an, und als er mit dem Baumfällen fertig ist, fährt er die Stämme nach Sellanraa in die Sägemühle.

Das ist eine glatte und ebene Winterarbeit: Stämme hinauf und zugeschnittene Bretter herunter! Aber es gilt, sich zu beeilen und vor Neujahr fertig zu werden, bevor der starke Frost einsetzt und das Sägewerk einfriert. Es geht sehr gut, alles wird fertig. Wenn Sivert von Sellanraa gerade leer aus dem Dorf zurückkommt, nimmt auch er einen Stamm auf seinen Schlitten und hilft seinem Nachbarn. Die beiden halten dann einen ordentlichen Schwatz zusammen und haben ihre Freude aneinander.

Was gibt's Neues im Dorf? fragt Axel. – Nichts, erwidert Sivert. Es soll ein neuer Ansiedler hierher kommen.

Ein neuer Ansiedler, o, das war nicht nichts, es war nur Siverts Art zu sprechen. Jedes Jahr kam ein neuer Ansiedler in die Gegend und ließ sich da nieder, es waren jetzt fünf Ansiedlungen unterhalb von Breidablick, oberhalb ging es langsamer mit dem Kolonisieren, obgleich der Boden nach Süden zu überall mehr Ackerkrume und weniger Moorland aufwies. Der Ansiedler, der sich am weitesten hinaufgewagt hatte, war Isak, als er Sellanraa gründete, er war der mutigste und klügste. Nach ihm kam Axel Ström. Nun hatte sich also ein neuer

Mann angekauft. Der neue Mann sollte eine große Strecke Moorland zum Entwässern und Wald unterhalb Maaneland gekauft haben – es war ja genug da.

Hast du gehört, was für ein Mann es ist? fragt Axel. – Nein, erwidert Sivert. Er kommt mit fertigen Häusern, die er herführen läßt und im Handumdrehen aufstellt. – So, dann hat er also Geld? – Das muß er wohl haben. Er kommt mit Familie, mit einer Frau und drei Kindern. Und er hat Vieh und Pferde. – Ja, dann hat er Geld, sagt Axel. Hast du sonst nichts gehört? – Nein. Er sei dreiunddreißig Jahre alt. – Wie heißt er denn? – Aron, wird behauptet. Seinen Hof hat er Storborg genannt. – So, also Storborg, die große Burg. Ja ja, das ist nicht klein. – Er ist von der Küste. Es heißt, er sei bis jetzt beim Fischhandel gewesen. – Dann kommt es also darauf an, ob er etwas von der Landwirtschaft versteht, sagt Axel. Hast du sonst nichts von ihm gehört? – Nein. Er hat bar bezahlt, als er den Kaufbrief bekam. Sonst hab ich nichts gehört. Aber es heißt, er habe ein Heidengeld mit seiner Fischerei verdient. Jetzt wolle er sich hier niederlassen und Handel treiben. – Ja, das wird behauptet. – So, er will also Handel treiben!

Das war das allerwichtigste, und die beiden Nachbarn besprachen die Sache nach allen Seiten, während sie dahinfuhren. Es war eine große Neuigkeit, vielleicht die größte in der ganzen Geschichte der Ansiedlung, und es gab viel zu besprechen: Mit wem wollte der neue Ansiedler Handel treiben? Mit den acht Gehöften auf der Allmende? Oder hoffte er auch auf Kunden aus dem Dorfe? Auf jeden Fall würde ein Kaufladen von großer Bedeutung sein, vielleicht vermehrte das auch die Kolonisierung, und die Güter stiegen im Preise, wer konnte es wissen!

Wie sie redeten und der Sache nicht müde wurden! Diese beiden Männer hatten ihre Interessen und ihre Ziele, die ebenso wichtig waren wie die anderer, das Land war ihre Welt, die Arbeit, die Jahreszeiten, die Ernte waren die Abenteuer, die sie erlebten. War dabei nicht auch Spannung? Ho, Spannung genug! Oftmals konnten sie nur kurze Zeit schlafen, oftmals mußten sie über die Mahlzeiten weg arbeiten, sie konnten das ertragen, sie hatten die Gesundheit dazu, sieben Stunden unter einem Föhrenstamm schadete ihnen nichts an Leben und Gesundheit, wenn die Knochen ganz geblieben waren. Ein Leben in einer Welt ohne Weite, ohne Ausblick? So! Aber welch eine Welt von Ausblick bot dieses Storborg mit seinem Handel draußen auf dem Ödland!

Bis Weihnachten wurde darüber geredet ...

Axel hatte einen Brief erhalten, einen großen Brief mit einem Löwen darauf, der war vom Staate: Er solle die Telegraphendrähte, die Geräte und das Werkzeug bei Brede Olsen abholen und von Neujahr an die Aufsicht über die Linie übernehmen.

4

Mit vielen Pferden wird über das Moor gefahren, die Häuser werden dem neuen Ansiedler zugefahren, eine Wagenladung nach der andern, tagelang. An einer Stelle, die später Storborg heißen soll, wird abgeladen, das Anwesen wird auch gewiß einmal sehr groß, vier Mann sind drüben am Hang und brechen Steine zu einer Mauer und zwei Kellern aus.

Es wird gefahren und gefahren. Jeder Balken ist schon genau zugehauen, sie brauchen, wenn der Frühling kommt, nur zusammengefügt werden, das ist fein ausgerechnet, die Balken haben laufende Nummern, und es fehlt keine Türe, kein Fenster, ja nicht eine farbige Glasscheibe für die Veranda. Und eines Tages kommt ein Wagen mit einer hohen Last von Latten daher. Was ist das? Einer von den Ansiedlern unterhalb von Breidablick weiß es; er ist aus dem Süden und hat das schon früher gesehen. Das gibt einen Gartenzaun, sagt er. – Der neue Mann will sich also hier im Ödland einen Garten anlegen, einen großen Garten.

Das schien sich gut anzulassen, noch niemals hatte es einen solchen Verkehr über die Moore gegeben, und viele Pferdebesitzer verdienten ein schönes Geld durch Fuhren, die sie leisteten. Sie besprachen auch die Sache mündlich unter sich: Nun war Aussicht auf zukünftigen Verdienst, der Kaufmann würde seine Waren aus dem In- und Ausland beziehen, und sie mußten mit vielen Pferden von der See heraufgeführt werden.

Es sah aus, als ob alles recht großartig werden würde. Ein junger Aufseher oder Bevollmächtigter war angekommen, der den Fuhrbetrieb leitete, er trieb und drängte und schien nicht Pferde genug auftreiben zu können, obgleich nicht mehr allzuviele Wagenladungen übrig waren. Es sind ja gar nicht so viele Wagenladungen von den Häusern mehr übrig, wurde ihm gesagt. – Ja, aber alle Waren, erwiderte er. – Sivert von Sellanraa kam wieder wie gewöhnlich mit leerem Wagen dahergefahren, und der Aufseher rief ihm zu: Warum kommst du leer? Du hättest doch eine Wagenladung für uns bis Storborg mitnehmen können. – Das hätte ich wohl können, aber ich wußte nichts davon, entgegnete Sivert. – Er ist von Sellanraa, und sie haben dort zwei Pferde, flüsterte jemand dem Aufseher zu. – Ist es wahr, daß ihr zwei Pferde habt? fragte dieser. Komm mit beiden her und leiste Fuhren für uns, hier ist Geld zu verdienen. – Ja, das wäre nicht so uneben, meinte Sivert. Aber jetzt gerade haben wir schlecht Zeit! – Hast du keine Zeit, Geld zu verdienen? fragte der Aufseher.

Nein, auf Sellanraa hatten sie nicht immer übrige Zeit, es war da gar zu viel zu tun. Und jetzt hatten sie sogar zum erstenmal Männer zur Hilfe gedingt, zwei schwedische Maurer sprengten Steine zu einem Stall.

Dieser Stall war seit vielen Jahren Isaks großer Gedanke gewesen, die Gamme für das Vieh wurde allmählich zu klein und zu dürftig, ein steinerner Stall mit doppelten Mauern und einer richtigen Dungstätte sollte es werden. Aber es war so vieles, was gemacht werden sollte, das eine zog immer wieder das andere nach sich; jedenfalls hörte das Bauen niemals auf. Isak hatte ein Sägewerk und eine Mühle und einen Sommerstall, warum sollte er nicht auch eine Schmiede haben? Nur eine kleine Schmiede zur Nothilfe, es war ja so weit ins Dorf, wenn der Vorhammer sich bog oder man ein paar neue Hufeisen brauchte. Eine Esse und einen Amboß, warum sollte er die nicht haben? Im ganzen entstanden ja so viele große und kleine Gebäude auf Sellanraa.

Der Hof wird immer größer, wird gewaltig groß, es geht auch nicht mehr ohne Dienstmagd, und Jensine muß ganz dableiben. Ihr Vater, der Schmied, fragt gelegentlich nach ihr, und ob sie nicht bald wieder heimkomme, aber er besteht nicht darauf, er ist sehr nachgiebig und hat wohl eine Absicht dabei. Sellanraa liegt am höchsten in der Allmende und nimmt immer mehr zu, nimmt zu an Häusern und an Grund und Boden, die Menschen sind immer dieselben. Die Lappen kommen jetzt nicht mehr vorbei und spielen sich als Herren in der Ansiedlung auf, das hat längst aufgehört. Die Lappen kommen überhaupt nicht mehr oft vorbei, sie machen lieber einen großen Bogen um den Hof herum, jedenfalls kommen sie nicht mehr ins Haus herein, sie bleiben draußen stehen, wenn sie überhaupt stehen bleiben. Die Lappen treiben sich in der Einöde, im Dunkeln herum, wenn sie in Licht und Luft gebracht werden, gehen sie ein, wie Maden und Ungeziefer. Ab und zu verschwindet an einer entlegenen Stelle ein Kalb oder ein Lamm, ganz weit draußen, wo Sellanraa aufhört. Dagegen ist nichts zu machen. Natürlich kann Sellanraa das tragen. Und wenn Sivert auch schießen könnte, so hätte er doch keine Flinte, aber er kann nicht schießen, er ist lustig und unkriegerisch, ein großer Schelm. Außerdem ist das Abschießen von Lappen wohl verboten, sagt er.

Sellanraa kann kleine Verluste seines Viehstandes verschmerzen, denn es ist groß und stark, aber es ist nicht ohne Sorgen, ach nein! Inger ist keineswegs das ganze Jahr hindurch mit sich und ihrem Leben zufrieden, nein, sie hat einmal eine große Reise gemacht, und da ist wohl eine Art verderblicher Abgespanntheit über sie gekommen. Die verschwindet und kommt wieder. Sie ist rasch und fleißig wie in ihren besten Tagen, und sie ist eine hübsche und gesunde Frau für ihren Mann, für den Mühlengeist, aber hat sie nicht auch Erinnerungen von Drontheim? Träumt sie niemals? Doch und besonders während des Winters. Da gärt zuweilen eine ganz verfluchte Lebenslust in ihr, und da sie nicht allein tanzen kann, gibt es keinen Ball. Schwere Gedanken und ein Andachtsbuch? Ach ja, jawohl, aber Gott weiß, das andere ist auch schön und herrlich! Sie ist genügsam geworden; die schwedischen Maurer sind jedenfalls fremde Menschen und ungewohnte Stimmen auf dem Hofe, aber es sind ältere und ruhige Männer, die nicht spielen, sondern arbeiten. Aber sie sind doch besser als gar nichts, sie bringen doch etwas Leben mit sich, der eine singt wunderschön, und Inger bleibt bisweilen stehen und hört ihm zu. Der Mann heißt Hjalmar.

Aber damit ist noch nicht alles gut und recht auf Sellanraa. Da ist zum Beispiel die große Enttäuschung mit Eleseus. Von ihm war ein Brief gekommen, daß seine Stelle bei dem Ingenieur aufgehört habe, aber er werde bald eine andere bekommen, er müsse nur warten. Dann kam ein Brief, er könne, während er auf einen hohen Posten auf einem Bureau warte, nicht von nichts leben, und als ihm von zu Hause ein Hundertkronenschein geschickt wurde, schrieb er zurück, das habe gerade genügt, einige kleine Schulden zu decken. – So, sagte Isak. Aber nun haben wir die Maurer und allerlei Auslagen, frag du nur den Eleseus, ob er nicht lieber heimkommen wolle und uns helfen! – Inger schrieb, aber Eleseus wollte nicht wieder heimkommen, nein, er wollte die Reise nicht unnötig noch einmal machen, lieber wollte er hungern.

Seht, es war wohl in der ganzen Stadt keine hohe Stelle auf einem Bureau frei, und Eleseus war vielleicht auch nicht Draufgänger genug, sich seinen Weg zu bahnen. Gott weiß, vielleicht war er auch nicht besonders tüchtig. Geschickt und fleißig im Schreiben war er wohl, aber ob er auch klug und gescheit war? Und wenn nicht, wie würde es ihm dann gehen?

Als er mit den zweihundert Kronen von zu Hause in die Stadt zurückkehrte, kam diese sofort mit ihren unbezahlten Rechnungen daher, und nachdem er diese beglichen hatte, mußte er sich einen Stock kaufen, der alte Regenschirmstock tat es nicht mehr. Verschiedene andere Dinge, die er sich anschaffen mußte, lagen auch nahe, eine Pelzmütze für den Winter, wie alle seine Kameraden eine hatten, ein Paar Schlittschuhe, einen silbernen Zahnstocher, um sich damit die Zähne zu stochern und elegant damit zu deuten, wenn man bei einem Gläschen zusammensaß und schwatzte. Und solange er noch reich war, hielt er die andern frei, so gut er konnte, bei seinem Ankunftsfest ließ er mit der größten Sparsamkeit ein halbes Dutzend Bierflaschen aufziehen. – Was, du gibst der Kellnerin zwanzig Öre? wurde er gefragt. Wir geben zehn. – Nur nicht kleinlich sein! sagte Eleseus.

Er war nicht kleinlich, nein, das stand ihm gar nicht an, er stammte von einem großen Hof, ja von einem Herrenhof, sein Vater, der Markgraf, besaß unendliche Wälder und vier Pferde, dreißig Kühe und drei Mähmaschinen. Eleseus war kein Lügenbeutel, und nicht er hatte die Märe von dem Herrenhof Sellanraa verbreitet, das hatte der Bezirksingenieur seinerzeit getan und in der Stadt damit geprahlt. Aber es war Eleseus nicht gerade zuwider, daß dieses Märchen so halb und halb geglaubt wurde. Da er selber nichts war, konnte er wenigstens der Sohn von jemand sein, das verschaffte ihm Kredit, und er konnte sich durchschlagen. Aber auf die Dauer ging das doch nicht, endlich sollte er doch einmal bezahlen, und da saß er fest. Einer seiner Kameraden verschaffte ihm dann eine Anstellung im Geschäft seines Vaters. Es war ein Laden mit Bauernkundschaft, der die verschiedensten Waren führte; aber es war immerhin besser als gar nichts. Es war recht unangenehm für einen so alten Knaben, mit einem Anfängergehalt in einem Kramladen zu stehen, wenn er sich doch zum Lensmann hatte ausbilden wollen; aber er verdiente wenigstens seinen Lebensunterhalt dabei, es war ein vorläufiger Ausweg, ach, es war eigentlich gar nicht so schlimm. Eleseus war auch hier freundlich und gefällig und war bei den Kunden beliebt. Und er schrieb nach Hause, er sei jetzt zum Handel übergegangen.

Aber das war nun die große Enttäuschung seiner Mutter. Wenn Eleseus hinter einem Ladentisch stand, so war er ja auch nicht mehr als der Ladendiener beim Kaufmann im Dorfe drunten. Früher war er unvergleichlich viel mehr gewesen, außer ihm hatte niemand je das Dorf verlassen und auf einem Bureau gearbeitet. Hatte er denn sein großes Ziel aus dem Auge verloren? Inger war nicht so dumm, sie wußte, daß es einen Unterschied gab zwischen dem Gewöhnlichen und dem Ungewöhnlichen, aber sie konnte das vielleicht nicht so genau unterscheiden. Isak war einfältiger und einfacher, er rechnete jetzt immer weniger mit Eleseus, wenn er rechnete; sein ältester Sohn war gewissermaßen aus seinem

Gesichtskreis hinausgeglitten, er hörte auf, sich Sellanraa zwischen seinen beiden Söhnen geteilt zu denken, wenn er einmal nicht mehr da sein sollte.

Im Frühjahr kamen Ingenieure und Arbeiter aus Schweden; sie sollten Wege bauen, Baracken errichten, Grundstücke ausebnen, sprengen, Verbindungen mit Lebensmittelreferanten, mit Pferdebesitzern, mit Grundbesitzern an der See abschließen – wozu das alles? Sind wir denn nicht im Ödland, wo alles still und tot ist? Doch, aber jetzt sollte ein Versuchsbetrieb auf dem Kupferberg eröffnet werden.

So, nun wurde also doch etwas aus der Sache, Geißler hatte keine leeren Umtriebe gemacht.

Es waren nicht dieselben großen Herren wie das letztemal, der Landrat fehlte, der Grubenbesitzer fehlte, aber es war der alte Sachverständige und der alte Ingenieur. Sie kauften Isak alle seine gesägten Bretter ab, die er nur entbehren konnte, sie kauften Nahrungsmittel und Getränke und bezahlten gut, dann unterhielten sie sich und waren freundlich und sagten, Sellanraa gefalle ihnen. Eine Seilbahn! sagten sie. Eine Luftbahn vom Berggipfel hinunter an die See, sagten sie. – Über alle Moore weg? fragte Isak, denn er war schwach im Denken. – Ach, da mußten sie lachen! Auf der andern Seite, sagten sie, nicht auf dieser Seite, das würde ja viele Meilen weit sein. Nein, auf der andern Seite des Berges, gleich zum Meer hinunter, da ist starkes Gefälle und gar keine Entfernung. Wir lassen das Erz durch die Luft in eisernen Trögen hinunter, du wirst sehen, es wird großartig! Aber zum Anfang wird das Erz hinuntergefahren, wir bauen einen Weg und lassen es mit den Pferden hinunterfahren – o, mit wenigstens fünfzig Pferden, auch das wird großartig. Und wir sind auch nicht nur so wenig Leute, wie du hier siehst. Was sind denn wir? Nichts! Von der andern Seite kommen noch mehr; ein ganzer Zug Arbeiter und fertige Baracken und Nahrungsmittel und alle Art von Gerätschaften, wir treffen oben auf der Höhe zusammen. Es kommt Zug in die Sache, Millionen, und das Erz kommt nach Südamerika. – Ist der Landrat nicht mit dabei? fragte Isak. – Was für ein Landrat? Ach der? Nein, der hat verkauft! – Und der Grubenbesitzer? – Der hat auch verkauft. So, du erinnerst dich an sie? Nein, die haben verkauft. Und die von ihnen abgekauft haben, haben wieder verkauft. Jetzt gehört der Kupferberg einer großen Gesellschaft, ungeheuer reichen Leuten. – Wo mag wohl Geißler sein? fragte Isak. – Geißler? Kenne ich nicht. – Der Lensmann Geißler, der damals den Kupferberg verkauft hat. – Ach der! Hat der Geißler geheißen? Gott weiß, wo er hingekommen ist. Erinnerst du dich an den auch noch?

Dann sprengten sie und arbeiteten in den Bergen mit vielen Leuten den ganzen Sommer über, es war ein großer Betrieb. Inger hatte einen ausgedehnten Handel mit Milch und Käse, und sie fand es recht unterhaltend, Handel zu treiben und viele Menschen kommen und gehen zu sehen. Isak schritt mit seinem dröhnenden Gang weit aus und bestellte sein Land, er ließ sich durch nichts stören. Die zwei Maurer und Sivert bauten den Stall. Es wurde ein großer Bau; aber es dauerte lange, bis er aufgerichtet war, es waren zu wenig Mann bei der Arbeit, und Sivert war außerdem oft nicht dabei, weil er bei der Feldarbeit helfen mußte. Jetzt war es gut, daß sie eine Mähmaschine hatten und drei flinke Frauenzimmer beim Heuwenden.

Alles war gut geworden, das Ödland war zum Leben erwacht, Geld blühte allenthalben.

Seht doch nur den Handelsplatz Storborg, war das nicht ein Geschäft im großen Stil? Dieser Aron mußte doch ein verfluchter Kerl sein, er mußte seinerzeit von der bevorstehenden Grubenarbeit Wind bekommen haben und war sofort heraufgezogen mit seinem Kramladen; er handelte, o, er handelte wie eine Regierung, ja wie ein König. Zu allererst verkaufte er allerlei Haushaltungsgegenstände und Arbeiteranzüge; aber die Grubenarbeiter, die Geld haben, sind nicht so sparsam damit, daß sie alle nur das Notwendige kaufen, nein, sie kaufen alles. Besonders an den Sonntagabenden wimmelte es auf dem Handelsplatz Storborg von Käufern, und Aron strich Geld ein; er hatte seinen Ladendiener und seine Frau zur Hilfe hinter dem Ladentisch und verkaufte selbst, was er vermochte, aber es wurde nicht leer in seinem Laden bis tief in die Nacht hinein. Und es zeigte sich, daß die Pferdebesitzer im Dorfe recht behielten, es gab einen gewaltigen Fuhrwerksbetrieb mit Waren hinauf nach Storborg, die Straße mußte an verschiedenen Stellen verlegt und ordentlich instand gesetzt werden, jetzt war es etwas ganz anderes als Isaks schmaler Fußweg durchs Ödland. Aron wurde der reine Wohltäter für die Gegend mit seinem Handel und seiner Straße. Er hieß übrigens nicht Aron, das war nur sein Taufname, er hieß Aronsen, so nannte er sich wenigstens selbst, und so hieß ihn seine Frau. Die Familie tat recht großartig und hielt zwei Dienstmägde und einen Knecht.

Der Grund und Boden auf Storborg blieb vorläufig unbebaut liegen, sie hatten keine Zeit für Landwirtschaft, wer hätte auch im Moor Gräben ziehen wollen! Dafür hatte Aronsen einen Garten mit einem Lattenzaun und mit Johannisbeerensträuchern und Astern und Ebereschen und anderen gepflanzten

Bäumen, einen feinen Garten. Es war ein breiter Gang darin, auf dem Aronsen an den Sonntagen auf und ab gehen und eine lange Pfeife rauchen konnte. Im Hintergrund lag die Veranda des Hauses mit roten und gelben und blauen Scheiben. Storborg! Drei kleine hübsche Kinder liefen herum, das Mädchen sollte lernen, Haustochter eines Kaufmanns zu sein, die Söhne sollten selbst die Handelsschaft erlernen; o, drei Kinder mit einer Zukunft vor sich!

Hätte Aronsen nicht an die Zukunft gedacht, so wäre er überhaupt nicht hierher gekommen. Er hätte bei seiner Fischerei bleiben, und wenn er Glück hatte, auch dabei viel Geld verdienen können, aber das war nicht so vornehm wie ein Handelsgeschäft, es brachte nicht soviel Hochachtung ein, die Hüte flogen da nicht vor einem von den Köpfen. Aronsen hatte seither gerudert, in Zukunft wollte er segeln. Er hatte eine Redensart: bom konstant. Seine Kinder sollten es mehr bom konstant haben, als er es gehabt hatte, sagte er, damit meinte er, sie sollten weniger hart arbeiten müssen.

Und siehe da, die Sache ließ sich gut an, er und seine Frau, ja sogar seine Kinder wurden höflich gegrüßt. Man durfte es nicht gering anschlagen, daß sogar die Kinder gegrüßt wurden. Die Grubenarbeiter kamen vom Berg herunter und hatten seit langer Zeit keine Kinder mehr gesehen. Aronsens Kinder liefen ihnen bis vor den Hof entgegen, und die Arbeiter redeten gleich so freundlich mit ihnen, als hätten sie drei Pudelhunde vor sich. Sie hätten den Kindern gerne Geld geschenkt, weil es aber die Kinder des Kaufmanns waren, spielten sie ihnen statt dessen auf der Mundharmonika vor. Gustaf kam, der junge Wildfang mit dem Hut auf einem Ohre und dem munteren Geplauder, ja er kam herbei und schäkerte eine gute Weile mit den Kindern. Die Kinder kannten ihn auch gleich, wenn er ankam, und liefen ihm entgegen, er lud sie sich alle drei auf den Rücken und tanzte mit ihnen herum. Ho! sagte Gustaf und tanzte. Dann nahm er seine Mundharmonika und blies Lieder und Weisen, so schön, daß die beiden Dienstmägde herauskamen und Gustafs Spiel mit nassen Augen zuhörten. Gustaf wußte, was er tat, der ausgelassene Kerl!

Nach einer Weile ging er in den Laden und klimperte mit seinem Geld und füllte seinen ganzen Rucksack mit den verschiedensten Sachen, und als er dann wieder heim in die Berge ging, hatte er einen ganzen kleinen Kramladen bei sich, den er auf Sellanraa auspackte und vorwies. Er hatte Briefpapier mit Blumen darauf und eine neue Pfeife und ein neues Hemd und ein Halstuch mit Fransen dran, hatte Süßigkeiten, die er an die Frauen austeilte; er hatte glänzende Sachen, eine Uhrkette mit einem Kompaß daran, ein Federmesser; ja, er hatte eine Menge Sachen, unter anderem auch Raketen, die er sich für den Sonntag gekauft hatte, um sich und andere damit zu unterhalten. Inger setzte ihm Milch zu trinken vor, und er spaßte mit Leopoldine und hob die kleine Rebekka hoch in die Luft. – Na, steht der Stall bald? fragte er seine Landsleute, die Maurer, und war auch mit diesen gut Freund. – Nein, sie hätten nicht Hilfe genug, sagten die Maurer. – Dann wolle er ihnen helfen, sagte Gustaf zum Spaß. – Das wäre sehr gut, meinte Inger, denn der Stall sollte bis zum Herbst fertig sein, wenn das Vieh nicht mehr draußen bleiben könne.

Nun ließ Gustaf eine Rakete steigen, und nachdem er einmal eine abgebrannt hatte, konnte er auch gleich alle sechse steigen lassen, und die Weiberleute und die Kinder hielten den Atem an vor lauter Verwunderung über dieses Hexenwerk und den Hexenmeister, der es gemacht hatte. Inger hatte noch niemals eine Rakete gesehen, aber dieser sonderbare Blitz erinnerte sie an die große Welt. Was wollte jetzt eine Nähmaschine bedeuten! Und als Gustaf schließlich auch noch die Mundharmonika spielte, wäre ihm Inger am liebsten nachgezogen vor lauter Rührung ...

Die Grubenarbeit geht ihren Gang, und das Erz wird mit Pferden an die See hinuntergefahren; ein Dampfschiff ist schon damit beladen worden und nach Südamerika abgedampft, und dafür ist ein neues angekommen. Großer Betrieb. Jedermann, der überhaupt gehen kann, ist im Gebirge gewesen und hat sich die Wunder angeschaut, auch Brede Olsen ist mit seinen Gesteinsproben dort gewesen, ist jedoch abgewiesen worden, weil der Sachverständige wieder nach Schweden abgereist war. An den Sonntagen war große Völkerwanderung aus dem Dorfe, ja sogar Axel Ström, der keine Zeit zu verlieren hat, ist ein paarmal, als er die Linie nachsah, dagewesen. Jetzt gibt es bald niemand mehr, der die Wunder noch nicht gesehen hat. Da zieht wahrhaftig sogar Inger Sellanraa ihre schönen Kleider an, steckt den goldenen Ring an den Finger und geht in die Berge.

Was will sie dort?

Sie will eigentlich gar nichts, sie ist nicht einmal neugierig, zu sehen, wie der Berg geöffnet wird, sie will nur sich sehen lassen. Als Inger sah, daß andere Frauen in die Berge gingen, spürte sie, daß auch sie ihnen nach mußte. Sie hat eine entstellende Narbe an der Oberlippe und hat erwachsene Kinder, aber sie will den andern nach. Es ärgert sie, daß diese jung sind, aber sie will versuchen, es mit ihnen aufzunehmen, sie hat noch nicht angefangen, dick zu werden, sie ist groß und hübsch und sieht gut aus. Natürlich ist sie nicht mehr rot und weiß, und ihre zarte Pfirsichhaut ist schon längst vergangen, aber man würde schon sehen, sie kamen sicher, nickten und sagten: Die ist recht!

Die Arbeiter kommen ihr mit großer Freundlichkeit entgegen, sie haben von Inger manchen Topf Milch erhalten und kennen sie; sie führen sie in den Gruben, in den Baracken, in den Ställen, in der Küche, im Keller, im Vorratshaus umher, die dreistesten unter ihnen rücken ihr auf den Leib und nehmen sie ein wenig in den Arm; aber das macht Inger nichts, das tut ihr wohl. Wenn sie Stufen hinauf oder hinuntergeht, hebt sie den Rock hoch auf und läßt ihre Waden sehen, aber sie ist ganz gelassen dabei und tut, als ob nichts geschehen wäre. Die ist recht! denken die Arbeiter.

Das alte Ding, sie ist trotz allem rührend: es war leicht zu merken, ein ihr zugeworfener Blick von diesen warmblütigen Mannsleuten kam ihr unerwartet, sie war dankbar dafür und vergalt ihn, es tat ihr ordentlich wohl, in Gefahr zu sein, sie war ein Frauenzimmer wie andere. Sie war wohl aus Mangel an Versuchung bisher ehrbar gewesen.

Das alte Ding!

Gustaf kam auch dazu. Er überließ zwei Mädchen aus dem Dorf einem Kameraden, nur um herbeikommen zu können. Gustaf wußte, was er tat, er schüttelte Inger mit überflüssiger Wärme die Hand zum Gruße, aber er drängte sich nicht auf. – Na, Gustaf, kommst du nicht bald und hilfst uns beim Stallbau? fragte Inger und wird dabei dunkelrot. – Gustaf antwortet, ja, nun komme er bald. Seine Kameraden hören das und sagen, sie kämen nun bald alle miteinander. – Ja, werdet ihr denn nicht den ganzen Winter hier in den Bergen bleiben? fragt Inger. Die Arbeiter antworten zurückhaltend, nein, es sehe nicht danach aus. Gustaf ist kecker, er sagt lachend, sie hätten nun bald alles vorhandene Kupfer herausgekratzt. – Das ist nicht dein Ernst! ruft Inger. – Nein, erwiderten die andern Arbeiter, Gustaf solle sich in acht nehmen, so etwas zu sagen.

Aber Gustaf nahm sich nicht in acht, er sagte lachend noch viel mehr, und was Inger betrifft, so gewann er sie für sich allein, obgleich er nicht zudringlich war. Ein anderer junger Mann spielte die Ziehharmonika, aber das war lange nicht dasselbe, wie wenn Gustaf die Mundharmonika blies. Ein dritter junger Mann, auch ein Tausendsassa, suchte dadurch die Aufmerksamkeit auf sich zu ziehen, daß er auswendig ein Lied zur Ziehharmonika sang; aber es war auch das nichts

Besonderes, obgleich er eine rollende Stimme hatte. Nach kurzer Zeit hatte Gustaf wahrhaftig Ingers goldenen Ring an seinem kleinen Finger stecken. Und wie war das zugegangen, da er sich doch nicht aufgedrängt hatte? Ei, er drängte sich genügend herzu, aber er machte es in aller Stille, gerade wie sie auch, es ging ohne Worte, sie tat, wie wenn sie es gar nicht merkte, als er sich mit ihrer Hand zu schaffen machte. Als sie dann später in der Barackenküche saß und Kaffee trank, hörte sie draußen etwas Lärm und Streit, und sie begriff, daß dies sozusagen ihr zu Ehren war. Das reizte sie auf, das alte Birkhuhn saß da und lauschte auf ein angenehmes Geräusch.

Wie Inger an jenem Sonntagabend von den Bergen nach Hause kam? Ho, ausgezeichnet, ebenso tugendhaft, wie sie gegangen war, nicht mehr und nicht minder. Viele Männer gaben ihr das Geleite, und die vielen Männer wollten nicht umkehren, so lange Gustaf bei ihr war, sie gaben nicht nach, sie wollten nicht nachgeben! Nicht einmal draußen in der großen Welt hatte es Inger so unterhaltend gehabt. – Ob Inger nichts vermisse, fragten sie schließlich. – Vermissen, nein. – Den goldenen Ring! sagten sie. – Nun mußte Gustaf damit herausrücken, er hatte ein ganzes Heer gegen sich. – Es ist gut, daß du ihn gefunden hast, sagte Inger und beeilte sich, von ihrem Gefolge Abschied zu nehmen.

Sie näherte sich Sellanraa und sah die vielen Dächer, dort unten war ihr Heim. Sie erwachte wieder zu der tüchtigen Frau, die sie war; sie geht einen Fußweg am Sommerstall vorbei, um nach dem Vieh zu sehen, und auf dem Wege dahin kommt sie an einer Stelle vorbei, die sie gut kennt: hier lag einmal ein kleines Kind begraben, sie hatte die Erde mit den Händen zusammengescharrt und ein kleines Kreuz darauf gesteckt. Ach, wie lange war das her! Und gleich denkt sie weiter: Ob wohl die Mädchen gemolken und für den Abend alles in Ordnung gebracht haben!

Die Grubenarbeit geht weiter, jawohl, aber es wird gemunkelt, daß der Berg nicht halte, was er versprochen habe. Der Sachkundige, der nach Hause gereist war, kommt wieder und hat noch einen zweiten Sachkundigen bei sich, sie bohren und sprengen und untersuchen gründlich. Was ist denn nicht in Ordnung? Das Kupfer ist fein genug, daran fehlt es nicht, aber die Ader ist dünn, sie nimmt nach Süden an Dicke zu und fängt gerade da, wo die Grenzlinie der Gesellschaft geht, erst an, dick und herrlich zu werden, aber da ist die Allmende. Seht, die ersten Käufer hatten sich wohl nicht viel bei ihrem Kauf gedacht, es war ein Familienrat, Verwandte, die auf Spekulation kauften, sie hatten sich nicht den ganzen Berg gesichert, all die vielen Meilen bis zum nächsten Tale, nein, sie kauften ein Stückchen von Isak Sellanraa und Geißler und verkauften dann wieder.

Und was ist nun zu tun? Die Herren und die Vorarbeiter und die Sachkundigen wissen das sehr gut, sie müssen sofort mit dem Staat verhandeln. Sie schicken also eine Stafette nach Hause mit Briefschaften und Karten und reiten danach selbst zum Lensmann, um Beschlag auf den ganzen Bergzug auf der Südseite des Wassers zu legen. Aber jetzt treffen sie auf allerlei Schwierigkeiten. Das Gesetz steht ihnen im Weg, sie sind Ausländer, sie können nicht direkt kaufen. Das wissen sie wohl, da haben sie vorgesorgt. Allein die Südseite des Berges ist bereits verkauft, das haben sie nicht gewußt. – Verkauft? sagen die Herren. – Schon lange, schon seit mehreren Jahren. – Wer hat das Land gekauft? – Geißler. – Was für ein Geißler? Ach der? – Verbrieft und versiegelt, sagt der Lensmann. Es ist kahler Fels, er hat ihn beinahe für nichts bekommen. – Aber zum Kuckuck, was ist denn das für ein Geißler, von dem wir immer wieder hören! Wo ist er? – Gott weiß, wo er ist.

Die Herren mußten eine neue Stafette nach Schweden schicken. Und sie mußten ja auch versuchen, herauszubringen, wer dieser Geißler war. Vorläufig konnten sie nicht mehr mit voller Mannschaft weiterarbeiten lassen.

Nun kam Gustaf hinunter nach Sellanraa; er trug all sein irdisch Gut auf dem Rücken und sagte, nun komme er! Jawohl, Gustaf hatte den Dienst bei der Gesellschaft verlassen, das heißt, er hatte sich am letzten Sonntag etwas zu offenherzig über den Kupferberg geäußert, seine Worte waren dem Vorarbeiter und dem Ingenieur hinterbracht worden, und Gustaf hatte den Abschied erhalten. Glückliche Reise, und außerdem war es vielleicht gerade das, was er gewollt hatte: nun erweckte es keinen Verdacht, wenn er nach Sellanraa ging. Er bekam sofort Arbeit beim Stallbau.

Sie mauern und mauern, und als kurz darauf noch ein Mann von den Bergen kommt, findet auch er einen Platz bei der Arbeit; nun konnten zwei Schichten gemacht werden, und die Arbeit ging rasch von der Hand. Der Stall würde bis zum Herbst doch noch fertig werden.

Aber ein Arbeiter nach dem andern kam von den Bergen herunter, allen war aufgekündigt worden, und sie zogen wieder heim nach Schweden. Der Versuchsbetrieb sollte aufhören. Im Dorfe drunten ging es wie ein Seufzer durch alle Menschen; seht, sie waren so töricht, sie begriffen nicht, daß ein

Probebetrieb ein Betrieb auf Probe ist, aber das war es. Mißmut und schlimme Ahnungen ergriffen die Menschen im Dorfe, das Geld wurde seltener, die Löhne wurden herabgesetzt, der Handelsplatz Storborg verödete. Was sollte das alles bedeuten? Nun war doch alles so schön im Gang, Aronsen hatte sich eine Flaggenstange und eine Flagge angeschafft, er hatte sich für den Winter ein Eisbärenfell für seinen Familienschlitten gekauft und die ganze Familie mit großartigen Kleidern ausstaffiert. Das waren ja nur Kleinigkeiten, aber es waren auch große Dinge geschehen: zwei neue Ansiedler hatten sich Rodeland in der Gegend gekauft, hoch oben, zwischen Maaneland und Sellanraa, das war keine unbedeutende Sache für diese kleine abgelegene Welt. Die beiden Ansiedler hatten ihre Gammen errichtet, hatten gerodet und Moore entwässert, es waren fleißige Leute, sie waren in kurzer Zeit weit gekommen. Den ganzen Sommer über hatten sie ihre Nahrungsmittel in Storborg gekauft, aber als sie das letztemal kamen, war fast nichts mehr zu haben. Waren, – was sollte Aronsen mit Waren, wenn der Grubenbetrieb aufgehört hatte? Nun hatte er beinahe keine Waren mehr, er hatte nur Geld. Von allen Leuten in der Gegend war vielleicht Aronsen der mißmutigste; er hatte sich mit seinem Überschlag gar zu sehr verrechnet. Als ihm geraten wurde, sein Land zu bebauen und bis bessere Zeiten kämen, davon zu leben, antwortete er: Das Land bebauen? Dazu bin ich mit den Meinen nicht hierhergekommen.

Zuletzt hielt es Aronsen nicht mehr aus, er wollte selbst hinauf zu den Gruben und einmal nach der Sache sehen. Es war an einem Sonntag. Als er nach Sellanraa kam, wollte er Isak mit hinaufnehmen; aber Isak hatte noch keinen Fuß ins Gebirge gesetzt, seit dort der Betrieb angefangen hatte, er gedieh am besten auf seiner Halde. Inger mußte sich ins Mittel legen. Kannst du denn nicht mit Aronsen gehen, wenn er dich darum bittet, sagte sie. Sieh einmal an, Inger hatte wohl nichts dagegen, wenn Isak eine Weile von zu Hause weg war! Es war Sonntag, sie wollte ihn wohl gerne ein paar Stunden los sein. So ging Isak also mit.

Sie sahen allerlei Neues auf dem Berge, Isak kannte sich in dieser neuen Stadt von Baracken und Wagenschuppen und gähnenden Gruben gar nicht mehr aus. Der Ingenieur selbst führte sie herum. Vielleicht war dem guten Ingenieur zurzeit nicht so ganz leicht zumute, aber er versuchte, der schweren Stimmung, die auf der ganzen Gegend und auf der Gemeinde lastete, entgegenzuarbeiten. Da war nun eine gute Gelegenheit, der Markgraf von Sellanraa selbst und der Kaufmann von Storborg waren auf dem Platze.

Der Ingenieur erklärte die Gesteinsarten: Kies, Kupferkies, der enthielt Kupfer, Eisen und Schwefel. Ja, er wußte bis aufs Tüpfelchen, was der Berg enthielt, er enthielt sogar ein wenig Silber und Gold. Man trieb nicht Bergbau, ohne seine Sache zu können. Aber soll das nun aufhören? fragte Aronsen. – Aufhören? wiederholte der Ingenieur erstaunt. Damit wäre Südamerika nicht gedient. Mit dem Versuchsbetrieb würde nun eine Weile Schluß gemacht, sie hätten ja jetzt gesehen, was vorhanden war, jetzt würde erst die Luftbahn gebaut, und dann erst werde es in dem Gebirge nach Süden zu losgehen. Isak wisse wohl nicht, wo dieser Geißler hingekommen sei? – Nein. – Na, er werde schon zu finden sein. Dann gehe es erst recht im Ernst los. Was, aufhören!

Isak ist in Verwunderung und Bewegung geraten über eine kleine Maschine, die mit dem Fuß getreten wird, er erkennt sofort, was das ist, das ist ja eine kleine Schmiede, die auf einem Karren geführt und überall aufgestellt werden kann. – Was kostet eine solche Maschine? fragt Isak. – Diese? Die Feldesse? O, die kostet nicht viel. Sie hätten mehrere solche, aber sie hätten ganz andere Maschinen und Einrichtungen drunten an der See, ungeheuere Maschinen. Isak werde wohl begreifen, daß man solchen tiefen Tälern und Abgründen in den Bergen nicht mit Nägeln zu Leibe gehen könne, hahaha.

Sie gehen weiter, und der Ingenieur erzählt, daß er in den nächsten Tagen nach Schweden abzureisen gedenke. – Aber Ihr kommt doch wieder? fragt Aronsen. – Natürlich. Der Ingenieur war sich nichts bewußt, weshalb ihn die Regierung oder die Polizei zu Hause festsetzen könnte. Isak richtete es so ein, daß sie noch einmal vor die kleine Schmiede zu stehen kamen. Wieviel kann solch eine Esse kosten? fragt er. – Kosten? Das wußte der Ingenieur wahrhaftig nicht mehr. Sie kostet ja wohl einiges Geld, aber bei einem so großen Betrieb kommt das gar nicht in Betracht. Der prächtige Ingenieur, vielleicht war ihm jetzt gerade nicht ganz leicht zu Sinn, aber er wahrte den Schein und tat großartig bis zuletzt. Ob Isak eine Feldesse brauchen könne? Dann solle er nur diese nehmen. Seine Gesellschaft sei mächtig genug, sie schenke ihm die Feldesse!

Eine Stunde später wandern Isak und Aronsen wieder nach Hause. Aronsen ist ruhiger geworden und hat ein wenig Hoffnung geschöpft, Isak schreitet den Berg hinunter mit der kostbaren Feldesse auf dem Rücken. Der alte Prahm war es gewöhnt, Lasten zu tragen! Der Ingenieur hatte angeboten, am nächsten Tag das Kleinod durch einen Mann nach Sellanraa zu schicken, aber Isak dankte und sagte, das sei nicht nötig. Er dachte, wie die zu Hause sich verwundern würden, wenn er mit einer Schmiede auf dem Rücken ankam!

Aber es war Isak, der sich verwundern mußte, als er heimkam.

Dort kam gerade ein Pferd mit einer ganz sonderbaren Wagenladung auf den Hof gefahren. Der Kutscher war ein Mann aus dem Dorfe, aber nebenher schritt ein Herr, den Isak verwundert anstarrte: es war Geißler.

5

Isak hätte sich auch sonst noch über das eine oder andere verwundern können, aber er war nicht dazu geschaffen, an viele Dinge auf einmal zu denken. Wo ist Inger? fragte er nur, als er an der Küchentür vorbeikam, denn er dachte daran, daß Geißler ordentlich bewirtet werden müsse.

Inger? Sie war in die Beeren gegangen, war in den Beeren gewesen, seit Isak auf den Berg gestiegen war, sie mit Gustaf, dem Schweden. Das alte Ding, sie war so toll und verliebt; es ging zwar dem Herbst und dem Winter zu, aber sie fühlte wieder Sommerhitze in sich, ihr Herz blühte! Komm und zeig mir, wo Multebeeren wachsen, sagte Gustaf. Wer hätte da widerstehen können! Sie lief in ihre Kammer und war einige Minuten lang ernst und fromm; aber er stand draußen und wartete, die Welt war ihr dicht auf den Fersen; sie ordnete ihre Haare, beschaute sich nach allen Seiten im Spiegel und ging dann wieder hinaus. Was weiter, wer hätte das auch nicht getan! Die Frauen können den einen Mann nicht von dem andern unterscheiden, nicht immer, nicht oft.

Sie gehen also in die Beeren und pflücken, pflücken Multebeeren auf dem Moor, sie steigen von einem Erdhaufen auf den andern, sie hebt ihre Röcke in die Höhe und läßt ihre schönen Waden sehen. Rundum ist es still, das Schneehuhn hat schon große Junge und zischt nicht mehr, es gibt weiche Plätzchen im Gebüsch auf dem Moor. Sie sind noch nicht eine Stunde gegangen, und schon ruhen sie aus. Inger sagt: Bist du so einer! Ach, sie ist so schwach ihm gegenüber, sie lächelt verlegen, denn sie ist sehr verliebt, ach, wie ist doch Verliebtsein süß und bitter zugleich! Schick und Brauch verlangen wohl, sich zu wehren. Ja, um endlich doch nachzugeben. Inger ist sehr verliebt, sterblich und ohne Gnade verliebt, sie will ihm wohl und ist nur gut und herzlich gegen ihn.

Das alte Ding!

Wenn der Stall fertig ist, dann gehst du fort, sagt sie. – Nein, er gehe nicht fort. Natürlich müsse er einmal fortgehen, aber nicht schon in einer Woche. – Wollen wir nicht heimgehen? fragt sie. – Nein.

Sie pflücken Beeren, und nach einer Weile finden sie wieder weiche Plätzchen im Gebüsch, und Inger sagt: Du bist verrückt, Gustaf! Die Stunden vergehen, jetzt sind sie wohl im Gebüsch eingeschlafen. Sind sie eingeschlafen? Das ist ausgezeichnet, mitten im Ödland, in Eden. Da setzt sich Inger auf und horcht und sagt: Ich meine, ich höre weit drüben auf dem Weg einen Wagen fahren.

Die Sonne sinkt; während sie heimgehen, werden die Heidehügel im Schatten dunkler. Sie kommen noch an vielen geschützten Stellen vorbei, Gustaf sieht sie, und Inger sieht sie wohl auch, aber sie meint die ganze Zeit, es fahre jemand vor ihnen her. Aber sich auf dem ganzen Heimweg gegen einen närrischen hübschen Jungen wehren müssen? Inger ist sehr schwach, sie lächelt nur und sagt: Nein, so einen wie dich hab ich doch noch nie gesehen!

Inger kommt allein nach Hause. Es ist gut, daß sie jetzt kommt, großartig ist es, eine Minute später wäre nicht so gut gewesen. Isak ist gerade mit seiner Schmiede und mit Aronsen in den Hof getreten, und ein Pferd mit einem Wagen hält auch eben vor der Tür.

Guten Tag! sagt Geißler und begrüßt dann auch Inger.

Da stehen diese Menschen und schauen einander an. Es könnte nicht besser passen.

Geißler ist wiedergekommen. Er ist einige Jahre weggewesen, aber jetzt ist er wieder da, etwas älter und grauer, aber lebhaft wie immer, und jetzt ist er fein gekleidet, trägt eine weiße Weste und eine goldene Kette. Der Teufel verstehe diesen Mann!

Hat er Kunde erhalten, daß jetzt auf dem Kupferberg etwas vor sich ging, und wollte er die Sache untersuchen? Gut, hier war er. Er sieht hell wach aus, mustert Häuser und Felder, indem er den Kopf sachte hin und her dreht und die Blicke wandern läßt; er sieht große Veränderungen, der Markgraf hat seine Herrschaft erweitert. Geißler nickt befriedigt.

Was schleppst du denn da herbei? fragt er Isak. Das ist ja eine ganze Pferdelast! sagt er. – Eine Schmiedeesse, erklärt Isak. Die wird mir hier auf der Ansiedlung manches liebe Mal zugute kommen, sagt er und heißt Sellanraa immer noch eine Ansiedlung. – Wo hast du sie her? – Der Ingenieur droben auf dem Berg hat sie mir geschenkt. – Ist auf dem Berg ein Ingenieur? fragt Geißler, wie wenn er es nicht wüßte.

Sollte Geißler hinter dem Ingenieur auf dem Berg zurückstehen? Ich habe gehört, daß du dir eine Mähmaschine gekauft hast, jetzt habe ich dir dazu einen Heurechen mitgebracht, sagt er und deutet auf den Wagen. Da stand die Maschine, rot und blau, ein unmäßig großer Kamm, ein Heurechen, der von einem Pferd gezogen wurde. Sie hoben die Maschine vom Wagen und betrachteten sie, Isak spannte sich vor und versuchte sie auf der nackten Erde. Der Mund stand ihm offen vor Verwunderung. Ein Wunder nach dem andern war nach Sellanraa gekommen.

Sie sprachen über den Kupferberg, über das Bergwerk. Sie haben dort eifrig nach Euch gefragt, sagt Isak. – Wer hat gefragt? – Der Ingenieur und alle die Herren. Sie müßten Euch unbedingt auffinden, sagten sie. Ach, Isak machte sicher zu viel aus der Sache, Geißler vertrug das vielleicht nicht, er machte einen steifen Nacken und sagte: Da bin ich, wenn sie etwas von mir wollen.

Den Tag darauf kamen die beiden Stafetten aus Schweden zurück, und mit ihnen kamen zwei von den Eigentümern des Bergwerks; sie waren zu Pferd, vornehme, dicke Herren und allem Anschein nach steinreich. Sie hielten auf Sellanraa fast nicht an, sondern erkundigten sich nur vom Pferd aus nach dem Wege und ritten weiter nach dem Berge zu. Sie taten, als ob sie Geißler gar nicht sähen, obgleich er ganz in der Nähe stand. Die Stafetten mit den beladenen Packpferden ruhten eine Stunde aus, unterhielten sich mit den Maurern, die am Stall arbeiteten, erfuhren, daß der alte Herr mit der weißen Weste und der goldenen Kette Geißler sei, und dann zogen auch sie weiter. Aber die eine der Stafetten kam noch am selben Abend wieder auf den Hof herunter mit der mündlichen Botschaft, Geißler solle zu den Herren hinaufkommen. Hier bin ich, wenn sie etwas von mir wollen, ließ Geißler antworten.

Geißler war großartig geworden, er dachte vielleicht, er habe die ganze Welt in der Tasche, oder fand er eine mündliche Botschaft gar zu nachlässig? Aber wie ging es zu, daß er gerade in dem Augenblick nach Sellanraa kam, wo man ihn brauchte? War er denn allwissend? Na, als die Herren auf dem Berge diese Antwort bekamen, mußten sie sich wohl oder übel nach Sellanraa herabbemühen. Der Ingenieur und die beiden Sachverständigen kamen mit.

Aber es waren noch allerlei Wendungen und Winkelzüge notwendig, ehe die Zusammenkunft zustande kam. Das versprach nicht viel Gutes, Geißler tat ungeheuer großartig.

Die Herren waren jetzt recht höflich, sie baten Geißler, zu entschuldigen, daß sie gestern nach ihm geschickt hätten, sie seien von der Reise sehr ermüdet gewesen. Geißler war auch wieder höflich, er erwiderte, auch er sei von seiner Reise ermüdet gewesen, sonst wäre er hinaufgekommen. Ja, aber nun zur Sache: Ob er den Berg auf der Südseite des Wassers verkaufen wolle? – Sind die Herren selbst Käufer oder spreche ich mit Zwischenhändlern? – Das war die reine Bosheit von Geißlers Seite, er mußte doch sehen, daß diese vornehmen und dicken Herren keine Zwischenhändler sein konnten. Dann ging es weiter: Der Preis? fragten sie. – Ja, der Preis! sagte auch Geißler und überlegte. Zwei Millionen, sagte er dann. – Ach so, sagten die Herren und lächelten. – Aber Geißler lächelte nicht.

Der Ingenieur und die Sachverständigen hatten so obenhin den Berg untersucht, hatten einige Löcher gebohrt und gesprengt, und das Ergebnis lautete also: Das Vorkommen des Kupfers war auf Eruptionen zurückzuführen, die Kupferfunde waren sehr ungleich verteilt, nach der vorläufigen Untersuchung waren sie am mächtigsten an der Grenze zwischen dem Eigentum der Gesellschaft und dem von Geißler, weiterhin nahmen sie wieder ab. Auf der letzten halben Meile kam kein abbauwürdiger Kupferkies mehr vor.

Geißler hörte diesem Bericht mit der größten Gleichgültigkeit zu. Er zog einige Dokumente aus der Tasche, die er aufmerksam durchsah, aber es waren keine Karten, und Gott weiß, ob sie überhaupt den Kupferberg betrafen. – Es ist nur nicht tief genug gebohrt worden, sagte er, als ob er das aus seinen Papieren entnehme. Das gaben die Herren sofort zu; aber der Ingenieur fragte, wie Geißler das wissen könne, er habe ja überhaupt gar nicht gebohrt. – Da lächelte Geißler, als ob er mindestens ein paar hundert Meter tief in den Erdball hineingebohrt, aber dann die Bohrlöcher unkenntlich gemacht habe.

Bis Mittag redeten sie hin und her, dann schauten die Herren auf ihre Uhren. Geißler war mit seinen Ansprüchen bis aus eine Viertelmillion heruntergegangen, aber weiter herunter ging er nicht um Haaresbreite. Nein, sie mußten ihn ernstlich verletzt haben, sie gingen von der Anschauung aus, daß er gerne verkaufen würde, daß er genötigt sei, zu verkaufen; aber das war er nicht, hoho, konnten sie denn nicht sehen, daß er beinahe ebenso vornehm und großartig war wie sie? – Fünfzehn- bis zwanzigtausend seien auch eine schöne Summe, meinten die Herren. – Geißler sagte: Dagegen sei nichts einzuwenden, wenn man das Geld gerade nötig habe, aber zweihundertundfünfzigtausend seien mehr. – Da sagte einer von den Herren, und er sagte das, um Geißler gleichsam niederzudrücken: Eben fällt mir ein, wir sollen Sie von Frau Geißlers Verwandten in Schweden grüßen. – Danke! sagte Geißler. – Apropos! sagte der andere Herr, da dies nichts genützt hatte. Eine Viertelmillion! Es ist doch aber kein Gold, sondern Kupferkies. – Geißler nickte. Ja, es ist Kupferkies.

Da wurden die Herren alle miteinander ungeduldig, fünf Uhrendeckel sprangen auf und klappten wieder zu, und jetzt war keine Zeit mehr zum Scherzen, jetzt war Mittag. Die Herren verlangten kein Essen auf Sellanraa, sie ritten zurück zu den Gruben und speisten dort ihr eigenes Essen.

So verlief diese Zusammenkunft.

Geißler blieb allein zurück.

Was waren das wohl für Überlegungen, die ihn bewegten? Vielleicht gar keine, vielleicht war es ihm gleichgültig, und er überlegte gar nicht. O nein, er überlegte, aber er ließ keinerlei Unruhe merken. Nach dem Mittagessen sagte er zu Isak: Ich wollte eigentlich einen weiten Gang über meinen Berg machen und hätte wie das letztemal Sivert gerne mitgenommen. – Isak sagte augenblicklich zu. – Nein, er hat anderes zu tun, erklärte Geißler. – Er soll sofort mit Euch gehen, sagte Isak und rief Sivert von seiner Maurerarbeit ab. – Aber Geißler hob die Hand und sagte kurz: Nein!

Er trieb sich auf dem ganzen Hof herum, kam auch mehrere Male wieder bei den Maurern vorbei und unterhielt sich da lebhaft mit ihnen. Daß er das konnte, wo ihn doch eben erst so etwas Wichtiges in Anspruch genommen hatte! O vielleicht hatte er so lange in unsicheren Verhältnissen gelebt, daß eigentlich für ihn gar nichts mehr auf dem Spiele zu stehen schien, einen schwindelnden Sturz würde er auf keinen Fall tun.

Hier stand er nun vor einem reinen Glücksfall. Nachdem er das kleine Grubenstück an die Verwandten seiner Frau verkauft hatte, ging er stracks hin und kaufte den ganzen übrigen Berg; warum hatte er das getan? Wollte er die jetzigen Eigentümer dadurch ärgern, daß er ihr nächster Nachbar wurde? Ursprünglich hatte er wohl nur auf der Südseite des Wassers, da, wohin die Grubenstadt kommen mußte, wenn je ein Bergwerk errichtet wurde, einen Streifen haben wollen; Eigentümer des ganzen Berges aber wurde er, weil ihn dies beinahe nichts kostete, und weil er sich die Mühe einer weitläufigen Grenzabsperrung sparen wollte. Er wurde Bergkönig aus Gleichgültigkeit, ein kleiner Bauplatz für Baracken und Maschinenschuppen wurde zu einem Reiche, das bis hinunter ans Meer ging.

In Schweden ging der erste kleine Grubenteil von Hand zu Hand, und Geißler hielt sich über dessen Schicksal stets unterrichtet. Natürlich hatten die ersten Besitzer dumm gekauft, verrückt dumm, der Familienrat war nicht sachverständig gewesen, und die Herren hatten sich kein genügend großes Stück des Berges gesichert, sie hatten nur einen gewissen Geißler abfinden und sich ihn vom Halse schaffen wollen. Aber die neuen Besitzer waren nicht weniger komische Leute, sie waren gewaltige Männer, die sich einen Scherz erlauben und nur so zum Vergnügen, etwa bei einem Gelage, kaufen konnten, wer weiß! Aber als es nun zu einem Versuchsbetrieb kam und Ernst aus der Sache wurde, standen sie plötzlich vor einer Mauer: Geißler.

Sie sind Kinder! dachte Geißler vielleicht von seiner Höhe herunter, er war sehr mutig und steifnackig geworden. Die Herren hatten allerdings versucht, ihn mit kaltem Wasser zu begießen, sie hatten geglaubt, vor einem Dürftigen zu stehen, und deshalb ein Wörtlein von so fünfzehn bis zwanzigtausend fallen lassen. Sie waren Kinder, sie kannten Geißler nicht. Hier stand er. Die Herren kamen an diesem Tage nicht mehr vom Berg herunter, sie meinten wohl, klug zu handeln, wenn sie sich nicht gar so eifrig zeigten. Am nächsten Morgen kamen sie indes doch, hatten ihr Packpferd bei sich, und waren auf der Heimreise. Aber da war Geißler weggegangen.

War Geißler weggegangen?

Die Herren konnten unter diesen Umständen nichts vom Pferde aus abmachen, sie mußten absteigen und warten. Wohin war Geißler gegangen? Niemand wußte es, er ging überall herum, er interessierte sich für Sellanraa, zuletzt war er bei dem Sägewerk gesehen worden. Die Stafetten wurden ausgesandt, ihn zu suchen, aber er mußte wohl weit weggegangen sein, denn er gab keine Antwort, als er gerufen wurde. Die Herren schauten nach ihren Uhren und waren anfänglich sehr ärgerlich und sagten: Wir werden doch nicht die Narren sein und warten! Wenn Geißler verkaufen will, so soll er auch auf dem Platze sein! O ja, aber der große Ärger der Herren legte sich, sie warteten, ja sie wurden scherzhaft, das war ja zum Verzweifeln, sie mußten hier an der Grenzscheide des Berges über Nacht bleiben. Das geht ja brillant, sagten sie. Unsere Angehörigen werden dereinst unsere gebleichten Gebeine finden!

Endlich kam Geißler. Er hatte sich auf dem ganzen Gute umgesehen, und jetzt kam er eben vom Sommerstall. Es kommt mir vor, als ob auch der Sommerstall für dich zu klein würde, sagte er zu Isak. Wieviel Stück Vieh hast du denn alles in allem da droben? – So konnte er sprechen, obgleich die Herren mit der Uhr in der Hand dastanden. Geißler hatte eine merkwürdige Röte im Gesicht, als ob er starke Getränke genossen hätte. Puh, ist mir von dem Gang warm geworden! sagte er.

Wir hatten einigermaßen erwartet, Sie würden auf dem Platze sein, sagte einer der Herren. – Darum hatten mich die Herren nicht gebeten, erwiderte Geißler. Sonst wäre ich auf dem Platze gewesen. – Na, und der Handel? Ob Geißler heute ein vernünftiges Gebot annehmen wolle? Es würden ihm doch wohl nicht jeden Tag fünfzehn bis zwanzigtausend angeboten, oder doch? – Diese neue Andeutung verletzte Geißler bedeutend. War das auch eine Art? Und die Herren hätten sicherlich nicht so gesprochen, wenn sie nicht ärgerlich gewesen wären, und Geißler wäre nicht auf der Stelle blaß geworden, wenn er nicht vorher an einem einsamen Ort gewesen und rot geworden wäre. Jetzt erbleichte er und erwiderte kalt: Ich will nicht andeuten, was den Herrn zu bezahlen vielleicht erschwinglich ist, dagegen weiß ich, was ich haben will. Ich will das Kindergeschwätz über den Berg nicht mehr hören. Mein Preis ist derselbe wie gestern. – Eine Viertelmillion Kronen? – Ja. –

Die Herren stiegen zu Pferd.

Jetzt will ich Ihnen etwas sagen, Geißler, begann der eine. Wir wollen bis auf fünfundzwanzigtausend gehen. – Sie sind immer noch scherzhaft aufgelegt, erwiderte Geißler. Ich will Ihnen einen ernsthaft gemeinten Gegenvorschlag machen: Wollen Sie mir Ihr kleines Grubenstückchen verkaufen? – Ja, das lasse sich überlegen, sagten die einigermaßen überrumpelten Herren. – Dann werde ich es kaufen, erklärte Geißler.

O, dieser Geißler! Der ganze Hof stand voller Menschen, die ihn reden hörten, alle Leute von Sellanraa und die Maurer und die Herren und die Stafetten; er konnte sich vielleicht überhaupt kein Geld zu einem solchen Geschäft verschaffen, aber Gott weiß, ob er es nicht am Ende doch konnte, wer verstand sich auf ihn! Auf jeden Fall brachte er mit seinen wenigen Worten eine kleine Revolution unter den Herren hervor. Wollte er ihnen ein Schnippchen schlagen? Meinte er, seinen Berg durch dieses Vorgehen wertvoller zu machen?

Die Herren überlegten wirklich, die Herren fingen an, leise miteinander darüber zu reden, sie stiegen wieder von den Pferden. Da mischte sich der Ingenieur in die Sache, sie kam ihm wohl zu erbärmlich vor, und er schien auch die Macht und die Gewalt dazu zu haben. Jetzt stand ja der ganze Hof voll von

Leuten, die alle zuhörten. – Wir verkaufen nicht! erklärte er bestimmt. – Nicht? fragten die Herren. – Nein! Sie flüsterten ein Weilchen zusammen, dann stiegen sie wirklich im Ernst zu Pferd. – Fünfundzwanzigtausend! rief einer der Herren. – Geißler gab keine Antwort, er drehte sich um und ging wieder zu den Maurern.

Und so verlief die letzte Zusammenkunft.

Geißler tat den Folgen gegenüber ganz gleichgültig, er ging hin und her und sprach von dem und jenem, jetzt war er ganz davon hingenommen, daß die Maurer eben gewaltig große Deckenbalken über den ganzen Stall legten. Sie wollten noch in dieser Woche mit dem Stall fertig werden, es sollte nur ein Notdach errichtet werden, später würde man noch einen Heuboden auf den Stall aufsetzen.

Isak hielt Sivert von der Arbeit am Stall zurück und ließ ihn nichts tun, damit Geißler zu jeder Zeit den jungen Mann zu einem Gang in die Berge bereitfinde. Das war eine unnütze Vorsorge, Geißler hatte seine Absicht aufgegeben, oder sie vielleicht auch vergessen. Nachdem er von Inger etwas Mundvorrat bekommen hatte, schlug er gegen Abend den Weg nach dem Dorf hinunter ein und blieb über das Abendessen fort.

Er kam an den beiden neuen Ansiedlungen unterhalb Sellanraa vorbei und sprach mit den Leuten dort, er kam bis nach Maaneland und wollte sehen, was Ström in den letzten Jahren ausgerichtet hatte. Es war mit ihm nicht so sehr vorwärtsgegangen, aber er hatte doch viel Land urbar gemacht. Geißler interessierte sich auch für diese Ansiedlung und fragt: Hast du ein Pferd? – Ja. – Unten, weiter südlich, habe ich eine Mähmaschine und einen Reolpflug stehen, neue Sachen, die will ich dir schicken. – Was! rief Axel und konnte sich eine solche Freigebigkeit gar nicht vor, stellen, er dachte an Abzahlung. – Ich will dir die Geräte schenken, sagte Geißler. – Das ist doch nicht möglich! meinte Axel. – Aber du mußt deinen beiden Nachbarn helfen und ihnen ein Stück Neuland umbrechen, verlangte Geißler. – Das soll nicht fehlen, versprach Axel, aber er konnte den ganzen Geißler nicht verstehen. So, dann habt Ihr also Grundbesitz und Maschinen im Süden? fragte er. – Geißler antwortete: Ach, ich habe gar vielerlei. – Seht, das hatte Geißler vielleicht gar nicht, er hatte nicht vielerlei Geschäfte, aber er tat oft so. Diese Mähmaschine und diesen Reolpflug brauchte er ja nur in irgendeiner Stadt zu kaufen und heraufzuschicken.

Er hatte ein langes Gespräch mit Axel Ström über die andern Ansiedler in der Gegend, über das Handelshaus Storborg, über Axels Bruder, einen jung verheirateten Mann, der jetzt nach Breidablick gekommen war und angefangen hatte, die Moore zu entwässern. Axel beklagte sich darüber, daß keine weibliche Hilfe zu bekommen sei, er habe nur eine alte Frau namens Oline, sie sei nicht viel nütze, aber er müsse doch froh sein, solange er sie halten könne. Im Sommer habe er eine Zeitlang Tag und Nacht arbeiten müssen. Er hätte vielleicht eine weibliche Hilfe aus seinem Heimatort, aus Helgeland, bekommen können, aber dann hätte er ihr außer dem Lohn auch noch das Reisegeld bezahlen müssen. Er habe Ausgaben nach allen Seiten. Axel erzählte weiter, daß er die Aufsicht über die Telegraphenlinie übernommen habe, aber das reue ihn einigermaßen. Das ist etwas für Leute wie Brede, sagte Geißler. – Ja, das ist sehr richtig gesagt, gab Axel zu. Aber es war wegen des Geldes. – Wie viele Kühe hast du? fragte Geißler. – Vier. Und einen jungen Stier. Es ist sehr weit bis nach Sellanraa zum Stier.

Aber eine viel wichtigere Sache, die er mit Geißler besprechen wollte, lag Axel Ström auf dem Herzen. Es war jetzt eine Untersuchung im Gang gegen Barbro. Ja, natürlich war die Sache herausgekommen. Barbro war guter Hoffnung gewesen, aber sie war frank und frei und ohne Kind von hier abgereist. Wie hing das zusammen? Als Geißler vernahm, um was es sich handelte, sagte er kurz und gut: Komm mit! und führte Axel weit von den Gebäuden weg. Dann setzte er eine äußerst wichtige Miene auf und benahm sich wie eine Art Obrigkeit. Sie ließen sich am Waldessaum nieder und Geißler sagte: So, nun laß mich hören!

Natürlich war die Sache herausgekommen, wie hätte es auch anders gehen können! Die Gegend war nicht mehr menschenleer, und außerdem war Oline gekommen. Was hatte Oline mit der Sache zu tun? Oh, die! Und außerdem hatte sich Brede mit ihr verkracht. Jetzt war an Oline nicht mehr länger vorbeizukommen, sie wohnte an Ort und Stelle und konnte Axel selbst allmählich ausforschen; sie lebte ja für verdächtige Sachen, ja sie lebte zum Teil davon, da war also wieder etwas mit der richtigen Witterung! Eigentlich war Oline jetzt zu alt, um Haus und Vieh auf Maaneland zu versorgen, sie hätte es aufgeben sollen, aber konnte sie das? Hätte sie einen Ort, wo ein so großes Geheimnis verborgen lag, ruhig verlassen können? Sie brachte die Winterarbeit fertig, ja sie schindete sich auch noch den Sommer hindurch, es kostete sie große Anstrengung, und sie hielt sich nur durch die Aussicht aufrecht, einer Tochter von Brede etwas nachweisen zu können. Kaum fing im Frühjahr der Schnee an zu schmelzen, so schnupperte Oline bereits in der Gegend umher, sie fand den kleinen Hügel am Bach und erkannte sofort, daß der Rasen in Stücken aufgelegt war; sie hatte auch eines Tages das Glück gehabt, Axel zu treffen, wie er das kleine Grab festtrat und es ebnete. Axel wußte also auch von der Sache. Oline nickte mit ihrem grauen Kopf, jetzt war ihre Zeit gekommen.

Nicht Axels wegen. Axel war gar kein unguter Mann, um bei ihm zu sein, aber er war sehr genau und zählte seine Käse und wußte Bescheid von jedem Büschel Wolle. Oline hatte durchaus nicht freie Hand. Und bei der Rettung letztes Jahr, hatte sich Axel da als Herr gezeigt und sich freigebig erwiesen? Nein, im Gegenteil, er bestand auf seiner Teilung des Triumphes. Jawohl, sagte er, wäre Oline nicht gekommen, so hätte er in der Nacht erfrieren müssen, aber Brede sei ihm auf dem Heimweg auch eine gute Hilfe gewesen! Das war der Dank! Oline meinte, da müsse sich der Allmächtige über die Menschen empören! Hätte nicht Axel eine Kuh am Strick ergreifen, sie herausführen und sagen können: Das ist deine Kuh, Oline! Aber nein.

Jetzt kam's darauf an, ob es ihn nicht mehr kosten würde als eine Kuh.

Den Sommer über paßte Oline jeden einzelnen Menschen ab, der vorbeiging, sie flüsterte mit ihm und nickte und vertraute sich ihm an. Aber kein Wort weitersagen! gebot sie. Oline war auch ein paarmal drunten im Dorf. Und nun schwirrte es mit Gerüchten in der Gegend, die waren wie ein Nebel, der sich um die Gesichter legt und in die Ohren dringt, selbst die Kinder, die auf Breidablick in die Schule gingen, fingen an zu nicken und geheimnisvoll zu tun. Schließlich mußte sich auch der Lensmann rühren, mußte Bericht erstatten und seine Befehle entgegennehmen. Eines Tages kam er mit einem Begleiter und einem Protokoll nach Maaneland und untersuchte und schrieb und ging wieder heim. Aber drei Wochen danach kam er wieder und untersuchte und schrieb noch mehr, und diesmal öffnete er auch einen kleinen grünen Hügel am Bach und holte die Kindsleiche heraus. Oline war ihm dabei eine unentbehrliche Hilfe, und als Entgelt für ihre Mühe mußte er ihre vielen Fragen beantworten, und da sagte er unter anderem auch, ja, es könnte schon die Rede davon sein, Axel zu verhaften. Da schlug Oline die Hände zusammen über all die Schändlichkeit, in die sie hier hineingekommen sei, und wünschte sich weg, weit weg! Aber sie, die Barbro? flüsterte sie. – Das Mädchen Barbro sitzt verhaftet in Bergen, sagte der Lensmann. Die Gerechtigkeit muß ihren Gang gehen, sagte er. Dann nahm er die Leiche mit sich und fuhr wieder fort.

Es war also nicht verwunderlich, daß Axel in großer Spannung war. Er hatte dem Lensmann seine Aussagen gemacht und nichts geleugnet. Das Kind war sein, und er hatte ihm mit eigener Hand ein Grab gegraben. Nun erkundigte er sich bei Geißler, wie es wohl weitergehen werde. Er müsse wohl in die Stadt und ein viel schlimmeres Verhör und sonstige Widerwärtigkeiten erdulden?

Geißler war nicht mehr der gleiche wie zuvor, nein, die umständliche Erzählung hatte ihn ermüdet, er schien schläfrig zu werden, – was nun auch der Grund sein mochte; ob vielleicht der Geist vom Morgen nicht mehr über ihm war? Er sah auf seine Uhr, stand auf und sagte: Das muß gründlich überlegt werden, ich will darüber nachdenken. Du sollst meine Antwort bekommen, ehe ich abreise.

Damit ging Geißler.

Gegen Abend kam er nach Sellanraa zurück, aß ein wenig und ging zu Bett. Er schlief bis tief in den Tag hinein, schlief und ruhte aus, er war wohl ermattet nach der Zusammenkunft mit den schwedischen Grubenbesitzern. Erst zwei Tage nachher machte er sich zur Abreise fertig. Da war er wieder großartig und überlegen, bezahlte reichlich und schenkte der kleinen Rebekka ein neues Kronenstück.

Isak hielt er eine Rede und sagte: Es ist ganz einerlei, daß es jetzt nicht zu einem Verkauf gekommen ist, das wird schon noch werden. Vorläufig lege ich den Betrieb dort oben lahm. Das waren rechte Kinder, sie meinten, mich übers Ohr hauen zu können. Hast du gehört, daß sie mir fünfundzwanzigtausend boten? – Ja, sagte Isak. – Nun, erwiderte Geißler und scheuchte mit einer Kopfbewegung jede Art von Schandangebot und jegliches Staubkorn weit weg. Es schadet dem Bezirk hier oben gar nichts, wenn ich den Betrieb lahmlege, im Gegenteil, es wird die Leute veranlassen, ihr Land zu bebauen. Aber drunten im Dorf, da wird man's merken. Es ist ja im Sommer viel Geld unter die Leute gekommen, schöne Kleider und süßen Brei gab's für jedermann; damit ist es jetzt aus. Siehst du, das Dorf hätte wohl gut Freund mit mir sein können, dann wäre es vielleicht anders gegangen. Jetzt habe ich zu bestimmen.

Er sah nun allerdings nicht so aus, als habe er über viel zu gebieten; als er ging, trug er ein Päckchen mit Mundvorrat in der Hand, und seine Weste war nicht mehr blendendweiß. Vielleicht hatte ihn seine gute Frau mit dem Rest der vierzigtausend Kronen, die sie einmal erhalten hatte, für diese Reise ausgestattet, Gott weiß, ob das nicht der Fall war. Aber nun kommt er kahl heim!

Geißler vergaß nicht, auf dem Heimweg bei Axel Ström einzutreten und ihm Bescheid zu sagen. Ich habe darüber nachgedacht, die Sache ist nun einmal im Gang, du kannst jetzt nichts tun. Du wirst zu einem Verhör vorgeladen werden und mußt deine Aussagen machen ... Das war nur so ein Gerede, Geißler hatte vielleicht gar nicht mehr an die Sache gedacht. Und Axel sagte niedergeschlagen zu allem ja. Zum Schluß aber blies sich Geißler wieder zu einem gewaltigen Mann auf, er zog die Brauen hoch und sagte nachdenklich: Ob ich vielleicht in die Stadt kommen und bei der Verhandlung anwesend sein könnte? – Ach ja, wenn Ihr das könntet! rief Axel. – Im nächsten Augenblick entschied Geißler: Ich will sehen, ob ich Zeit finde. Ich habe allerdings drunten im Süden recht vielerlei zu besorgen; aber ich will sehen, ob ich nicht Zeit finden kann. Für heute leb' wohl! Ich werde dir die Maschinen schicken.

Geißler ging.

Ob das nun wohl seine letzte Reise in die Gegend gewesen war?

6

Die letzte Gruppe von Arbeitern kommt vom Berg herunter, der Betrieb hat völlig aufgehört, jetzt liegt der Berg wieder verödet da.

Auch der gemauerte Stall auf Sellanraa ist nun fertig. Er hat ein Notdach aus Rasenstücken für den Winter bekommen. Der große Raum ist in einzelne kleinere Räume eingeteilt, helle Räume, ein gewaltig großer Salon in der Mitte und große Kabinette an den beiden Enden, ja, es ist gerade wie für Menschen. Isak hat einmal hier auf dem Platz mit einigen Geißen zusammen in einer Gamme gewohnt; jetzt ist auf Sellanraa keine Gamme mehr zu finden.

Der Stall wird mit Abteilungen, mit Ständen und Holzverschlägen eingerichtet. Damit das alles rasch fertig wird, sind die beiden Maurer immer noch da, aber Gustaf sagt, er verstehe nichts von der Holzarbeit, und will nun weiter. Gustaf hat sich bei der Maurerarbeit als sehr brauchbar erwiesen und hat Lasten gehoben wie ein Bär. Abends war er allen zur Freude und Aufmunterung gewesen; er hatte die Mundharmonika gespielt und hatte außerdem den Frauen geholfen, schwere Kufen hinunter an den Fluß und wieder heraufzutragen. Aber jetzt will er abreisen. Nein, die Holzarbeit verstehe er nicht, sagt er. Es ist gerade, als ob er durchaus fortwolle.

Du könntest wohl noch bis morgen bleiben, sagt Inger. – Nein, es gebe jetzt hier keine Arbeit mehr für ihn, und er habe auch in den letzten Grubenarbeitern Begleitung übers Gebirge. – Wer wird mir jetzt beim Wasserholen helfen? sagt

Inger und lächelt wehmütig dabei. – Da weiß der flinke Gustaf sofort einen guten Rat; er nennt Hjalmar. – Hjalmar war der jüngste von den beiden Maurern, aber keiner von beiden war so jung wie Gustaf oder sonst im mindesten wie er. – Ach was, der Hjalmar! erwidert Inger verächtlich. Aber plötzlich faßt sie sich und will Gustaf reizen und sagt: Jawohl, der Hjalmar ist gar nicht so übel. Und draußen auf dem Felsblock singt er schön. – Ein Tausendsassa! sagt Gustaf, ohne sich reizen zu lassen. – Aber er könne doch die Nacht über noch bleiben, meint Inger. – Nein, dann ginge er der Begleitung verlustig.

O, nun war Gustaf der Sache überdrüssig geworden. Es war ja prächtig gewesen, sie den Kameraden vor der Nase wegzuschnappen und sie die paar Wochen über, die er da arbeitete, zu haben. Aber nun wollte er weiter, an andere Arbeit, vielleicht zu einer Liebsten daheim, das waren neue Aussichten. Sollte er sich Ingers wegen hier ohne Arbeit herumtreiben? Er hatte so gute Gründe, ein Ende zu machen, daß es Inger doch wohl einsehen mußte. Aber sie war so keck geworden, dachte an keine Verantwortung mehr und kümmerte sich um nichts. Sehr lange war es allerdings nicht so zwischen den beiden gewesen, aber doch so lange, als die Maurerarbeit währte.

Inger ist wirklich traurig, ja, sie geht in ihrer verirrten Treue so weit, daß sie sich grämt. Das ist nicht gut für sie, sie ist ohne Getue, einfach offen und ehrlich verliebt. Nein, sie schämt sich dessen nicht, sie ist ein kraftstrotzendes Weib voller Schwachheit, sie geht nur mit der Natur um sie her, sie ist voller Herbstglut. Während sie etwas Mundvorrat für Gustaf zusammenpackt, wogt ihr der Busen vor heftigen Gefühlen. Sie denkt nicht darüber nach, ob sie ein Recht dazu hat, oder ob Gefahr dabei sein könnte, sie gibt sich einfach hin, sie ist gierig geworden, zu schmecken, zu genießen. Isak könnte sie noch einmal bis an die Decke heben und sie dann wieder auf den Boden stoßen, – jawohl, sie enthielte sich dennoch nicht.

Nun geht sie mit ihrem Mundvorrat hinaus und gibt ihn ab. Sie hatte neben der Treppe eine Kufe zurechtgestellt, die ihr Gustaf zum letztenmal an den Fluß hinuntertragen helfen sollte. Vielleicht wollte sie ihm noch etwas sagen, vielleicht ihm etwas zustecken, den goldenen Ring, Gott weiß, es ist ihr alles zuzutrauen. Aber das muß jetzt ein Ende haben, Gustaf dankt für den Mundvorrat, sagt Lebewohl und geht. Und geht.

Da steht sie.

Hjalmar! ruft sie laut, ganz unnötig laut. Es klingt wie ein trotziger Jubelruf, wie ein Notschrei.

Gustaf geht ...

Den Herbst über wird nun in der ganzen Gegend bis zum Dorf hinunter die gewöhnliche Arbeit getan; die Kartoffeln werden herausgehackt, das Korn hereingeschafft, die Kühe werden auf die Weide gelassen. Es sind acht Ansiedlungen, und überall drängt die Arbeit; aber auf dem Handelsplatz Storborg haben sie kein Vieh und kein bestelltes Land, sie haben nur einen Garten, und Handel haben sie auch keinen mehr, auf Storborg gibt's keine dringende Arbeit.

Auf Sellanraa haben sie eine neue Hackfrucht, die Turnips heißt, die steht grün und riesengroß da und weht mit den Blättern, und es ist ganz unmöglich, die Kühe davon fernzuhalten, diese brechen alle Gatter nieder und stürmen brüllend darauf zu. Darum müssen nun Leopoldine und die kleine Rebekka das Turnipsfeld hüten, die kleine Rebekka hat eine große Rute in der Hand und jagt die Kühe mit wütendem Eifer. Der Vater arbeitet in der Nähe, und von Zeit zu Zeit kommt er her, befühlt ihre Hände und Füße und fragt, ob sie nicht friere. Leopoldine, die groß und beinahe erwachsen ist, strickt beim Hüten Strümpfe und Socken für den Winter. Sie ist in Drontheim geboren und war fünf Jahre alt, als sie nach Sellanraa kam, die Erinnerung an eine große Stadt mit vielen Menschen und an eine weite Reise auf dem Dampfschiff gleitet bei ihr immer mehr in den Hintergrund, sie ist ein Landkind und kennt keine andere große Welt als das Dorf dort unten, wo sie einige Male in der Kirche gewesen und wo sie letztes Jahr konfirmiert worden ist ...

Jetzt kommen einige Nebenarbeiten an die Reihe, so der Weg abwärts, der an einigen Stellen kaum fahrbar ist. Da die Erde noch nicht gefroren ist, fangen Isak und Sivert eines schönen Tages an, an dem Wege Gräben zu ziehen. Es sind noch zwei Stücke Moorland da, die entwässert werden müssen.

Axel Ström hat versprochen, sich an dieser Arbeit zu beteiligen, weil auch er ein Pferd hat und den Weg braucht. Aber nun hat Axel ein dringendes Geschäft in der Stadt – was in aller Welt wollte er denn dort –, aber es sei eine ganz dringende Sache, sagte er. Statt seiner schickt er seinen Bruder von Breidablick zu dem Wegbau. Fredrik heißt er.

Dieser Mann war jung und neu verheiratet, ein leichtlebiger Kunde, der gerne sein Späßchen macht und trotzdem brauchbar ist. Er und Sivert sind einander recht ähnlich. Nun war Fredrik, als er morgens heraufkam, bei seinem nächsten Nachbarn Aronsen auf Storborg gewesen und noch ganz erfüllt von dem, was ihm der Kaufmann gesagt hatte. Es hatte damit angefangen, daß Fredrik eine Rolle Tabak verlangte. Ich werde dir eine Rolle Tabak verehren, wenn ich selbst eine habe, sagte Aronsen. – So, habt Ihr nicht einmal mehr Tabak? – Nein, und ich lasse auch keinen mehr kommen, es ist ja niemand mehr da, der ihn kauft. Was meinst du denn, daß ich an einer Rolle Tabak verdiene? Aronsen war in recht schlechter Laune gewesen, er war der Ansicht, die schwedische Grubengesellschaft habe ihn an der Nase herumgeführt. Nun hatte er sich hier in der Einöde niedergelassen, um Handel zu treiben, und da wurde der Grubenbetrieb eingestellt!

Fredrik lächelt behaglich über Aronsen und spottet über ihn: Nein, er hat gar kein Land bestellt und hat nicht einmal Futter für sein Vieh, das kauft er! Er ist bei mir gewesen und wollte Heu kaufen. Nein, ich hatte kein Heu zu verkaufen. So, du brauchst also kein Geld? fragte er, der Aronsen. Er meint, es sei alles, wenn man nur Geld habe, warf einen Hundertkronenschein auf den Tisch und sagte: Da ist Geld.– Ja, Geld ist etwas Schönes, sagte ich. – Das ist bom konstant, sagte er. Es ist gerade, als sei er ab und zu ein bißchen närrisch, und seine Frau läuft am hellen Werktag mit einer Taschenuhr herum, – was das nun für eine wichtige Stunde sein mag, die sie nicht vergessen darf.

Sivert fragt: Hat der Aronsen nichts von einem Mann gesagt, der Geißler heißt? – Doch, das sei einer, der seinen Berganteil nicht verkaufen wolle, sagte er. Aronsen war rasend: Ein abgesetzter Lensmann, sagte er, der vielleicht keine fünf Kronen im Beutel hat, er sollte totgeschossen werden! – Ihr müßt nur ein wenig warten, sagte ich. Vielleicht verkauft er später. – Nein, sagte der Aronsen, das darfst du nicht glauben. Das begreife ich als Kaufmann ganz gut, wenn die eine Partei zweihundertfünfzigtausend verlangt und die andere fünfundzwanzigtausend bietet, dann steht zu viel zwischen ihnen, das gibt kein Geschäft. Aber Glück zu! sagte der Aronsen, wenn nur ich mit den Meinigen den Fuß niemals in dieses Loch gesetzt hätte. – Ja, denkt Ihr vielleicht daran, zu verkaufen? fragte ich. – Ja, sagte er, genau an das denke ich. Diese Moorsümpfe, dieses Loch und diese Einöde! Ich nehme ja keine Krone mehr am Tag ein, sagte er.

Die Männer lachten über Aronsen und hatten keinerlei Mitleid mit ihm. Glaubst du, daß er wirklich verkauft? fragte Isak. – Ja, er tat so. Und er hat auch schon den Knecht entlassen. Ja, der Aronsen ist ein komischer Kerl, das ist gewißlich wahr. Den Knecht entläßt er, der das Holz für den Winter schlagen und mit seinem eigenen Pferd Heu einführen könnte, aber den Ladendiener behält er. Es ist wohl wahr, er verkauft nicht für eine Krone am Tag, denn er hat keine Waren mehr in seinem Laden, aber wozu braucht er dann den Ladendiener? Ich glaube, es ist nur Hochmut, Großtuerei. Er muß einen Mann haben, der am Pult steht und in große Bücher schreibt. Hahaha, ja, es ist gerade, als ob der Aronsen ein ganz klein wenig verrückt wäre.

Die drei Männer arbeiten bis zur Mittagsstunde, verzehren dann ihr mitgebrachtes Essen und plaudern noch ein Weilchen. Sie haben ihre eigenen Angelegenheiten zu bereden, das Wohl und Wehe der Gegend und der Ansiedler, das sind keine Kleinigkeiten, aber sie behandeln sie mit Gelassenheit, sie sind gesetzte Männer, ihre Nerven sind unverbraucht und tun nicht, was sie nicht tun sollten. Nun kommt das Spätjahr, rundum im Wald ist es still geworden, die Berge stehen hier und die Sonne steht dort, am Abend kommen die Sterne und der Mond, das sind alles feste Verhältnisse, sie sind voller Freundlichkeit, wie eine Umarmung. Hier haben die Menschen noch Zeit, sich im Heidekraut auszuruhen, mit dem einen Arm als Kopfkissen.

Fredrik spricht von Breidablick und daß er dort noch nicht viel habe ausrichten können. Doch, sagte Isak, du hast schon viel getan, das hab ich gesehen, als ich drunten war. – Dieses Lob von dem ältesten Ansiedler in der Gegend, dem Riesen, tut Fredrik augenscheinlich wohl, er fragt ehrlich: Meint Ihr wirklich? Nein, es muß immer noch besser kommen. Ich bin in diesem Jahr sooft abgehalten worden. Das Wohnhaus mußte hergerichtet werden, es war nicht dicht und wurde immer schlimmer, und den Heuschuppen mußte ich einreißen und neu aufstellen. Die Stallgamme war zu klein, ich habe Kühe und Kälber, was der Brede zu seiner Zeit nicht gehabt hat, sagt Fredrik stolz. – Gefällt es dir hier? fragt Isak. – Ja, mir gefällt es, und meiner Frau gefällt es auch, warum sollte es uns nicht gefallen? Wir haben einen weiten Blick und sehen die Straße hinauf und hinunter. Das kleine Gehölz beim Hause ist nach unserer Meinung sehr hübsch, es sind Birken und Weiden darin, und wenn ich Zeit habe, will ich auf der andern Seite des Hofplatzes noch mehr Bäume pflanzen. Es ist großartig, wie trocken das Moor schon geworden ist, seit ich im Frühjahr Gräben gezogen habe. Nun wollen wir sehen, was heuer darauf wächst! Ob es uns gefällt? O ja, wenn doch meine Frau und ich Haus und Hof und Grund und Boden haben! – Na, wollt ihr immer nur zu zweit bleiben? fragt Sivert listig. – Nein, weißt du, es kann wohl sein, daß wir mehr werden, erwidert Fredrik munter. Und wenn wir schon davon reden, ob es uns hier gefällt, so habe ich meine Frau noch nie so gedeihlich gesehen wie jetzt.

Sie arbeiten bis zum Abend. Zuweilen richten sie sich auf und schwatzen miteinander. Du hast also keinen Tabak bekommen? fragt Sivert. – Nein, und das tat mir auch nicht leid. Ich rauche nicht, erwidert Fredrik. – Du rauchst nicht? – Nein. Ich bin zu dem Aronsen nur hingegangen, um zu hören, was er sagt. Da lachten die beiden Spitzbuben und freuten sich diebisch.

Auf dem Heimweg sind Vater und Sohn schweigsam wie gewöhnlich. Aber Isak muß sich etwas ausgedacht haben, denn er sagt: Du, Sivert? – Ja? erwidert Sivert. – Ach, nichts Besonderes, sagt Isak. – Sie gehen eine lange Strecke weiter, dann spricht der Vater wieder: Kann denn Aronsen Handel treiben, wenn er keine Waren mehr hat? – Nein, sagt Sivert. Aber es sind jetzt nicht mehr viele Menschen da, für die er Waren braucht. – So meinst du? Ja, du kannst recht haben. – Sivert wundert sich ein wenig über diese Worte seines Vaters, und dieser fährt fort: Es sind jetzt allerdings nur acht Ansiedlungen hier, aber es können mehr und immer mehr werden. Wer weiß! – Sivert wundert sich noch mehr, woran denkt denn sein Vater? O, an nichts? Wieder gehen die beiden eine lange Strecke weiter und sind beinahe zu Hause. Da fragt der Alte: Hm. Was meinst du wohl, daß der Aronsen für den Hof haben will? – Ja, das kommt nun darauf an! antwortet Sivert. Willst du ihn kaufen? sagt er im Spaß. Aber plötzlich geht ihm ein Licht auf, wo sein Vater hinaus will: An Eleseus denkt der Alte. Oho, er hat ihn wohl nie vergessen gehabt, er hat ebenso getreulich an ihn gedacht wie die Mutter, nur auf seine eigene Weise, näher bei der Erde und auch näher bei Sellanraa. Da sagt Sivert: Der Preis wird wohl erschwinglich sein. Und als Sivert so viel gesagt hat, da merkt der Vater seinerseits, daß er verstanden worden ist, und wie wenn er Angst hätte, zu deutlich geworden zu sein, sagt er nun schnell ein paar Worte über den Wegbau und daß es gut sei, den hinter sich zu haben.

In den nächsten Tagen steckten Sivert und seine Mutter die Köpfe zusammen, sie ratschlagten und hatten viel zu flüstern, auch schrieben sie einen Brief, und als der Samstag kam, bezeigte Sivert Lust, ins Dorf zu gehen. – Was willst du denn schon wieder im Dorfe, du läufst nur unnötig deine Schuhe durch? fragte der Vater sehr ärgerlich, o viel grimmiger im Gesicht, als natürlich gewesen wäre, er merkte wohl, daß Sivert auf die Post wollte. – Ich will in die Kirche, sagte Sivert. – Einen besseren Grund fand er nicht, und der Vater sagte: Ja, wenn es nicht anders sein kann.

Aber wenn Sivert schon einmal in die Kirche wollte, dann konnte er auch einspannen und die kleine Rebekka mitnehmen. Der kleinen Rebekka konnte man doch wirklich zum erstenmal in ihrem Leben dieses Vergnügen machen, sie hatte ja so eifrig das Turnipsfeld gehütet und war im großen ganzen die Blüte und die Perle von allen auf dem Hofe; ja, das war sie. Es wurde also angespannt, und Rebekka bekam die Magd Jensine zur Begleitung mit, – wogegen Sivert nichts einzuwenden hatte.

Während sie fort sind, geschieht es, daß der Ladendiener von Storborg daherkommt. Was nun? Ei, nichts Besonderes, nur daß ein Ladendiener, ein Mann namens Andresen daherkommt; er soll in die Berge hinauf, sein Herr schickt ihn. Weiter ist es nichts. Und dieses Geschehnis bringt auch keine große Aufregung auf Sellanraa hervor, es ist nicht wie in alten Tagen, wo ein Fremder ein seltener Anblick auf der Ansiedlung war und Inger sich mehr oder minder darüber aufregte. Nein, Inger ist wieder in sich gegangen und ist still und ruhig.

Ein merkwürdiges Ding, dieses Andachtsbuch, ein Führer, ja ein Arm um den Hals! Als Inger sich selbst verloren hatte und in den Beeren irre gegangen war, fand sie sich wieder beim Gedanken an ihre Kammer und an das Andachtsbuch, und zurzeit war sie wieder in sich versunken und gottesfürchtig. Sie gedenkt der längst verflossenen Jahre, als sie, wenn sie nähte und sich in den Finger stach, der Teufel auch! sagte. Das lernte sie von ihren Mitschwestern an dem großen Tisch in der Nähstube. Jetzt sticht sie sich mit der Nadel, daß es blutet, und saugt schweigsam das Blut aus. Es gehört nicht wenig Überwindung zu solcher Umkehr! Aber Inger ging noch weiter. Als der steinerne Stall fertiggebaut war und alle Arbeiter sich entfernt hatten und ganz Sellanraa wieder einsam und verlassen dalag, da hatte Inger eine Krisis und weinte viel und litt schwere Not. Sie bürdete niemand als sich selbst die Schuld dafür auf, und sie war tief demütig. Wenn sie nur mit Isak hätte reden und sich das Herz erleichtern können; aber auf Sellanraa sprach niemand von seinen Gefühlen und niemand bekannte seine Fehler. So holte sie ihren Mann sehr fürsorglich zu den Mahlzeiten herein; sie ging dazu bis zu ihm hin und forderte ihn auf, statt nur unter der Haustüre zu rufen, und abends sah sie seine Kleider durch und nähte die Knöpfe an. Ja, Inger ging sogar noch weiter. Eines Nachts stützte sie sich auf den Ellbogen und sagte: Du, Isak. – Was gibt's? fragt Isak. – So, wachst du? – Ja. – Ach, nichts Besonderes, sagt Inger. Aber ich bin nicht gewesen, wie ich hätte sein sollen. – Was? fragt Isak. Das entfuhr ihm und auch er richtete sich auf den Ellbogen auf. Dann redeten sie weiter miteinander, sie ist nun eben doch eine prächtige Frau und hat das Herz voll. Ich bin nicht so gegen dich gewesen, wie ich hätte sein sollen, sagt sie. Das tut mir sehr leid. – Diese einfachen Worte rühren ihn, sie rühren den Mühlengeist, und er will Inge gerne trösten; er versteht zwar nichts von der Sache, versteht nur soviel, daß es keine mehr gibt wie sie. – Deshalb brauchst du nicht zu weinen, sagt Isak. Wir sind alle nicht, wie wir sein sollten. – Ach nein, sagt sie dankbar. O, Isak hatte eine so gesunde Art, die Dinge zu behandeln, er richtete sie wieder auf, wenn sie Umfallen wollten. Wer ist, wie er sein sollte! Er hatte recht; der Gott des Herzens selbst, der doch ein Gott ist, geht auf Abenteuer aus, und wir können es ihm ansehen, dem Wildfang: an einem Tag taucht er in einen Rosenreichtum unter und wiegt sich wohlig darin und leckt sich die Lippen, am anderen Tag hat er sich einen Dorn in den Fuß getreten und zieht ihn mit verzweifeltem Gesicht heraus. Stirbt er daran? O keine Spur. Er ist so gesund wie vorher. Das wäre was Schönes, wenn er daran stürbe!

Auch mit Inger kam das alles wieder in die Reihe, sie überwindet es, aber sie bleibt bei ihren Andachtstunden und findet ihren Trost darin. Inger ist jeden Tag fleißig und geduldig und herzensgut, sie schätzt Isak vor allen Männern und wünscht sich keinen andern als ihn. Natürlich ist er dem äußeren Anschein nach kein Tausendsasa und Sänger, aber er ist schon recht, hoho, das wollte sie meinen! Und es bewahrheitete sich wieder, daß es ein großer Gewinn ist, gottesfürchtig und genügsam zu sein.

Und nun kam also dieser kleine Ladenjüngling von Storborg, dieser Andresen, er kam Sonntags nach Sellanraa, und Inger wurde darüber nicht erregt, durchaus nicht, sie wollte nicht einmal selbst mit einem Topf Milch zu ihm hineingehen, und da die Magd nicht zu Hause war, schickte sie Leopoldine mit der Milch. Und Leopoldine trug ja auch den Topf Milch recht nett hinein und sagte Bitte! und wurde rot, obgleich sie doch ihre Sonntagskleider trug und keinen Grund hatte sich zu schämen. – Danke, das ist allzu viel, sagte Andresen. Ist dein Vater zu Hause? fragte er. – Jawohl, er ist draußen irgendwo. – Andresen trank, wischte sich den Mund mit dem Taschentuch ab und sah nach der Uhr. Ist es weit bis zu den Gruben? fragte er. – Nein, es ist kaum eine Stunde. – Ich soll hinauf und sie mir für Aronsen, bei dem ich angestellt bin, ansehen. – So. – Ja, du kennst mich doch. Ich bin der Ladendiener bei Aronsen; du bist schon bei uns gewesen und hast eingekauft. – Ja. – Ich erinnere mich deiner ganz gut, du hast zweimal bei uns eingekauft. – Das ist mehr, als ich erwarten konnte, daß Ihr Euch meiner erinnert, sagte Leopoldine, dann aber waren ihre Kräfte erschöpft und sie hielt sich an einem Stuhl fest. Andresen jedoch hatte noch Kräfte übrig, er fuhr fort:

Warum sollte ich mich nicht mehr an dich erinnern? Und weiter fragte er: Kannst du nicht mit mir zu den Gruben hinaufgehen?

Allmählich wurde es Leopoldine ganz rot und sonderbar vor den Augen, der Fußboden schwankte unter ihr, und der Ladendiener Andresen sprach wie aus weiter Ferne: Hast du keine Zeit? – Nein, sagte sie. Gott weiß, wie sie wieder hinauskam in die Küche. Die Mutter sah sie an und fragte: Was fehlt dir denn? – Nichts.

Nichts, o nein! Aber seht, jetzt war Leopoldine an der Reihe, erregt zu werden, nun begann der Kreislauf bei ihr. Sie war ganz geeignet dazu, rund und hübsch und neukonfirmiert, sie gab ein schönes Opfer. Ein Vogel zwitschert in ihrer Brust, ihre langen Hände sind wie die ihrer Mutter voller Zärtlichkeit, voller Weiblichkeit. Konnte sie nicht tanzen? O doch. Es war ein Wunder, wo sie es lernten, aber sie lernten tanzen, auch auf Sellanraa, Sivert konnte es. Leopoldine konnte es, es war ein Tanz, im Ödland entstanden, ein bodenständiges Drehen und Wenden mit vielen Kräften, Schottisch, Mazurka, Rheinländer und Walzer. Und warum sollte Leopoldine nicht auch sich putzen und verliebt sein und mit offenen Augen träumen? Genau wie andere! Als sie konfirmiert wurde, lieh ihr die Mutter ihren goldenen Ring, es war kein sündiger Gedanke dabei, es war nur hübsch, und am nächsten Tag, als sie zum Abendmahl ging, steckte sie übrigens den Ring erst an, als alles überstanden war. Sie konnte wohl mit einem goldenen Ring am Finger vor dem Altar stehen, sie war die Tochter eines mächtigen Mannes, des Markgrafen.

Als der Ladendiener Andresen wieder vom Berg herunterkam, traf er Isak an und wurde ins Haus geladen. Er bekam Mittagessen und Kaffee. Alle Hausbewohner waren jetzt in der Stube versammelt und nahmen teil an der Unterhaltung. Der Ladendiener erklärte, Aronsen habe ihn hinaufgeschickt, er solle einmal untersuchen, wie es mit den Gruben stehe, ob Anzeichen zu sehen seien, daß der Betrieb und die Arbeit wieder ausgenommen werden würden. Gott weiß, der Ladendiener schwindelte vielleicht gewaltig, wenn er sagte, er sei geschickt worden, vielleicht hatte er den Gang auf eigene Rechnung gemacht, und jedenfalls konnte er in der kurzen Zeit, die er weggewesen war, nicht bis an die Gruben hinaufgekommen sein. – So von außen kann man nicht sehen, ob die Gesellschaft wieder anfangen will, sagte Isak. – Nein, das räumte der Ladendiener ein, aber Aronsen habe ihn nun einmal heraufgeschickt, und es sei ja auch wahr, vier Augen sähen mehr als zwei.

Aber nun konnte sich Inger nicht mehr halten, sie fragte: Ist es wahr, was die Leute sagen, daß der Aronsen verkaufen will? – Der Ladendiener antwortete: Er spricht davon. Und ein Mann, wie er, kann tun, was er will, er hat das Geld zu allem. – Na, hat er wirklich soviel Geld? – Ja, erwidert der Ladendiener und nickt, daran fehlt es nicht. – Wieder kann Inger nicht schweigen, sie fragt: Was will er wohl für das Gut? – Doch jetzt greift Isak ein, er ist vielleicht noch neugieriger als Inger, aber der Gedanke, Storborg zu kaufen, soll nun einmal durchaus nicht von ihm herrühren, und so tut er, als ob ihn das gar nichts anginge. Er sagt: Weshalb fragst du denn, Inger? – Ach, ich frage nur so, erwidert sie. – Beide sehen gespannt den Ladendiener an und warten. Endlich rückt er mit der Antwort heraus.

Er spricht sehr zurückhaltend, von dem Preis weiß er nichts, aber er weiß, was Aronsen selbst gesagt hat, daß Storborg ihn gekostet habe. – Und wieviel ist das? fragt Inger, denn sie vermag nicht zu schweigen und den Mund zu halten. – Sechzehnhundert Kronen, erwidert der Ladendiener. – Ach so! Inger schlägt sofort die Hände zusammen, denn wenn die Weiberleute etwas nicht haben, so ist es, in Beziehung auf Güterpreise, Witz und Verstand. Aber sechzehnhundert Kronen sind nun einmal keine kleine Summe hier im Ödland, und Inger hat nur eine Angst, daß sich nämlich Isak dadurch abschrecken lassen könnte. Aber Isak ist unerschütterlich wie ein Fels und sagt nur: Das machen die großen Häuser. – Ja, sagt auch der Ladendiener Andresen, das machen die gewaltig großen Häuser.

Kurz ehe der Ladendiener geht, hat sich Leopoldine zur Tür hinausgedrückt. Es ist höchst sonderbar, aber es kommt ihr ganz unmöglich vor, ihm die Hand zu geben. Sie hat indes einen guten Platz gefunden, sie steht in dem neuen Stall und schaut zu einem der Fenster hinaus. Sie trägt ein blauseidenes Band um den Hals, das hatte sie vorher nicht gehabt, und das merkwürdige ist, daß sie Zeit gefunden hat, es umzubinden. Da geht er vorbei, er ist etwas klein und rund, mit flinken Beinen, hat einen blonden Vollbart und ist acht bis zehn Jahre älter als sie. Er ist ganz nett, sollte sie meinen.

Spät in der Nacht zwischen Sonntag und Montag kamen die Kirchgänger wieder zurück. Alles war gut gegangen, die kleine Rebekka hatte auf der Heimfahrt während der letzten Stunden geschlafen, und sie wurde auch schlafend aus dem Wagen gehoben und ins Haus getragen. Sivert hat viel Neues erfahren, aber als die Mutter fragt: Was gibt's denn Neues? sagt er nur: O, nichts Besonderes. Der Axel hat eine Mähmaschine und einen Reolpflug. – Was du sagst? ruft der Vater mit großem Interesse. Hast du sie gesehen? – Ja, ich habe sie gesehen, sie standen am Landungsplatz. – So, deshalb ist er also in der Stadt gewesen! sagt der Vater. Und Sivert sitzt dick geschwollen von besserem Wissen da, sagt aber kein Wort mehr.

Mochte der Vater glauben, Axel sei in die Stadt gefahren, um eine Mähmaschine und einen Reolpflug zu kaufen; auch die Mutter sollte das nur glauben. Ach, aber keines der beiden Eltern glaubte das wirklich, sie hatten auch munkeln hören, daß das mit einem neuen Kindsmord in der Gegend zusammenhing. – Geh du jetzt nur zu Bett! sagt der Vater schließlich.

Sivert, dick geschwollen von Wissen, geht und legt sich zu Bett. Axel ist zu einer Verhandlung vorgeladen, es war eine große Sache, der Lensmann ist mit ihm hingereist. Es war eine so große Sache, daß auch die Frau Lensmann, die wahrhaftig wieder ein Kleines hatte, ihr Kind verließ und mit in die Stadt reiste. Sie hatte gesagt, sie wolle ein Wort mit dem Gericht reden.

Nun schwirrten Klatsch und allerlei Gerüchte durchs Dorf, und Sivert merkte gut, daß auch wieder von einem älteren Kindsmord geflüstert wurde. Vor der Kirche stockte jede Unterhaltung, wenn er sich nahte, und wäre er nicht der gewesen, der er war, so hätten ihm die Leute vielleicht den Rücken gekehrt. Es war recht gut, Sivert zu sein, erstens einmal von einem großen Hof zu stammen, eines reichen Mannes Sohn zu sein und dann auch selbst für einen tüchtigen Kerl, für einen guten Arbeiter zu gelten. Er wurde von anderen geschätzt und hochgeachtet, und er hatte auch jederzeit die Volksgunst genossen. Wenn jetzt nur nicht Jensine zu viel hörte, ehe sie wieder nach Hause fuhren. Sivert hatte übrigens so seine eigenen Gründe zur Beängstigung, auch die Leute auf dem Ödland können erröten und erbleichen. Er sah, wie Jensine mit der kleinen Rebekka aus der Kirche trat, sie hatte auch ihn gesehen, war aber einfach vorbeigegangen. So wartet er eine Weile und fährt dann beim Schmied vor, um die beiden abzuholen.

Beim Schmied wird zu Mittag gegessen, das ganze Haus ist versammelt, und auch Sivert wird etwas zu essen angeboten, aber er hat schon gegessen und dankt. Sie wußten, daß er um diese Zeit kommen werde, sie hätten auch die kleine Weile auf ihn warten können, in Sellanraa hätte man das getan, aber hier tat man es nicht. – Ach nein, du bist es jedenfalls besser gewöhnt, sagt die Frau des Schmieds. – Hast du in der Kirche etwas Neues erfahren? fragt der Schmied, obgleich er selbst in der Kirche gewesen ist.

Als Jensine und die kleine Rebekka auf dem Wagen sitzen, sagt die Schmiedfrau zu ihrer Tochter: Ja, ja, Jensine, laß es nun nicht zu lange anstehen, bis du wieder nach Hause kommst. – Das kann man auf zwei Arten verstehen, dachte Sivert, aber er mischte sich nicht in die Sache. Wäre die Rede ein klein wenig bestimmter gewesen, so hätte er vielleicht Antwort gegeben. Er runzelt die Stirne und wartet, – nein, nichts mehr.

Sie fahren heimwärts, und die kleine Rebekka ist die einzige, die etwas zu plaudern hat, sie ist erfüllt von dem Erlebnis ihres Kirchganges, von dem Geistlichen in seinem schwarzen Talar mit dem silbernen Kreuz, von dem Lichterglanz und dem Orgelschall. Nach einer langen Weile sagt Jensine: Das mit Barbro ist eine Schande! – Was hat deine Mutter damit gemeint, daß du bald wieder nach Hause kommen sollest? fragt Sivert. – Was sie damit meinte? – Willst du uns verlassen? – Einmal muß ich ja doch wieder nach Hause, sagt sie. – Prrr! ruft Sivert und hält das Pferd an. Soll ich jetzt gleich wieder mit dir umdrehen? fragt er. – Jensine sieht ihn an, er ist blaß wie der Tod. – Nein, erwidert sie, und gleich darauf fängt sie an zu weinen. Die kleine Rebekka sieht erstaunt von einem zum andern. Ach, die kleine Rebekka war sehr nützlich auf einer solchen Fahrt, sie ergriff Partei für Jensine, streichelte sie und brachte sie wieder dazu, daß sie lächelte. Und als die kleine Rebekka ihrem Bruder drohte, sie werde vom Wagen springen und sich einen Stecken für ihn suchen, da mußte auch Sivert lächeln. – Aber nun muß ich fragen, was du gemeint hast? sagt Jensine. – Sivert antwortet ohne Bedenken: Ich meinte, daß wir, wenn du uns verlassen wollest, eben sehen müßten, ohne dich fertig zu werden. – Lange Zeit darauf sagte Jensine: Jawohl, die Leopoldine ist ja nun erwachsen und kann meine Arbeit tun.

Es wurde eine wehmütige Heimfahrt.

7

Ein Mann geht übers Ödland hinauf. Es stürmt und regnet, die Herbstregen haben begonnen, aber darum kümmert sich dieser Mann nicht, er sieht froh aus und ist es auch, es ist Axel Ström, er kommt vom Verhör, wo er freigesprochen worden ist. Und er ist froh: erstens stehen eine Mähmaschine und ein Reolpflug für ihn drunten am Landungsplatz, und zweitens ist er freigesprochen. Er hat nicht geholfen, ein Kind zu ermorden. So kann es gehen!

Aber was für schwere Stunden hat er durchgemacht! Als er dastand und Zeugnis ablegte, hatte dieser sich in täglicher Arbeit abmühende Mann die schwerste Arbeit seines Lebens vor sich gehabt. Er hatte keinen Nutzen davon, Barbros Schuld zu vergrößern, deshalb nahm er sich in acht, ja nicht zuviel zu sagen, ja, er sagte nicht einmal alles, was er wußte, jedes Wort mußte aus ihm herausgefragt werden, und meistens antwortete er nur mit ja und nein. War das nicht genug? Sollte die Sache noch größer gemacht werden, als sie schon war? Ach, es sah häufig aus, als ob es ernst werden wollte; die hohe Obrigkeit war gar so schwarz gekleidet und gefährlich, mit wenigen Worten hätte sie alles zum Schlimmsten wenden und ihn vielleicht gar verurteilen können. Aber es waren nette Leute, sie wollten seinen Untergang nicht. Und außerdem traf es sich auch noch so, daß mächtige Kräfte in Tätigkeit waren, um Barbro zu retten, und das gereichte auch ihm zum Nutzen.

Was in aller Welt konnte ihm nun noch geschehen?

Barbro selbst konnte doch wohl nicht auf den Gedanken kommen, Aussagen zu machen, die ihren gewesenen Hausherrn und Liebsten belastet hätten; er war im Besitz eines gar zu furchtbaren Wissens, sowohl um diese wie um eine frühere Kindsangelegenheit, so dumm war Barbro nicht. O, und sie war schlau genug, sie lobte Axel und sagte, er habe nicht das mindeste von ihrer Niederkunft gewußt, bis alles vorüber gewesen sei. Er sei ziemlich eigen und sie stimmten nicht überein, aber er sei ein stiller Mann und ein ausgezeichneter Mensch. Nein, daß er ein neues Grab gegraben und die Leiche hineingetan habe, das sei viel später geschehen, und zwar nur deshalb, weil er meinte, das erste Grab sei nicht trocken genug; das sei es übrigens doch gewesen, nur sei Axel eben gar so eigen.

Was konnte also Axel geschehen, wenn Barbro so die ganze Schuld auf sich nahm? Und für Barbro selbst waren sehr mächtige Kräfte in Bewegung; die Frau Lensmann Heyerdahl war in Bewegung.

Sie ging zu Hoch und Nieder und schonte sich keineswegs, sie verlangte als Zeugin verhört zu werden und hielt vor Gericht eine große Rede. Als sie an die Reihe kam, stand sie vor den Schranken als recht vornehme Dame, sie erfaßte die Frage des Kindsmordes in ihrer ganzen Breite und hielt dem Gericht eine Vorlesung, man hätte meinen können, sie habe sich die Erlaubnis dazu im voraus erwirkt. Man konnte von der Frau Lensmann sonst denken, was man wollte, aber Reden halten konnte sie, und gelehrt in Politik und allen sozialen Fragen war sie.

Es war nur ein Wunder, wo sie alle die Worte hernahm. Ab und zu hatte es den Anschein, als wolle der Vorsitzende versuchen, sie zu veranlassen, etwas mehr zur Sache zu kommen, aber er hatte augenscheinlich nicht das Herz, sie zu unterbrechen, und so ließ er sie weiterreden. Und zum Schluß förderte sie einige brauchbare Aufklärungen zutage und machte dem Gericht einen aufsehenerregenden Vorschlag.

Von rechtstechnischen Weitläufigkeiten abgesehen, ging die Geschichte zu wie folgt:

Wir Frauen, sagte die Frau Lensmann, wir sind die unglückliche und unterdrückte Hälfte der Menschheit. Die Männer machen die Gesetze, wir Frauen haben keinen Einfluß darauf. Aber kann sich nun etwa ein Mann hineinversetzen in das, was es für eine Frau heißt, ein Kind zu gebären? Hat er ihre Angst gefühlt, hat er die unsäglichen Schmerzen gefühlt, und hat er ihre Weheschreie ausgestoßen?

In dem Falle hier ist es ein Dienstmädchen, das ein Kind geboren hat. Sie ist unverheiratet, sie muß also die ganze Zeit ihrer Schwangerschaft über ihren Zustand zu verbergen suchen. Warum muß sie ihn verbergen? Der Vorurteile der menschlichen Gesellschaft wegen. Diese Gesellschaft verachtet die Ledige, die ein Kind unter dem Herzen trägt. Sie beschützt sie nicht allein nicht, nein, sie verfolgt sie auch noch mit Schande und Verachtung. Ist das nicht haarsträubend? Jawohl, und jeder Mensch mit einem Herz im Leibe muß sich darüber empören! Das Mädchen muß nicht nur ein Kind gebären, was an sich schon schlimm genug wäre, nein, es soll auch noch dafür als Verbrecherin gebrandmarkt werden. Ich kann nur sagen, für dieses Mädchen hier auf der Anklagebank war es ein Glück, daß ihr Kind durch einen unglücklichen Zufall im Bach zur Welt kam und sofort ersticken mußte. Es war ein Glück für sie und für das Kind. Solange die Gesellschaft so ist wie jetzt, müßte eine ledige Mutter straffrei ausgehen, und wenn sie auch ihr Kind absichtlich umbringt!

Hier läßt der Vorsitzende ein schwaches Murren hören.

Oder jedenfalls dürfte sie nur unbedeutend bestraft werden, sagt die Frau Lensmann. Selbstverständlich sind wir alle darüber einig, daß das Leben des Kindes erhalten bleiben muß, sagte sie, aber sollte denn von allen Gesetzen der Menschlichkeit gar kein einziges auch für die unglückliche Mutter gelten? Stellen Sie sich doch einmal vor, was sie alles während der Schwangerschaft durchgemacht hat, welche Qualen sie erduldet hat, um ihren Zustand zu verbergen, und wie sie keinen Ausweg mehr wußte weder für sich selbst, noch für ihr Kind. Darein kann sich überhaupt kein Mensch versetzen, sagte sie. Das Kind stirbt jedenfalls eines wohlgemeinten Todes. Die Mutter wünscht weder sich selbst noch diesem lieben Kinde etwas so Böses, daß es leben soll, die Schande ist ihr zu schwer zu tragen, und indessen reift der Plan in ihr, das Kind zu töten. So gebiert sie im geheimen, und vierundzwanzig Stunden lang ist sie so von Sinnen, daß sie bei der Tat unzurechnungsfähig ist. Sie hat sie sozusagen gar nicht wirklich verübt, so von Sinnen ist sie. Während ihr noch von der Niederkunft jeder Knochen und jeder Muskel im Leibe weh tut, muß sie das Kind umbringen und die Leiche wegschaffen, – stellen Sie sich einmal die Willensanspannung vor, die zu dieser Arbeit gehört! Aber natürlich wünschen wir alle, daß die Kinder am Leben bleiben, und es ist schwer zu beklagen, daß das Leben von einigen ausgelöscht wird. Aber das ist einzig und allein die Schuld der menschlichen Gesellschaft, dieser hoffnungslosen, unbarmherzigen, verleumderischen, verfolgungswütigen, boshaften Gesellschaft, die allzeit auf der Wacht steht, um die ledige Mutter mit allen Mitteln zu erdrosseln!

Aber selbst nach dieser Behandlung seitens der Gesellschaft können sich die mißhandelten Mütter wieder erheben. Sehr oft fangen gerade diese Mädchen nach ihrem gesellschaftlichen Fehltritt an, ihre besten und edelsten Eigenschaften zu entwickeln. Das Gericht könnte sich ja einmal bei den Vorsteherinnen der Asyle, in denen Mutter und Kind ausgenommen werden, erkundigen, ob das nicht wahr ist! Und es ist erfahrungsgemäß erwiesen, daß gerade die Mädchen, die – ja, die von der Gesellschaft gezwungen worden sind, ihr Kind zu töten, ausgezeichnete Kindermädchen werden. Das sollte doch jedermann Stoff zum Nachdenken geben.

Eine andere Seite der Sache ist die: Warum soll der Mann straffrei ausgehen? Die Mutter, die einen Kindsmord begangen hat, wird gepeinigt und ins Gefängnis geworfen, er jedoch, der Vater des Kindes, der Verführer, dem geschieht nichts. Aber solange er der Urheber des Kindes ist, hat er auch teil an dem Morde, und zwar den größeren Anteil, ohne ihn wäre das Unglück überhaupt nicht geschehen. Warum geht er frank und frei aus? Weil die Gesetze von den Männern gemacht werden, das ist die Antwort. Man sollte laut den Himmel um Schutz gegen diese Männergesetze anrufen! Und das wird niemals besser, solange wir Frauen nicht bei den Wahlen und in den gesetzgebenden Versammlungen ein Wort mitzureden haben.

Aber, sagt die Frau Lensmann, wenn nun dieses grausame Gesetz die schuldige – oder mehr oder minder schuldige – unverheiratete Mutter trifft, die einen Kindsmord begeht, was sollen wir dann von der unschuldigen sagen, die nur des Mordes verdächtigt wird und gar keinen Kindsmord begangen hat? Welche Genugtuung gibt die Gesellschaft diesem ihrem Opfer? Keinerlei Genugtuung! Ich bezeuge, daß ich das hiersitzende angeklagte Mädchen kenne, seit es ein Kind gewesen ist; sie war in meinen Diensten, ihr Vater ist meines Mannes Amtsdiener. Wir Frauen erlauben uns, gerade entgegengesetzt zu denken und zu fühlen, als die Männer mit ihren Anklagen und Verfolgungen, wir erlauben uns, eine Ansicht über die Dinge zu haben. Das Mädchen hier ist verhaftet und ihrer Freiheit beraubt, verdächtigt, erstens einmal im Geheimen geboren und zweitens ihr Kind umgebracht zu haben. Sie hat – daran zweifle ich durchaus nicht – beides nicht getan. Das Gericht wird selbst zu dieser sonnenklaren Schlußfolgerung kommen. Im Geheimen? Sie hat am hellen Tag geboren. Wohl ist sie allein gewesen, aber wer hätte bei ihr sein sollen? Sie wohnte weit droben im Ödland, der einzige Mensch außer ihr selbst, der zur Stelle war, das war ein Mann; hätte sie einen solchen in diesem Augenblick zur Hilfe rufen sollen? Wir Frauen empören uns schon allein bei diesem Gedanken, wir schlagen schamvoll die Augen nieder. – Und dann soll sie das Kind getötet haben? Es wurde in einem Bach geboren, sie lag da in dem eiskalten Wasser, als sie gebar. Wie ist sie in den Bach gekommen? Sie ist ein Dienstmädchen, also eine Sklavin, sie hat ihre täglichen Pflichten zu erfüllen, sie wollte in den Wald, um Wacholder zum Scheuern ihres Melkeimers zu holen. Als sie durch den Bach watet, gleitet sie aus und fällt. Sie bleibt liegen, das Kind wird geboren und erstickt im Wasser.

Die Frau Lensmann hält inne. Sie konnte es den Richtern und den Zuhörern ansehen, daß sie wunderbar gut gesprochen hatte, es war mäuschenstill im Saal, und nur Barbro trocknete sich von Zeit zu Zeit die Augen vor Rührung. Dann schließt die Frau Lensmann: Wir Frauen haben ein Herz: Ich habe meine eigenen Kinder fremden Händen anvertraut, um hierherreisen, um für das unglückliche Mädchen, das hier sitzt, Zeugnis ablegen zu können. Männergesetze können einer Frau nicht verbieten, zu denken: ich denke, daß das Mädchen hier ausreichend dafür bestraft ist, überhaupt nichts Böses getan zu haben. Sprechen Sie die Angeklagte frei, dann werde ich sie mit nach Hause nehmen, und sie wird das ausgezeichnetste Kindermädchen werden, das ich je gehabt habe.

Die Frau Lensmann ist zu Ende.

Der Vorsitzende bemerkt: Ja aber, wären es nun nach der Rede der Frau Lensmann nicht eigentlich die Kindsmörderinnen, die die ausgezeichneten Kindermädchen geben sollen? O, aber der Vorsitzende war nicht uneinig mit Frau Lensmann Heyerdahl, ganz im Gegenteil, auch er fühlte menschlich, ganz priesterlich mild. Während der Staatsanwalt dann noch ein paar Fragen an die Frau Lensmann richtete, saß der Vorsitzende ruhig auf seinem Stuhl und schrieb sich Anmerkungen auf.

Es war nicht viel mehr als eine Vormittagsverhandlung, da nur sehr wenige Zeugen zu verhören waren und die Sache ja auch ganz klar lag. Axel Ström saß da und hoffte das Beste, da schienen sich indes plötzlich der Staatsanwalt und die Frau Lensmann zu vereinigen, um ihn in Ungelegenheiten zu bringen, weil er die Kindsleiche begraben hatte, statt den Todesfall zu melden. Er wurde mit Strenge verhört und hätte vielleicht diesen Punkt nicht allzugut erklären können, wenn er nicht hinten im Saal Geißler wahrgenommen hätte. Ganz richtig, da saß Geißler! Das gab Axel eine Art Stütze, er fühlte sich nicht mehr einsam und verlassen der Obrigkeit gegenüber, die ihm zu Leibe wollte, Geißler nickte ihm zu.

Jawohl, Geißler war in die Stadt gekommen. Er hatte sich zwar nicht als Zeuge gemeldet, aber er war doch zur Stelle. Er hatte auch vor Beginn der Verhandlung einige Tage dazu verwendet, sich Einsicht in den Fall zu verschaffen und das aufzuschreiben, was er noch von Axels Bericht auf Maaneland wußte. Die meisten der vorliegenden Dokumente waren in Geißlers Augen nur Wische; dieser Lensmann Heyerdahl war ein sehr beschränkter Mensch, er hatte es bei seiner Untersuchung von Anfang an darauf angelegt, Axel zum Mitwisser an dem Kindsmord zu stempeln. Dieser Esel, dieser Dummkopf, er verstand nicht das mindeste vom Leben im Ödland, er sah nicht ein, daß dieses Kind gerade das Band war, das die weibliche Hilfskraft an Axels Hof fesseln sollte.

Geißler redete mit dem Staatsanwalt, aber er gewann den Eindruck, daß dies gar nicht nötig gewesen wäre: Er wollte Axel dazu verhelfen, daß er wieder auf seinen Hof im Ödland kam, aber Axel brauchte gar keine Hilfe. Nein, denn es sah ja sogar ganz vielversprechend für Barbro selbst aus, und wenn sie freigesprochen wurde, fiel Axels Mitschuld von selbst weg. Es kam nur noch auf die Zeugenaussagen an.

Nachdem die paar Zeugen verhört waren – Oline war nicht vorgeladen, aber der Lensmann, Axel, ein Sachverständiger und ein paar Mädchen aus der

Gemeinde –, nachdem also diese verhört waren, wurde Mittagspause gemacht, und Geißler ging wieder zu dem Staatsanwalt hin. Nein, der Staatsanwalt hatte die Ansicht, daß es immer noch vielversprechend für Barbro aussehe. Frau Lensmann Heyerdahls Zeugnis war von großem Einfluß gewesen. Es komme auf die Geschworenen an.

Nehmen Sie besonderen Anteil an diesem Mädchen? erkundigte sich der Staatsanwalt. – Einigermaßen, erwiderte Geißler. Eigentlich nehme ich mehr Anteil an dem Manne. – Hat sie auch bei Ihnen gedient? – Nein, sie hat nicht bei mir gedient. – Ach so, an dem Manne also? Aber das Mädchen? Die Teilnahme des Gerichtes ist auf ihrer Seite. – Nein, sie hat nicht bei mir gedient. – Der Mann ist mehr verdächtig, sagt der Staatsanwalt. Er geht ganz allein hin und begräbt die Kindsleiche mitten im Wald. Das ist entschieden verdächtig. – Er wollte das Kind wohl nur richtig begraben, sagt Geißler, das war beim erstenmal nicht geschehen. – Nun, sie war eine Frau und hatte nicht die Kraft eines Mannes zum Graben, und in dem Zustand, in dem sie sich befand, vermochte sie es nicht. Im großen ganzen, sagt der Staatsanwalt, haben wir uns zu einer menschlicheren Ansicht über diese Kindsmorde durchgerungen. Ich möchte es als Richter nicht auf mich nehmen, dieses Mädchen zu verurteilen, und wie die Sache liegt, kann ich ihre Verurteilung nicht beantragen. – Das ist sehr erfreulich, sagte Geißler mit einer Verbeugung. – Der Staatsanwalt fuhr fort: Als Mensch und Privatmann würde ich sogar noch weiter gehen: ich würde keine einzige ledige Mutter, die ihr Kind umbringt, zur Strafe verurteilen. – Es ist sehr interessant, daß der Herr Staatsanwalt und die Dame, die heute Zeugnis abgelegt hat, gleicher Ansicht sind. – Ach sie! Sie hat übrigens gut gesprochen. Aber wozu alle diese Verurteilungen? Eine ledige Mutter hat schon zum voraus so unerhörte Qualen erduldet und sie wird durch die Härte und Brutalität der Welt in allen menschlichen Verhältnissen so tief hinuntergedrückt, daß das Strafe genug ist. – Geißler erhob sich und sagte zum Schluß: Ja, aber die Kinder? – Allerdings, mit den Kindern ist es sehr traurig, erwidert der Staatsanwalt. Aber schließlich ist es ja auch für die Kinder ein Segen. Und gerade solchen unehelichen Kindern, wie schlecht geht es ihnen gewöhnlich! Was wird aus ihnen? – Geißler wollte vielleicht diesen wohlgenährten Mann ein wenig reizen, oder vielleicht wollte er sich auch nur als tiefsinnig und geheimnisvoll aufspielen, er sagte: Erasmus war ein lediges Kind. – Erasmus? – Erasmus von Rotterdam. – Ach so. – Und Leonardo war ein lediges Kind. – Leonardo da Vinci? So. Ja, Ausnahmen kommen natürlich vor, sie bestätigen nur die Regel. Aber im großen und ganzen! – Wir schützen Vögel und Tiere, sagte Geißler, und es klingt etwas sonderbar, daß kleine Kinder nicht auch geschützt werden sollen. – Der Staatsanwalt griff langsam und würdevoll nach einigen Papieren, zum Zeichen, daß er jetzt abbrechen müsse. Ja, sagte er geistesabwesend, ja, jawohl. Geißler bedankte sich für die außerordentlich lehrreiche Unterredung, der er gewürdigt worden sei, und ging.

Er setzte sich in den Gerichtssaal, um beizeiten da zu sein. Seine geheime Macht kitzelte ihn wohl sehr: er wußte von einem gewissen abgeschnittenen Hemd, in dem – Besenreis geholt werden sollte, und von einer Kindsleiche, die einmal im Stadthafen umhertrieb, er konnte das Gericht aufsitzen lassen, ein Wort von ihm würde so gut sein wie tausend Schwerter. Aber Geißler hatte gewiß nicht im Sinn, dieses Wort jetzt auszusprechen, wenn es nicht notwendig wurde. Das war ja ausgezeichnet, sogar der öffentliche Ankläger stand auf seiten der Angeklagten!

Der Saal füllte sich, und das Gericht trat wieder zusammen.

Das wurde eine reizende Komödie in der kleinen Stadt, der ermahnende Ernst des Staatsanwalts, des Verteidigers rührselige Beredsamkeit. Die Geschworenen saßen da und horchten zu, was sie wohl über Barbro und den Tod ihres Kindes zu denken hätten.

Allerdings, so ganz einfach war es nun doch nicht, das herauszufinden. Der Staatsanwalt war ein schöner Mann von Ansehen, und er war gewiß auch ein guter Mensch, aber etwas mußte ihn ganz kürzlich erst geärgert haben, oder vielleicht war ihm eingefallen, daß er in der norwegischen Rechtspflege einen Standpunkt aufrechtzuerhalten habe, wer weiß! Es war unbegreiflich, aber er war nicht mehr so zugänglich wie am Vormittag, er rügte die Missetat, falls sie geschehen sei, scharf, sagte, es sei ein dunkles Blatt, wenn mit Bestimmtheit gesagt werden könne, daß die Sache wirklich so dunkel sei, wie man nach einzelnen Zeugenaussagen glauben und meinen könne. Darüber hätten die Gerichtsbeisitzer zu entscheiden. Er selbst möchte die Aufmerksamkeit auf drei Punkte lenken: der erste Punkt sei der, ob hier eine Geburt im Geheimen vorliege, ob diese Frage den Herren Richtern klar sei? Hier machte er einige persönliche Bemerkungen. Der zweite Punkt sei das Kleidungsstück, das halbe Hemd, wozu die Angeklagte das mitgenommen habe? Ob sie eine Ahnung gehabt habe, daß sie es brauchen werde? Er entwickelte diesen Punkt noch weiter. Der dritte Punkt sei das sehr verdächtige heimliche Begräbnis, ohne den

Todesfall dem Geistlichen und dem Lensmann zu melden. Hierbei sei der hier anwesende Mann die Hauptperson gewesen, und es sei von der größten Wichtigkeit für die Geschworenen, sich hier die richtige Ansicht zu bilden. Denn es sei ja doch einleuchtend, daß der Mann Mitwisser sei, und wenn er das Begräbnis auf eigene Hand vorgenommen hatte, so mußte sein Dienstmädchen eine Missetat begangen haben, deren Mitwisser er geworden war.

Hm! ertönte es im Saale.

Axel Ström merkte, daß er wieder in Gefahr war; er begegnete, als er aufsah, nicht einem einzigen Blick, aller Augen hingen an dem Redner. Aber ganz hinten im Saale saß Geißler wieder, er sah äußerst überlegen aus, als ob er platzen wolle vor Hochmut, mit seiner vorgeschobenen Unterlippe und mit gen Himmel gewandtem Gesicht. Diese ungeheure Gleichgültigkeit gegen den Ernst des Gerichtes, dieses laute gen Himmel gesandte Hm wirkte ermunternd auf Axel, er fühlte sich wieder der ganzen Welt gegenüber nicht mehr allein.

Und nun kam endlich die Sache ins Blei, dieser Staatsanwalt schien endlich zu der Einsicht zu kommen, daß es nun genug sei, er hatte soviel Bosheit und Verdacht gegen Axel verbreitet, als irgend möglich war, nun hielt er inne. Ja, der Herr Staatsanwalt machte gewissermaßen vollkommen kehrt, er beantragte nicht einmal Barbros Verurteilung. Er sagte zum Schluß gerade heraus, daß er selbst nach den vorliegenden Zeugenaussagen nicht die Verurteilung der Angeklagten beantragen könne.

Das ist ja sehr gut, dachte Axel. Dann hat die Geschichte ein Ende.

Nun legte sich der Verteidiger ins Zeug, ein junger Mann, der die Juristerei studiert hatte und dem nun in diesem prächtigen Fall die Verteidigung anvertraut worden war. Es war auch nachher nur eine Stimme darüber, noch niemals sei ein Mann so sicher gewesen, eine Unschuldige zu verteidigen. Im Grunde war ihm diese Frau Lensmann Heyerdahl zuvorgekommen, sie hatte ihm am Vormittag verschiedene Argumente gestohlen, er war sehr unzufrieden damit, daß sie die Gesellschaft ausgenützt hatte. – O, die Gesellschaft hatte auch bei ihm sehr viel auf dem Kerbholz! Er war ärgerlich auf den Vorsitzenden, daß er Frau Heyerdahl das Wort nicht entzogen hatte. Das war ja eine ganz richtige Verteidigungsrede gewesen, die sie gehalten hatte; was blieb da ihm noch übrig?

Er fing mit dem allerersten Anfang von Barbro Bredes Lebenslauf an; sie stammte aus kleinen Verhältnissen, übrigens von strebsamen und achtungswerten Eltern, sie sei frühzeitig in den Dienst gekommen, und zwar zuerst zu dem Lensmann. Wir haben heute die Ansicht gehört, die ihre Dienstherrin, Frau Heyerdahl, von ihr hatte, sie könnte nicht strahlender sein. Dann sei Barbro nach Bergen gekommen. Der Verteidiger verbreitet sich eingehend über das sehr wohlmeinende Zeugnis, das ihr von den beiden Kontoristen in Bergen, bei denen sie eine Vertrauensstellung eingenommen hatte, ausgestellt worden war. Dann sei Barbro wieder heimgekommen, als Haushälterin bei einem Junggesellen draußen im Ödland. Hier habe ihr Unglück angefangen.

Von diesem Junggesellen habe sie ein Kind unter dem Herzen getragen. Der geehrte Herr Staatsanwalt habe – übrigens auf die allertaktvollste und schonendste Weise – die Möglichkeit einer Geburt im Geheimen angedeutet. Ob Barbro ihren Zustand verborgen, ob sie ihn verhehlt habe? Die beiden Zeuginnen, Mädchen aus ihrem Heimatdorf, hatten gemeint, daß sie guter Hoffnung sei, und als sie sie fragten, leugnete sie durchaus nicht, sie ging nur kurz darüber weg. So machten es junge Mädchen in diesen Fällen, sie gingen kurz darüber weg. Sonst sei Barbro überhaupt von niemand gefragt worden. Ob sie zu ihrer Frau gegangen sei und ihr gebeichtet habe? Sie habe keine Frau gehabt, sie sei selbst die Frau gewesen. Einen Hausherrn habe sie allerdings gehabt; aber so ein junges Mädchen gehe mit einem solchen Geheimnis nicht zu ihrem Herrn, sie trage ihr Kreuz allein, sie spreche nicht davon, sie flüstere nicht einmal, sie sei eine Trappistin. Sie verstecke sich nicht, aber sie halte sich in der Einsamkeit.

Das Kind werde geboren, es sei ein ausgetragener und wohlgebildeter Junge, er habe nach der Geburt gelebt und geatmet, aber er sei erstickt. Das Schwurgericht kenne die näheren Umstände bei dieser Geburt, sie sei im Wasser vor sich gegangen, die Mutter sei im Bach gestürzt und habe dort geboren, sie sei nicht imstande gewesen, das Kind zu retten, sie habe liegen bleiben müssen und sich selbst erst nachher ans Land retten können. Nun gut, an dem Kinde sei keine Spur von ihm angetaner Gewalt zu entdecken gewesen, es trage keine Spuren davon an seinem Leibe, niemand habe seinen Tod gewollt, es sei im Wasser erstickt. Es sei gar nicht möglich, eine natürlichere Erklärung für seinen Tod zu finden.

Der geehrte Herr Staatsanwalt habe auf ein Kleidungsstück hingedeutet: es sei ein dunkler Punkt, daß sie dieses halbe Hemd mit auf ihren Gang genommen habe. Aber nichts sei klarer als diese Dunkelheit; sie habe den Lappen mitgenommen um Wacholderreis darein zu sammeln. Sie hätte ja auch – sagen wir einmal einen Kissenbezug – mitnehmen können, aber sie habe nun einmal das Stück Hemd mitgenommen, etwas habe sie ja doch haben müssen, sie hätte das Wacholderreis nicht in den Händen heimtragen können. Nein, hierüber könne sich das Gericht vollständig beruhigen.

Aber es gäbe da noch einen anderen Punkt, der nicht ganz so klar sei. Ist der Angeklagten die Unterstützung und die Sorgfalt zuteil geworden, die ihr Zustand zu jener Zeit verlangte? Wurde sie von ihrem Hausherrn mit Schonung behandelt? Schön, wenn er es getan hat. Das Mädchen habe hier während des Verhörs mit Anerkennung von ihrem Hausherrn gesprochen, das deute auf eine gute und edle Gesinnung von ihr. Der Mann selbst, Axel Ström, habe in seinen Aussagen die Beklagte durchaus nicht belastet – und darin habe er auch ganz recht getan, um nicht zu sagen klug, denn mit ihr würde auch er freigesprochen werden. Möglichst viel Schuld auf sie zu werfen, würde ja, wenn es zu ihrer Verurteilung führte, ihn selbst mit ins Verderben reißen.

Es sei unmöglich, sich in der vorliegenden Sache in die Akten zu vertiefen, ohne vom innigsten Mitleid mit diesem Mädchen und ihrer Verlassenheit ergriffen zu werden. Und dennoch habe sie nicht nötig, die Barmherzigkeit anzurufen, sie wende sich nur an die Gerechtigkeit und das Verständnis. Sie und ihr Hausherr seien gewissermaßen verlobt miteinander, aber Uneinigkeit und entgegengesetzte Interessen schlössen die Ehe aus. Bei diesem Mann könne dieses Mädchen in der Zukunft nicht das Glück finden. Es sei nicht angenehm, davon zu reden, aber um noch einmal auf das mitgenommene Kleidungsstück zu kommen, wenn man der Sache näher trete, so habe das Mädchen nicht eines von ihren eigenen, sondern eines von den Hemden ihres Hausherrn mitgenommen. Wir haben uns selbst gleich zu Anfang gefragt: War ihr dieses Hemd von ihm zur Verfügung gestellt worden? sagte der Verteidiger. Hier, meinten wir, könnte eine Möglichkeit bestehen, daß der Mann Axel die Hand mit im Spiel gehabt habe.

Hm! machte es hinten im Saale. Das klang so hart und laut, daß der Redner innehielt, aller Augen suchten nachdem Urheber dieser Unterbrechung, und der Vorsitzende schleuderte einen scharfen Blick in jene Richtung.

Aber, fuhr der Verteidiger fort, nachdem er sich wieder gefaßt hatte, auch über diesen Punkt können wir völlig beruhigt sein, dank der Angeklagten selbst. Obgleich es in ihrem Vorteil gelegen hätte, hier die Hälfte der Schuld von sich abzuwälzen, hat sie das doch nicht getan. Sie hat auf das bestimmteste Axel Ström von dem Verdacht freigesprochen, er habe etwas davon gewußt, daß sie sein Hemd statt des ihrigen an den Bach mitgenommen hatte, – ich meine, mit in den Wald, um Wacholderreis zu holen. Es liegt nicht der mindeste Grund vor, an den Worten der Angeklagten zu zweifeln; diese haben überall Stich gehalten und halten auch hier Stich. Hätte sie das Hemd aus des Mannes Hand entgegengenommen, so würde das den vollendeten Kindsmord voraussetzen, und die Angeklagte mit ihrer Wahrheitsliebe will nicht dazu beitragen, den Mann zu einem Verbrecher zu stempeln, der er gar nicht ist. Im ganzen genommen macht sie redliche und offene Aussagen und hat nicht versucht, irgendwelche Schuld auf andere zu schieben. Dieser schöne Zug, gegen andere gut zu sein, zeigt sich überall bei ihr, so hat sie zum Beispiel die kleine Leiche auf die beste Art und mit großer Sorgfalt eingehüllt. In diesem Zustand hat sie der Lensmann im Grabe gefunden.

Der Vorsitzende will – der Ordnung halber – darauf Hinweisen, daß es das Grab Nummer zwei war, das der Lensmann fand, und in das habe ja Axel das Kind gelegt.

Jawohl, das ist so, und ich danke dem Herrn Vorsitzenden! sagt der Verteidiger mit all der Ehrerbietung, die man der Justiz schuldig ist. Jawohl, das ist so. Aber nun hat doch Axel selbst ausgesagt, er habe die Leiche nur in das neue Grab hinübergehoben und sie darein gebettet. Und es ist doch unzweifelhaft, daß eine Frau ein Kind besser einzuhüllen versteht, als ein Mann. Und wer hüllt es am allerbesten ein? Doch eine Mutter mit ihren liebevollen Händen!

Der Vorsitzende nickt beifällig.

Übrigens hätte nicht das Mädchen – wenn es wirklich zu der Sorte gehört hätte – das Kind einfach nackt begraben können? Ich will so weit gehen, zu sagen, sie hätte es in einen Kehrichteimer legen können. Sie hätte es über der Erde unter einem Baum liegen lassen können, daß es hätte erfrieren müssen, – das heißt, wenn es nicht schon tot gewesen wäre. Sie hätte es in einem unbewachten Augenblick in den Ofen stecken und verbrennen können. Sie hätte es an den Bach von Sellanraa tragen und dort hineinwerfen können. Aber von dem allem hat diese Mutter nichts getan, sie hat das Kind sorgfältig eingehüllt und begraben. Und wenn es so schön und gut eingewickelt war, wie es gefunden wurde, so ist es von einer Frau eingehüllt worden und nicht von einem Mann.

Nun sagte der Verteidiger, jetzt hätten die Geschworenen darüber abzuurteilen, was von Schuld an dem Mädchen Barbro übrigbleibe, nach des Verteidigers Meinung bleibe keine übrig. Es könnte höchstens sein, daß die Geschworenen sie deshalb verurteilen wollten, weil sie den Todesfall nicht angezeigt habe. Aber das Kind sei nun einmal tot gewesen, es sei weit draußen im Ödland, und viele Meilen zum Pfarrer und Lensmann, es habe seinen ewigen Schlaf in einem schönen Grabe im Walde schlafen dürfen. Wenn es ein Verbrechen sei, es so begraben zu haben, so teile die Beklagte dieses Verbrechen mit dem Vater des Kindes; aber dieses Verbrechen sei in jedem Fall verzeihlich. Man sei immer mehr davon abgekommen, die Verbrecher zu bestrafen, man suche sie zu bessern. In alten Zeiten sei man für alles mögliche gestraft worden, das sei nach dem Gesetz der Rache im Alten Testament gegangen: Auge um Auge, Zahn um Zahn. Nein, das sei nicht mehr der Geist, der jetzt in der Gesetzgebung walte; die moderne Rechtspflege sei menschlich; sie suche sich dem Grad der verbrecherischen Gesinnung anzupaffen, die die Betreffenden bewiesen hätten.

Darum verurteilt dieses Mädchen nicht! rief der Verteidiger. Es handelt sich hier nicht darum, einen Verbrecher mehr zu fassen, nein, es handelt sich darum, der menschlichen Gesellschaft ein gutes und nützliches Mitglied zurückzugeben! Der Verteidiger deutete darauf hin, daß der Angeklagten nun in einer neuen Stelle, die ihr angeboten sei, die sorgfältigste Aufsicht zuteil werden würde. Frau Lensmann Heyerdahl habe aus reicher mütterlicher Erfahrung und weil sie Barbro seit vielen Jahren kenne, dieser ihr Haus weit aufgetan. Das Gericht möge nun im Vollgefühl seiner Verantwortung das Mädchen verurteilen oder freisprechen. Zum Schluß dankte der Verteidiger dem Staatsanwalt, daß er keine Verurteilung beantragt habe. Daran erkenne man sein tiefes menschliches Verständnis.

Der Verteidiger setzte sich.

Der Rest der Verhandlung nahm nicht mehr viel Zeit in Anspruch. Das Referat wiederholte dasselbe, von zwei Seiten gesehen, noch einmal, es gab eine kurze Übersicht über den ganzen Vorgang, trocken, langweilig und würdevoll. Es war alles sehr trefflich gegangen, sowohl der Staatsanwalt als der Verteidiger hatten in das Gebiet des Vorsitzenden hinübergegriffen, sie hatten ihm sein Amt leicht gemacht.

Es wurde Licht angesteckt, zwei Hängelampen brannten und gaben ein erbärmliches Licht, bei dem der Vorsitzende kaum seine Anmerkungen lesen konnte. Er tadelte äußerst scharf, daß der Tod des Kindes den Behörden nicht gemeldet worden war; aber, sagte er, das wäre unter den vorliegenden Umständen weit eher dem Kindsvater zugekommen als der Mutter, da sie zu schwach dazu gewesen sei. Nun hätten also die Geschworenen zu entscheiden, ob Geburt im Geheimen und Kindsmord vorliege. Alles wurde noch einmal von Anfang bis zu Ende erklärt. Darauf folgte die gebräuchliche Ermahnung, der Verantwortung eingedenk zu sein, warum das Gericht eingesetzt sei, und endlich der bekannte Rat, im Zweifelsfalle zugunsten der Angeklagten zu entscheiden.

Nun war alles klar.

Die Geschworenen verließen den Saal und zogen sich zurück. Sie sollten sich über den Fragebogen beraten, der dem einen von ihnen mitgegeben worden war. Fünf Minuten waren sie weg, dann traten sie wieder ein mit einem Nein auf alle Fragen.

Nein, das Mädchen Barbro hatte ihr Kind nicht getötet.

Nun redete der Vorsitzende noch einige Worte und erklärte, das Mädchen Barbro sei frei.

Die Zuhörer verließen den Saal. Die Komödie war zu Ende ...

Irgend jemand ergreift Axel am Arm, es ist Geißler. Er sagt: So, nun bist du also die Geschichte los. – Ja, sagte Axel. – Und sie haben dich ganz unnötig vorgeladen. – Ja, sagte Axel wieder. Aber inzwischen hatte er sich etwas gefaßt und fuhr fort: Ich bin aber doch recht froh, daß ich so davongekommen bin. – Das hätte auch gerade noch gefehlt! rief Geißler, und er betonte jedes Wort nachdrücklich. – Davon bekam Axel den Eindruck, daß Geißler die Hand im Spiel gehabt, daß er eingegriffen habe. Gott mochte wissen, ob nicht am Ende Geißler das Gericht gelenkt und den Erfolg, den er selbst gewollt, herbeigeführt hatte, Das war dunkel.

Allein so viel begriff Axel doch, daß Geißler den ganzen Tag über auf seiner Seite gestanden hatte. Ja, ich danke Euch vielmals, sagte er und wollte Geißler die Hand drücken. – Wofür? fragte Geißler. – Für, – ja für alles miteinander. – Geißler wies ihn kurz ab. Ich hatte gar nicht im Sinn, etwas zu tun, es war nicht der Mühe wert. – Aber Geißler hatte darum doch vielleicht nichts gegen diesen

Dank einzuwenden, es war, als hätte er darauf gewartet und hätte ihn nun erhalten. Ich habe keine Zeit, mich gerade jetzt noch länger mit dir zu unterhalten, sagte er. Gehst du morgen wieder nach Hause? Das ist gut. Leb' wohl und auf Wiedersehen! Geißler ging die Straße hinunter ...

Auf der Heimfahrt traf Axel auf dem Dampfschiff den Lensmann und seine Frau, Barbro und die zwei Mädchen, die als Zeuginnen vorgeladen gewesen waren. Nun, bist du nicht froh über den Ausgang der Sache? fragte die Frau Lensmann. – Doch, erwiderte Axel, er sei sehr froh, daß die Geschichte zu Ende sei. Auch der Lensmann ergriff das Wort und sagte: Das ist nun der zweite Kindsmordprozeß, den ich in der Gegend gehabt habe, der erste galt Inger von Sellanraa, jetzt bin ich auch den zweiten los. Nein, man darf solche Fälle nicht nur so hingehen lassen, dem Recht muß Genüge geschehen.

Aber die Frau Lensmann begriff wohl, daß Axel ihr, wegen ihrer Aussagen gestern, nicht wohlgeneigt sein konnte, jetzt wollte sie das verwischen, wollte es wieder gutmachen. Du hast doch gestern begriffen, warum ich gegen dich gesprochen habe? sagte sie. – Ja, jawohl, erwiderte Axel. – Ja, du hast es gewiß eingesehen. Du hast doch sicher nicht gemeint, ich wolle dir schaden? Dich habe ich jederzeit für einen prächtigen Mann gehalten, das kann ich dir wohl sagen. – So, war alles, was Axel sagte, allein er war froh und gerührt. – Jawohl, das habe ich, sagte die Frau Lensmann. Aber ich war genötigt, dir einen kleinen Teil von der Schuld zuzuschieben, sonst wäre Barbro verurteilt worden, und du mit ihr. Es geschah meinerseits in der besten Absicht. – Jawohl, ja, und ich danke Euch bestens. – Ich bin es gewesen und sonst niemand anders, die in der Stadt von Herodes zu Pilatus gelaufen ist und für euch beide gewirkt hat. Und du hast doch wohl begriffen, daß wir alle, wie wir es vor Gericht getan haben, einen Teil Schuld auf dich laden mußten, um euch beide frei zu bekommen! – Ja, sagte Axel. – Und du hast doch wohl keinen Augenblick geglaubt, daß ich gegen dich sei, nicht wahr? Ich gegen dich sein, wo ich dich doch für so einen ausgezeichneten Mann halte!

Wie tat das gut nach all den Demütigungen! Axel war jetzt jedenfalls so gerührt, daß er wahrhaftig der Frau Lensmann etwas schenken wollte, irgend etwas, um ihr seine Dankbarkeit zu beweisen, vielleicht ein Stück Schlachtvieh im Herbst. Er hatte einen jungen Ochsen.

Die Frau Lensmann Heyerdahl hielt Wort: sie nahm Barbro zu sich. Auch schon hier auf dem Schiff nahm sie sich ihrer an und ließ sie weder frieren noch hungern, und sie duldete auch nicht, daß Barbro mit dem bergenschen Steuermann schäkerte. Als es das erstemal geschah, sagte Frau Heyerdahl nichts darüber, sie rief nur Barbro zu sich. Aber siehe da, bald stand Barbro wieder bei dem Steuermann und schäkerte mit ihm, sie machte einen schiefen Kopf, sprach bergenschen Dialekt und lächelte hold; da rief Frau Heyerdahl sie abermals zu sich und sagte: Es will mir nicht gefallen, Barbro, daß du dich jetzt auf Unterhaltungen mit Mannsleuten einläßt. Denk doch daran, was du durchgemacht hast und wo du herkommst. – Ich habe nur gehört, daß er aus Bergen ist, und deshalb ein paar Worte mit ihm gesprochen, erwiderte Barbro.

Axel sprach nicht mit ihr. Er bemerkte aber, daß ihre Haut fein und blaß war, und daß sie schöne Zähne bekommen hatte. Seine Ringe trug sie nicht an den Fingern.

Und nun schreitet Axel also wieder durchs Ödland hinauf. Es stürmt und regnet zwar, aber er ist seelenvergnügt, er hat die Mähmaschine und den Reolpflug am Landungsplatz gesehen. Ach, dieser Geißler! Kein Wort hat er in der Stadt von dieser Sendung verlauten lassen. Er war ein merkwürdiger Herr.

8

Axel hatte daheim keine lange Ruhezeit; mit den Herbststürmen begann eine persönliche Mühe und ein großer Verdruß, den er sich selbst zugezogen hatte: Der Telegraph an seiner Wand meldete, daß die Linie in Unordnung sei.

Ach, er war zu gierig nach dem baren Geld gewesen, als er diesen Posten übernommen hatte! Alles war von Anfang an unangenehm gewesen, Brede Olsen hatte ihm gewissermaßen gedroht, als er die Telegraphensachen und das Werkzeug bei ihm abholte; er hatte gesagt: Du denkst wohl nicht mehr daran, daß ich dir im Winter das Leben gerettet habe? – Oline hat mir das Leben gerettet, erwiderte Axel. – So, habe ich dich nicht auf meinem eigenen armen Rücken nach Hause getragen? Und außerdem hast du im Sommer nur darauf gepaßt, mir meinen Hof abzukaufen und mich für den Winter heimatlos zu machen. Ja, Brede war tief gekränkt, er sagte: Nimm du nur den Telegraphen und das ganze Zeug mit dir. Ich und meine Familie, wir lassen uns im Dorf nieder und fangen etwas an, was es ist, weißt du nicht, aber es ist etwas mit einem Hotel und einem Platz, wo die Leute Kaffee trinken können. O, meinst du, wir werden nicht durchkommen? Meine Frau kann alle Arten von Lebensmitteln verkaufen, und ich selbst kann Geschäfte machen und viel mehr dabei verdienen als du. Aber ich will dir nur sagen, Axel, ich könnte dir allerlei Possen spielen, da ich den ganzen Telegraphen sehr gut kenne, ich könnte Stangen umwerfen und Drähte abreißen. Dann müßtest du mitten in der dringendsten Arbeit hinaus. Das will ich dir nur sagen, und du kannst es dir hinter die Ohren schreiben ...

Jetzt eben hätte Axel notwendig die Maschinen vom Landungsplatz heraufholen sollen – ach, jede davon war so schön vergoldet und bunt bemalt wie ein Bild, er hätte sie heute haben und sie besehen und sich genau in ihrem Gebrauch unterrichten können, – jetzt mußten sie stehen bleiben. Es war nicht gut, wenn er wegen der Telegraphenlinie wichtige Arbeit versäumen mußte. Aber es brachte doch Geld ein.

Oben auf dem Berg trifft er Aronsen. Der Kaufmann Aronsen steht da und schaut in den Sturm hinaus, ja er stand da wie eine Erscheinung. Was wollte er da oben? Er hatte wohl keine Ruhe mehr gehabt und war in die Berge gegangen, um selbst die Gruben zu untersuchen. Seht, das tat der Kaufmann Aronsen aus reiner Besorgnis für sich und seine Zukunft. Nun steht er da auf dem verlassenen Berg vor lauter Elend und Zerstörung: verrostete Maschinen, Handwerkszeug, Fuhrwerke, vieles davon unter freiem Himmel, alles ganz trostlos. An verschiedenen Stellen waren an den Wänden der Baracken geschriebene Zettel angeheftet, die verboten, die Gebäude, Gerätschaften und Wagen der Gesellschaft zu beschädigen oder etwas davon mitzunehmen.

Axel fängt ein Gespräch mit dem zornigen Krämer an und fragt: Seid Ihr auf der Jagd? – Ja, wenn ich ihn nur getroffen hätte! antwortete Aronsen. – Wen hättet Ihr denn gerne getroffen? – Wen denn sonst, als den Mann, der mich und alle hier herum ins Verderben bringt? Den Mann, der seinen Berg nicht verkaufen will und weder Bewegung, noch Handel, noch Geld unter die Leute kommen läßt. – Meint Ihr den Geißler? – Ja, gerade den Kerl meine ich. Er müßte erschossen werden! – Axel lacht und sagt: Der Geißler war jetzt vor wenigen Tagen in der Stadt, da hättet Ihr ihn treffen können. Aber nach meiner geringen Meinung glaube ich nicht, daß Ihr den Mann dafür verantwortlich machen solltet. – Warum nicht? fragte Aronsen wütend. – Ich fürchte, er wäre etwas zu unergründlich und zu hochangesehen für Euch. – Sie stritten eine Weile darüber, und Aronsen wurde immer heftiger. Zum Schluß fragte Axel im Scherz: Na, Ihr werdet uns hier im Ödland doch nicht stecken lassen und ganz von hier fortziehen wollen? – Meinst du etwa, ich wolle hier in euren Sümpfen verfaulen und nicht einmal den Tabak für meine Pfeife verdienen? rief Aronsen ärgerlich.

Wenn du mir einen Käufer verschaffst, so verkaufe ich auf der Stelle. – Einen Käufer? rief Axel. Auf Eurem Grundstück ist guter Boden, wenn Ihr ihn bebauen wolltet. Bei der Größe des Grundstücks nährt es seinen Mann. – Du hörst doch, daß ich nicht in der Erde graben mag! rief Aronsen wieder in den Sturm hinaus. Ich kann etwas Besseres tun. – Axel meinte, ein Käufer werde wohl zu finden sein, aber Aronsen verhöhnte den bloßen Gedanken daran. Im ganzen Ödland ist kein einziger Mann, der mich auszahlen könnte. – Nein, nicht gerade hier im Ödland. Aber es gibt noch andere. – Ach, hier ist nichts als Armut und Elend! rief Aronsen wütend. – Ja, das mag sein. Aber der Isak auf Sellanraa könnte Euch jeden Tag auszahlen, sagte Axel beleidigt. – Das glaube ich nicht, entgegnen Aronsen. – Es ist mir gleichgültig, was Ihr glaubt, sagte Axel und wollte weitergehen. – Aber Aronsen rief ihm nach: Wart doch einen Augenblick! Meinst du wirklich, Isak könnte mich von Storborg befreien? – Ja, erwiderte Axel. Von fünf Storborg, was das Geld und die Mittel anbelangt.

Aronsen war beim Aufstieg um Sellanraa herumgegangen, er hatte sich nicht sehen lassen wollen, jetzt auf dem Heimweg ging er hinein und hatte eine Unterredung mit Isak. Nein, sagte Isak und schüttelte nur den Kopf. Daran habe ich noch nie gedacht und habe es auch nicht im Sinn. –

Aber als Eleseus an Weihnachten nach Hause kam, war Isak nicht mehr ganz so ablehnend. Er selbst hatte jedenfalls noch nie so etwas Verrücktes gehört, wie Storborg zu kaufen, dieser Einfall wäre ihm jedenfalls nicht selbst gekommen, wenn aber Eleseus meinte, das Geschäft sei etwas für ihn, dann konnte man sich die Sache ja überlegen.

Eleseus selbst schwankte. Er war nicht dafür, aber auch nicht dagegen. Blieb er jetzt zu Hause, so war es gewissermaßen mit ihm aus und vorbei; das Ödland war nicht die Stadt.

Im Herbst, als die Leute aus der Gegend zu dem großen Verhör in der Stadt vorgeladen waren, vermied er es, sich zu zeigen, er hatte keine Lust, mit diesen Dörflern zusammenzutreffen, sie gehörten einer anderen Welt an. Und sollte er nun selbst in diese Welt zurückkehren?

Seine Mutter wollte, man solle kaufen. Sivert wollte auch, daß gekauft werde; die beiden taten sich mit Eleseus zusammen, und eines schönen Tages fuhren alle drei nach Storborg hinunter, um sich dort die Herrlichkeit zu beschauen.

Aber mit der Aussicht, sein Gut loszuwerden, wurde Aronsen sofort ein ganz anderer: Er habe nicht nötig, zu verkaufen! Wenn er von hier fortgehe, so könne der Hof einfach liegen bleiben, der Hof sei bom konstant, ein prächtiges Gut, er könne es jeden Tag verkaufen. Ihr zahlt mir doch nicht, was ich dafür haben will, behauptete Aronsen. – Sie gingen durch alle Räume, waren im Stall, im Vorratshaus, sie besahen sich die armseligen Reste von Waren: einige Mundharmoniken, Uhrketten, Schachteln mit rosa Papier, Hängelampen mit Prismen, lauter bei den Ansiedlern unverkäufliche Sachen. Außerdem war noch ein Rest Baumwollstoffe vorhanden und einige Kisten mit Nägeln.

Eleseus spielte sich auf und beschaute alles mit Sachkenntnis. Für diese Art Waren hab ich keine Verwendung, sagte er. – Ihr braucht sie ja nicht zu kaufen, erwiderte Aronsen. – Aber ich biete Euch fünfzehnhundert Kronen für den Hof, so wie er dasteht, mit Waren und Viehstand und allem zusammen, sagte Eleseus. O, es war ihm sehr gleichgültig, sein Angebot war nur ein Spott, er wollte sich aufspielen.

Dann fuhren sie wieder nach Hause. Nein es wurde nichts aus dem Geschäft. Eleseus hatte Aronsen ein Schandangebot gemacht und ihn damit beleidigt: Ich höre überhaupt gar nicht hin, was du sagst, erklärte Aronsen und duzte ihn, duzte diesen städtischen Springinsfeld, der den Kaufmann Aronsen über Waren belehren wollte. – Soviel ich weiß, habe ich nicht Brüderschaft mit dir getrunken, sagte Eleseus ebenso erzürnt. O, das mußte eine lebenslängliche Feindschaft geben!

Aber warum war Aronsen vom ersten Augenblick an so aufgeblasen gewesen und hatte getan, wie wenn er nicht zum Verkaufen genötigt wäre? Das hatte seinen Grund, Aronsen hatte nämlich wieder eine Art Hoffnung.

Im Dorf unten war eine Versammlung abgehalten worden, um den Zustand zu besprechen, der dadurch eingetreten war, daß Geißler seinen Berg nicht verkaufen wollte. Nicht nur das Ödland litt darunter, der ganze Bezirk kämpfte mit dem Tode. Aber warum konnten denn die Menschen jetzt nicht mehr ebensogut oder schlecht leben wie damals, bevor der Versuchsbetrieb in Angriff genommen war? Nein, das konnten die Menschen nicht! Sie hatten sich jetzt an weiße Grütze gewöhnt, und an weißes Brot, an gekaufte Kleiderstoffe, hohe Löhne, ein flottes Leben, ja, die Menschen hatten sich daran gewöhnt, viel Geld zu haben. Doch nun war der Geldstrom versiegt, wie ein Heringszug war er wieder im Meer verschwunden, lieber Gott, was war das für eine Not, was ließ sich da machen?

Es war kein Zweifel, der ehemalige Lensmann Geißler wollte sich am Dorfe rächen, weil es dem Amtmann beigestanden hatte, ihn abzusetzen, und es war auch gar kein Zweifel, daß das Dorf diesen Mann unterschätzt hatte. Er war nicht so dumm. Mit dem ganz einfachen Mittel, eine schamlose Viertelmillion für ein Stück Berg zu verlangen, hielt er die ganze Entwicklung der Gemeinde auf. War er nicht mächtig? Axel Ström von Maaneland konnte hier mitreden, er hatte Geißler zuletzt gesprochen. Barbro, Bredes Tochter, war in der Stadt vor Gericht geladen gewesen und freigesprochen wieder nach Hause gekommen, und da war Geißler während der ganzen Verhandlung zugegen gewesen! Und wer etwa meinte, der Geißler habe abgewirtschaftet und liege danieder wie irgendein armer Schlucker, der brauchte ja nur die teuren Maschinen zu betrachten, die er Axel zum Geschenk gemacht hatte!

Dieser Mann hielt also das Geschick des Bezirks in seiner Hand, und man mußte sich mit ihm abfinden. Um wieviel würde Geißler wohl im allerletzten Fall seinen Berg verkaufen? Darüber mußte man ins reine kommen. Die Schweden hatten ihm fünfundzwanzigtausend geboten, das hatte Geißler abgelehnt. Aber wie, wenn nun das Dorf, wenn die Gemeinde den Rest zuschoß, damit das Geschäft zustande kam? Wenn es nicht eine gar zu ungereimte Summe war, würde es sich lohnen. Sowohl der Kaufmann unten an der Küste, als auch der Kaufmann Aronsen auf Storborg würden ganz in der Stille und in aller Heimlichkeit einen Beitrag geben, eine solche jetzt gemachte Auslage würde ihnen mit der Zeit wieder hereinkommen.

Schließlich waren zwei Mann beauftragt worden, zu Geißler zu reisen und mit ihm zu reden. Und die wurden nun bald zurückerwartet.

Seht, darum hatte Aronsen wieder Hoffnung gefaßt und glaubte, einen Mann, der Storborg kaufen wollte, hochfahrend behandeln zu können. Aber er sollte nicht lange hochfahrend bleiben.

Nach einer Woche kamen die zwei Abgesandten mit einer unbedingten Ablehnung heim. Ach, das Schlimme an der Sache war schon von Anfang an, daß einer der beiden Abgesandten Brede Olsen war, – weil er so gut Zeit hatte. Die Männer hatten Geißler ganz richtig aufgefunden, aber Geißler hatte nur den Kopf geschüttelt und gelacht. Reist nur wieder nach Hause! hatte er gesagt; aber er hatte ihnen die Heimreise bezahlt.

Und so mußte nun also der ganze Bezirk untergehen!

Nachdem Aronsen eine Zeitlang getobt hatte und allmählich immer ratloser geworden war, ging er eines Tages hinauf nach Sellanraa und schloß den Handel ab. Ja, das tat Aronsen. Eleseus bekam, was er haben wollte, einen Hof mit Gebäuden und Vieh und Waren für fünfzehnhundert Kronen. Allerdings zeigte es sich bei der Übernahme, daß Aronsens Frau den größten Teil des Baumwollzeugs an sich genommen hatte; um solche Kleinigkeiten kümmerte sich jedoch ein Mann wie Eleseus nicht. Man darf nicht kleinlich sein! sagte er.

Aber im ganzen genommen war Eleseus nichts weniger als entzückt. Nun war sein Lebenslauf also besiegelt, das Ödland würde sein Grab werden. Er mußte alle seine großen Pläne fahren lassen; Bureauschreiber war er nicht mehr, Lensmann konnte er nicht werden, nein, er war nicht einmal ein städtischer Herr. Seinem Vater und den andern daheim gegenüber tat er ein wenig groß damit, daß er Storborg genau um den Preis, den er geboten, auch bekommen hatte, da konnten sie sehen, daß er sich auf die Sache verstand! Aber dieser kleine Triumph reichte nicht weit. Er hatte auch die Befriedigung, den Ladendiener Andresen mit übernehmen zu können, der ging gewissermaßen bei dem Handel mit drein, Aronsen brauchte ihn nicht mehr, solange er kein neues Geschäft hatte. Es kitzelte Eleseus ganz eigenartig, als Andresen kam und fragte, ob er nicht bleiben dürfe; da war er nun zum erstenmal Herr und Meister. Du kannst bleiben! sagte er. Ich muß hier am Platz einen Stellvertreter haben, wenn ich meine Geschäftsreisen mache und Handelsverbindungen mit Bergen und Drontheim anknüpfe, sagte er.

Und Andresen war kein schlechter Stellvertreter, das sah er gleich, er war fleißig und hielt gute Aufsicht, während der Herr und Meister Eleseus abwesend war. Nur im Anfang hatte der Ladendiener Andresen hier im Ödland den großen und feinen Herrn herausgekehrt, und daran war sein Herr, Aronsen, Schuld gewesen. Jetzt war es anders geworden. Als im Frühjahr die Moore etwas aufgetaut waren, kam Sivert von Sellanraa nach Storborg hinunter und fing an, bei seinem Bruder Gräben zu ziehen, – und da ging wahrhaftig auch der Ladendiener Andresen hinaus aufs Moor und half Gräben ziehen, – aus was für einem Grunde es auch geschehen mochte, da er es eigentlich nicht nötig hatte; aber ein Mann von solcher Art war er. Der Boden war noch so wenig aufgetaut, daß sie lange nicht tief genug graben konnten, aber sie taten einstweilen wenigstens die halbe Arbeit, und das war schon viel getan. Es war des alten Isaks Gedanke, auf Storborg die Moore zu entwässern und Ackerbau zu treiben, der kleine Kramhandel sollte nur so nebenbei betrieben werden, daß die Leute im

Ödland nicht nötig hätten, ins Dorf zu gehen, wenn sie eine Rolle Faden brauchten.

So zogen also Sivert und Andresen Gräben und verschnauften sich zuweilen und führten eine muntere Unterhaltung. Andresen war auf irgendeine Weise in den Besitz eines goldenen Zwanzigkronenstücks gekommen, und nach diesem blitzblanken Geldstück verspürte Sivert großes Gelüste; aber Andresen wollte sich nicht davon trennen, er wickelte es in Seidenpapier und verwahrte es in seiner Truhe. Sivert schlug vor, sie wollten um das Geldstück losen, sie wollten darum kämpfen, aber darauf wagte Andresen sich nicht einzulassen: Sivert bot ihm dann zwanzig Kronen in Papier, und außerdem wollte er das ganze Moor allein entwässern, wenn er das Geldstück bekomme. Aber da war der Ladendiener Andresen beleidigt und sagte: So, damit du deinen Leuten zu Hause erzählen könntest, ich brächte es nicht fertig, im Moor zu arbeiten! Zuletzt einigten sie sich über fünfundzwanzig Kronen in Papier für das Goldstück, und Sivert lief in der Nacht nach Sellanraa und bekam das Papiergeld von seinem Vater.

Ein jugendlicher Einfall, ein Einfall der wackeren, lebenskräftigen Jugend! Eine durchwachte Nacht, eine Meile hin, eine Meile her, den Tag darauf wieder die volle Arbeit – das war nichts für den kräftigen jungen Mann, und es war ein schönes Goldstück. Es war nicht ausgeschlossen, daß sich Andresen wegen dieses guten Handels ein wenig über ihn lustig machte; aber da wußte Sivert guten Rat, er brauchte nur ein Wort von Leopoldine verlauten zu lassen, etwa: Ach ja, das ist wahr, ich sollte dich von Leopoldine grüßen! so hörte Andresen sofort auf und wurde dunkelrot.

Es waren vergnügliche Tage für die beiden, während sie im Moor arbeiteten und sich zum Spaß stritten, wieder arbeiteten und wieder stritten. Zuweilen kam Eleseus zu ihnen heraus und half mit, aber er wurde rasch müde, er hatte weder einen starken Körper noch einen starken Willen, aber er war der liebenswürdigste Mensch. – Da kommt die Oline! konnte der Schäker Sivert sagen. Nun mußt du heimgehen und ihr wieder ein halbes Pfund Kaffee verkaufen! Und das tat Eleseus gerne. Er ging hin und verkaufte Oline irgendeine Kleinigkeit. Solange brauchte er doch keine Schollen umzukehren.

Und die arme Oline, sie mußte von Zeit zu Zeit ein paar Kaffeebohnen haben, ob sie nun ein seltenes Mal das Geld dazu von Axel bekam, oder sich die Bohnen für einen kleinen Ziegenkäse eintauschte. Oline war nicht mehr so ganz unverändert, der Dienst aus Maaneland war im Grunde zu schwer für dies alte Weib und hatte an ihr gezehrt, aber doch nicht so sehr, daß sie ihr Alter oder ihre Hinfälligkeit zugegeben hätte, hoho, sie hätte ihre Meinung ordentlich gesagt, wenn ihr aufgekündigt worden wäre! Sie war zäh und nicht unterzukriegen, tat ihre Arbeit und fand noch Zeit, zu den Nachbarn zu wandern und einen kleinen, unendlich angenehmen Schwatz zu halten, den sie daheim vermissen mußte, denn Axel war kein Redner.

Sie war unzufrieden mit der Gerichtsverhandlung, enttäuscht von dem Ausfall der Verhandlung, dem Freispruch auf der ganzen Linie. Daß Barbro, Bredes Tochter, ohne Strafe davonkam, wenn Inger auf Sellanraa acht Jahre bekommen hatte, das konnte Oline nicht fassen und begreifen, sie nahm ein ganz unchristliches Ärgernis daran, daß man gegen eine andere »so gütig gewesen war.« – Aber der Allmächtige hat seine Meinung noch nicht kund getan! sagte Oline und nickte mit dem Kopfe. Sie stellte damit ein mögliches späteres himmlisches Strafgericht in Aussicht. Natürlich war Oline außerstande, ihr Mißvergnügen über die Sache bei sich zu behalten; besonders wenn sie mit ihrem Hausherrn über das eine oder andere uneinig wurde, machte sie auf ihre Weise Andeutungen und wurde äußerst spitzig: Ja, ich weiß nicht, wie das Gesetz jetzt gegen die Sünder von Sodom und Gomorra geworden ist. Ich aber halte mich an Gottes Wort, so einfältig bin ich.

Ach, Axel war seiner Haushälterin mehr als überdrüssig und wünschte sie dahin, wo der Pfeffer wächst. Nun kam das Frühjahr wieder, und er mußte wieder alle Feldarbeit allein verrichten. Dann kam die Heuernte, und er war verraten und verkauft. Das waren Aussichten! Seine Schwägerin auf Breidablick hatte heim nach Helgeland geschrieben und versucht, eine ordentliche weibliche Hilfskraft für ihn aufzutreiben, aber bis jetzt war es ihr noch nicht geglückt. Und jedenfalls hätte er dann das Reisegeld bezahlen müssen.

Nein, das war eine böse und schlechte Tat von Barbro gewesen, das kleine Kind auf die Seite zu schaffen und selbst auf und davon zu gehen. Zwei Winter und einen Sommer hatte er sich nun mit Oline behelfen müssen, und es sah ganz so aus, als ob es noch länger so bleiben müßte. Aber nahm sich Barbro, die schlechte Person, dies irgendwie zu Herzen? Er hatte einmal während des Winters drunten im Dorf einige Worte mit ihr gesprochen, aber keine Träne war ihr langsam heruntergerollt und da festgefroren. – Was ist aus den Ringen geworden, die ich dir gegeben habe? fragte er. – Ringe? sagte sie. – Ja, Ringe. – Die hab ich nicht mehr. – So, du hast sie nicht mehr? – Zwischen uns war ja alles aus, sagte sie, da konnte ich doch die Ringe nicht mehr tragen. Das ist nicht der Brauch, wenn doch alles aus ist. – Ich möchte nur wissen, was du damit angefangen hast. – Willst du sie wiederhaben? fragte sie. Ich hätte dich nicht für so gemein gehalten. – Axel überlegte einen Augenblick, dann sagte er: Ich hätte dich dafür entschädigen können. Du hättest sie nicht umsonst hergeben müssen.

Aber nichts da, Barbro hatte die Ringe abgelegt und gab Axel nicht einmal Gelegenheit, um einen billigen Preis zu einem goldenen und einem silbernen Ring zu kommen.

Übrigens war Barbro nicht roh und häßlich, nein, das war sie keineswegs. Sie trug eine lange Schürze mit Trägern und Falten, und um ihren Hals stand ein weißer Streifen in die Höhe, das war hübsch. Die Leute behaupteten, sie habe sich im Dorf bereits wieder einen Schatz angeschafft, aber das war vielleicht nur Gerede; die Frau Lensmann hielt sie jedenfalls gut im Zaum und ließ sie in diesem Jahr durchaus nicht zum Weihnachtstanz gehen.

Na, diese Frau Lensmann paßte wahrlich gut auf; während Axel auf der Straße mit seiner früheren Magd über zwei Ringe verhandelte, trat die Frau Lensmann plötzlich dazwischen und sagte: Du solltest mir doch etwas aus dem Laden holen, Barbro! – Barbro lief davon. Nun wandte sich die Frau an Axel und sagte: Könntest du mir nicht irgendein Stück Schlachtvieh verkaufen? – Hm! war alles, was Axel erwiderte, und er grüßte höflich.

Es war ja gerade diese Frau Lensmann gewesen, die ihn im Herbst als einen ausgezeichneten, ja als einen der allerausgezeichnetsten Menschen gelobt und gepriesen hatte, das verdiente wohl ein Entgegenkommen. Axel kannte von früher her die ländliche Art des Benehmens, den großen Herren und der Obrigkeit gegenüber, und es hatte ihm ja auch gleich ein Stück Schlachtvieh, ein junges Rind, das er opfern könnte, vorgeschwebt. Aber es verging ein Tag um den andern, der ganze Herbst verging und ein Monat nach dem andern, und er sparte das Rind. Es sah nicht danach aus, als ob irgend etwas Schlimmes geschehen würde, wenn er es ganz behielte, er wäre jedenfalls um so viel ärmer, wenn er es weggäbe, und es war ein Staatsrind.

Hm. Guten Tag! Nein, sagte Axel und schüttelte den Kopf, er habe kein Schlachtvieh. – Es war als ob die Frau seine innersten Gedanken erriete, denn sie sagte: Ich habe gehört, du habest ein junges Rind. – Jawohl, das hab ich, erwiderte er. – Willst du es aufziehen? – Ja, ich will es aufziehen. – So, sagte die Frau Lensmann. Und hast du nicht einen Hammel? – Nein, jetzt nicht. Ich habe nämlich nicht mehr Vieh behalten, als ich großziehen will. – Nun ja, dann ist es eben nichts, sagte die Frau Lensmann, nickte ihm zu und ging.

Axel fuhr nach Hause, aber er dachte weiter über diese Unterredung nach und er fürchtete, er habe sich am Ende dumm benommen. Die Frau Lensmann war doch einmal eine wichtige Zeugin gewesen, für ihn und gegen ihn, aber eine wichtige Zeugin. Man hatte ihm ja allerlei nachgesagt, aber er war doch aus einer schwierigen und unheimlichen Geschichte mit einer Kindsleiche in seinem Walde glatt herausgekommen. Er mußte am Ende doch einen Hammel opfern.

Übrigens merkwürdig, dieser Gedanke stand in einem fernen Zusammenhang mit Barbro. Wenn er mit einem Hammel zu ihrer Herrin kam, mußte Barbro doch einen gewissen Eindruck von ihm bekommen.

Aber wieder verging ein Tag um den andern, und es geschah nichts Schlimmes durch den Aufschub. Als er wieder ins Dorf hinunterfuhr, nahm er keinen Hammel mit, nein; das tat er nicht. Aber im letzten Augenblick nahm er ein Lamm mit. Es war übrigens ein großes Lamm, also kein geringes Tier, und als er damit ankam, sagte er: Die Hammel haben ein zähes Fleisch, ich wollte Ihnen etwas wirklich Gutes bringen. – Aber die Frau Lensmann wollte nichts von einem Geschenk hören. Sag, was du für das Lamm haben willst, sagte sie. Diese Dame hielt etwas auf öffentliche Ordnung. Nein, danke, sie nahm keine Geschenke von den Leuten entgegen. Und die Sache lief wahrhaftig darauf hinaus, daß Axel sein Lamm gut bezahlt bekam.

Barbro bekam er nicht zu Gesicht. Die Frau Lensmann hatte ihn wohl kommen sehen und Barbro aus dem Wege geschafft. Na, Glück zu, Barbro hatte ihn anderthalb Jahre lang um seine weibliche Hilfskraft betrogen!

9

Im Frühjahr ereignete sich etwas höchst Unerwartetes und dabei sehr Bedeutungsvolles: der Betrieb in den Kupfergruben sollte wieder aufgenommen werden, Geißler hatte seinen Berg verkauft. War das Unglaubliche geschehen? Ach, dieser Geißler war nun einmal ein unergründlicher Herr, er konnte tun und konnte lassen, verneinend den Kopf schütteln und bejahend nicken. Er konnte ein ganzes Dorf wieder zum Lächeln bringen.

Hatte ihm am Ende doch das Gewissen geschlagen und wollte er den Bezirk, in dem er Lensmann gewesen war, nicht länger mit selbstgebauter Grütze und mit Geldmangel strafen? Oder hatte er gar seine Viertelmillion bekommen? Oder war vielleicht die Sache so, daß Geißler selbst Geld brauchte und den Berg für das, was er eben dafür bekam, verkaufen mußte? Fünfundzwanzigtausend oder fünfzigtausend sind ja schließlich auch ein schönes Geld. Es wurde übrigens behauptet, sein Sohn habe in seinem Namen das Geschäft abgeschlossen.

Jedenfalls aber wurde der Betrieb wieder aufgenommen; derselbe Ingenieur mit verschiedener Arbeiterschaft kehrte zurück, und dieselbe Arbeit fing wieder an. Dieselbe Arbeit ja, aber auf eine ganz andere Weise als früher, gerade umgekehrt.

Alles schien ganz in Ordnung zu sein; die Schweden kamen mit Leuten und Dynamit und Geld, was konnte da noch fehlen? Und auch Aronsen kam wieder, der Kaufmann Aronsen, und wollte durchaus Storborg wieder kaufen. – Nein, erklärte Eleseus, ich verkaufe nicht. – Ihr werdet doch gewiß verkaufen, wenn Ihr Geld genug bekommt? – Nein.

Nein, Eleseus wollte Storborg nicht verkaufen. Die Sache war die, sein Dasein als Kaufmann auf dem Ödland kam ihm nicht mehr gar so elend vor, er hatte eine schöne Veranda mit bunten Glasscheiben, er hatte einen Ladendiener, der die Arbeit tat, er selbst konnte auf Reisen sein. Ja, reisen auf dem ersten Platz, zusammen mit vornehmen Leuten. Wenn er nur einmal ganz bis nach Amerika kommen könnte, daran hatte er schon oft gedacht. Schon allein von diesen Geschäftsreisen in die Städte im Süden, um Verbindungen anzuknüpfen, konnte er nachher immer noch lange zehren. Nicht, als ob er üppig gelebt hätte, mit eigenem Dampfschiff gefahren wäre und Orgien gefeiert hätte. Er und Orgien! Er war eigentlich ein sonderbarer Mensch, um Mädchen bekümmerte er sich gar nicht mehr, er ließ sie links liegen, hatte alles Herz für sie verloren. Nein, aber natürlich war er der Sohn des Markgrafen, der auf dem ersten Platz fuhr und vielerlei Waren kaufte. Er selbst kam jedesmal von seinen Ausflügen ein wenig feiner und vornehmer nach Hause, das letztenmal kam er mit Galoschen an den Füßen zurück. Trägst du zwei Paar Schuhe, wurde er gefragt. – Ja, ich leide an kalten Füßen, erklärte Eleseus. Und da hatte man herzliches Mitleid mit seinen kalten Füßen.

Glückselige Tage, ein Herrenleben und Müßiggang! Nein, er wollte Storborg nicht verkaufen. Sollte er wieder in das Städtchen zurückkehren, von neuem in dem kleinen Bauernkramladen stehen und keinen Ladendiener unter sich haben! Übrigens hoffte er auch darauf, es werde sich von nun an ein ungeheurer Betrieb auf Storborg entwickeln; die Schweden waren zurückgekehrt und würden die Gegend mit Geld überschwemmen, er wäre ein Narr, wenn er verkaufen würde! Aronsen mußte einmal ums andere mit einer Absage seines Weges ziehen und entsetzte sich immer mehr über seine eigene Dummheit, das Ödland verlassen zu haben.

Ach, Aronsen hätte mit seinen Selbstvorwürfen Maß halten und ebenso hätte Eleseus seine großen Erwartungen einschränken dürfen; aber vor allen Dingen hätten die Ansiedler und die Dorfbewohner weniger große Hoffnungen hegen und nicht lächeln und sich die Hände reiben sollen, wie es die Englein tun, weil sie selig sind; nein, das hätten die Ansiedler und Dorfbewohner durchaus nicht tun sollen, denn nun wurde die Enttäuschung gewaltig. Sollte man es glauben, die Grubenarbeit begann zwar ganz richtig, aber sie begann auf der andern Seite des Berges, zwei Meilen weit entfernt, am südlichen Ende von Geißlers Gebiet, weit drinnen in einem anderen Kirchspiel, das die diesseitigen Bewohner nichts anging. Von da aus sollte sich die Arbeit langsam nach Norden zu durchfressen, bis zu der ersten Fundstelle des Kupfers, bis zu Isaks Fundstelle, und ein Segen für das Ödland und das Dorf werden. Das würde im besten Fall viele Jahre dauern, vielleicht Menschenalter.

Diese Erkenntnis kam und wirkte wie die ärgste Dynamitsprengung mit Bewußtlosigkeit und Taubheit. Die Dorfbewohner versanken in Kummer und Sorgen. Einige schimpften auf Geißler: dieser verfluchte Geißler habe ihnen wieder einen Possen gespielt; andere krochen zu einer Versammlung zusammen und schickten eine neue Gesandtschaft von Vertrauensmännern aus, diesmal zu der Grubengesellschaft, zu dem Ingenieur. Dieser Schritt führte zu gar nichts; der Ingenieur setzte ihnen auseinander, daß er mit der Arbeit auf der Südseite beginnen müsse, weil es von dort näher zum Meere sei, dort brauche man keine Luftbahn, dort sei fast gar kein Transport nötig. Nein, die Arbeit müsse aus der Südseite anfangen. Damit basta!

Da reiste Aronsen sofort hinüber auf das neue Arbeitsfeld zu der neuen Goldgrube. Er wollte auch den Ladendiener Andresen mitnehmen: Wozu willst du hier im Ödland bleiben? sagte er. Es ist viel besser für dich, wenn du mit mir .gehst. – Aber der Ladendiener Andresen wollte das Ödland nicht verlassen, es war unbegreiflich, aber es war gerade, als ob ihn etwas hier fesselte, es schien ihm hier zu gefallen, er war hier festgewurzelt. Andresen selbst mußte sich verändert haben, das Ödland hatte sich nicht geändert. Hier waren die Leute und die Verhältnisse noch genau so wie früher: der Bergwerksbetrieb war zwar aus der Gegend verschwunden, aber keiner der Ödlandbewohner hatte darüber den Kopf verloren, sie hatten ihre Landwirtschaft, ihre Ernten und ihren Viehbestand. Bares Geld gab es allerdings nicht so viel bei ihnen, sie hatten alle Lebensbedürfnisse, einfach alle. Nicht einmal Eleseus verzweifelte darüber, daß der Geldstrom an ihm vorüberfloß; das Schlimmste war, daß er in der ersten Begeisterung eine Menge unverkäuflicher Waren angeschafft hatte. Nun, die mußten eben vorläufig lagern bleiben, sie putzten den Laden heraus und dienten ihm zur Ehre.

Nein, der Ödlandbewohner verlor den Kopf nicht. Er fand die Luft nicht ungesund, hatte Bewunderer genug für seine neuen Kleider, er vermißte die Diamanten nicht, und Wein kannte er nur von der Hochzeit zu Kanaan. Der Ödlandbewohner quälte sich nicht wegen der Herrlichkeiten, auf die er verzichten mußte: Kunst, Zeitungen, Luxus, Politik waren gerade soviel wert, als die Menschen dafür bezahlen wollten, nicht mehr. Der Erntesegen aber mußte erarbeitet werden um jeden Preis, das war der Ursprung, die Quelle von allem und jedem.

Was, das Leben des Ödlandbewohners öde und traurig? Hoho, nichts dergleichen! Er hatte seine höheren Mächte, seine Träume, sein Liebesleben, seinen reichen Aberglauben. Eines Abends geht Sivert den Fluß entlang und bleibt plötzlich stehen: im Wasser liegen zwei Wildenten, Ente und Entrich. Sie haben ihn entdeckt, haben den Menschen gesehen und sind scheu geworden, einer der Vögel sagt etwas, er stößt einen kurzen Laut aus, eine Melodie in drei Tönen, und der andere antwortet gleichlautend. Im selben Augenblick heben sie die Flügel und sausen wie zwei kleine Räder einen Steinwurf weit den Fluß hinauf, wo sie sich wieder aufs Wasser niederlassen. Da sagt der eine wieder etwas, und der andere antwortet; es ist dieselbe Sprache, wie das erstemal, aber so innig befreit, daß es eine kleine Seligkeit ist: die Töne sind zwei Oktaven höher gestimmt. Sivert steht da und betrachtet die Vögel, sieht an ihnen vorbei und weit ins Land der Träume hinein. Ein Laut ist in ihm erklungen, eine Süßigkeit in ihm aufgestiegen, er stand da mit einer zarten, feinen Erinnerung an etwas Wildes und Schönes, etwas früher Erlebtes, von dem die Erinnerung in ihm erloschen ist. Stille geht er nach Hause, er spricht nicht davon, plaudert nicht darüber, irdische Worte reichten dazu nicht aus. Es war Sivert von

Sellanraa, jung und durchschnittlich ging er eines Tages aus und hatte dieses Erlebnis.

Und das war nicht sein einziges Abenteuer, er erlebte noch andere. Aber er mußte auch das Abenteuer erleben, daß Jensine Sellanraa verließ. Das brachte große Unordnung in Siverts Gemütsleben.

Ja, es kam wirklich soweit, daß Jensine fortging, sie wollte selbst gehen. Ach, Jensine war nicht die erste beste, das konnte niemand behaupten! Sivert hatte ihr einmal angeboten, sie wieder nach Hause zu fahren; bei der Gelegenheit hatte sie leider geweint, später aber hatten ihre Tränen sie gereut, und sie zeigte, daß sie sie bereute, sie kündigte. Jawohl, in aller Ordnung.

Und nichts auf der Welt wäre Inger auf Sellanraa erwünschter gewesen, als daß Jensine ging; Inger hatte angefangen, unzufrieden mit ihrer Magd zu sein. Das war merkwürdig, denn sie hatte nichts an ihr auszusetzen, aber sie schien sie nur mit Überwindung ansehen und ihre Anwesenheit auf dem Hofe kaum noch ertragen zu können. Das hing wohl mit Ingers Gemütszustand zusammen: sie war den ganzen Winter über schwermütig und fromm gewesen und kam nicht darüber hinweg. Du willst gehen? Jawohl, geh nur, sagte Inger. Das war ein Segen, eine Erhörung nächtlicher Gebete. Es blieben trotzdem noch zwei erwachsene weibliche Personen auf dem Hofe, was sollte diese lebensfrische und mannbare Jensine hier? Mit Unwillen betrachtete Inger diese Mannbarkeit, und sie dachte wohl: Gerade wie ich damals!

Ihre große Frömmigkeit ließ nicht nach. Sie war nicht an sich lasterhaft, sie hatte gekostet, jawohl sie hatte genippt, aber sie hatte nicht im Sinn, das bis ins Alter zu treiben, keine Rede davon. Inger wies diesen Gedanken mit Entsetzen von sich. Der Grubenbetrieb hörte auf und alle Arbeiter verschwanden, – lieber Gott, nichts hätte besser sein können! Die Tugend war nicht nur erträglich, sie war notwendig, ein notwendiges Gut, eine Gnade.

Allein die Welt war schlecht. Seht, da war nun Leopoldine, die kleine Leopoldine, ein Fruchtkeim, ein kleines Kind, und war zum Überfließen voll Gesundheit und Sünde. Wenn sich ihr ein Arm um die Mitte legte, so würde sie zusammensinken, pfui! Sie hatte Finnen im Gesicht bekommen, das deutete auf Wildheit im Blute, ach, die Mutter erinnerte sich wohl daran, damit begann die Wildheit im Blute. Die Mutter verdammte die Tochter durchaus nicht wegen dieser Finnen im Gesicht, aber sie wollte ihnen ein Ende machen. Leopoldine sollte damit aufhören. Was hatte auch dieser Ladendiener Andresen an den

Sonntagen nach Sellanraa heraufzukommen und mit Isak von der Landwirtschaft zu schwatzen? Bildeten sich denn diese beiden Mannsleute ein, daß die kleine Leopoldine gar nichts merke? O, die Jugend war schon früher verrückt gewesen, vor dreißig, vierzig Jahren, aber jetzt war sie schlimmer geworden.

Ja, wie es nun auch geht! sagte Isak, als sie davon sprachen. Jetzt ist das Frühjahr da, und Jensine ist fort, und wen können wir für die Sommerarbeit bekommen? – Die Leopoldine und ich werden arbeiten, erklärte Inger. Lieber will ich Tag und Nacht arbeiten! rief sie erregt und dem Weinen nahe. – Isak konnte sich diesen heftigen Ausbruch nicht erklären, aber er hatte seine eigenen Ansichten, deshalb ging er mit Hacke und Spaten an den Waldrand und fing an, einen Stein zu bearbeiten. Nein, wahrhaftig, Isak konnte nicht verstehen, daß die Magd Jensine fortgegangen war, sie war doch ein tüchtiges Mädchen gewesen. Er verstand im ganzen nur das Nächstliegende, die Arbeit, gesetzliches und natürliches Tun. Er war von rundem und gewaltigem Körperbau, niemand war weniger astral als er, er aß wie ein rechter Mann, und es bekam ihm gut, deshalb kam er auch höchst selten aus dem Gleichgewicht.

Da war nun also dieser Stein. Es waren noch viele andere Steine da, aber mit einem mußte er nun einmal anfangen. Isak steht den Tag kommen, da er hier ein Häuschen bauen muß, eine Heimstätte für sich und Inger. Er will den Bauplatz ein wenig ebnen, während Sivert drunten auf Storborg ist, sonst muß er seinem Sohn eine Erklärung geben, und das möchte er vermeiden. Natürlich wird der Tag kommen, wo Sivert alle Gebäude auf dem Hofe für sich selbst braucht, dann müssen die Eltern eine Wohnung haben. Sie kamen ja mit dem Bauen auf Sellanraa niemals zu Ende, der große Futterboden auf dem steinernen Stall war auch noch nicht gebaut. Aber die Balken und die Bretter dazu lagen fertig da.

Also da war nun dieser Stein. Was davon aus der Erde hervorragte, sah nicht besonders groß aus, aber er rührte und regte sich nicht, er mußte also doch ein gewaltiger Brocken sein. Isak grub rund darum herum und machte einen Versuch mit dem Spaten, aber der Stein rührte sich nicht. Er grub noch tiefer und versuchte es wieder, – nein. Nun mußte Isak nach Hause und eine Schaufel holen, um die lose Erde wegzuschaffen. Dann grub er wieder und probierte, – nein. Das ist einmal ein Block! dachte Isak in all seiner Geduld. Er grub nun schon eine gute Weile, der Stein reichte immer tiefer in die Erde hinunter, und er konnte ihn nirgends richtig anpacken. Es wäre doch recht ärgerlich, wenn er genötigt wäre, den Stein zu sprengen. Dann wären die Schläge, um das Bohrloch zu machen, weithin zu hören und würden alle Hausbewohner herbeirufen. Isak grub weiter, aber dann holte er eine Hebestange und versuchte es damit, – nein. Er grub wieder. Nun fing Isak doch allmählich an, etwas ärgerlich auf den Stein zu werden, er runzelte die Stirn und schaute ihn an, wie wenn er eben nur gekommen wäre, um die Steine hier ein wenig zu beaufsichtigen, und wie wenn gerade dieser Stein hier besonders dumm wäre. Er kritisierte ihn, er war so rund und dumm, er war nirgends zu fassen, ja, er meinte beinahe, er habe eine ganz verkehrte Form. Sollte er ihn sprengen? Keine Rede davon, wozu auch noch Pulver an ihn verschwenden! Oder sollte er ihn aufgeben, sollte er eine Art von Furcht zeigen, der Stein könnte ihm überlegen sein?

Isak grub. Er mühte sich im Schweiße seines Angesichts, aber was war der Erfolg? Endlich bekam er die Spitze der Hebestange darunter und machte einen Versuch, – der Stein rührte sich nicht. Sachgemäß war an seinem Vorgehen nichts auszusetzen, aber es hatte keinen Erfolg. Was war denn das? Hatte er denn nicht auch sonst schon Steine ausgebrochen? War er alt geworden? Komisch, hehe! Lächerlich. Er hatte ja wohl neulich einmal Anzeichen von abnehmender Kraft bemerkt, das heißt, er hatte es nicht bemerkt, er hatte sich nicht darum gekümmert, es war Einbildung gewesen. Und nun geht er wieder an den Stein, völlig entschlossen ihn zu heben.

O, das war keine Kleinigkeit, wenn Isak sich über eine Hebestange legte und sich schwer machte! Da liegt er vorgebeugt und hebt und hebt, zyklopisch und mit außerordentlicher Kraft, mit einem Oberkörper, der bis zu den Knien zu reichen scheint. Es war ein gewisser Pomp und eine Pracht über ihm, sein Äquator war ungeheuer.

Allein der Stein rührte sich nicht.

Es half alles nichts, er mußte noch tiefer graben. Sollte er den Stein sprengen? Schweig still! Nein, aber er mußte noch tiefer graben. Er wurde sehr eifrig. Der Stein mußte und sollte heraus! Man konnte nicht sagen, es sei in diesem Trieb von seiten Isaks etwas Perverses gewesen; es war die alte Liebe des Ackerbauern zur Urbarmachung des Bodens, aber gänzlich ohne Zärtlichkeit. Es sah ganz närrisch aus, erst umkreiste er den Stein von allen Seiten, ehe er sich dranmachte, dann grub er ringsherum und betastete ihn und schaufelte die Erde mit den bloßen Händen weg, ja, das tat er. Aber das alles waren keine Liebkosungen. Es war ihm heiß geworden, aber heiß vor Eifer. Wie, wenn er es jetzt wieder mit der Hebestange versuchte? Er setzte sie da an, wo er sich am meisten Erfolg versprach, – nein. War das einmal ein merkwürdiger Trotz und Eigensinn von einem Stein! Aber jetzt schien es zu gehen. Isak versucht es noch einmal und bekommt Hoffnung, der Erdarbeiter hatte es im Gefühl, daß der Stein nicht mehr unüberwindlich war. Da glitt die Hebestange ab und warf Isak zu Boden. Verdammt! sagte er. Das fuhr ihm so heraus. Seine Mütze hatte zu gleicher Zeit einen Schubbs gekriegt, und saß nun so schief, daß er ganz spanisch, ganz räubermäßig aussah. Er spuckte aus.

Da kommt Inger dahergegangen. Du mußt jetzt zum Essen kommen, Isak, sagt sie ganz lieb und freundlich. – Ja, gibt er zur Antwort, aber er will nicht, daß sie näher herankommt, und er will kein Gerede. Ach, diese Inger, sie merkte gar nichts, sie kam näher. Was hast du dir jetzt wieder ausgedacht? fragt sie, denn sie möchte ihm damit schmeicheln, daß er sich fast jeden Tag etwas Neues und Großartiges ausdenkt. – Aber Isak ist sehr grimmig, fürchterlich grimmig ist er, er erwidert: Das weiß ich nicht. – Und Inger ihrerseits ist sehr töricht, sie fragt ihn und plaudert ihm noch allerlei vor und geht nicht. – Da du es nun doch einmal gesehen hast, ich will diesen Stein herausheben, sagt er. – So, du willst ihn herausheben? fragt sie. – Ja. – Ich kann dir wohl nicht helfen? – Isak schüttelt den Kopf. Aber es war doch ein hübscher Zug von Inger, daß sie ihm helfen wollte, und er konnte sie nicht länger zurückweisen. Wenn du ein klein wenig warten willst, sagt er und läuft nach Hause, um den Schmiedehammer und einen Meißel zu holen.

Wenn er den Stein an der richtigen Stelle etwas uneben machte, indem er einen Splitter abschlug, so bekam die Hebestange einen besseren Halt. Inger hält den Meißel, und Isak schlägt zu. Ja, es gelingt, ein Splitter fällt ab. – Ich danke dir für die Hilfe, sagt Isak. Und du sollst vorerst mit dem Essen nicht auf mich warten, ich will erst diesen Stein heraushaben.

Allein Inger geht nicht, und im Grunde genommen ist es Isak auch lieb, daß sie stehen bleibt und ihm bei seiner Arbeit zuschaut, das hatte er schon in jungen Tagen gern gehabt. Und siehe da, er findet einen prächtigen Halt für die Hebestange und hebt – der Stein bewegt sich! – Er bewegt sich! sagt Inger.– Du willst mich doch nicht foppen? fragt Isak. – Ich foppen! Er bewegt sich!

Soweit war er gekommen, wahrhaftig der Stein bewegte sich, er hatte den Stein für die Sache gewonnen, jetzt arbeiteten sie zusammen. Isak hebt und wiegt die Stange hin und her, und der Stein bewegt sich ein wenig, aber nicht mehr. Isak macht eine Weile so weiter, allein es führt zu nichts. Plötzlich sieht er ein, daß es sich nicht darum handelt, ob sein Körpergewicht zureicht, er hat nicht mehr die alte Kraft, das ist die Sache, er hat die zähe Biegsamkeit des Körpers eingebüßt. Körpergewicht? Es wäre ja gar nichts gewesen, sich über die schwere Stange zu legen und sie abzubrechen. Aber er hatte an Kraft verloren, so sah es aus. Das erfüllte den duldsamen Mann mit Bitterkeit; wenn nur wenigstens nicht Inger dabei gestanden und zugeschaut hätte!

Plötzlich läßt er die Stange fahren und ergreift den Schmiedehammer. Der Zorn hatte ihn erfaßt, er war in der Stimmung, Gewalt zu gebrauchen. Seht, er hat immer noch die Mütze auf dem Ohre sitzen und sieht räubermäßig aus, jetzt läuft er mit gewaltigen Schritten rundum den Stein herum, als ob er sich selbst dem Stein gegenüber in das richtige Licht setzen wollte, ho, es sah aus, als ob er jetzt diesen Stein als eine Ruine hinter sich zurücklassen wollte. Warum sollte er das nicht tun? Einen Stein, den man tödlich haßt, zu zerschmettern, das ist nur Formsache. Und wenn der Stein Widerstand leistete, wenn er sich nicht zerschmettern ließ? O es würde sich schon zeigen, wer von ihnen beiden der Überlebende sein würde!

Aber jetzt redet Inger ein wenig ängstlich, denn sie merkt wohl, was in dem Manne gärt, sie sagt: Wie wär's, wenn wir uns beide auf den Balken da legten? und mit dem Balken meinte sie die Hebestange. – Nein! rief Isak rasend. Aber nach einem Augenblick des Nachdenkens sagt er: Ja, wenn du doch schon einmal da bist, aber ich begreife nicht, warum du nicht nach Hause gehst. Wir wollen's einmal versuchen!

Und nun gelingt es ihnen, den Stein auf die Kante zu drehen. Es glückt. Puh! sagt Isak.

Allein nun offenbart sich vor ihren Augen etwas Unerwartetes: die Unterseite des Steines ist eine Fläche, eine große schöne Fläche, eben, glatt wie der Fußboden. Der Stein ist also nur die Hälfte eines Steins, die andere Hälfte muß irgendwo in der Nähe liegen. Isak wußte wohl, daß die beiden Hälften eines Steines sehr gut eine verschiedene Lage in der Erde haben konnten, es war wohl der Frost gewesen, der sie im Laufe langer Zeiträume voneinander entfernt hatte. Aber dieser ganze Fund freut ihn außerordentlich. O, dieser Stein ist brauchbar, er gibt eine prächtige Türschwelle. Selbst eine größere Geldsumme würde das Herz des Ödlandbewohners nicht mit solcher Befriedigung erfüllt haben. Das ist eine feine Türschwelle, sagt er stolz, und Inger bricht im guten Glauben in die

Worte aus: Ich begreife nur nicht, wie du das hast wissen können! – Hm! sagt Isak. Meinst du, ich hätte für nichts hier in der Erde gegraben?

Sie gehen zusammen nach Hause, Isak hat sich eine unverdiente Bewunderung erschlichen; die schmeckt aber nicht viel anders als die verdiente. Er setzt auseinander, daß er die ganze Zeit über auf der Jagd nach einer ordentlichen Türschwelle gewesen sei, jetzt habe er eine gefunden. Von jetzt an war es auch nicht mehr verdächtig, wenn er auf dem Bauplatz arbeitete, er konnte dort unter dem Vorwand, nach der zweiten Hälfte der Türschwelle zu suchen, roden, soviel er wollte. Und als Sivert nach Hause kam, ließ sich Isak sogar von dem Sohne helfen.

Aber wenn es so weit gekommen war, daß er nicht mehr allein hingehen und einen Stein aus der Erde brechen konnte, dann hatte sich viel geändert, dann sah es gefährlich aus, dann eilte es mit dem Bauplatz. Das Alter hatte Isak eingeholt, er fing an, für die Ausdingstube reif zu werden. Der Triumph, den er sich angeeignet hatte, als er die Türschwelle fand, verglühte im Laufe der Tage, er war unecht und undauerhaft gewesen. Isak fing an etwas gebeugt zu gehen.

War er denn nicht einstmals in seinem Leben aufmerksam und hellhörig geworden, sobald nur jemand Stein oder Graben zu ihm gesagt hatte? Das war noch gar nicht lange her, nur einige Jahre. Und damals mußte sich ja einer, der ein trocken gelegtes Moor nur mit einem schiefen Blick ansah, vor ihm in acht nehmen. Jetzt fing er so langsam und allmählich an, derartiges mit mehr Ruhe aufzufassen, ach ja, Herrgott im Himmel! Nichts war mehr so wie früher, das ganze Ödland hatte sich verändert, dieser breite Telegraphenweg durch den Wald war früher nicht da, die Berge droben am Wasser waren früher nicht gesprengt und durchwühlt gewesen. Und die Menschen? Sagten sie noch Grüß Gott! wenn sie kamen und Behüt dich Gott! wenn sie gingen? Sie nickten nur, und oft das nicht einmal.

Aber früher hatte es auch kein Sellanraa gegeben, nur eine Torfgamme; aber was war es jetzt? Und dann war auch früher kein Markgraf dagewesen.

Ja, und was war der Markgraf jetzt! Nichts als ein trauriger und vertrockneter alter Mann. Was nützte es zu essen und gute Gedärme zu haben, wenn das keine Kraft mehr gab? Jetzt war es Sivert, der Kräfte hatte, und gottlob, daß er sie hatte; aber wie wenn auch Isak selbst sie gehabt hätte! Wozu sollte es gut sein, daß sein Rad anfing sich langsamer zu drehen? Er hatte geschafft wie ein rechter Mann, sein Rücken hatte die Lasten eines Lasttiers getragen, jetzt sollte er Ausdauer darin zeigen, auf einem Hocker herumzusitzen.

Isak ist mißvergnügt, Isak ist schwermütig.

Da liegt ein alter Südwester auf dem Hügel und vermodert. Der Sturm hat ihn hierher an den Waldessaum geweht, oder vielleicht haben ihn auch die Kinder dorthin gebracht, als sie noch klein waren. Da liegt er nun ein Jahr ums andere und vermodert immer mehr, und er war doch einmal ein neuer Südwester gewesen, ein schöner gelber Südwester. Isak erinnert sich noch, wie er damit vom Kaufmann nach Hause kam, und wie Inger sagte, das sei ein schöner Südwester. Ein paar Jahre später ging er damit zum Maler ins Dorf hinunter und ließ ihn glänzend schwarz lakieren und den Schirm daran grün malen. Als er damit nach Hause kam, sagte Inger, er sei jetzt schöner als je. Inger gefiel immer alles ausgezeichnet, ach, das war eine schöne Zeit, er schlug Klafterholz und Inger sah ihm zu, das war seine beste Zeit im Leben gewesen. Und wenn der März und April kam, dann wurden er und Inger verliebt, gerade wie die Vögel und Tiere des Waldes, und wenn der Mai kam, dann säte er Korn und legte Kartoffeln und arbeitete Tag und Nacht. Es gab Schlaf und Arbeit, Liebe und Träumerei, er war wie sein erster großer Stier, und der war ein Wundertier gewesen, groß und glänzend wie ein König, wenn er in seiner Pracht einherschritt. Aber einen solchen Mai bringen die Jahre jetzt nicht mehr, das gibt es nicht mehr.

Einige Tage lang war Isak niedergeschlagen. Das waren dunkle Tage. Er fühlte weder Lust noch Kraft in sich, mit dem Aufbau des Futterspeichers zu beginnen. Das wird einmal Siverts Sache sein, jetzt galt es, das Ausdinghäuschen fertigzustellen. Auf die Dauer konnte er es nicht vor Sivert verborgen halten, daß es ein Bauplatz war, den er hier am Waldrand rodete, und eines Tages offenbarte er die Sache: Das da ist ein guter Stein, wenn wir einmal wieder etwas mauern wollen, sagte er. – Und das da ist auch ein guter Stein, sagte er. – Sivert verzog keine Miene, er erwiderte: Prächtige Grundsteine. – Ja, was meinst du? sagt der Vater. Wir haben nun hier so lange nach der zweiten Türschwelle gegraben, daß ein ganz schöner Bauplatz entstanden ist. Aber ich weiß nicht. – Das wäre wirklich kein dummer Bauplatz, sagt Sivert und läßt seinen Blick über den Platz hingleiten. – So, meinst du? Wir könnten ja hier ein kleines Häuschen bauen für Besuche, wenn jemand kommt. – Ja. – Es müßte wohl eine Stube und eine Kammer sein? Du hast ja gesehen, wie es war, als die schwedischen Herren das letztemal hier waren, und jetzt haben wir keinen Neubau für sie. Aber was meinst du, eine kleine Küche müßte doch auch dabei sein, falls sie kochen wollten? – Ja, ohne eine kleine Küche könnten sie nicht sein, sie müßten uns ja auslachen, sagt Sivert. – So, meinst du?

Der Vater schwieg. Aber der Sivert war doch ein wunderbarer Junge, wie schnell er begriff und einsah, was schwedische Herren alles notwendig brauchten; nicht eine einzige Frage stellte er, er sagte nur: Wenn ich du wäre, so würde ich an die Nordwand eine kleine Scheune anbauen. Es wäre sehr bequem für sie, wenn sie eine Scheune hätten, falls sie einmal nasse Kleider zum Trocknen aufhängen wollten.

Der Vater fällt sofort ein: Da hast du recht!

Nun schweigen beide und arbeiten an ihren Steinen weiter. Nach einer Weile fragt der Vater: Ist Eleseus noch nicht heimgekommen? – Sivert erwidert ausweichend: Er kommt jetzt bald.

Die Sache mit Eleseus war die, er war so sehr häufig fort, wollte beständig reisen. Hätte er denn die Waren nicht auch schriftlich bestellen können, statt selbst hinzureisen und sie einzukaufen? Er bekam sie allerdings viel billiger, aber wieviel kosteten die Reisen! Er hatte eine so merkwürdige Art zu denken. Und was wollte er denn mit noch mehr Baumwollstoff und seidenen Bändern für Taufhäubchen und schwarzen und weißen Strohhüten und langen Tabakspfeifen? Derartiges kaufte doch kein Ödlandbewohner, und die Kunden aus dem Dorf kamen nur nach Storborg herauf, wenn sie kein Geld hatten. Eleseus war in seiner Art recht tüchtig, o, man mußte nur einmal sehen, wie geschickt er auf Papier schrieb oder mit der Kreide rechnete! Wenn ich nur deinen Kopf hätte! sagten die Leute bei solchen Gelegenheiten. Das alles war ganz richtig, aber er hatte zuviel Geld ausstehen. Diese Dorfleute bezahlten ja niemals, was sie schuldig waren, und selbst so ein Bettelmann wie Brede Olsen war im Winter nach Storborg gekommen und hatte Baumwollstoff und Kaffee und Sirup und Kerzen auf Borg erhalten.

Isak hat ja nun schon sehr viel Geld für Eleseus und sein Geschäft und seine Reisen ausgegeben, und so sehr viel von dem Reichtum, den er für den Kupferberg erhalten hat, ist nicht mehr übrig, und was dann? – Wie glaubst du, daß das mit Eleseus weitergehen wird? fragt Isak plötzlich. – Weitergehen? fragt Sivert zurück, um Zeit zu gewinnen. – Es sieht nicht aus, als ob es gehen wollte. – Er selbst ist voll der besten Hoffnung, sagt Sivert. – So, hast du mit ihm darüber gesprochen? – Nein, Andresen hat es gesagt. – Der Vater denkt darüber nach und schüttelt den Kopf: Nein, es geht nicht, sagt er. Aber es ist schade um Eleseus!

Und der Vater wird immer finsterer und war doch schon vorher nicht allzu leichten Sinnes gewesen.

Da rückt Sivert mit einer Neuigkeit heraus: Es kommen jetzt noch mehr Ansiedler ins Ödland. – Wieso? – Ja, zwei neue Ansiedler. Sie haben sich noch weiter oben als wir angekauft. – Isak bleibt mit dem Spaten in der Hand stehen, das war eine große Neuigkeit und eine gute Neuigkeit, eine von den besten. Dann sind wir zehn Ödlandbauern, sagt er. Isak bekommt nähere Auskunft, wo sich die neuen Ansiedler angekauft haben, er hat die ganze Geographie im Kopf und nickt: Ja, da haben sie recht getan, dort haben sie einen guten Wald für Brennholz und auch Hochstämme. Das Grundstück neigt sich gegen Südosten.

Nein, nichts konnte die Ansiedler zurückhalten; es kamen immer mehr neue Leute her. Der Bergwerksbetrieb hörte allerdings auf, aber das war ja nur zum Nutzen der Landwirtschaft, es war nicht wahr, daß das Ödland tot dalag, im Gegenteil, es wimmelte da von Leben, zwei neue Ansiedler mehr, vier Hände mehr, Äcker, Wiesen und Häuser. Ach, die freien, grünen Halden im Walde, Hütten und Quellen, Kinder und Tiere! Korn wächst auf den Mooren, wo zuvor nur Schachtelhalme gestanden hatten, blaue Glockenblumen nicken von den Hügeln, Sonnengold leuchtet auf dem blühenden Hornklee vor den Häusern. Und Menschen sind da und sprechen und denken und sind eins mit Himmel und Erde.

Hier steht nun der erste, der sich im Ödland niedergelassen hat. Als er kam, watete er bis an die Kniee in Sumpf und Heide, er fand eine sonnige Halde und siedelte sich da an. Andere kamen nach ihm, sie traten einen Fußpfad durch die unbebaute Allmende, noch andere kamen, der Fußpfad wurde zu einem Fahrweg, nun fuhren sie mit Karren darauf. Isak muß sich zufrieden fühlen, Stolz muß ihn durchzucken, er hat den Grund zu dieser ganzen Ansiedlung gelegt, er ist der Markgraf.

Ja ja, aber wir können nicht ewig hier auf diesem Bauplatz weiterroden, wenn wir in diesem Jahr noch den Futterspeicher aufrichten wollen, sagt er.

Und das sagte er wohl in einer plötzlichen frohen Laune, mit neuem Lebensmut.

10

Eine Frau wandert durch das Ödland hinauf. Es fällt ein milder Sommerregen, sie wird naß, aber darum kümmert sie sich nicht, sie hat anderes zu denken, sie ist sehr gespannt, ob – es ist Barbro, und keine andere, Barbro, Bredes Tochter. Jawohl, sie darf wohl gespannt sein, sie kann nicht wissen, wie dieses Abenteuer ablaufen wird, aber sie ist von der Frau Lensmann entlassen und ist fort aus dem Dorf. So steht es.

Sie macht einen Bogen um alle Ansiedlungen im Ödland herum, denn sie möchte alle Menschen vermeiden. Jedermann würde ja gleich erraten, wohin sie will, den sie trägt ein Bündel mit Kleidern auf dem Rücken. Jawohl, sie will nach Maaneland und will wieder dort bleiben.

Zehn Monate lang hat sie bei der Frau Lensmann gedient, und das ist keine kurze Zeit, wenn man sie in Tage und Nächte umrechnet, aber wenn man den Zwang und alle die hinausziehenden Gedanken bedenkt, dann ist es eine Ewigkeit. Im Anfang ging alles wirklich gut; Frau Heyerdahl war sehr besorgt um Barbro und gab ihr Schürzen und putzte sie heraus, es war eine Freude, in so schönen Kleidern in den Kaufladen geschickt zu werden. Barbro war ja schon als Kind hier im Dorf gewesen, sie kannte alle Leute von der Zeit her, wo sie hier in die Schule gegangen war und die Jungen geküßt und mit Steinen und Muscheln allerlei Spiele gespielt hatte. Ein paar Monate ging alles gut. Aber dann umsorgte die Frau Heyerdahl sie immer noch mehr, und als die Weihnachtsvergnügungen angingen, wurde Frau Heyerdahl streng. Aber wozu das alles, doch nur um das gute Verhältnis zu stören! Barbro hätte es überhaupt nicht ausgehalten, wenn sie nicht gewisse Nachtstunden für sich gehabt hätte: von zwei Uhr an bis morgens um sechs konnte sie ziemlich sicher sein, und sie gestattete sich manche verstohlene Freuden in diesen Stunden. Aber was für ein Mädchen war denn die Köchin, daß sie Barbro nicht anzeigte? Sie war das ganz gewöhnliche Dienstmädchen und ging selbst unerlaubterweise aus. Die beiden hielten abwechselnd Wache.

Es verging auch eine recht lange Zeit, ehe sie entdeckt wurden. Barbro war keineswegs so leichtsinnig, daß ihr an die Stirne geschrieben gewesen wäre, an ihr sei nichts mehr zu verderben. Verderben? Sie widerstand soviel als nötig war. Wenn ein Bursche sie zum Weihnachtstanz einlud, so sagte sie das erstemal nein, das zweitemal auch, aber das drittemal sagte sie: Ich will sehen, ob ich von zwei bis sechs Uhr kommen kann. Seht, so antwortet ein anständiges Mädchen und macht sich nicht schlechter, als sie ist, und läßt keine Frechheit sehen. Sie war ein Dienstmädchen und diente die ganze Zeit und kannte kein anderes Vergnügen als Ausgelassenheit. Das war auch alles, was sie begehrte. Die Frau Lensmann hielt ihr lange Reden und borgte ihr Bücher, – die Närrin! Barbro bildende Bücher leihen, die in Bergen gewesen war, Zeitungen gelesen und das Theater besucht hatte! Sie war doch nicht Gottes Wort vom Lande!

Aber die Frau Lensmann mußte doch Verdacht geschöpft haben, eines Morgens um drei Uhr steht sie vor der Mägdekammer und ruft: Barbro! – Ja, antwortet die Köchin. – Ist Barbro nicht da? Mach auf! – Die Köchin schließt auf und gibt die zuvor vereinbarte Erklärung, Barbro habe ganz notwendig auf der Stelle nach Hause laufen müssen. – Nach Hause, auf der Stelle? Es ist drei Uhr in der Nacht, sagt Frau Heyerdahl und hält mit ihrer Verwunderung darüber nicht zurück. Am anderen Morgen gab es ein großes Verhör; Brede wurde gerufen, und die Frau Lensmann fragte: ist Barbro heute nacht um drei Uhr bei euch gewesen? – Brede war nicht vorbereitet, aber er sagt sofort ja. – Jawohl um drei Uhr in der Nacht. Wir waren sogar so lange aufgeblieben, weil wir etwas Wichtiges zu besprechen hatten, antwortete Barbros Vater. – Darauf verkündet die Frau Lensmann feierlich: Barbro geht bei Nacht nicht mehr aus! – Nein, gewiß nicht, erwidert Brede. – Solange sie in meinem Hause ist wenigstens nicht. – Nein. Ja, da hörst du's, Barbro, ich habe es dir ja gleich gesagt! spricht der Vater. – Du kannst zuweilen vormittags zu deinen Eltern gehen, bestimmt die Frau Lensmann.

Aber die wachsame Frau Lensmann hat darum ihren Verdacht doch nicht ganz aufgegeben; sie läßt eine Woche verstreichen, dann macht sie um vier Uhr morgens eine Stichprobe. Barbro! rief sie. O, aber diesmal war die Köchin aus, Barbro war daheim, und die Mägdekammer glänzte in Unschuld. Die Frau mußte schnell einen Vorwand erfinden. Hast du die Wäsche gestern abend hereingeholt? – Ja! – Das ist gut, denn es fängt an zu stürmen. Gute Nacht.

Es war übrigens recht lästig für Frau Heyerdahl, sich von ihrem Mann in der Nacht wecken zu lassen und selbst zu den Mädchen hinüber zu tappen, um nachzusehen, ob sie zu Hause seien! Geschehe, was da wolle, sie tat es nicht mehr.

Und wenn nun das Glück sie nicht im Stich gelassen hätte, so hätte es Barbro auf diese Weise das Jahr durch mit ihrer Herrin aushalten können. Aber vor einigen Tagen hatte es einen Krach zwischen ihnen gegeben.

Es war frühmorgens in der Küche. Zuerst hatte sich Barbro ein wenig mit der Köchin gezankt, ja, nicht nur so ganz wenig, sie sprachen lauter und lauter und vergaßen, daß Frau Heyerdahl kommen könnte. Die Köchin hatte sich schlecht benommen und hatte sich außer der Reihe fortgeschlichen, weil es Sonntagsnacht gewesen war. Und womit entschuldigte sie sich? Sagte sie, sie habe fort müssen, um sich von einer teueren Schwester zu verabschieden, die nach Amerika reise? Keine Spur, sie entschuldigte sich gar nicht, sondern behauptete, sie habe diese Sonntagsnacht gut gehabt. – Daß du auch gar keine Ehre und Wahrhaftigkeit im Leibe hast, du Canaille! rief Barbro.

Da stand Frau Heyerdahl unter der Türe.

Sie hatte sich vielleicht ursprünglich nur eine Erklärung für dieses laute Geschrei ausbitten wollen, erwiderte auch noch den Mädchen ihren Morgengruß, aber dann sah sie plötzlich Barbro scharf an, sah Barbros Brusttuch an, beugte sich vor und sah noch näher zu. Das fing an unheimlich zu werden. Und plötzlich stößt Frau Heyerdahl einen Schrei aus und weicht zur Türe zurück. Was in aller Welt ist das? denkt Barbro und schaut an sich herunter. Lieber Gott, nichts als eine Laus! Barbro muß ein wenig lächeln, und da es ihr nicht ungewohnt ist, auch in außerordentlichen Umständen zu wissen, was sie zu tun hat, knipst sie die Laus weg. – Was, auf den Fußboden! schreit die Frau Lensmann. Bist du verrückt! Gleich nimm das Tier auf! – Ja, Barbro beginnt zu suchen und ist wieder rasch gefaßt, sie tut, als ob sie die Laus gefunden hätte, und wirft sie großartig ins Küchenfeuer.

Wo hast du die her? fragt die Frau erregt. – Wo ich die her habe? antwortet Barbro. – Ja, ich will wissen, wo du gewesen bist und sie dir geholt hast. Antworte! – Nun machte Barbro den großen Fehler, daß sie nicht sagte: Im Kaufladen! Das wäre das einzig richtige gewesen. Nein, sie wußte nicht, wo sie die Laus aufgelesen haben könnte, aber sie deutete an, sie habe sie vielleicht durch die Köchin bekommen. Da fuhr die Köchin plötzlich hoch auf: Du von mir! Du bringst es für dich allein fertig, dir Läuse zu holen! – Aber du warst es doch, die heute nacht aus war!

Abermals ein großer Fehler, das hätte sie niemals sagen sollen. Nun hatte die Köchin auch keinen Grund mehr zu schweigen, und alles von den unglückseligen Nächten außer dem Hause kam an den Tag. Frau Heyerdahl ist in höchster Erregung; von der Köchin will sie nichts, ihre Erregung gilt Barbro, dem Mädchen, für das sie eingestanden ist. Und dennoch hätte vielleicht auch jetzt noch alles gerettet werden können, wenn Barbro ihr Haupt gebeugt hätte wie ein Schilfrohr, und zu Boden gesunken wäre und sich hoch und teuer verschworen hätte, es in Zukunft nie mehr zu tun. Aber nein, Frau Heyerdahl mußte schließlich ihr Kindermädchen daran erinnern, was sie alles für sie getan hatte, und da gab Barbro wahrhaftig Antwort, sie trumpfte auf, so dumm war sie. Ja, oder vielleicht war sie auch so klug, vielleicht wollte sie die Sache auf die Spitze treiben, um von da wegzukommen. Frau Heyerdahl sagte: Ich habe dich aus den Klauen des Löwen gerissen. – Was das betrifft, erwiderte Barbro, so wäre es mir ebenso lieb, wenn Ihr es nicht getan hättet. – Ist das der ganze Dank, den ich bekomme? rief Frau Heyerdahl. – Ach, was soll das Gerede! sagte Barbro. Vielleicht wäre ich verurteilt worden, aber mehr als ein paar Monate hätte man mir jedenfalls nicht gegeben, und dann wäre ich die Geschichte los! – Frau Heyerdahl ist einen Augenblick sprachlos, ja eine Weile steht sie nur da, öffnet den Mund und schließt ihn wieder. Das erste Wort, das sie herausbringt, ist die Kündigung. Ja, ganz wie Ihr wollt, ist alles, was Barbro erwidert.

Während der Tage, die seither verflossen sind, hat sich Barbro bei ihren Eltern aufgehalten. Aber dort konnte sie nicht immer bleiben. O, es ging ihnen nicht schlecht, die Mutter trieb jetzt einen Kaffeeausschank, und es kamen immer viele Leute ins Haus; aber davon konnte Barbro nicht leben, und sie konnte ja auch andere gute Gründe haben, warum sie wieder in eine feste Stellung kommen wollte. So nahm sie also heute einen Sack mit Kleidern auf den Rücken und wanderte das Ödland hinauf. Nun kam es darauf an, ob Axel Ström sie wieder aufnehmen würde! Aber sie hatte am letzten Sonntag das Aufgebot verkünden lassen.

Es regnet, der Weg ist schmutzig, aber Barbro geht weiter. Es wird Abend, und da der Sankt Olafstag noch nicht gewesen ist, wird es nicht dunkel. Arme Barbro, sie schont sich nicht, sie hat eine bestimmte Absicht, sie hat ein Ziel, und so nimmt sie den ersten Kampf auf. Sie hat sich im Grunde niemals geschont, ist niemals träge gewesen, darum ist sie auch ein schönes und feines Geschöpf. Barbro hat eine leichte Auffassungsgabe, gebraucht sie jedoch oftmals zu ihrem eigenen Verderben. Was war auch anderes zu erwarten? Sie hat gelernt, sich von einer Not in die andere zu retten, aber sie hat verschiedene gute Eigenschaften behalten; der Tod eines Kindes ist ihr nichts, aber ein lebendes Kind könnte es gut bei ihr haben. Außerdem hat sie ein sehr musikalisches Ohr, sie klimpert weich und richtig auf der Gitarre und singt mit etwas heiserer Stimme dazu, was angenehm und etwas wehmütig anzuhören ist. Sich selbst schonen? Ho, so wenig, daß sie sich selbst völlig weggeworfen und den Verlust nicht einmal empfunden hatte. Dann und wann weinte sie, und das Herz wollte ihr über dies und jenes in ihrem Leben fast brechen; das gehört dazu, das kommt von den rührenden Liedern, die sie singt, das ist die Poesie und die süße Wonne der Wehmut in ihr, sie hat häufig sich selbst und andere damit angeführt. Hätte sie ihre Gitarre mit sich nehmen können, so hätte sie heute abend Axel etwas vorgeklimpert.

Sie richtet sich so ein, daß sie spät anlangt, und auf Maaneland ist alles still, als sie den Hofraum betritt. Sieh, Axel hat schon in der Nähe des Hauses mit dem Mähen begonnen und wahrhaftig auch schon etwas trockenes Heu eingefahren! Nun überlegt sich Barbro, die alte Oline werde drinnen in der Schlafkammer schlafen und Axel in der Heuscheune, wo sie selbst früher geschlafen hatte. Wie ein Dieb in der Nacht schleicht sie auf die bekannte Tür zu, dann ruft sie leise: Axel! – Was gibt's? antwortet Axel sofort. – Ich bin's nur, sagt Barbro und tritt zu ihm ein. Kannst du mich über Nacht hier behalten?

Axel schaut sie an, er ist etwas langsam, er sitzt in seinen Unterkleidern da und schaut sie an. So, du bist's? sagt er. Wo willst du hin? – Ja, das kommt nun zuerst darauf an, ob du eine Hilfe für die Sommerarbeit brauchst, erwidert sie. – Axel denkt darüber nach und fragt: Bleibst du nicht mehr dort, wo du gewesen bist? – Nein, bei Lensmanns hab ich Schluß gemacht. – Ich könnte recht gut eine Hilfe für die Sommerzeit brauchen, sagt Axel. Aber was soll das heißen, willst du etwa wiederkommen? – Nein, du brauchst dich gar nicht um mich zu kümmern, wehrt Barbro ab. Morgen geh ich weiter, ich geh nach Sellanraa und über die Berge, dort hab ich eine Stelle. – So, du hast dich verdingt? – Ja. – Ich könnte wohl eine Hilfe für den Sommer brauchen, wiederholt Axel.

Barbro ist ganz naß, sie hat Kleider in ihrem Bündel bei sich und muß sich umziehen. Kümmere dich gar nicht darum, daß ich hier bin, sagt Axel und weicht nur ein wenig nach der Tür zurück. Barbro zieht die nassen Kleider aus, und währenddessen sprechen sie miteinander und Axel dreht öfters den Kopf nach ihr um. – Aber jetzt mußt du ein wenig hinausgehen, sagt Barbro. – Hinausgehen? fragt er. Und es war auch wirklich kein Wetter zum Hinausgehen. Er steht da und sieht zu, wie sie immer nackter wird, er kann kein Auge von ihr abwenden; und wie gedankenlos Barbro ist, sie hätte gut immer ein trockenes Stück anlegen können, wenn sie das nasse abzog, aber das tat sie nicht. Ihr Hemd ist ganz dünn und klebt an ihrem Körper, sie knöpft es auf der einen Achsel auf und wendet sich um, sie ist sehr geübt. In diesem Augenblick schweigt Axel bums still, und sieht, daß sie nur einen Griff oder zwei braucht, um das Hemd abzuziehen. Das ist prachtvoll gemacht, denkt er. Und da bleibt sie nun ganz gedankenlos stehen.

Später liegen sie im Heu und unterhalten sich. Jawohl, er brauche eine Hilfe für den Sommer, das sei schon wahr. – Ja, so sagte man mir, stimmt Barbro bei. – Er habe auch in diesem Jahr wieder allein mit dem Mähen und Heumachen anfangen müssen, Barbro könne wohl verstehen, wie ratlos er sei. – Ja, Barbro verstand alles. – Andererseits sei es doch gerade Barbro gewesen, die damals davongelaufen sei und ihn ohne weibliche Hilfe zurückgelassen habe; das könne er nicht vergessen, und die Ringe habe sie auch mitgenommen. Und zu aller Schmach sei auch noch ihre Zeitung immer weiter gekommen, diese Bergensche Zeitung, die er gar nicht loswerden konnte, und er habe sie hinterher noch für ein ganzes Jahr bezahlen müssen. – Das war ja ein schändliches Blatt, sagte Barbro und stellte sich die ganze Zeit auf seine Seite. Aber bei so großer Willfährigkeit konnte auch Axel kein Unmensch sein, er gab zu, daß Barbro Grund gehabt haben könnte, sich auch über ihn zu ärgern, weil er die Aufsicht über die Telegraphenlinie ihrem Vater weggenommen hatte. Übrigens kann dein Vater den Telegraphen wieder haben, ich mache mir nichts daraus, es ist nur Zeitverlust. – Ja, sagte Barbro. – Axel überlegte eine Weile, dann fragte er geradezu: Ja, wie ist das, willst du nur den Sommer über bleiben? – Ach, das soll so werden, wie du es haben willst, entgegnete Barbro. – So, ist das deine aufrichtige Meinung? – Ja, genau was du willst, das will ich auch. Du brauchst nicht mehr an mir zu zweifeln. – So. – Nein. Und ich hab uns auch in der Kirche aufbieten lassen.

So. Das war keine schlimme Kunde. Axel blieb ruhig liegen und überlegte. Wenn es diesmal ernst war und nicht wieder ein schändlicher Verrat, so hatte er die eigene Frau im Hause, und es war ihm für alle Zeit geholfen. – Ich hätte eine Frau von daheim haben können, sagte er. Sie hat geschrieben, sie wolle mich haben. Aber ich hätte ihr die Rückreise von Amerika bezahlen müssen. – Barbro fragt: So, ist sie in Amerika? – Ja, sie ist voriges Jahr hingereist; aber es gefällt ihr nicht dort. – Nein, du mußt dich nicht um sie kümmern! erklärt Barbro. Was würde sonst aus mir? fragt sie und beginnt zu weinen. – Darum hab ich es auch nicht fest mit ihr gemacht, sagt Axel.

Nun wollte Barbro aber auch nicht zurückstehen, sie bekannte, daß sie in Bergen einen Mann hätte haben können, er sei Bierführer bei einer gewaltig großen Brauerei, und ihm sei viel anvertraut. Und er grämt sich gewiß immer noch um mich, sagt Barbro schluchzend. Aber weißt du, wenn zwei Leute soviel miteinander gehabt haben, wie du und ich, Axel, dann kann ich nicht vergessen, wenn du auch längst vergessen hast. – Wer, ich? erwidert Axel. Nein, darum brauchst du nicht zu weinen, ich habe dich niemals vergessen. – So.

Dieses Zugeständnis ist Barbro eine große Hilfe, und sie sagt: Unsinn, was willst du denn das viele Reisegeld ganz von Amerika herüber bezahlen, wenn du es doch nicht nötig hast. – Sie rät ihm von der ganzen Sache ab, es würde zu teuer, und er sei doch nicht dazu gezwungen. Barbro schien es sich in den Kopf gesetzt zu haben, sein Glück selbst zu begründen.

Im Lauf der Nacht werden sie einig. Sie waren einander ja nicht fremd und hatten schon oft alles miteinander besprochen. Auch die notwendige Trauung sollte noch vor dem St. Olafstag und der Heuernte vor sich gehen, sie hatten nicht nötig, sich zu verstellen, und Barbro drängte jetzt selbst am eifrigsten. Axel stieß sich nicht daran, daß Barbro es jetzt so eilig hatte, und es erweckte auch keinen Verdacht in ihm, im Gegenteil, ihre Eile schmeichelte ihm und feuerte ihn an. Jawohl, er war ein Ödlandbewohner, ein wetterfester Mann, er nahm es nicht so genau, war wahrlich nicht überfein, er war zu allerlei genötigt, er sah auf den Nutzen. Dazu kam noch, daß ihm Barbro wieder ganz neu und schön erschien, beinahe reizender als zuvor. Sie war ein frischer Apfel, und er biß hinein. Sie waren ja bereits aufgeboten.

Über die Kindsleiche und die Gerichtsverhandlung schwiegen alle beide.

Dagegen redeten sie von Oline, und wie sie sie loswerden könnten? Ja, sie muß zum Hause hinaus, erklärte Barbro. Wir sind ihr keinen Dank schuldig. Sie ist nichts als ein Klatschweib voller Bosheit. – Aber es erwies sich als sehr schwierig, Oline los zu werden.

Gleich am ersten Morgen, als Barbro zum Vorschein kam, ahnte Oline ihr Schicksal. Ihr wurde sofort schlimm zumute, aber sie verbarg das und nickte und bot Barbro einen Stuhl an. Es war doch auf Maaneland einen Tag nach dem andern gegangen. Axel hatte Wasser und Brennholz herbeigetragen und ihr die schwersten Arbeiten abgenommen, und den Rest hatte Oline fertig gebracht. Im Lauf der Zeit hatte sie sich entschlossen, bis zum Ende ihres Lebens auf der Ansiedlung zu bleiben, aber da kam diese Barbro und machte diesen Plan zunichte.

Wenn eine Kaffeebohne im Hause wäre, so hätte ich dir einen Kaffee gemacht, sagte sie zu Barbro. Willst du noch weiter hinauf in die Berge? – Nein, erwiderte

Barbro. – So, du willst nicht weiter hinauf? – Nein. – Nun, mich geht es ja nichts an, sagte Oline. Willst du wieder hinunter? – Nein, auch das nicht, ich bleibe jetzt wieder hier. – So, du willst wieder hier bleiben? – Ja, so wird's wohl kommen.

Oline wartet eine Weile, sie gebraucht ihren alten Kopf, der steckt bereits voller Politik: Ja, sagt sie. Dann kann ich hier loskommen. Das freut mich sehr. – So, ist Axel ein so scharfer Herr gewesen? sagt Barbro im Scherz. – Scharf? Er? Geh doch und treibe nicht deinen Spaß mit einer alten Frau, die nur noch auf die Erlösung wartet. Er, der Axel ist wie ein Vater und eine höhere Fügung für mich gewesen, jeden Tag und jede Stunde, anders kann ich nicht sagen. Aber ich habe nun einmal niemand von den Meinigen hier in der Gegend, ich stehe einsam und verlassen auf anderer Leute Eigentum und habe alle meine Angehörigen auf der andern Seite des Gebirges.

Aber Oline blieb da. Sie war nicht eher als nach der Trauung zu entbehren, und Oline sträubte sich lange, sagte aber endlich ja, sie wolle ihnen die Gefälligkeit erweisen und das Haus hüten und für das Vieh sorgen, während sie getraut würden. Das nahm zwei Tage in Anspruch. Als aber die Neuverheirateten heimkamen, ging Oline doch nicht. Sie verschob es immer wieder, den einen Tag behauptete sie, es sei ihr nicht gut, den andern sah es aus, als ob es regnen wollte. Sie schmeichelte Barbro, es sei jetzt auf Maaneland mit der Kost ganz anders geworden und doch auch Kaffee im Hause! O, Oline scheute vor nichts zurück, sie fragte Barbro bei Dingen um Rat, die sie selbst viel besser wußte. Was meinst du, soll ich die Kühe nach der Reihe melken, wie sie im Stall stehen, oder soll ich Bordelin zuerst nehmen? – Das kannst du halten wie du willst. – Ja, hab ich es nicht gesagt! ruft Oline. Du bist draußen in der Welt unter hohen und vornehmen Leuten gewesen und hast alles gelernt. Mir armen Person ist's nicht so gut gegangen.

Nein, Oline scheute vor nichts zurück, sondern trieb Politik Tag und Nacht. Erzählte sie nicht Barbro, wie sehr gut Freund sie mit ihrem Vater, mit Brede Olsen, sei! Ho, sie habe manche vergnügte Stunde mit ihm verplaudert, er sei so ein netter und freundlicher Mann, der Brede, nie höre man ein unfreundliches Wort aus seinem Munde!

Aber es ging doch nicht auf die Dauer, weder Axel noch Barbro wollte Oline länger im Hause behalten, und Barbro nahm ihr alle Arbeit aus der Hand. Oline beklagte sich nicht, aber sie sagte mit einem gefährlichen Seitenblick auf die

Hausfrau und mit leicht verändertem Tone: Ja, ihr seid jetzt große Leute, sagte sie. Der Axel hat letzten Herbst eine Reise in die Stadt gemacht, hast du ihn dort getroffen? Ach nein, du bist ja in Bergen gewesen. Er hatte etwas in der Stadt zu besorgen, er hat eine Mähmaschine und einen Reolpflug gekauft. Was sind die auf Sellanraa gegen euch? Gar nicht zu vergleichen!

Oline versetzte kleine Nadelstiche, allein auch das half nichts, die Herrschaft fürchtete sich nicht vor ihr, Axel sagte ihr eines Tages gerade heraus, daß sie jetzt gehen müsse. – Gehen? fragte Oline. Wie denn? Muß ich kriechen? Sie weigerte sich zu gehen unter dem Vorwand, daß sie nicht recht gesund sei und die Beine nicht rühren könne. Und so schlimm mußte es wirklich gehen: als ihr die Arbeit abgenommen war und sie kein Feld der Tätigkeit mehr hatte, da fiel sie zusammen und wurde tatsächlich krank. Sie schleppte sich noch eine Woche lang herum, Axel schaute sie wütend an, aber Oline blieb aus lauter Bosheit, und zuletzt mußte sie sich zu Bett legen.

Aber nun lag sie keineswegs nur da und wartete auf ihre Erlösung, sie sprach im Gegenteil stundenlang davon, daß sie bald wieder gesund werde. Sie begehrte den Doktor, eine Großartigkeit, die im Ödland völlig unbekannt war. – Den Doktor? sagte Axel fragend. Bist du nicht bei Trost? – Wieso? fragte Oline sanft zurück und verstand rein gar nichts. Ja, sie war ganz sanft und mild und sprach sich so erfreut aus, daß sie niemand zur Last falle, sie könne den Doktor selbst bezahlen. – So, das kannst du? sagte Axel. – So, kann ich es vielleicht nicht? entgegnete Oline. Und außerdem werde ich doch nicht angesichts des Erlösers wie ein Tier hier verenden sollen? – Jetzt mischte sich Barbro ein und fragte unvorsichtigerweise: Was fehlt dir denn? Ich bringe dir doch deine Mahlzeiten. Aber den Kaffee habe ich dir in guter Absicht versagt. – Bist das du, Barbro? fragt Oline und dreht nur die Augen nach ihr hin. Sie ist sehr elend und sieht mit den verdrehten Augen ganz unheimlich aus. Es wird wohl so sein, wie du sagst, Barbro, daß ich von einem winzigen Tröpfchen Kaffee, einem Löffelchen voll Kaffee viel kränker würde. – Wenn du wärest wie ich, so hättest du jetzt an anderes zu denken, als an Kaffee, sagte Barbro. – Habe ich es nicht gesagt? Du hast noch nie eines Menschen Tod gewollt, sondern daß er sich bekehre und lebe. Aber was – was sehe ich? Bist du denn in der Hoffnung, Barbro? – Ich! rief Barbro und fügte wütend hinzu: Du gehörst auf den Mist geworfen mit deinem Mundwerk!

Hier schweigt die Kranke einen Augenblick nachdenklich, und ihr Mund zittert, als ob er durchaus lächeln möchte und doch nicht dürfe. – Ich habe heute

Nacht jemand rufen hören, sagt sie. – Sie ist nicht bei sich! flüstert Axel. – Doch, ich bin ganz bei mir. Es war gerade, als ob jemand riefe. Es kam aus dem Wald oder vom Bach her. Es war sonderbar, gerade wie das Schreien eines kleinen Kindes. Ist Barbro hinausgegangen? – Ja, sagte Axel, sie will deine Narrheiten nicht länger mit anhören. – Ich spreche keine Narrheiten, ich bin nicht so von Sinnen, wie ihr meint, sagte Oline. Nein, das ist nicht des Allmächtigen Wunsch und Wille, daß ich jetzt schon mit allem, was ich von Maaneland weiß, zum Thron des Lammes eingehen soll. Ich werde wohl wieder gesund. Aber du sollst mir den Doktor holen, Axel, dann geht es schneller. Was ist das für eine Kuh, die du mir geben willst? – Was für eine Kuh? – Die Kuh, die du mir versprochen hast. Ist es Bordelin? – Du sprichst in den Tag hinein, sagt Axel. – Du weißt, daß du mir eine Kuh versprochen hast, damals, als ich dir das Leben rettete. – Nein, das weiß ich nicht.

Da hebt Oline den Kopf und schaut ihn an. Sie ist ganz kahlköpfig und grau, ihr Kopf sitzt auf einem langen Vogelhals, sie sieht hexenmäßig und fürchterlich aus, Axel fährt zurück und greift rückwärts nach der Türklinke. – So, sagt Oline, du bist von der Sorte! Dann sprechen wir vorerst nicht mehr davon. Ich kann auch ohne die Kuh leben und werde sie nicht mehr in den Mund nehmen. Aber es ist gut, daß du dich genau als der Mann gezeigt hast, der du bist, so weiß ich es für ein andermal.

Aber in der Nacht starb Oline, zu irgendeiner Stunde in der Nacht, jedenfalls war sie bereits kalt, als sie morgens zu ihr hereinkamen.

Die alte Oline, geboren und gestorben ...

Es war weder Axel noch Barbro unlieb, daß sie Oline für immer begraben konnten, sie brauchten jetzt nicht mehr so auf der Hut zu sein, sie konnten vergnügt leben. Barbro klagt wieder über Zahnweh, sonst ist alles gut. Aber dieses ewige wollene Tuch um den Mund, das sie immer wegziehen muß, wenn sie ein Wort reden will, ist keine kleine Plage, und Axel kann das viele Zahnweh nicht begreifen. Er hatte wohl die ganze Zeit her ihre vorsichtige Art zu kauen beobachtet, aber es fehlte ihr doch kein Zahn im Mund. – Hast du dir denn keine neuen Zähne machen lassen? fragt er. – Doch. – Ja, tun die denn auch weh? – Spotte nicht so! erwidert Barbro erzürnt, obgleich er wirklich in gutem Glauben gefragt hatte. Und in ihrer Bitterkeit kommt sie dazu, bessere Auskunft zu geben: Du siehst doch, wie es mit mir steht.

Wie es mit ihr stand? Axel sieht etwas näher zu und bemerkt, daß sie bereits anfängt einen dicken Leib zu bekommen. – Du bist doch nicht in der Hoffnung? fragt er. – Doch, das weißt du wohl, erwidert sie. – Etwas vor den Kopf geschlagen starrt er sie an. In all seiner Langsamkeit sitzt er da und rechnet eine Weile: eine Woche, zwei Wochen, in der dritten Woche. – Weiß ich das? sagt er. – Barbro ist sehr gereizt durch dieses Zwiegespräch und fängt an laut hinauszuweinen, ja gekränkt zu weinen. Du kannst mich nur auch gleich in die Erde graben, dann bist du mich los! ruft sie.

Merkwürdig, was die Weiberleute für Gründe zum Weinen finden können!

Nein, Axel will Barbro durchaus nicht in die Erde graben, er ist ein handfester Mann, der auf den Nutzen sieht; in einem Blumenflor zu waten, dazu hat er keine Lust. – Dann kannst du im Sommer nicht auf dem Feld arbeiten? fragt er. – Was, nicht auf dem Feld arbeiten? erwidert sie entsetzt. Und lieber Gott, worüber ein Frauenzimmer doch plötzlich wieder lächeln kann! Als es Axel auf diese Weise nahm, rieselte ein hysterisches Glücksgefühl durch Barbros Körper, und sie rief: Für zwei werde ich arbeiten! Du wirst sehen, Axel, daß ich alles arbeite, wobei du mich anstellst, und noch viel mehr. Ich will mich abrackern und noch vergnügt dabei sein, wenn du nur zufrieden bist!

Es gab noch mehr Tranen und Lächeln und Zärtlichkeiten. Die beiden waren allein im Ödland, niemand war zu fürchten, offene Türen, Sommerwärme, Fliegengesumm. Sie war so willfährig und hingebend, alles wollte sie genau so wie er.

Nach Sonnenuntergang ist Axel damit beschäftigt, seine Mähmaschine anzuspannen, er will noch ein kleines Stück abmähen für den nächsten Morgen. Barbro kommt hastig herausgelaufen, als ob sie etwas Wichtiges zu besorgen hätte, und sagt: Du, Axel, wie hast du überhaupt daran denken können, dir jemand aus Amerika kommen zu lassen? Sie wäre ja erst bis zum Winter hier gewesen, und was hättest du da noch mit ihr angefangen? – Seht, auf diesen Gedanken war Barbro verfallen, und nun kam sie damit angelaufen, wie wenn das notwendig wäre!

Aber es war keineswegs notwendig, Axel hatte von der ersten Stunde an eingesehen, daß er eine weibliche Hilfe für ein ganzes Jahr gewann, wenn er Barbro wieder zu sich nahm. Dieser Mann schwankt nicht, und er träumt sich nicht zu den Sternen hinauf. Nun hat er die eigene Frau im Hause und kann auch die Telegraphenlinie noch eine Zeitlang behalten. Im Jahre macht das doch viel

Geld aus, und das ist ihm sehr willkommen, solange er nicht viel vom Ertrag des Hofes verkaufen kann. Alles geht und fügt sich ineinander, er ist mitten in der Wirklichkeit. Und von Brede, der jetzt sein Schwiegervater ist, erwartet er auf der Telegraphenlinie keinen Überfall mehr. Das Glück fängt an, Axel mit seinen Gaben zu überschütten.

11

Die Zeit vergeht, der Winter vergeht, es wird wieder Frühling. Natürlich mußte Isak eines Tages notwendig ins Dorf. Es wurde gefragt, was er dort wolle. Ich weiß es nicht recht, sagte er. Aber er putzte den Karren sehr rein, stellte den Sitz darauf und fuhr davon. Und natürlich hatte er verschiedentliche Eßwaren für Eleseus auf Storborg bei sich. Es fuhr ja kein Wagen von Sellanraa ab, der nicht irgend etwas für Eleseus mitnahm. Wenn Isak das Ödland hinunterfuhr, so war das kein unbedeutendes Ereignis; er selbst tat es nur selten, Sivert pflegte es an seiner Statt zu tun. In den zwei ersten Ansiedlungen stehen die Leute unter der Gammentür und sagen zueinander: das ist der Isak selbst, ich möchte nur wissen, warum er heute fährt. Als er nach Maaneland kommt, steht Barbro mit einem Kind auf dem Arm unter dem Fenster, und als sie ihn sieht, denkt sie: das ist der Isak selbst!

Er kommt nach Storborg und hält an: Prrr! Ist Eleseus daheim? — Eleseus kommt heraus. Jawohl, er ist daheim, er ist noch nicht abgereist, aber er will abreisen, er will seinen Frühlingsausflug nach den Städten im Süden antreten. — Da schickt dir die Mutter etwas, sagt der Vater. Ich weiß nicht, was es ist, es wird weiter nichts Besonderes sein. — Eleseus nimmt die Gefäße entgegen, dankt und fragt: Hast du nicht auch einen Brief oder so etwas? — Doch, antwortet der Vater und sucht in seinen Taschen. Er ist wohl von der kleinen Rebekka. — Eleseus bekommt den Brief, darauf hat er gewartet, er sieht, daß er schön dick ist, und sagt zu seinem Vater: Es ist sehr schade, daß du so früh kommst, zwei Tage zu früh. Aber wenn du ein bißchen warten willst, kannst du meinen Koffer gleich mitnehmen.

Isak steigt ab und bindet das Pferd an. Dann macht er einen Gang über die Felder. Der kleine Ladendiener Andresen ist kein schlechter Landwirt auf Eleseus' Grund und Boden, Sivert ist ihm allerdings mit den Pferden von Sellanraa zu Hilfe gekommen, aber er hat auch auf eigene Faust Moor entwässert und einen Mann zu Hilfe genommen, der die Gräben mit Steinen auslegte. In diesem Jahr braucht auf Storborg kein Futter gekauft zu werden, und im nächsten Jahr konnte sich Eleseus vielleicht ein eigenes Pferd halten. Das hatte er Andresens Freude an der Landwirtschaft zu verdanken.

Nach einiger Zeit ruft Eleseus, daß er seinen Koffer gepackt habe und fertig sei. Er selbst steht auch fertig da und will mitkommen, er hat einen schönen blauen Anzug an und trägt einen weißen Kragen um den Hals, Galoschen an den Füßen und einen Spazierstock in der Hand. Allerdings kommt er so mehr als zwei Tage zu früh für das Postboot, aber das macht nichts, er kann ja im Dorf solange warten; es ist ganz einerlei, wo er sich aufhält. Vater und Sohn fahren ab. Der Ladendiener Andresen steht unter der Ladentür und wünscht: Glückliche Reise!

Der Vater ist besorgt für seinen Sohn und will ihm den Sitz allein überlassen, aber Eleseus lehnt sofort entschieden ab und setzt sich neben den Vater. Sie kommen an Breidablick vorbei, da fällt es Eleseus plötzlich ein, daß er etwas vergessen hat. Prrr! Was denn? fragt der Vater. Oh, es ist der Regenschirm, Eleseus hat seinen Regenschirm vergessen; das kann er nicht offen sagen, deshalb sagt er nur: Das hilft jetzt nichts, fahr zu! — Wollen wir nicht umkehren? — Nein, fahr zu! — Aber es war eine verwünschte Sache, daß er auch so vergeßlich sein mußte! Das kam von der großen Eile, weil der Vater über die Felder wanderte und auf ihn wartete. Nun mußte sich Eleseus aber, wenn er nach Drontheim kam, einen neuen Regenschirm kaufen. Es tat ja auch nichts, wenn er zwei Regenschirme hatte. Aber er ist so ärgerlich auf sich selbst, daß er abspringt und hinter dem Wagen hergeht.

Auf diese Weise können die beiden nicht viel miteinander reden, weil sich der Vater nun bei jedem Wort umdrehen und über die Achsel reden muß. Der Vater fragt: Wie lange bleibst du weg? und Eleseus antwortete: Drei bis vier Wochen etwa. — Der Vater spricht seine Verwunderung aus darüber, daß sich die Leute in den großen Städten nicht verirren, aber Eleseus sagt ihm, er sei selbst an die großen Städte gewöhnt, er habe sich noch nie verirrt. — Nun meint der Vater, es sei eine Schande, daß er allein auf dem Wagen sitze, und er sagt: Mußt du eine Weile fahren, ich mag nicht mehr. Eleseus will jedoch seinen Vater um keinen Preis von dem Sitz vertreiben und steigt lieber selbst wieder zu ihm auf. Aber vorher halten sie eine Mahlzeit aus des Vaters schönem Mundvorrat. Dann fahren sie weiter.

Endlich kommen sie zu den beiden Ansiedlungen, die am weitesten unten im Tal liegen, und man merkt jetzt wohl, daß man in der Nähe des Dorfes ist; auf beiden Neusiedlungen hängen wahrhaftig an dem kleinen Stubenfenster, das nach der Straße geht, weiße Vorhänge, und auf dem Dachfirst des Heubodens ist eine kleine Stange für die Flagge zu Ehren des siebzehnten Mai aufgepflanzt. — Das ist der Isak selbst, sagen die Leute der beiden Ansiedlungen, als sie die Reisenden sehen.

Endlich vermag Eleseus seine Gedanken so weit von seiner eigenen Person und seinen eigenen Angelegenheiten abzulenken, daß er fragt: Was hast du eigentlich heute vor? — Hm! eigentlich nichts Besonderes, erwidert sein Vater. Aber Eleseus reiste ja jedenfalls ab, so konnte es also nichts schaden, wenn er erfuhr, was der Vater vorhatte. — Die Jensine vom Schmied will ich holen, erklärte der Vater, ja, gesteht er wirklich zu. — Mußt du dir selbst die Mühe machen; hätte denn nicht Sivert fahren können? fragt Eleseus. — Seht, Eleseus verstand es nicht besser, er meinte also, Sivert werde Jensine mit dem Wagen wiederholen, nachdem sie einmal so hochmütig getan hatte und von Sellanraa fortgegangen war!

Nein, es war letztes Jahr mit dem Heumachen gar nicht gegangen. Inger hatte sich allerdings sehr darangehalten, wie sie versprochen hatte, Leopoldine tat auch ihre Arbeit, und dazu hatten sie auch den Heurechen, der von einem Pferd gezogen wurde. Aber das Heu war zum Teil schweres Timotheusgras und die Wiesen weit vom Hause entfernt. Sellanraa war jetzt ein großes Gut, die Frauen hatten dort anderes zu tun, als Heu zu machen; all das viele Vieh mußte versorgt werden, das Essen mußte zur rechten Zeit fertig sein, das Buttern und Käsemachen war zu besorgen, desgleichen das Waschen und das Backen, Mutter und Tochter schafften sich gar zu sehr ab. Einen solchen Sommer wollte Isak nicht noch einmal erleben, er bestimmte kurz und gut, daß Jensine wiederkommen solle, wenn sie zu haben sei. Inger hatte jetzt auch nichts mehr dagegen, sie hatte ihren Verstand wieder und sagte: Meinetwegen mach es, wie du willst. Oh, Inger war jetzt fügsamer geworden, es ist keine kleine Sache, wenn man seinen verlorenen Verstand wiederkriegt. Inger hatte keine heiße Glut mehr zu verstecken, keine innere Leidenschaft mehr im Zaum zu halten, der Winter hatte sie abgekühlt, sie hatte nur noch Glut genug für den Hausgebrauch. Sie fing jetzt an, an Körperfülle zuzunehmen, schön und stattlich sah sie aus. Es war merkwürdig, wie wenig sie alterte, sie wurde nicht stückweise alt und welk, vielleicht kam es daher, weil sie erst so spät aufgeblüht war. Gott mag wissen, woher alles kommt, nichts hat nur eine einzige Ursache, alles hat eine Ursachenreihe! Und hatte nicht Inger das größte Lob bei der Frau des Schmieds? Was konnte die Schmiedfrau ihr vorwerfen? Durch ihr verunziertes Gesicht war sie um ihren Lenz betrogen worden, später war sie in künstliche Luft versetzt worden, und dadurch waren ihr sechs Jahre ihres Sommers gestohlen; da sie aber doch heißes Blut hatte, mußte ihr Herbst wilde Schößlinge treiben. Inger ist besser als so eine Schmiedfrau, zwar ein bißchen beschädigt, ein bißchen verzerrt, aber eine gute Natur, eine tüchtige Natur ...

Vater und Sohn fahren weiter, sie fahren an Brede Olsens Herberge vor und führen das Pferd in den Schuppen. Es ist Abend geworden. Sie selbst gehen ins Haus. Brede Olsen hat dieses Haus gemietet, es ist eigentlich ein Nebengebäude, das dem Kaufmann gehört, jetzt sind zwei Stuben und zwei Schlafkammern darin eingerichtet; es ist ganz erträglich, und die Lage ist gut, das Haus wird von Kaffeegästen besucht und außerdem von den Leuten in der Umgegend, die mit dem Postschiff fahren wollen.

Brede scheint wirklich einmal Glück gehabt zu haben, er ist auf den richtigen Platz gekommen, und das hat er seiner Frau zu verdanken. Bredes Frau kam auf den Gedanken, dieses Kaffeehaus und diese Herberge einzurichten, als sie während der Versteigerung auf Breidablick Kaffee verkaufte; das war damals sehr unterhaltend gewesen, es war angenehm, Münze zwischen den Fingern zu haben, bares Geld. Seit sie hierhergekommen sind, ist alles gut gegangen, die Frau verkauft jetzt im Ernst Kaffee und beherbergt allerlei Leute, die kein Dach über dem Kopf haben. Sie wird auch von den Reisenden recht gelobt. Natürlich ist ihre Tochter Katrine, die jetzt ein großes Mädchen und eine flinke Aufwärterin ist, eine gute Hilfe. Aber ebenso natürlich ist es nur eine Zeitfrage, bis wann die kleine Katrine nicht mehr im Hause ihrer Eltern sein und da aufwarten wird. Aber inzwischen geht es ganz ordentlich mit dem Umsatz, und das ist die Hauptsache. Der Anfang war entschieden gut gewesen und hätte noch besser sein können, wenn sich der Kaufmann genügend mit Brezeln und Spekulatius zum Kaffee vorgesehen hätte; da saßen nun alle Leute, die den siebzehnten Mai feiern wollten, und riefen vergebens nach Kuchen zum Kaffee: Kaffeekuchen! Da lernte es der Kaufmann, sich mit Backwaren für die Feste des Dorfes zu versehen.

Brede und die ganze Familie leben von diesem Betrieb, so gut es geht. Zu gar vielen Mahlzeiten gibt es nichts als Kaffee mit übriggebliebenem Kaffeekuchen, aber auch das hält Leib und Seele zusammen, und die Kinder bekommen davon ein feines, ja sozusagen ein verfeinertes Aussehen. Es haben nicht alle Kuchen zum Kaffee! sagten die Leute im Dorf. Der Familie Brede scheint es gut zu gehen, sie halten sogar einen Hund, der bei den Gästen herumschleicht, Bissen erschnappt und fett wird. Was ist doch so ein fetter Hund eine Anpreisung für die Verpflegung in einer Herberge!

Brede Olsen nimmt also die Stelle des Hausherrn in diesem Betrieb ein und hat sich auch nebenher emporgearbeitet. Er ist wieder der Begleiter und Amtsdiener des Lensmannes geworden und hatte in dieser Stellung eine Zeitlang viel zu tun. Aber letzten Herbst hat seine Tochter Barbro mit der Frau Lensmann Streit bekommen, wegen einer Kleinigkeit, geradeheraus gesagt, wegen einer Laus, und seit der Zeit ist auch Brede bei der Herrschaft nicht mehr gern gesehen. Aber Brede hat dadurch nicht viel verloren, er hat andere Herrschaften, die ihn, gerade um die Frau Lensmann zu ärgern, aufsuchen, so daß er als Doktorkutscher ein gesuchter Mann ist, und die Frau Pfarrer hat gar nicht so viele Schweine, als sie Brede gerne schlachten lassen würde — das sind seine eigenen Worte.

Manchmal ist allerdings auch jetzt noch bei der Familie Brede Schmalhans Küchenmeister, und nicht alle sind so fett wie der Hund. Aber Gott sei Dank, Brede hat einen leichten Sinn: Die Kinder werden alle Tage größer, sagt er, obgleich auch immer wieder neue kleine dazukommen. Die Großen, die fortgezogen sind, sorgen ja nun für sich selbst und schicken zuweilen auch eine Kleinigkeit nach Hause. Barbro ist auf Maaneland verheiratet, und Helge ist beim Heringsfang; sie geben den Eltern Waren oder Geld, wenn sie es möglich machen können, ja, sogar Katrine, die zu Hause die Gäste bedient, hat im Winter einmal, als es recht trübe aussah, ihrem Vater einen Fünfkronenschein zustecken können. Das ist ein Mädchen! rühmte Brede, und er fragte nicht danach, von wem und wofür sie den Schein bekommen habe. So war es recht, die Kinder sollten ein Herz für ihre Eltern haben und ihnen beistehen!

Mit seinem Sohn Helge ist Brede nicht ebenso zufrieden; zuweilen steht er im Kaufladen und entwickelt allen, die ihm zuhören wollen, seine Ansichten über die Pflichten der Kinder ihren Eltern gegenüber: Nehmt zum Beispiel meinen Sohn Helge. Wenn er ein bißchen Tabak raucht und gelegentlich einmal ein Gläschen trinkt, so hab' ich gar nichts dagegen, wir sind alle einmal jung gewesen. Aber er soll uns nicht einen Brief um den andern schicken mit nichts darin als schönen Grüßen. Er soll nicht die Ursache sein, daß seine Mutter weint. Das ist unrecht. In früherer Zeit war es anders. In früheren Zeiten waren sich die Kinder nicht zu gut dazu, sie gingen in einen Dienst und halfen ihren Eltern. So sollte es immer sein. Haben nicht Vater und Mutter sie unter dem Herzen getragen und blutigen Schweiß geschwitzt, bis sie sie großgezogen hatten? Das sollten sie nie vergessen. Es war gerade, als hätte Helge diese Rede seines Vaters mit angehört, denn eben jetzt kam ein Brief von ihm mit einem Geldschein, einem ganzen Fünfzigkronenschein. Und nun fing in der Familie Brede ein Herrenleben an; sie kauften in ihrem Übermut Fisch und Fleisch zum Mittagessen und eine Hängelampe mit Prismen dran in die beste Stube der Herberge.

So verging ein Tag nach dem andern, und was will man mehr? Die Familie Brede lebte weiter, lebte von der Hand in den Mund, aber ohne sich große Sorgen zu machen, und was will man mehr? Das ist einmal ein seltener Besuch! rief Brede und führte Isak und Eleseus in die Stube mit der Prismenlampe. Aber was sehe ich! Du, Isak, wirst doch nicht verreisen wollen! — Nein, ich habe nur beim Schmied etwas zu besorgen. — So, dann ist es wohl Eleseus, der wieder seine Reise in die Städte antritt?

Eleseus ist an das Leben in Gasthäusern gewöhnt, er macht sich's bequem, hängt seinen Überzieher und seinen Stock auf und verlangt Kaffee. Etwas zu essen hat der Vater mit. Katrine kommt mit Kaffee. — Nein, ihr dürft nichts bezahlen, erklärt Brede. Ich bin schon sooft in Sellanraa bewirtet worden, und bei Eleseus stehe ich auch im Schuldbuch. Du nimmst keine Öre, Katrine! — Aber Eleseus bezahlt, er zieht den Beutel und bezahlt und gibt noch zwanzig Öre Trinkgeld. Nichts da! Kein Geschwätz! Isak geht zum Schmied, und Eleseus setzt sich wieder.

Mit Katrine spricht er das Notwendigste, aber nicht mehr, er unterhält sich lieber mit ihrem Vater. Nein, Eleseus macht sich nichts aus den Mädchen, er ist einmal von ihnen schlecht behandelt worden, und jetzt will er nichts mehr von ihnen wissen. Vielleicht hat er überhaupt nie einen Liebesdrang gehabt, der der Rede wert gewesen wäre, da er sich gar nicht um sie kümmert. Ein wunderbarer Mann im Ödland, ein Herr mit schmächtigen Schreiberhänden und ganz weiblichem Sinn für Putz und Regenschirm und Spazierstock und Gummischuhe. Verschroben, verdreht, ein unverständlicher Junggeselle. Auf einer Oberlippe will nicht einmal ein rechter Bart wachsen. Aber vielleicht hatte dieser Junge einmal gute Anlagen gehabt, war einmal von Natur ordentlich ausgesteuert gewesen, war aber dann in unnatürliche Verhältnisse gekommen und zum Wechselbalg geworden. Ist er so fleißig auf einem Büro und in einem Kaufladen gewesen, daß all seine Ursprünglichkeit verlorengegangen ist? Vielleicht war es so. Jedenfalls ist er nun da, gewandt und leidenschaftslos, etwas schwächlich, etwas gleichgültig, und geht weiter und weiter auf seinem Abweg. Er könnte jeden einzelnen Mann im Ödland beneiden, allein nicht einmal dazu ist er imstande.

Katrine ist daran gewöhnt, mit den Gästen zu scherzen, und nun zieht sie ihn auf, er wolle wohl wieder gen Süden zu seiner Liebsten? — Ich habe andere Dinge im Kopf, erwidert Eleseus. Ich will Geschäfte machen, Verbindungen anknüpfen. — Du mußt besseren Leuten gegenüber nicht so zudringlich sein, Katrine, ermahnt sie ihr Vater. Oh, Brede Olsen ist sehr höflich gegen Eleseus, ganz ungeheuer respektvoll. Das darf er auch wohl sein, es ist klug von ihm, er ist auf Storborg Geld schuldig und steht seinem Gläubiger gegenüber. Und Eleseus? Ho, ihm gefällt diese Höflichkeit, und er ist dafür gut und gnädig. Hochverehrtester! heißt er Brede im Spaß und spielt sich auf. Er spricht davon, daß er wieder seinen Regenschirm vergessen habe. Gerade in dem Augenblick, als wir an Breidablick vorbeifuhren, fiel mir mein Regenschirm ein! — Brede fragt: Ihr werdet wohl heute abend bei unserm kleinen Kaufmann ein Glas Toddy trinken? — Und Eleseus antwortet: Ja, wenn ich allein wäre! Aber ich habe meinen Vater bei mir. — Brede tut ganz behaglich und plaudert weiter: Übermorgen kommt ein Mann hierher, der wieder nach Amerika zurück will. — Ist er zu Besuch daheim gewesen? — Ja. Er ist vom Oberdorf. Er ist eine lange Reihe von Jahren drüben gewesen, aber nun hat er den Winter daheim zugebracht. Sein Koffer ist schon mit einer Fuhre heruntergekommen, das ist ein Riesenkoffer. — Ich hab' auch schon daran gedacht, nach Amerika zu gehen, sagt Eleseus aufrichtig. — Ihr? ruft Brede. Ihr habt das doch nicht nötig. — Ich bliebe wahrscheinlich auch nicht für Zeit und Ewigkeit drüben, ich weiß nicht. Aber ich habe schon so viele Reisen gemacht, da könnte ich auch diese einmal machen. — Gewiß. Und man muß drüben in dem Amerika wüst Geld verdienen. Nehmen wir nur einmal den Mann an, von dem ich vorhin gesprochen habe. Er hat jetzt im Winter droben im Oberdorf ein Weihnachtsvergnügen nach dem andern bezahlt, und wenn er zu mir kommt, so sagt er: Ich will einen ganzen Kessel Kaffee haben und allen Kaffeekuchen, den du hast! Ja, so sagt er. Wollt Ihr seinen Koffer sehen? Sie gingen in den Gang hinaus und betrachteten den

Koffer. Ein wahres Weltwunder, glänzte auf allen Seiten von Metall und Beschlägen, mit drei Schnappschlössern dran, noch außer dem eigentlichen Schloß. — Diebssicher! sagte Brede, wie wenn er den Versuch gemacht hätte.

Sie gingen wieder ins Zimmer hinein, aber Eleseus war still geworden. Dieser Mann aus dem Oberdorf machte ihn völlig zunichte, der trat auf Reisen wie der größte Beamte auf; Brede war augenscheinlich ganz von diesem Menschen erfüllt. Eleseus verlangte noch mehr Kaffee und versuchte auch reich zu tun; er verlangte Kuchen zu seinem Kaffee und fütterte den Hund damit. Ach ja, aber er fühlte sich dennoch gering und niedergeschmettert. Was war sein eigener Koffer diesem Wunderwerk gegenüber? Da stand er, schwarzes Wachstuch, die Ecken verstoßen und weiß geworden, ein Handkoffer — bei Gott, er wollte sich einen prachtvollen Koffer kaufen, wenn er hinunterkam — paßt nur auf! Gebt doch dem Hund nichts! sagte Brede. — Aber Eleseus war wieder ein bißchen Mensch geworden und spielte sich auf. Das ist einmal ein riesig fetter Hund! sagte er.

Von dem einen Gedanken kam er auf den andern, er brach die Unterhaltung mit Brede ab und ging hinaus, ging in den Schuppen zu dem Pferd. Dort machte er den Brief auf, den er in der Tasche hatte. Er hatte ihn nur eingesteckt und nicht nachgesehen, wieviel Geld er enthielt; er hatte solche Briefe von zu Hause schon öfters erhalten, und es waren immer verschiedene Geldscheine darin gewesen, eine Beisteuer zu der Reise. Was war aber jetzt das? Ein großes Stück graues Papier, über und über bemalt von der kleinen Rebekka für ihren lieben Bruder Eleseus, dabei ein Briefchen von der Mutter. Was sonst noch? Nichts mehr. Kein Geld.

Die Mutter schrieb, sie habe den Vater nicht mehr um Geld bitten können, denn es sei jetzt von dem Reichtum, den sie seinerzeit für den Kupferberg bekommen hätten, nicht mehr viel übrig. Das Geld sei für den Ankauf von Storborg und seither für alle die Waren und für die vielen Reisen draufgegangen. Nun müsse er versuchen, sich das Geld für die Reise diesmal selbst zu beschaffen, denn das Geld, das jetzt noch da sei, müßten seine Geschwister bekommen, die dürften auch nicht ganz leer ausgehen. Glückliche Reise und herzliche Grüße!

Kein Geld. Eleseus hatte selbst nicht genug Geld für die Reise, er hatte seine Ladenkasse umgekehrt, aber nicht viel darin gefunden. Ach, wie dumm war er gewesen; er hatte erst neulich seinem Lieferanten in Bergen einen Geldbrief geschickt und einige Rechnungen bezahlt. Das hätte warten können. Natürlich war es auch allzu sorglos von ihm gewesen, sich auf den Weg zu machen, ohne vorher den Brief zu öffnen, da hätte er sich die Wagenfahrt ins Dorf mit seinem elenden Koffer sparen können. Jetzt stand er da ...

Der Vater kam vom Schmied zurück mit wohlgelungener Besorgung: Jensine wollte morgen mit ihm kommen. Seht, Jensine war durchaus nicht querköpfig gewesen und hatte sich nicht lange bitten lassen, sie hatte sofort begriffen, daß man auf Sellanraa eine Hilfe für die Sommerarbeit brauchte und hatte nichts dagegen, wiederzukommen. Wieder ein glatter Bescheid. Während der Vater erzählt, denkt Eleseus über seine eigenen Angelegenheiten nach. Er zeigt dem Vater den Koffer des Amerikaners und sagt: Ich wäre froh, wenn ich da stünde, wo dieser Koffer hergekommen ist! — Und der Vater erwidert: Ja, das wäre noch nicht das schlimmste ...

Am nächsten Morgen macht sich der Vater zur Heimfahrt bereit; er frühstückt, spannt an und fährt beim Schmied vor, um Jensine und ihre Truhe abzuholen. Eleseus sieht ihnen lange nach, und als der Wagen im Walde verschwunden ist, bezahlt er in der Herberge und gibt wieder ein Trinkgeld. Laß meinen Koffer da stehen, bis ich zurückkomme, sagt er zu Katrine und geht fort.

Wo geht Eleseus hin? Er hat nur einen Ort, wo er hingehen kann, er dreht um, er muß in sein Heim zurückkehren. Er nimmt den Weg hinauf unter die Füße und gibt sich Mühe, dem Vater und Jensine so nahe als möglich zu bleiben, ohne von ihnen gesehen zu werden. Er geht und geht, und jetzt fängt er wirklich an, jeden einzelnen Ödlandbauern zu beneiden. Es ist schade um Eleseus, er ist vom Leben so verdreht worden. Betreibt er denn nicht auf Storborg einen Kaufladen? Jawohl, aber dort Herr zu sein, das will doch gar nichts heißen, er macht zu viele vergnügliche Reisen, um Geschäftsverbindungen anzuknüpfen, die kosten zuviel, er reist nicht billig. Nur nicht kleinlich sein! sagt Eleseus und gibt zwanzig Öre Trinkgeld, wo zehn auch genug wären. Diesen flotten Herrn kann sein Geschäft nicht erhalten, er braucht Zuschuß von zu Hause. Jetzt erntet man auf Storborg Kartoffeln, Heu und Korn für den Haushalt, aber der Belag aufs Brot muß von Sellanraa kommen. Ist das alles? Sivert muß alle Waren umsonst von der Küste herauffahren. Ist das jetzt alles? Die Mutter muß ihm vom Vater das Geld zu seinen Reisen verschaffen. Ist das jetzt alles? Das Schlimmste kommt noch. Eleseus betreibt sein Geschäft wie ein Narr. Er fühlt sich so geschmeichelt, wenn die Leute aus dem Dorf zu ihm heraufkommen, um einzukaufen, daß er ihnen gern auf Borg gibt. Und als das einmal bekannt wird, kommen mehr und immer mehr und kaufen auf Borg; Eleseus ist entgegenkommend und borgt, sein

Laden wird leer und füllt sich wieder. Das alles kostet Geld. Wer bezahlt? Der Vater.

Im Anfang war die Mutter seine gläubige Fürsprecherin: Eleseus sei der helle Kopf in der Familie, man müsse ihm ordentlich vorwärts helfen. Bedenke nur, wie billig er Storborg bekommen hat, und wie er gleich haarscharf sagte, was er dafür geben wolle! Wenn der Vater meinte, Eleseus' Geschäft sei allmählich die reine Komödie, so erwiderte seine Mutter: Was ist das für ein Geschwätz! und sie gebrauchte so deutliche Redensarten, daß es war, als sei der gute Isak Eleseus gegenüber doch gar zu familiär geworden.

Seht, die Mutter war selbst weggewesen und hatte Reisen gemacht, sie begriff, daß Eleseus hier im Ödland nicht recht gedeihen konnte, er war an feinere Sitten gewöhnt, hatte sich in allerlei Gesellschaftskreisen bewegt, und hier fehlten ihm Ebenbürtige. Allerdings, er borgte armen Leuten zuviel; aber das tat Eleseus nicht aus Bosheit und um seine Eltern zu ruinieren, er tat es aus guter und vornehmer Veranlagung, er hatte den Drang, den Leuten, die unter ihm standen, zu helfen. Du liebe Zeit, er war der einzige Mensch im Ödland mit einem weißen Taschentuch, das fortwährend gewaschen werden mußte. Wenn sich die Leute vertrauensvoll an ihn wandten und um Kredit baten und er hätte nein gesagt, so hätte das mißverstanden werden können, als sei er nicht der ausgezeichnete Mensch, für den er galt. Außerdem hatte er auch Pflichten als der Städter und das Genie unter den Bewohnern des Ödlandes. Dies alles zog die Mutter wohl in Betracht.

Aber der Vater, der davon keinen Deut begriff, öffnete ihr eines Tages die Augen und die Ohren und sagte: Sieh her, das ist jetzt der Rest von dem Geld für das Kupferbergwerk. — So, so, sagte sie. Und wo ist denn das andere hingekommen? — Das hat alles Eleseus bekommen. — Dann soll er endlich einmal seinen Verstand gebrauchen! Armer Eleseus, er ist zerfahren und verpfuscht. Er hätte Ödlandbauer bleiben sollen, jetzt ist er ein Mensch, der Buchstaben zu schreiben gelernt hat, er hat keinen Unternehmungsgeist, keine Tiefe. Aber ein kohlschwarzer Teufelskerl ist er auch nicht, er ist nicht verliebt und nicht ehrgeizig, er ist eigentlich gar nichts, nicht einmal ein großer Übeltäter.

Der junge Mann hatte etwas Unglückliches, etwas Verurteiltes an sich, wie wenn er in seinem Innern Schaden genommen hätte. Der gute Bezirksingenieur aus der Stadt hätte ihn lieber in seiner Jugend nicht entdecken, ihn nicht zu sich nehmen und nicht etwas aus ihm machen sollen, da wurden dem Kinde die Wurzeln abgerissen, und es fuhr schlecht dabei. Alles, was er jetzt vornimmt, läßt einen Schaden bei ihm erkennen, etwas Dunkles auf hellem Grunde ...

Eleseus geht und geht. Die beiden auf dem Wagen sind an Storborg vorbeigefahren. Eleseus macht einen Bogen darum herum und wandert auch an Storborg vorbei; was sollte er daheim in seinem Kaufladen? Die zwei auf dem Wagen kamen mit Anbruch der Nacht auf Sellanraa an, Eleseus ist ihnen dicht auf den Fersen. Er sieht, daß Sivert auf den Hofplatz herauskommt und verwundert Jensine betrachtet; die beiden geben einander die Hand und lachen ein wenig, dann nimmt Sivert das Pferd am Zügel und führt es in den Stall.

Jetzt wagt sich auch Eleseus hervor, er, der Stolz der Familie wagt sich hervor. Er geht nicht, er schleicht, er trifft Sivert im Stall. Ich bin's nur, sagt er. — Was, du bist auch da? ruft Sivert und ist von neuem verwundert. Die beiden Brüder reden leise miteinander, es handelt sich darum, ob Sivert wohl die Mutter dazu bringen kann, Geld herbeizuschaffen, eine Rettung, Reisegeld. So wie jetzt könne es nicht weitergehen.

Eleseus habe es jetzt satt, er habe schon oft daran gedacht, und heute nacht solle es nun geschehen, eine lange Reise, Amerika, jetzt in dieser Nacht noch. — Amerika! sagt Sivert laut. — Pst! Ich habe schon oft daran gedacht, jetzt mußt du die Mutter dazu bringen, es geht so nicht weiter, ich habe schon oft daran gedacht. — Aber Amerika! sagt Sivert. Nein, das darfst du nicht tun. — Unbedingt! Ich gehe auf der Stelle wieder zurück, ich erreiche das Postschiff noch. — Du wirst doch wohl vorher etwas essen? — Ich bin nicht hungrig. — Willst du nicht ein wenig schlafen? — Nein.

Sivert will seinem Bruder wohl und sucht ihn zurückzuhalten, allein Eleseus ist standhaft, zum erstenmal standhaft. Sivert ist ganz verwirrt, zuerst, als er Jensine sah, war ihm schon ein wenig sonderbar zumut geworden, und nun will Eleseus das Ödland vollständig verlassen, sozusagen diese Welt verlassen. — Was willst du mit Storborg anfangen? fragt er. — Andresen kann es haben, antwortet Eleseus. — Andresen kann es haben, wieso denn? — Bekommt er denn nicht Leopoldine? — Das weiß ich nicht. Doch das kann wohl sein.

Sie reden und reden immer leise weiter. Sivert meinte, es wäre am besten, wenn der Vater selbst herauskäme, so daß Eleseus mit ihm reden könnte; aber nein, nein! flüstert Eleseus zurück. Nein, das könne er nicht; er hat es noch nie vermocht, Gefahren von solcher Art ins Angesicht zu schauen, er hat stets einen Vermittler nötig gehabt. Sivert sagt: Du weißt ja, wie die Mutter ist. Mit ihr kommst du nicht weiter vor lauter Tränen und Zuständen, sie darf es nicht wissen. — Nein, sagt auch Eleseus, sie darf es nicht wissen. Sivert geht ins Haus, er bleibt eine Ewigkeit weg und kommt mit Geld zurück, mit viel Geld. Da sieh her, das ist alles, was er hat; meinst du, es sei genug? Zähl nach, er hat das Geld nicht gezählt. — Was hat der Vater gesagt? — Er hat nicht viel gesagt. Jetzt mußt du noch einen Augenblick warten, ich zieh nur noch etwas an und komme mit dir. — Das darfst du nicht, du mußt schlafen gehen. — So? Fürchtest du dich vielleicht, wenn du in der Dunkelheit eine Weile allein im Stall bleiben sollst? fragt Sivert mit einem schwachen Versuch zu scherzen.

Er bleibt nur einen Augenblick weg, kommt fertig angezogen zurück und bringt auch des Vaters Rucksack mit dem Mundvorrat mit. Wie sie hinausgehen, steht plötzlich der Vater vor ihnen: Was höre ich, du willst so weit fort? sagt er. — Ja, erwiderte Eleseus, aber ich komme wieder. — Ach, ich steh nur da und halte dich auf, murmelt der Alte und kehrt um. Glückliche Reise! ruft er noch mit sonderbar heiserer Stimme zurück und geht rasch seines Weges.

Die Brüder wandern zusammen den Weg hinunter, und nach einer Weile setzen sie sich und essen. Eleseus ist hungrig, er kann kaum gesättigt werden. Es ist die herrlichste Frühlingsnacht, auf allen Hügeln balzen die Auerhähne, und dieser heimische Laut macht den Auswanderer einen Augenblick verzagt. Es ist schönes Wetter, sagt er. Aber jetzt mußt du umdrehen, Sivert. — So, sagt Sivert und geht weiter. — Sie kommen an Storborg vorbei, an Breidablick vorbei, die Auerhähne balzen auf dem ganzen Weg auf dem und jenem Hügel; es ist keine Hornmusik wie in den Städten, nein, aber es sind Stimmen, das öffentliche Aufgebot, das den Frühling verkündigt. Plötzlich hören sie den ersten Singvogel vom Gipfel eines Baumes, er weckt auch andere, sie fragen und antworten von allen Seiten, das ist mehr als ein Gesang, das ist ein Lobgesang. Der Auswanderer fühlt etwas Heimweh in sich aufsteigen, etwas Hilfloses, er soll nach Amerika, niemand ist dazu so reif wie er. — Aber jetzt mußt du umkehren, Sivert, sagt er. — Ja, erwiderte der Bruder, da du es durchaus willst. Sie setzen sich am Waldrand nieder und sehen das Dorf vor sich liegen, den Kaufladen, den Landungsplatz, Bredes Herberge. Beim Postschiff laufen einige Leute hin und her und machen sich zur Abreise fertig. Ich habe keine Zeit mehr, noch länger hier sitzenzubleiben, sagt Eleseus und steht wieder auf. — Es ist recht schade, daß du so weit fortgehst, sagt Sivert. — Eleseus erwidert: Aber ich komme wieder. Und dann reise ich nicht bloß mit einem Wachstuchkoffer. Als sie einander Lebewohl sagen, steckt Sivert dem Bruder ein kleines Ding zu, etwas, das in Papier gewickelt ist. — Was ist das? fragt Eleseus. — Sivert entgegnet: Schreib auch fleißig! dann geht er. Eleseus macht das Papier auf und sieht nach: es ist das Goldstück, die zwanzig Kronen in Gold. — Nein, das sollst du mir nicht geben! ruft er dem Bruder nach. — Aber Sivert geht weiter. Er geht eine Weile, dann dreht er um und setzt sich wieder am Waldrand nieder. Um das Postschiff her wird es immer lebhafter, er sieht, wie die Leute an Bord gehen, auch sein Bruder geht an Bord, und das Schiff fährt ab. Da reist Eleseus nach Amerika. Er kam niemals wieder.

12

Ein merkwürdiger Zug kommt nach Sellanraa herauf, vielleicht als Zug ein bißchen lächerlich, aber doch nicht nur lächerlich: es sind drei Männer mit ungeheueren Lasten auf dem Rücken, mit Säcken, die ihnen über die Brust und den Rücken herunterhängen. Sie gehen im Gänsemarsch und rufen einander Scherzworte zu, aber sie haben schwer zu tragen. Der kleine Ladendiener Andresen geht als erster im Zug, übrigens ist es auch sein Zug; er hat sich selbst, Sivert von Sellanraa und einen dritten, Fredrik Ström von Breidablick, zu diesem Zug ausgerüstet. Ein verfluchter kleiner Kerl, dieser Ladendiener Andresen, seine Schultern sind fast bis zur Erde gebeugt und seine Jacke ist ihm vom Hals heruntergezerrt, aber er schleppt, er schleppt seine Last.

Er hat nicht einfach Storborg und den Kaufladen gekauft, dazu hat er kein Geld, lieber wartet er eine Weile und bekommt dann vielleicht alles umsonst. Andresen ist kein unbrauchbarer Mensch, er hat einstweilen Storborg gepachtet und betreibt den Handel weiter. Er hat den ganzen Warenvorrat durchgesehen und da eine Menge unverkäuflicher Sachen vorgefunden, von Zahnbürsten an bis zu gestickten Tischläufern, ja, bis zu kleinen Vögeln auf Drähten, die »Piep« sagten, wenn man sie an der richtigen Stelle klemmte. Mit all diesen Waren ist er jetzt auf die Wanderschaft gezogen, er will sie an die Grubenarbeiter jenseits des Berges verkaufen. Er hat von Aronsens Tagen her Erfahrung darin, daß Grubenarbeiter mit Geld in der Hand alles in der Welt kaufen. Jetzt ärgert er sich nur darüber, daß er sechs Schaukelpferde, die Eleseus auf seiner letzten Reise nach Bergen eingekauft hatte, zurücklassen mußte.

Die Karawane kommt in den Hofraum von Sellanraa herein, und die Männer legen ihre Lasten ab. Sie ruhen nicht lange; nachdem sie Milch zu trinken bekommen und zum Spaß ihre Waren allen Leuten auf dem Hof angeboten haben, nehmen sie ihre Lasten wieder auf und gehen weiter. Sie sind nicht bloß zum Scherz ausgezogen. In südlicher Richtung durch den Wald schwanken sie mit ihrer Last weiter. Sie gehen bis zur Mittagszeit, essen zu Mittag und wandern dann weiter, bis es Abend wird. Dann machen sie ein Feuer an, lagern sich und schlafen eine Weile. Sivert schläft sitzend auf einem Stein, den er seinen Polsterstuhl nennt. Ja, Sivert versteht sich auf das Leben im Ödland, die Sonne hat den ganzen Tag auf den Stein gebrannt und es ist gut darauf zu sitzen und zu schlafen. Seine Kameraden sind nicht so erfahren und nehmen auch keinen guten Rat an, sie legen sich ins Heidekraut und wachen frierend und niesend auf. Dann frühstücken sie und gehen weiter.

Jetzt fangen sie an, die Ohren zu spitzen, ob sie keine Schüsse hören, und sie hoffen, im Laufe des Tages auf Leute zu stoßen und an die Gruben zu kommen. Die Arbeit kann inzwischen wohl von der See her weit in der Richtung auf Sellanraa zu vorgerückt sein. Sie hören keinen Schuß. Sie gehen bis zur Mittagszeit und begegnen keinem Menschen, aber sie kommen von Zeit zu Zeit an großen Löchern in der Erde vorbei, die die Leute zur Probe gegraben haben. Wie hängt das zusammen? Es muß wohl so sein, daß das Erz auf dieser Seite des Berges ganz überaus reich ist, es wird also im reinen, schweren Kupfer gearbeitet, und die Arbeiter rücken von der See her kaum vor.

Nachmittags stoßen sie auf noch mehr Gruben, aber immer noch auf keine Menschen; sie gehen weiter bis zum Abend und erblicken schon das Meer unter sich, sie wandern durch ein Ödland von verlassenen Gruben und vernehmen keinen einzigen Schuß. Das ist doch gar zu merkwürdig, aber sie müssen noch einmal ein Feuer machen und sich wieder für die Nacht lagern. Sie beraten: Ist die Arbeit hier zu Ende? Sollen sie mit ihren Lasten wieder umkehren? Kein Gedanke! sagt der Ladendiener Andresen. Am nächsten Morgen kommt ein Mann an ihr Lager, ein blasser und vergrämter Mann, der die Brauen runzelt, die Leute betrachtet, sie mustert. Bist du das, Andresen? fragt er. Es ist Aronsen, der Kaufmann Aronsen; er hat nichts dagegen von der Karawane Kaffee und etwas zu essen zu bekommen, und läßt sich bei den Männern nieder. Ich hab euern Rauch gesehen und wollte ergründen, was das sei, erklärt er. Ich dachte: du wirst sehen, sie nehmen Vernunft an und beginnen wieder mit der Arbeit! Und nun seid nur ihr es! Wo wollt ihr hin? – Wir wollen hierher. – Was habt ihr in euren Säcken? – Waren! – Waren? schreit Aronsen. Wollt ihr hier Waren verkaufen? Hier wohnt niemand. Sie sind am Samstag abgezogen. – Wer ist abgezogen? –

Alle miteinander. Hier ist alles leer und verlassen. Und außerdem hab ich Waren genug; den ganzen Laden voll. Ihr könnt bei mir kaufen.

Ach, nun ist der Kaufmann Aronsen wieder übel daran, mit dem Grubenbetrieb ist es zu Ende! Sie beruhigen ihn mit noch etwas mehr Kaffee und fragen ihn dann aus. Aronsen schüttelt ganz zerschmettert den Kopf: Es ist nicht zu sagen, es ist ganz unbegreiflich! sagt er. Alles war sehr gut gegangen, er hatte Waren verkauft und viel Geld eingenommen, das ganze Kirchspiel rund umher blühte und konnte sich weiße Grütze, ein neues Schulhaus und Lampen mit Prismen dran und städtisches Schuhwerk leisten. Da fanden die Herren plötzlich, daß es sich nicht mehr lohne und sie machten Schluß. Lohnte es sich wirklich nicht mehr? Es hatte sich doch seither gelohnt, nicht wahr? Kam denn nicht das Kupfererz bei jeder Sprengung zutage? Das war einfach Betrug. Und sie bedenken nicht, daß sie damit einen Mann wie mich in die größten Ungelegenheiten bringen, sagte Aronsen. Aber es ist wohl so, wie behauptet wird, daß der Geißler wieder an allem schuld ist. Er ist genau in dem Augenblick gekommen, als die Arbeit stillgelegt wurde; es ist gerade, als ob er es gerochen hätte!

Ist Geißler hier? Ob er hier ist! Er gehört erschossen! Er kam eines Tages mit dem Postschiff an und fragte den Ingenieur: Nun, wie geht's? – Gut, soviel ich weiß, antwortet der Ingenieur. Aber der Geißler fragte nur noch einmal: So, es geht also gut? – Ja, könnte nicht besser gehen, soviel ich weiß! erwiderte der Ingenieur. Na, ich danke! Als die Post geöffnet wurde, war ein Brief und ein Telegramm an den Ingenieur dabei, daß sich die Arbeit nicht mehr lohne, er solle Schluß machen. Die Teilnehmer der Karawane schauen einander an; aber der Führer, der schlaue Kerl Andresen, hat den Mut augenscheinlich noch nicht verloren. – Kehrt nur wieder um! rät Aronsen. – Das tun wir nicht, sagt Andresen und packt den Kaffeekessel ein. – Aronsen starrt alle drei einen nach dem andern an. Ihr seid verrückt! sagt er.

Seht, der Ladendiener Andresen kümmert sich nicht sehr um seinen früheren Herrn, jetzt ist er selbst Herr, er hat diesen Zug in ferne Gaue ausgerüstet, er würde an Ansehen einbüßen, wenn er hier auf dem Berge umkehrte. – Aber wo wollt ihr denn hin? fragt Aronsen erbittert. – Das weiß ich nicht, sagt Andresen. Aber er hat doch wohl seine Absicht, er denkt vielleicht an die Eingeborenen: daß er hier drei Mann stark mit Glasperlen und Fingerringen herkommt. – Kommt, wir wollen gehen! sagt er zu seinen Kameraden.

Nun hatte sich Aronsen eigentlich diesen Morgen länger draußen aufhalten wollen; da er einmal unterwegs war, wollte er vielleicht nachsehen, ob wirklich alle Gruben verlassen seien, ob es wahr sei, daß alle Menschen fort waren. Aber da diese Hausierer so eigensinnig sind und weiter wollen, wird er eigentlich an seinem Vorhaben gehindert, er muß ihnen immer und immer wieder von ihrem Weitermarsch abreden. Aronsen ist rasend, er geht vor der Karawane her den Berg hinunter, er dreht sich immer im Kreise und schreit ihnen zu, hält sie auf, er verteidigt sein Gebiet. So kommen sie zu der Barackenstadt hinunter. Da sieht es leer und trostlos aus. Die wichtigsten Geräte und Maschinen sind unter Dach gebracht, aber Balken, Bretter, zerbrochene Wagen, Kisten und Fässer liegen überall herum. An einigen Häusern prangt ein Plakat, das den Zutritt verbietet.

Da seht ihr! ruft Aronsen. Nirgends ein Mensch! Wo wollt ihr denn hin? Und er droht der Karawane mit großem Unheil und mit dem Lensmann; er selbst wolle sie Schritt für Schritt begleiten und zusehen ob sie nicht ungesetzliche Waren verkauften. Darauf stehe Zuchthaus und die Galeeren, bom konstant. Plötzlich wird Sivert von jemand angerufen. Die Stadt ist also doch nicht völlig verlassen, nicht ganz ausgestorben. Ein Mann an einer Hausecke winkt ihnen. Sivert schwankt mit seiner Last auf ihn zu und erkennt sofort, wer es ist: Es ist Geißler.

Ein merkwürdiges Zusammentreffen! sagt Geißler. Er hat ein blühend rosiges Gesicht, aber seine Augen scheinen in der hellen Frühlingssonne Schaden gelitten zu haben, denn er trägt einen grauen Zwicker. Er spricht lebhaft wie immer. Ein glückliches Zusammentreffen! sagt er. Das spart mir den Weg nach Sellanraa, ich habe soviel zu besorgen. Wie viele Ansiedlungen sind jetzt dort auf der Allmende? – Zehn. – Zehn Ansiedlungen? Das gefällt mir, da bin ich zufrieden. Zweiunddreißigtausend solche Männer wie dein Vater sollten im Lande sein, ich hab es ausgerechnet! sagt er und nickt dazu. Kommst du, Sivert? ruft die Karawane. – Geißler horcht auf und antwortet rasch: Nein! – Ich komme nach! ruft Sivert und legt seine Last ab.

Die beiden setzen sich und reden zusammen; über Geißler ist der Geist gekommen, und er schweigt nur, so oft Sivert eine kurze Antwort gibt, dann legt er wieder los: Ein ganz einzigartiges Zusammentreffen! Ich komme gar nicht davon weg! Meine ganze Reise ist so ausgezeichnet verlaufen, und nun treffe ich dich auch noch hier und kann mir den Umweg über Sellanraa sparen! Wie geht's zu Hause? – Dank der Nachfrage. – Habt ihr schon den Heuboden auf dem steinernen Stallgebäude aufgeschlagen? – Ja. – Ja, ich bin sehr überlastet, die

Geschäfte wachsen mir allmählich über den Kopf. Sieh dir doch einmal an, wo wir jetzt sitzen, lieber Sivert? Auf der Ruine einer Stadt. Die haben nun die Menschen ihrem eigenen Vorteil gerade entgegen aufgebaut. Eigentlich bin ich die Ursache von dem allem, das heißt, ich bin einer der Vermittler in einem kleinen Komödienspiel des Schicksals. Es hat damit angefangen, daß dein Vater im Gebirge einige Steine fand und dich damit spielen ließ, als du noch ein Kind warst. Damit hat es angefangen. Ich wußte ganz genau, daß diese Steine nur den Wert hatten, den die Menschen ihnen beilegten; gut, ich setzte einen Preis dafür fest und kaufte sie. Von da an gingen die Steine von Hand zu Hand und plünderten die Leute aus. Die Zeit verging. Vor einigen Tagen bin ich hier heraufgekommen, und weißt du, was ich hier will? Die Steine wieder zurückkaufen! Geißler schweigt und schaut Sivert an. Dabei fällt ihm auch der große Sack in die Augen und er fragt plötzlich: Was hast du da? – Waren, antwortet Sivert. Wir wollen damit hinunter ins Kirchspiel.

Geißler bezeugt keine besondere Teilnahme für diese Antwort, er hat sie vielleicht gar nicht gehört, er fährt fort: Ich will also die Steine zurückkaufen. Das letztemal ließ ich meinen Sohn verkaufen, der ist ein junger Mann deines Alters und weiter nichts. Er ist der Blitz in der Familie, ich bin der Nebel. Ich gehöre zu denen, die das Rechte wissen, aber es nicht tun. Er ist der Blitz, zur Zeit hat er sich in den Dienst der Industrie gestellt. Er hat das letztemal in meinem Namen verkauft. Ich bin etwas, aber er ist nichts, er ist nur der Blitz, der rasche Mann der Gegenwart. Aber der Blitz als solcher ist unfruchtbar. Nehmen wir einmal euch Leute auf Sellanraa. Ihr seht alle Tage blaue Berge vor euch; das sind keine erfundenen Dinge, das sind alte Berge, die stehen da seit alter grauer Vorzeit, aber sie sind eure Kameraden. So geht ihr zusammen mit Himmel und Erde, seid eins mit ihnen, seid eins mit dieser Weite und seid bodenständig. Ihr braucht kein Schwert in der Faust, ihr geht unbewehrten Hauptes und mit unbewehrter Faust durchs Leben, umgeben von großer Freundlichkeit. Sieh, da ist die Natur, sie gehört dir und den Deinen. Der Mensch und die Natur bekämpfen einander nicht, sie geben einander recht, sie treten nicht in Wettbewerb, laufen nicht um die Wette irgendeinem Vorurteil nach, sie gehen Hand in Hand. Mitten drin geht ihr Leute auf Sellanraa und gedeiht. Die Berge, der Wald, die Moore, die Matten, der Himmel und die Sterne – ach, das alles ist nicht armselig und karg zugemessen, das ist ohne alles Maß! Hör auf mich, Sivert, sei zufrieden mit deinem Los! Ihr habt alles, was ihr zum Leben braucht, alles, wofür ihr lebt, ihr werdet geboren und erzeugt neue Geschlechter, ihr seid notwendig auf der Erde. Das sind nicht alle, aber ihr seid es: notwendig auf der Erde. Ihr erhaltet das Leben. Bei euch folgt ein Geschlecht dem andern, wenn das eine stirbt, tritt das nächste an seine Stelle. Das eben ist unter dem ewigen Leben zu verstehen. Und was habt ihr dafür? Ein Dasein in Recht und Gerechtigkeit, ein Dasein in wahrer und aufrichtiger Stellung zu allem. Was habt ihr weiter dafür? Nichts unterjocht und beherrscht euch Leute von Sellanraa, ihr habt Ruhe und Macht und Gewalt, ihr seid umschlossen von der großen Freundlichkeit. Das habt ihr dafür. Ihr liegt an einem warmen Busen und spielt mit einer weichen Mutterhand und trinkt euch satt. Ich denke an deinen Vater, er ist einer von den zweiunddreißigtausend. Was ist so mancher andere? Ich bin etwas, ich bin der Nebel, ich bin hier und ich bin dort, ich woge hin und her, zuweilen bin ich der Regen auf einer dürren Stätte. Aber die anderen? Mein Sohn ist der Blitz, der eigentlich nichts ist, ein nutzloses Aufleuchten, er kann Handel treiben. Mein Sohn ist der Typus des Menschen unserer Zeit, er glaubt aufrichtig an das, was die Zeit ihn gelehrt hat, was der Jude und der Janker ihn gelehrt haben; ich jedoch schüttle den Kopf dazu. Aber ich bin nichts Geheimnisvolles, nur in meiner eigenen Familie bin ich der Nebel, da sitze ich und schüttle den Kopf. Die Sache ist die, mir fehlt die Gabe zu einem reuelosen Handeln. Hätte ich diese Gabe, dann könnte ich selbst der Blitz sein. So bin ich der Nebel.

Plötzlich kommt Geißler gleichsam wieder zu sich und fragt: Habt ihr den Heuboden auf eurem steinernen Stallgebäude aufgeschlagen? – Ja. Und der Vater hat auch noch ein Wohnhaus gebaut. – Noch ein Wohnhaus? – Ja, für den Fall, daß jemand kommt, sagt er, für den Fall, daß der Geißler kommt, sagt er. – Geißler denkt darüber nach und erklärt: Dann muß ich gewiß kommen. Doch, dann komm ich, sag das deinem Vater. Aber ich habe so viele Geschäfte. Jetzt bin ich hier heraufgekommen und habe zu dem Ingenieur gesagt: Grüßen Sie die Herren in Schweden und sagen Sie, ich sei Käufer. Und nun müssen wir sehen, was daraus wird. Mir ist es einerlei, ich habe keine Eile. Du hättest den Ingenieur sehen sollen! Er hat hier den Betrieb im Gang gehalten mit Menschen und Pferden und Geld und Maschinen und allem Zeug, er glaubte, das Rechte zu tun, er wußte es nicht anders. Er meint, je mehr Steine er zu Geld mache, desto besser sei es und er tue etwas Verdienstvolles damit, daß er dem Kirchspiel, daß er dem Lande Geld verschafft, es rast mit ihm immer mehr dem Untergang entgegen und er merkt es nicht. Nicht Geld braucht das Land, das Land hat Geld mehr als genug. Solche Männer, wie dein Vater einer ist, davon hat es nicht genug. Wenn man bedenkt, daß sie das Mittel zum Zweck machen und stolz darauf sind! Sie sind krank und verrückt, sie arbeiten nicht, sie kennen den Pflug nicht, sie kennen nur den Würfel. Haben sie denn keine Verdienste, sie reiben sich ja auf mit ihrer Narretei? Sieh sie an, setzen sie denn nicht ihr alles ein? Der Fehler dabei ist nur, daß dieses Spiel nicht Übermut ist, nicht einmal Mut, es ist Schrecken. Weißt du, was Glücksspiel ist? Es ist Angst, die einem den Schweiß auf die Stirne treibt, das ist es. Der Fehler ist, daß sie nicht im Takt mit dem Leben schreiten wollen, sie wollen rascher gehen als das Leben, sie jagen, sie treiben sich selbst wie Keile ins Leben hinein. Aber dann sagen ja ihre Flanken – halt, es knackt, such einen Ausweg, halt inne, die Flanken! Dann zerbricht sie das Leben, höflich, aber bestimmt. Und dann beginnen die Klagen über das Leben, das Toben gegen das Leben. Jeder nach seinem Gefallen, einige haben wohl Grund zur Klage, andere nicht, aber niemand sollte gegen das Leben toben. Man sollte das Leben nicht hart und streng und gerecht beurteilen, man sollte barmherzig gegen es sein und es verteidigen: bedenke doch, mit welchen Mitspielern das Leben sein Spiel spielen muß!

Geißler kommt wieder zu sich und sagt: Wir wollen das auf sich beruhen lassen. Er ist augenscheinlich müde, er gähnt. Willst du hinunter? fragt er. – Ja. – Das eilt nicht. Du bist mir noch einen weiten Gang über die Berge schuldig, lieber Sivert, weißt du noch? Ich erinnere mich noch an alles und jedes. Ich erinnere mich noch, wie ich anderthalb Jahre alt war: Da stand ich schwankend auf der Scheunenbrücke auf dem Hof Garmo in Lom und roch einen bestimmten Geruch. Diesen Geruch kenne ich immer noch. Aber wir wollen auch das auf sich beruhen lassen. Wir hätten jetzt den Gang über die Berge machen können, wenn du nicht den Sack da tragen müßtest. Was hast du in dem Sack? – Waren. Andresen will sie verkaufen. – Ich bin also ein Mann, der das Richtige weiß, aber es nicht tut, sagt Geißler. Das ist buchstäblich zu verstehen. Ich bin der Nebel. An einem der nächsten Tage kaufe ich vielleicht den Berg wieder, das ist gar nicht unmöglich. Aber in diesem Falle stelle ich mich nicht hin, schaue in die Luft und sage: Luftbahn, Südamerika! Das ist etwas für Glücksspieler. Die Leute hier meinen, ich sei der leibhaftige Teufel, weil ich wußte, daß es hier einen Krach geben werde. Aber es ist nichts Geheimnisvolles an mir, die ganze Sache ist sehr einfach: die neuen Kupferlager in Montana. Die Yankees sind schlauere Spieler als wir, die schlagen uns mit ihrem Wettbewerb in Südamerika tot. Unser Erz ist zu arm. Mein Sohn ist der Blitz, er hörte ein Vögelchen davon singen, da bin ich hergeschwommen. So einfach ist es. Ich war nur den Herren in Schweden ein paar Stunden voraus, das ist alles.

Geißler gähnt wieder, steht auf und sagt: Wenn du hinunter willst, so wollen wir jetzt gehen. Sie gehen miteinander den Berg hinunter, Geißler stapft hinterdrein und ist schlapp und müde. Die Karawane hat am Landungsplatz haltgemacht, der muntere Fredrik Ström ist dabei, Aronsen steigen zu lassen. Ich habe keinen Tabak mehr, habt ihr Tabak? – Ich werd dir Tabak geben! ruft Aronsen. – Fredrik lacht und tröstet ihn: Nehmt es doch nicht so schwer, Aronsen! Wir wollen jetzt nur diese Waren vor Euren Augen verkaufen, dann gehen wir wieder heim. – Halt deinen ungewaschenen Mund! ruft Aronsen erbost. – Hahaha, nein, Ihr sollt nicht so aufgeregt umherlaufen, Ihr sollt wie eine ruhige Landschaft sein! Geißler ist müde, sehr müde, nicht einmal der graue Zwicker hilft mehr, die Augen wollen ihm in dem hellen Frühlingsschein zufallen. Leb wohl, lieber Sivert! sagt er plötzlich. Nein, ich kann diesmal doch nicht nach Sellanraa kommen, sag das deinem Vater. Ich habe so viel zu besorgen. Aber sag ihm, daß ich später einmal komme. –

Aronsen spuckt hinter ihm aus und sagt noch einmal: Er gehört totgeschossen! In drei Tagen verkauft die Karawane ihre Säcke leer und bekommt gute Preise. Es wurde ein glänzendes Geschäft. Die Leute des Kirchspiels hatten noch herrlich viel Geld trotz des Krachs und waren in bester Übung, es auszugeben; sie brauchten diese Vögel auf Draht notwendig, sie stellten sie auf ihre Kommoden und kauften auch schöne Papiermesser, um ihre Kalender damit aufzuschneiden. Aronsen tobte: Als ob ich nicht gerade so schöne Sachen in meinem Laden hätte! Der Kaufmann Aronsen war in großer Not, er wollte ja dabei sein und diese Hausierer bewachen, aber die trennten sich, und jeder ging allein seines Wegs, und er hätte sich in Stücke reißen müssen, um allen dreien nachzulaufen. So gab er zuerst Fredrik Ström auf, der das ungewaschenste Mundwerk hatte, dann Sivert, der ihm niemals auch nur ein einziges Wort erwiderte, sondern nur immer verkaufte. Aronsen zog vor, seinem alten Ladendiener Andresen nachzulaufen und in den Häusern gegen ihn zu arbeiten. O, aber der Ladendiener Andresen kannte ja seinen alten Herrn und dessen Unwissenheit in Beziehung aufs Geschäft und auf verbotene Waren. So, englischer Faden ist nicht verboten! fragte Aronsen und stellte sich kundig. – Doch, erwidert Andresen. Ich habe aber auch keine einzige Fadenrolle hier. Die kann ich im Ödland auch verkaufen. Ich habe keine einzige Fadenrolle, da seht selbst! – Das ist schon möglich. Aber du siehst, ich weiß auch, was verboten ist, da machst du mir nichts weis. Einen Tag lang hielt es Aronsen aus, dann gab er auch Andresen auf und ging heim. Die Hausierer hatten jetzt keine Aufsicht mehr. Und von nun an ging alles ausgezeichnet. In jenen Tagen trugen die Frauen falsche Haarzöpfe und der Ladendiener Andresen war ein Meister darin, solche Zöpfe zu verkaufen, ja, im Notfall verkaufte er helle Zöpfe an schwarzhaarige Mädchen und bedauerte nur, daß er nicht noch hellere Zöpfe habe, oder graue, die die teuersten seien. Jeden Abend kamen die drei jungen Männer an einem vorher bestimmten Platz zusammen und erstatteten Bericht und halfen einander mit nicht ausverkauften Sachen aus, und Andresen setzte sich dann gerne mit einer Feile in der Hand hin und feilte eine deutsche Fabrikmarke auf einer Jagdflinte aus oder entfernte den Namen Faber von den Bleistiften. Andresen war und blieb ein Teufelskerl. Sivert dagegen war eine Enttäuschung. Nicht als ob er faul gewesen wäre und keine Waren abgesetzt hätte, oho, er setzte sogar die meisten ab. Aber er bekam zu wenig Geld dafür. Du sprichst nicht genug, erklärte Andresen.

Nein, Sivert hielt keine langen Reden, er war ein Ödlandbauer, war wortkarg und gelassen. Was war da lange zu schwatzen? Außerdem wollte Sivert bis zum Sonntag fertig sein und wieder nach Hause gehen, es gab gar viel Arbeit auf dem Ödland. – Die Jensine zieht ihn, behauptete Fredrik Ström. – Derselbe Fredrik hatte übrigens selbst die Frühjahrsbestellung zu besorgen und wenig Zeit zu verlieren, aber trotzdem mußte er am letzten Tag noch zu Aronsen gehen und eine Weile mit ihm streiten. Ich will ihm die leeren Säcke verkaufen, sagte er.

Andresen und Sivert gingen wieder hinaus und warteten auf ihn. Sie hörten den herrlichsten Wortwechsel aus dem Kaufladen herausdringen und ab und zu auch Fredriks Gelächter. Dann machte Aronsen seine Ladentür auf und wies den Gast hinaus. O, aber Fredrik kam nicht, nein, er ließ sich Zeit und redete in einem fort, das letzte, was sie hörten, war, daß er den Versuch machte, die Schaukelpferde an Aronsen zu verhandeln. Dann zog die Karawane heimwärts, drei junge Männer voll Jugendlust und Gesundheit. Sie sangen, während sie dahinschritten, schliefen eine Weile im Gebirge und wanderten dann weiter. Als sie am Montag in Sellanraa ankamen, hatte Isak mit dem Säen begonnen. Es war das richtige Wetter dazu: feuchte Luft, dann und wann drang die Sonne durch, und ein ungeheurer Regenbogen spannte sich über den Himmel hin. Die Karawane löste sich auf: Leb wohl, leb wohl! ...

Dort schreitet Isak übers Feld und sät, er ist ein Mühlengeist von Gestalt, ein Klotz. Er trägt hausgewebte Kleider, die Wolle stammt von seinen eigenen Schafen, die Stiefel stammen von seinen eigenen Kälbern und Kühen. Er geht nach frommer Sitte barhaupt, während er sät, auf dem Wirbel ist er kahl, sonst aber überaus haarig, ein ganzer Kranz von Haar und Bart steht um seinen Kopf. Das ist Isak der Markgraf. Er wußte selten das genaue Datum, wozu hätte er es wissen sollen? Er hatte keine Papiere einzulösen. Die Kreuze im Kalender zeigten an, wann jede Kuh kalben sollte. Aber er wußte, daß bis zum Sankt Olafstag im Herbst alles Heu hereingebracht sein mußte, und er wußte, wann im Frühjahr der Viehmarkt war und daß drei Wochen danach der Bär aus seiner Höhle ging. Da mußte die Saat in der Erde sein. Das Notwendige wußte er. Er ist Ödlandbauer bis in die Knochen und Landwirt vom Scheitel bis zur Sohle. Ein Wiedererstandener aus der Vorzeit, der in die Zukunft hinausdeutet, ein Mann aus der ersten Zeit des Ackerbaus, ein Landnamsmann, neunhundert Jahre alt und doch auch wieder der Mann des Tages. Nein, er hatte nichts mehr übrig von dem Geld für den Kupferberg, das war in alle Winde verflogen. Und wer hatte jetzt noch etwas davon, da der Berg wieder verlassen war? Aber die Allmende liegt da und trägt zehn Neusiedlungen und wartet auf weitere Hunderte.

Wächst und gedeiht hier nichts? Hier wächst und gedeiht alles, Menschen und Tiere und die Früchte des Feldes. Isak sät. Die Abendsonne bescheint das Korn, er streut es im Bogen aus seiner Hand, und wie ein Goldregen sinkt es auf die Erde. Da kommt Sivert und eggt, nachher walzt er, dann eggt er wieder. Der Wald und die Berge stehen da und schauen zu, alles ist Macht und die Hoheit, hier ist ein Zusammenhang und ein Ziel. Klingeling! sagen die Kuhglocken auf den Halden, sie kommen näher und näher, das Vieh zieht seinem Stalle zu. Es sind fünfzehn Kühe und fünfundvierzig Stück Kleinvieh, im ganzen sechzig Stück Vieh. Da gehen die Frauen mit ihren Melkkübeln dem Sommerstall zu, sie tragen sie am Joch über den Schultern, es ist Leopoldine, Jensine und die kleine Rebekka. Alle drei gehen barfuß. Die Markgräfin, Inger selbst, ist nicht mit dabei, sie ist im Haus, sie kocht das Abendessen; hoch und stattlich schreitet sie durch ihr Haus, eine Vestalin, die das Feuer in einem Kochherd unterhält. Nun, Inger ist auf das weite Meer hinausgesegelt, sie ist in der Stadt gewesen, jetzt ist sie wieder daheim. Die Welt ist weit, es wimmelt auf ihr von Punkten, Inger hat mitgewimmelt. Sie war beinahe ein Nichts unter den Menschen, nur ein einzelner unter ihnen.

Und nun wird es Abend.